名流：逸闻趣事

主编◎张立伟　王相伟

中国文史出版社

图书在版编目（CIP）数据

名流：逸闻趣事 / 张立伟，王相伟主编 . — 北京：
中国文史出版社，2023.5
ISBN 978-7-5205-4099-5

Ⅰ . ①名… Ⅱ . ①张… ②王… Ⅲ . ①文化 – 名人 –
生平事迹 – 中国 Ⅳ . ① K825.4

中国国家版本馆 CIP 数据核字（2023）第 088599 号

责任编辑：窦忠如

出版发行：中国文史出版社
社　　址：北京市海淀区西八里庄路 69 号院　邮编：100142
电　　话：010-81136606　81136602　81136603（发行部）
传　　真：010-81136655
制　　版：北京方舟正佳图文制作有限公司
印　　装：廊坊市海涛印刷有限公司
经　　销：全国新华书店
开　　本：787×1092 1 / 16
印　　张：27.5
字　　数：366 千字
版　　次：2023 年 6 月北京第 1 版
印　　次：2023 年 6 月第 1 次印刷
定　　价：86.00 元

名流：逸闻趣事编委会

主　　编：张立伟　王相伟

副 主 编：许水涛　石秀燕　訾　绮

　　　　　杨统连　刘劲松　刘　珊

统　　筹：许水涛　石秀燕

执行主编：杨　春

编　　辑：贾晓明　付　裕　李冰洁

目录

百态

性格

品行

态度

意趣

识见

治学

交游

素描

昔忆

百态

BAI TAI

李鸿章接受 X 射线检查

作为世界诊断学一大革命的 X 射线, 发现至今已有一个多世纪, 为德国物理学家伦琴于 1895 年 11 月 8 日所发现。仅仅过了 4 天, 美国医生就把伦琴的成果 "移植" 到医学上, 利用 X 射线发现了伤员腿上的子弹, 留下了世界医学史上光辉的一页。

那么, 我国最早接受 X 射线检查的是谁呢? 他是中国近代史上有名的李鸿章, 接受 X 射线检查距伦琴的发现不到一年。

史载, 甲午战争后, 中国清朝政府派李鸿章作为 "头等全权大臣" 赴日本马关谈判。令人万万没有想到的是, 以和谈使臣身份出现的李鸿章却在日本境内遇刺。

一日, 李鸿章从谈判地点返回行馆途中, 被日本浪人小山丰太郎用手枪阻击, 子弹击中左颧, 李鸿章流血过多而当即晕倒。弹片未能取出, 留在颧骨内。次年即 1896 年, "头等钦差" 李鸿章出使俄、德、荷、比、法、英、美七国, 在柏林期间接受了 X 射线检查。据蔡尔康等所著的《李傅相历聘欧美记》记载: "中堂在马关议约之际, 猝遭不知教化人之毒手, 枪弹留于面部, 至今未出, 人颇忧之。此次道出伯灵 (即柏林), 知由操朗德 (即伦琴) 之术者, 乃延摄其面影。即见枪子一颗, 存于左目之下, 纤毫毕现。" 李鸿章当时曾求诊于名医, 想 "破颧出弹", 无奈年老体弱, 经有 "名医虽灼知之", 乃 "未敢遽取之也"。

如今, X 射线已广泛用于医学领域, 显得十分普通。但是, 在把洋技术拒之于国门的晚清时代, 李鸿章能勇于 "吃洋螃蟹", 这恐怕与他多年从事 "洋务" 有关。 [郐时民]

张恨水的纪实小说

张恨水是现代通俗文学大家，他写的小说大都不是真人真事。但在他的文学生涯中，却破例写过一部纪实战争小说《虎贲万岁》，这与国民党74军余程万将军有关。

1944年1月，余程万派了两位军人来到张恨水位于重庆南泉的茅舍中，想请张恨水把"常德会战"写成小说。数月前，日军进犯湘西重镇常德，余程万率领74军57师（代号"虎贲"）8000人苦战半月余，以仅剩83人生还的代价，牢牢牵制住日军，为援军合围赢得了主动。抗日将士们的悲壮事迹深深打动了张恨水，但要写成纪实小说，却让擅长虚构和言情的张恨水很为难。在两位军人的再三恳求下，张恨水决定破例为之。

1945年春天，张恨水正式动笔，为了写好《虎贲万岁》，他进行了深入、细致的调查采访，极小的细节也不放过。全书从师长到伙夫全是真名，时间、地点等与战史几乎完全吻合，细致叙述了每场零星战役，在众多细节的铺陈中塑造了57师将士英勇壮烈的形象。

张恨水在该书《自序》中写道："我写小说，向来暴露多于颂扬，这部书却有个例外。常德之战，守军8000人实在已尽了他们可能的力量。一师人守城，战得只剩下83人，这是中日战史上难找的一件事，我愿意这书借着57师烈士的英灵，流传下去，不再让下一代及后代人稍有不良的印象，所以完全改变了我的作风。"

1946年4月小说完稿后，余程万派人送来丰厚酬金，张恨水坚辞不受，说道："我不是为余师长个人写书，而是要唤起更多人的抗日热情，书出版了自然有稿费，别的钱我是不能收的。"一代文学大师的胸怀和风骨，令人深感敬佩。［洪德斌］

季羡林的饥饿记忆

1911 年 8 月，季羡林出生于山东省聊城市临清县。当时，祖父、祖母都已去世，父亲和叔叔相依为命。在那兵荒马乱的年代，季羡林的童年记忆大多是模糊的，唯有饥饿难忘。

年幼时，季羡林平常只能吃红高粱面饼子。家里没钱买盐，就去把盐碱地上的土扫起来，在锅里煮水腌咸菜，全年就吃这种咸菜。

季羡林父亲的堂伯父是一个举人，家境颇好。举人的太太很喜欢这个孩子。三四岁时，小季羡林每天一睁眼，就跑到这个奶奶跟前。只见她把手一卷，从袖子里伸出来，手里就会有半个白面馒头。季羡林大口吃起来，感觉是天下最好吃的东西。奶奶几乎每天都会省下半个馒头留给他，时间长达几年，这是那个阶段季羡林最高的享受。

四五岁时，季羡林已能帮大人干活了。每年夏秋收割庄稼的时候，邻居总带他走出老远到别人割过的地里去拾麦子或豆子、谷子。一天下来，可以捡到一小篮麦穗或谷穗。晚上回家，他把篮子递给母亲，母亲非常高兴。一年夏天，季羡林拾的麦子比较多，母亲把麦粒磨成面粉，贴了一锅白面饼子。季羡林吃得很开心，吃完饭后，又偷了一块，母亲看到了，追着他要打。季羡林逃到房子后面，往水里一跳。母亲没办法去捉，他就站在水中把剩下的白面饼子尽情地吃了。

在这期间，季羡林的叔叔到了济南，最终站稳了脚。为了让侄子接受更好的教育，1917 年，叔叔将 6 岁的季羡林接到济南，开始了新的生活。

据季羡林晚年回忆，童年的饥饿，使他终生受用不尽。它能激励前进，对人生观、价值观、日常生活起居，影响极大。继而忠告今天的年轻父母：孩子当然要爱护，但要得法，如果溺爱子女，无疑是坑害他们。［姜炳炎］

周瘦鹃办《紫罗兰》杂志

民国初年，以"游戏""娱乐""消遣"为旗号的鸳鸯蝴蝶派小说盛极一时，几乎垄断上海文坛。嗣后，其代表人物周瘦鹃在申城办过多种通俗文艺期刊，《紫罗兰》即为较有影响者之一。

《紫罗兰》于1925年12月问世，系半月刊，由周瘦鹃主编，大东书局发行。早期为20开本呈方形（第三卷起改成长方形），被称作"中国第一本方形杂志"。它的封面追求时髦，版式注重美观，正文插入图案画和仕女画；主要栏目有小说笔记、长篇小说、妇女与装饰、侦探之友、说林珍闻、小天地等，并附特载性质的《紫罗兰画报》。1930年6月，出至第96期停刊。

到1943年4月，《紫罗兰》又在沪复刊，仍由周瘦鹃主编，上海商社书报社发行。此时，它改成月刊，36开本，每期近200页，宗旨为："文学与科学合流，小说与散文并重，趣味与意义兼顾，语体与文言齐放。"除依然登载鸳鸯蝴蝶派小说外，也刊出新文艺作品。张爱玲就是在这里发表了小说《沉香屑·第一炉香》和《沉香屑·第二炉香》，首次引起社会关注。该杂志续出18期后，于1945年3月终刊。

《紫罗兰》停刊十余年后再度"复活"，且为同一人主持笔政，这种情形在现代出版史上是不多见的。［阎泽川］

孙犁创作剧本

开创了"荷花淀派"的作家孙犁,除了创作小说外,还精通京剧和歌剧,曾创作过一部名为《莲花淀》的京剧剧本。为了将此剧本写好,年近60的孙犁还专门重回白洋淀体验生活。

1972年,赋闲在家的孙犁经组织批准,回到了久别的故乡河北省安平县"体验生活,准备写作"。

一天,孙犁刚从野外回来,意外地发现单位的组长不知何时已从天津赶来,正守在自家门前。看到孙犁后,组长抱歉地表示:单位希望他能提前返回天津,参加一个京剧剧本的创作。之前市京剧团虽然有一个写抗日时期白洋淀的剧本,不过没能通过。因为孙犁写过白洋淀,于是有人便推荐由他来作为主创。

回到天津后,孙犁奉命前去观看原有的剧本彩排,看完后他失望地表示:"两个多小时,在舞台上,既没能见到白洋淀当年抗日的情景,也没有听到所熟悉的京戏。"为了把这个剧本尽快写好,孙犁向组织提议,最好能重返一回白洋淀,以便写出更真实、更有分量的剧本。

最终,在那年夏天,年近60岁的孙犁冒着酷暑,跟随剧组再次来到白洋淀。经过连续多日的走访和记录,在掌握了第一手资料后,回到天津的孙犁日夜兼程,创作出《莲花淀》的京剧剧本及时交了上去。

遗憾的是,孙犁写的这个剧本最终没有排演,不过它还是以文学的形式保留下来,成为一份文化遗产,并收入1982年花山文艺出版社出版的孙犁专著《琴和箫》一书中。当时,许多人为《莲花淀》没能排演而感到惋惜,不过孙犁却平静地表示,剧本能得到大家的认可,已经令人感到开心了。

在创作上一丝不苟精益求精,在名利上处之泰然豁达面对,孙犁的做法值得后人学习和赞叹。 [姚秦川]

汤用彤送板鸭

汤用彤是中国十分罕见的学贯中、西、印的大师，他在中、西、印文化与哲学思想研究上，都有独到的造诣和重大的贡献，在这三大文化领域内都立下了一座座丰碑。在为人处世上，钱穆在《忆锡予》中评价道："锡予之奉长慈幼，家庭雍睦，饮食起居，进退作息，固俨然一纯儒之典型。"由于他为人随和，朋友们则给他取了一个绰号"汤菩萨"。

汤用彤把全部心血都用在了著书立说和教书育人上，一生遵从祖训："素位而行，随适而安"，"毋戚戚于功名，毋孜孜于逸乐"，淡泊名利，不愿涉足政治。梁漱溟曾邀请他参加民盟，他拒绝了。1948年底国民党南逃时，胡适力邀他去南京，他也拒绝了。

1949年1月29日，北平和平解放。他在毛泽东一句"中国人民站起来了"中，认识了中国共产党。因为百多年来在西方列强和日寇的侵略和压迫下，中国人民受尽苦难，使他们这些拥有强烈自尊心的知识分子深感耻辱。

共产党军队进入北平后纪律严明，干部清廉公正，特别是一些高级干部以身作则，说到做到。与1946年国民党接收北平时，耳闻目睹国民党的接收大员抢房子、车子、金子形成天壤之别。5月，北京军管会主任叶剑英任命汤用彤为北京大学校委会主席，他欣然接受了。1949年11月，他的儿子汤一介被批准为中国共产党的预备党员，他知道后对汤一介说："祝贺你参加了中国共产党，也许中国复兴的希望就在中国共产党。"

1952年北京大学院系调整之初，汤用彤就搬进了北京大学居住。一天，北大副校长江隆基请他到家里吃饭，他就顺便把别人从南京送来的两只板鸭送给江隆基。无论怎么说，江隆基就是不收。这事后来汤用彤对儿子说："共产党说不收礼，真是说到做到。"一生清廉的汤用彤，开始从内心敬佩共产党。［沈治鹏］

汪曾祺逛旧书摊

1939年，汪曾祺考入西南联大中国文学系。他对昆明的旧书摊颇为熟悉，让人感到惊讶的是，汪曾祺大多不是买书而是卖书。

当时，昆明的旧书摊大多集中在文明街的北头路西。这几家店的老板和伙计对于书的内容都不大内行，只要是稍微整齐一点的书，古今中外、文法理工，老板都收，而且收购的价钱不低。尤其是工具书，只要拿过去，当时就付钱。

那时，汪曾祺的经济非常拮据。一天，其同学、后来成为著名古文学专家和语言学家的朱德熙看到他快到中午了还不露面，便知道汪曾祺的午饭没有着落。于是便挟了一本英文字典，走进房间，推推他："起来起来，去吃饭！"到了文明街，马上卖掉了字典。卖字典的钱，够两个人吃上一顿包子或两碗焖鸡米线。

汪曾祺回忆说：工具书里最走俏的是《辞源》。他的一个同学发现一家旧书店的《辞源》收售价比原价要高出不少，而拐角的商务印书馆的书架就有几十本崭新的《辞源》，于是以原价买到，转身即以高价卖给那家旧书店。如此反复，这位同学的搬运工作干了好几次。

多年后，汪曾祺对在昆明卖旧书的过程记忆很深，而对当年买进什么书反而不清楚了。

1946年秋，汪曾祺到了上海，在福煦路的致远中学任教。其间，汪曾祺仍时不时地逛旧书摊。

当时致远中学有一个工友叫老许，负责打扫卫生和烧开水。老许在校门外摆了一个旧书摊，书平摊在人行道的水泥地上。老许坐在校门内，一面扫地或烧开水，一面向地摊上看着。同学们进进出出，总要蹲下来看看他的书。而这些书非常便宜，和卖废品的价钱差不多。

汪曾祺曾买过老许两本书。一本是张岱的《陶庵梦忆》，后来不知放哪儿去了。另一本万有文库汤显祖评本《董解元西厢记》，这是很名贵的。书中汤显祖的批语包括眉批和每一出的总批，都极精彩，这本书被汪曾祺视同珍宝。

后来，这本书也不知被谁借去未还，弄得汪曾祺想引用汤显祖的批语时，只能凭借大脑的记忆了。〔姜炳炎〕

朱自清记分

1920 年，22 岁的朱自清从北京大学毕业后，来到浙江第一师范学校，当了一名"孩子王"。由于初次登上讲台，加上当时学校里学生的年龄参差不齐，有的甚至和他同龄，所以在讲课时，朱自清不免有些紧张和拘束。不过，同学们对此却少有抱怨，而是给予了这位新老师极大的宽容。时间不长，朱自清便很快适应了新的工作环境。

朱自清教国文，由于自己平日喜欢文学创作，朱自清就鼓励自己的学生，也大胆地用手中的笔，将自己内心的想法表达出来，写成文章。同学们听后，也都跃跃欲试。很快，一个星期后，朱自清就收到了几十位同学交上来的作文。

对于大家交上来的作文，大到一段话，小到一个标点符号，朱自清都进行了详细批改。当时，为了让大家对自己的写作水平有一个全新的认知，朱自清还创造了一套独特有趣的作文记分法。

那时，朱自清要求学生们在写作文时，首先在作文本首页的一边，将本学期作文题目依次写下，并注明起讫页数，另一边由他记分，首格代表 90 分到 100 分，次格为 80 分到 90 分，依此类推。

每批改一篇作文，朱自清就会在应得分数格里标上记号。待到学期结束时，只要把这些记号连接起来，就会出现一个升降表，每个学生成绩的进退便一目了然。朱自清这种独特的记分法，一下子激发起了学生写好作文的热情。那段时间，同学们写作的热情空前高涨，写出了许多优秀的作文。

对于那些优秀的作文，朱自清还仔细地将它们贴在教室的墙壁上，供大家学习交流。这样做的目的，不仅是对优秀学生的鼓励和赞赏，同时，也是对其他学生的鞭策和激励。许多同学都对这种独特的记分法赞不绝口。

在教学上创新求真，在育人上无私关怀，朱自清的敬业精神确实令人敬佩和赞叹。［姚秦川］

朱自清相亲

1930 年 8 月的陶然亭酒楼，在清华大学历史学家顾颉刚教授安排下，33 岁的一代文学大师朱自清与 28 岁的女学生陈竹隐相亲，就此谱写了一曲荷塘清风般的浪漫恋歌。

当时，朱自清的发妻武钟谦去世已经有一年多了。原本就清贫的朱自清，每日周旋在 6 个孩子和工作中，生活相当窘迫。身边的朋友都极力劝朱自清续弦，但朱自清每次都婉拒了，他念念不忘和武钟谦相依相伴的十多年的深情岁月，于是打定主意终身不再娶。

因此，朱自清的这次相亲，是在他本人毫不知情的情况下进行的。著名画家溥侗和清华外文系教授叶公超诓朱自清去陶然亭酒楼小酌，他便欣然前往。

陈竹隐毕业于北平艺术学院，是国画大师齐白石和昆曲大师溥侗的弟子，既画得一手国画，又精通昆曲，虽然出身贫寒，却是一个朴实善良的女子。

朱自清那天身着一件米黄色的绸大褂，白净的脸上戴着一副眼镜，显得文雅正派。美中不足的，是脚上穿的是老式双梁布鞋，这很土气的样子让陪同陈竹隐的女同学笑了半天，回到宿舍后说坚决不能嫁给这种土里土气的人。

然而在陈竹隐的眼里，朱自清的形象分并没有因此而打折。相反，陈竹隐很看重朱自清的朴实与正派，特别是他的诗歌散文中所表现出的深沉细腻的感情、所描绘的一幅幅恬静柔和的画面以及贮满诗意的语言，丝丝扣动着她的心弦。虽然朱自清有6个孩子，但是像他这样一个专心做学问又很有才华的人，应该有个人帮助他，于是她决意要与他交往下去。而陈竹隐白皙的面庞、清秀的短发、落落大方的谈吐，如同一朵清雅的荷花，给朱自清留下了深刻的印象。

以后，朱自清开始约陈竹隐一起去吃饭、看电影。每一次的约会中，活泼开朗的陈竹隐都让朱自清感受到一个全新的情感世界。

1932年8月4日，自英国访学归来的朱自清在上海与陈竹隐举行了婚礼。那天，正是他们相识两周年的日子。［陈卫卫］

钱穆热爱旅游

钱穆是国学大师，他平时不苟言笑、埋头治学、惜时如金，但他又是一个很有生活情趣的人，毕生有两大爱好：一个是昆曲，另一个就是旅游。

钱穆十分欣赏朱子"出则有山水之兴，居则有卜筑之趣"的生活方式，但他早年困居于家乡太湖流域一带，出游机会少，难如其愿。不过这也难不倒他，他阅读大量中国地理书籍，上自《汉书·地理志》，下迄清代嘉庆《一统志》，尤其是郦道元的《水经注》，他更是经常阅读，还幽默地称这是借读书卧游。

治学之余，每到一处，钱穆总要遍访名胜游山玩水。居北平期间，他几乎年年出游，"余在北大凡七年，又曾屡次出游"。这期间有四次远游：第一次是和北大诸生畅游济南大明湖、曲阜孔林与泰山；第二次是和清华师生同游大同，观云冈石窟；第三次则是一人独游武汉，登黄鹤楼，参观武汉大学，并乘船至九江，遍游庐山风景；第四次复与清华师生游故都开封、洛阳和西安诸胜，归途还游历华山。

在西南联大期间，即便条件十分艰苦，钱穆也是游兴不减，足迹遍及广东、湖南、广西、云南、四川、贵州各省、自治区，许多当地人没去过的地方，他都游到了。在遵义浙大执教时，适逢学生李埏也来任教，于是拉着他一起遍游遵义山水，李埏已精疲力竭了，钱穆仍兴致勃勃。李埏原以为老师这样的人一定终日埋头读书，不想他长日出游，大为感叹："不意先生之好游，乃更为我辈所不及。今日始识先生生活之又一面。"钱穆解释说："读书当一意在书，游山水当一意在山水。乘兴所至，心无旁及……读书游山，用功皆在一心。［洪德斌］

齐白石的"抠门"

齐白石的画很值钱，但是他并没有大手大脚，反而有点"斤斤计较"，有点抠门。关于齐白石抠门的故事，如今流传的不少，但他自有对钱的思量，有时，他的大方与谨慎，与一般人不同。

齐白石卖画时的确"抠门"，对于价格他锱铢必较。有人来买草虫画，齐白石回答："年纪老了，眼光不好，工笔草虫不画了，真是对不起价格，没有了。"买画人再次请求。齐白石看其有诚意，就半晌才说："有是有一部，不过是太太藏起的，不知她肯不肯卖。"买画人更急了，他就拉直嗓门："有位贵客要看看你那部草虫册页哩。"齐夫人在房中说："这部册页是不卖的。"齐白石又大声说："贵客看中得意，能出大价钱哩。"价格就在这一问一答中被提高了。

齐白石除了画画，对日常生活不甚关心。

黄永玉在《比我老的老头》里，讲述了李可染引荐他第一次拜见齐白石的情景。齐白石见到生客，照例亲自开了柜门的锁，取出两碟待客的点心，路上李可染已关照过黄永玉，齐白石将有两碟这样的东西搬出来，月饼剩下3/4，花生是浅浅的一碟，而且还都是坏的，吃不得。寒暄就座之后，黄永玉远远注视这闻名已久的点心，发现剖开的月饼内，有细微的小东西在活动，剥开的花生也隐约见到闪动着的蛛网。这是齐白石的规矩，礼数上的过程，倒并不希望冒失的客人真正动起手来，天晓得那四分之一块的月饼，是哪年哪月，让哪个馋嘴的客人干掉的。

然而，齐白石对朋友和学生是十分热情慷慨的。

20世纪50年代初，黄苗子和李可染一起去看齐白石。临走时，齐白石颤颤抖抖地从衣袋里掏出两块钱，一人分一元。黄苗子正要推辞，李可染悄悄地说："这是老师的规矩，如果不要，他会生气的。"那时有朋友约好了，到了齐白石家的时候，齐白石会拿着一块钱，站在胡同口等着，黄包车来了以后，他就会付这个黄包车费。

李可染去欧洲写生之前，齐白石送他的印泥贵如黄金。所有弟子加上他们的小孩，不是给钱就是给画，而且很多重要作品，就是这么给出去的。这时候会发现，齐白石竟那么地大方，这种反差让人明白：齐白石自己内心里，有一条线，"抠门"与否，他一直在认真地把持着。〔高中梅〕

黄侃给胡适起外号

黄侃是近代一位国学大师，在文字学、训诂学、音韵学等方面造诣颇深，有人称他与章太炎为"乾嘉以来小学的集大成者""传统语言文字学的承前启后人"。但他思想守旧，极力反对"白话文"，加之他恃才傲物，喜欢骂人，因此，他与白话文倡导者们时有交锋，而被骂得最惨、取笑最多的当数年纪轻轻便"暴得大名"的胡适，他常常弄得胡适下不来台。这还不够，他还借题发挥，给胡适起外号加以讥讽。

1916年8月23日，胡适写了一首诗叫《朋友》，发表于1917年2月号的《新青年》杂志上，诗题改为《蝴蝶》："两个黄蝴蝶，双双飞上天。不知为什么，一个忽飞还。剩下那一个，孤单怪可怜；也无心上天，天上太孤单。"时在北大任教的黄侃看到这首诗以后，在《文心雕龙札记》一文中大骂白话诗为"驴鸣狗叫"，直呼胡适为"黄蝴蝶"。五四运动以后，北大校长蔡元培经常离校，校务多委托胡适办理，这就更引起黄侃的不满，他讥讽胡适为绕蔡元培上下翻飞的"黄蝴蝶"。

胡适的学术代表作《中国哲学史大纲》及《中国白话文学史》都是在早年完成的，影响甚大，但是都只有上部，下部长期付之阙如。黄侃抓住这一点，曾在南京中央大学的课堂上放言："昔日谢灵运为秘书监，今日胡适可谓著作监矣。"学生们不解，黄侃解释道："监者，太监也。太监者，下面没有了也。"学生这才恍然大悟，原来黄侃是存心讽刺胡适的著作只有上部，没有下部。此喻遂传为笑谈。

黄侃站在旧派立场反对新文化，对胡适嘲讽、奚落，着实有损其国学大师的形象。不过，从另一个角度来看，他并没有对胡适进行人身攻击，他的行为倒是颇能体现他的真性情、无城府的一面，也算是一个"另类君子"吧。［洪德斌］

黄永玉痴荷

现代著名画家黄永玉被称为"荷痴",在于他画的荷花独树一帜,神韵盎然,十分被人称道。可是有谁知道,他画过多少荷花写生稿呢?连黄永玉自己也计算不清。

有一次,黄永玉叫儿子数一数究竟画了多少荷花写生稿,儿子抱来一捆一捆的荷花写生稿,每捆100张,总共有80多捆。黄永玉幽默地说:"这叫作荷花八千。"并以此为印文,请一位篆刻家为他雕一枚压角闲章。

在中国书画界,黄永玉"荷痴"的雅称,首先得益于家乡文化的熏陶。

黄永玉家乡湖南湘西是莲荷之乡。在黄永玉很小的时候,他的外婆家门口就是一个荷塘。每当小黄永玉调皮了,外婆要找他算账的时候,他就躲到荷塘里,深藏于那些莲花过人头的荷丛深处。那时候,他眼里的荷花有着奇妙的生命张力,他奇怪为什么在水草杂陈、污泥遍布的水塘里会生长出这么圣洁的生命。为了仔细观察这些荷花,有时,他会在荷丛里一动不动地待上两三个钟头。

但黄永玉真正与荷花结缘却是在"文化大革命"时期。傲然展蕊的荷花显得分外高洁清逸,那出淤泥而不染、濯清涟而不妖的气节品性,成为黄永玉逆境中启迪心智的精神支撑。于是,黄永玉一有闲暇就去荷塘赏荷,一连几个小时守着花开花合,从用心灵捕捉到用画笔描绘,经过几十年刻苦的写生,画过出水芙蓉、雨中荷花、含苞待放的荷蕾及各种神态不一的荷花。同时,他反复钻研画荷花的技巧,吸收各大家长处熔于一炉,独创一格。因此,他画荷花一挥而就,并独具神意。

有一回,黄永玉叼着烟斗,把烟斗嘴指着自己的脑袋,诙谐地对友人说:"荷花神态,全在我脑中。"此话确实不假,黄永玉不断地写生,不断地琢磨,不断地提高,画荷技艺到了炉火纯青的地步。将"荷花八千"集于脑中,画荷当然不仅娴熟,而且神而化之。〔冯忠方〕

张伯驹讥讽袁世凯

张伯驹的嗣父张镇芳和袁世凯是同乡，又因为张镇芳的姐姐嫁给了袁世凯的二哥，两人结下了姻亲之谊。由于父辈的良好关系，张伯驹早年对袁世凯印象不错。

1915年春节前夕，张镇芳命张伯驹去北京给袁世凯拜年，袁世凯在中南海居仁堂召见这位世侄。袁世凯发现眼前的这位年轻人面庞英俊、风度翩翩，不禁暗自高兴，心里有意将其留在身边。于是，袁世凯不露声色地问张伯驹"愿不愿意到府里（指总统府）当差"。张伯驹回答，自己正在袁世凯麾下的陆军模范团见习。袁世凯爽快地说："好好学习，毕了业，就到我这里来。"

可是，张伯驹在军阀部队里目睹了官场上的尔虞我诈、趋炎附势、装腔作势，内心十分反感。对他思想触动最深的，莫过于袁世凯称帝的卑劣和虚伪。

1915年初，全国各地反对帝制的呼声越来越高。袁世凯长子袁克定害怕夜长梦多，父亲称帝不成，自己"皇太子"的美梦也随之破灭。当时日本人在北京办的中文报纸《顺天时报》，反对袁世凯称帝。袁克定心生一计，每期另造一份，称日本如何赞成帝制。

有一天，袁世凯的三女儿上街给父亲买花生米，包花生米的纸恰是《顺天时报》。袁世凯看到，才恍然大悟，此前所阅的报纸都是伪造的。他当即派人把袁克定叫来。袁克定见事已败露，忙跪下求饶。袁世凯气愤至极，命按家规大棒侍候。但袁克定已被封为"皇储"，何人敢打？只好装模作样，比画几下了事。

张伯驹闻讯，嗤之以鼻，赋诗讥之："群言举世已滔滔，假印刊章孰捉刀？袁氏家规惩大过，一场戏演打龙袍。" ［郦千明］

"忘我的" 金岳霖

金岳霖是我国著名哲学家、逻辑学家。他毕业于清华学堂，之后去美国留学，获哥伦比亚大学政治学博士学位，后又在英国、德国、法国等国留学。

金岳霖对学习有着浓厚的兴趣，经常在晚上睡觉做梦时还在背书。一次，他正在梦中背一篇古文，姐姐忽然进来，拿着掉在地上的书边看边听，居然丝毫不差，后来这件事不胫而走，成为金家的美谈。

不只是在梦中读书，金岳霖白天的专注度更高，甚至到了忘记自己姓名的地步。据冰心回忆：一次金岳霖去朋友家串门，按响了门铃。当女仆来看门时，问金岳霖"贵姓"，他一下子忘记了，急得抓耳挠腮，最后对女仆说："你等一下，我去问问我的司机"，惊得女仆半天说不出话来。每每提到这件事情，金岳霖还幽默地说："我这个人真是老了，我的记性坏到了'忘我'的地步。"还有一次，金岳霖给陶孟和打电话，陶家人问他："您是哪位？"他忘了，他不好意思告诉人家，于是说："不管它，请陶先生说话就行了。"但陶家人却说："不行。"他请求了三次还是不行，于是他才向自己的车夫王喜求助。王喜也不知道他的姓名，金岳霖问他："你没听见别人说过？"王喜回答："只听见人家叫金博士。"这个"金"字提醒了金岳霖。后来金岳霖把这事当作笑话告诉朋友，引得友人哈哈大笑。

金岳霖在西南联大时，每天上午都在小阁楼的角落里冥思苦想，在思想的海洋里遨游。每周不上课的三天，他雷打不动地在房间里做学问，客人一律不见。1938 年 9 月 28 日，日本飞机空袭云南，金岳霖对外面刺耳的警报充耳不闻。不知是不是金岳霖的运气好，几枚炸弹只在他房子的前后爆炸，当他从楼里跑出来的时候，警报已经解除，周围一片狼藉，而他则是一副坦然的样子。[胡亚东]

老舍养猫

据舒乙回忆说："老舍喜欢狗，也喜欢猫。不过，凡谈到狗时，他一直很尊重；谈猫则不尽然，常常批评它们。"

老舍对猫的看法比较复杂。他很爱猫，但又深知其毛病，所以常嘲笑它们。

老舍认为：猫的可爱和可敬，是它们蹲在老鼠洞旁边屏息凝视的时候，几小时一动不动，不把老鼠等出来决不罢休。还有母猫生了小猫后，母猫细心看护、小猫乖巧可爱，这都让老舍欢喜。与此同时，老舍又说："猫是天下最顽固的家伙。它想干什么，你不让它干，绝对办不到。你想让它干什么，它也绝对不会干。并用四个字形容猫：顽固透顶。还有猫的性格有些怪，吃饱了便很懒，找个暖和地方，成天睡大觉，谁给它吃好的，它就跟谁走，相当势利眼。"

尽管如此，老舍还是很喜欢猫。

老舍养的第一只猫叫"球"，那是抗战期间在重庆。他在散文中，先后四次提到它。这位"球"最后落井溺亡，老舍难受了好长时间。

家中老鼠太多，没有猫不行，小猫还不行。"球"死后，一次，老舍家中做饭的周姐在市场上发现了一只花斑猫，长得愣头愣脑，高兴地连笼带猫全买回来。回家后，老舍隔着笼子看了半天，这只猫竟张开大口，露出一对大牙，发出一种怪声，再一看身上的花斑，分明是一只小金钱豹。

有了这次教训后，老舍自己去买了一只又小又丑的猫。经过一段时间喂养后，小猫的身体壮起来。一天早晨，老舍刚推开门，这只小猫冲着他叫了两声，再一看它脚下按着一只半死的小老鼠。老舍不由得伸出了大拇指。为此，老舍还特意写了一篇《猫的早餐》，专门谈了这只小丑猫。

新中国成立后，老舍又养过好几只猫，其中一只大白猫是他最喜欢的，老舍常常抱着它，这只大白猫也多次进入老舍的作品里。

大小不同的猫，相伴老舍一生。晚年，老舍曾多次说："我之所以揭露猫的坏处，原因是出于爱它们。我爱它们，却讽刺它们，真是惭愧呀！"［姜炳炎］

孙中山"钟情"阳春面

孙中山先生从 1905 年到 1910 年间曾多次前往新加坡，把那里作为进行革命活动的基地。他宣传革命思想，结交华侨华人中的仁人志士，成立同盟会南洋支部，开办报馆、学堂，筹集军饷等等，为推翻君主专制的腐朽清王朝建设新的国家而夜以继日地忙碌。

为了节省饭费，孙中山往往是一日两餐，皆以阳春面充饥。他经常光顾寓所附近一家华侨所开的面馆，店掌柜见这位衣着整洁的先生每次来只吃一碗阳春面，阳春面虽说味道鲜美，但总归是清汤寡水，于是便生出恻隐之心。有一次，掌柜往碗里添了几片肉，并说："这肉算是我白送给您的，没点营养可不行啊！"孙中山听了连声道谢。

1909 年，孙中山在美国旧金山唐人街创办了国民党的机关报（时称"机构报"）《大同日报》，报馆从业人员皆为当地同情和支持孙中山进行革命活动而鼎力相助的华侨华人，唐琼昌担任经理，主编是蒋梦麟、刘成禺二位先生。孙中山住在离报馆不远的一家小旅店，窄小的房间里仅有一张床、一个小书桌和几把椅子，连洗脸盆都是最小型号的。

1911 年 10 月中旬某日，孙中山急匆匆地赶到报馆，将武昌起义的好消息告诉大家，众人听罢异常兴奋，当下决定午间一起出去吃顿饭来表示庆祝；可是，这些孙中山的追随者日子过得实在清苦，好几个人在身上摸来摸去也无钱可拿，末了，唐经理总算在衣服口袋里找出一点儿，不过这钱少得可怜，只好去报馆旁边的华人小饭馆，每人吃了一碗阳春面。 [杜渐泉]

汪曾祺"淘宝"

自古以来，对爱书的人来说，最得意的事莫过于"淘"到自己喜欢的书，即便名家大师也不例外。汪曾祺在《小镇书遇》一文中，叙说了自己当年小书店"淘宝"的故事。

1959年，汪曾祺来到河北张家口沙岭子劳动。沙岭子是宣化至张家口之间的一小站，这里有一个镇，本地叫作"堡"。星期天、节假日，汪曾祺常会去堡里逛逛。

堡里有一个新华书店，每每让汪曾祺流连忘返。书架上摆放最多的是《毛泽东选集》，此外还有介绍化肥农药配制的科普书和小册子，以及《智取威虎山》《三打白骨精》等连环画。

有一天，汪曾祺又去逛书店，忽然在一个书架的最高层发现了几本书，他像发现宝贝一样，激动地搬过一张凳子，把这几册书抽下来。原来是北宋沈括的《梦溪笔谈》、南宋洪迈的《容斋随笔》、清代俞正燮的《癸巳类稿》、清代钱大昕的《十驾斋养新录》。

汪曾祺手捧这些书，生怕被人抢走，连忙请售货员算账收钱。售货员把他上上下下打量了一遍，开了票据。

汪曾祺好奇地问："你们这个书店怎么会进这样的书？"

售货员说："谁知道！也就是你，要不然，这几本书放在这里永远不会有人要。"

这几本书是按标的价格卖给汪曾祺的，不是特价或打折书。但这是很早以前的定价，所以汪曾祺感觉非常划算。

不久以后，汪曾祺结束劳动，被派到张家口辖属的沽源县去画马铃薯图谱。就带了在镇上小书店淘的《梦溪笔谈》《容斋随笔》等书籍，还有一套郭茂倩的《乐府诗集》。到了沽源县，他白天画图谱，夜晚就在灯下看淘来的书。

汪曾祺老先生以其空灵、含蓄、淡远的笔风跨越几个时代，这里面或许就有当年他小书店淘书的功劳。［姜炳炎］

丰子恺吃蟹

一到金秋季节，漫画大师丰子恺家中的墙上总是贴满了"蟹蝴蝶"，那是用两个毛茸茸的蟹钳拼成的。

丰子恺的嗜蟹，是得自"祖传"的。因为他的父亲对于猪肉、羊肉等一概不喜欢，对螃蟹却是情有独钟。从九月起直到冬日，丰子恺父亲每天晚上总是在八仙桌上摆一把紫砂酒壶、一只蟹、一碗从隔壁豆腐店里买来的开锅热豆腐干、一本书，桌子角上还有一只端坐的老猫。这样的画面，以后成了丰子恺永远的回忆。

童年的丰子恺，常常喜欢在旁边默默地看着父亲品酒、吃蟹，父亲有时会给他一只蟹脚或半块豆腐干，丰子恺总会赞叹："蟹的味道真好！"就这样喜欢上了吃蟹，虽然后来成了素食主义者，但丰子恺对于吃蟹却一直是开戒的。

丰子恺的父亲有一套传给家人的吃蟹经：先折蟹脚、后开蟹斗、蟹脐里的肉怎样剔出、脚爪可以当作剔肉的针、一对雄蟹的大脚钳可以拼成一只很好看的"蝴蝶"……他把蟹吃得非常干净，连家中的佣人都说："老爷吃下来的蟹壳，真是蟹壳。"丰子恺从小就从父亲那里学到了吃蟹的本领，蟹壳里绝不留一点蟹肉，然后用蟹钳拼成一只"蝴蝶"。

在有蟹的季节里的月夜，丰子恺常常在缘缘堂和家人举办以吃蟹为中心的夜宴。月光下一起围坐着，把蟹剥得很精细，剥出来的肉先积在蟹斗里，然后放一点姜和醋拌一拌，作为下饭的菜，此外没有别的菜了。因为丰子恺认为蟹是至味，如果混吃别的菜肴，就显得很乏味。

对于吃蟹，丰子恺爱了一生。有一年住在杭州时，丰子恺装了假牙，已经咬不动蟹钳了，但还是要女儿丰一吟陪他到王宝和酒店去吃蟹酒，丰一吟替他咬蟹钳时问道："为什么这样喜欢吃蟹？"丰子恺无奈地答道："单凭这一点，我就和弘一大师有天壤之别了。所以他能爬上人生的第三层楼，而我只能待在二楼向三楼望望。"其实，实在是丰子恺爱蟹情切，才这样愿意开荤破戒。〔陈卫卫〕

陈垣搞收藏

近些年来，在陈智超先生的努力推动下，其祖父陈垣先生当年的一批讲义和学生所做课堂笔记，陆续得到了整理刊布，给更多人提供了一个新视角，认识和发现作为教育家的陈垣的另一个侧面。

在《史源学实习及清代史学考证法》一书中，收录有李瑚当年所做的听课笔记。课上，陈垣兴致浓厚地讲述了自己购买清代学术名家手稿的经历。

这些名家手稿中，有全祖望的《困学纪闻笺》手稿，有花了200元大洋购得的钱大昕《五代史考异》手稿，还有王念孙的《广雅疏证》稿，差不多和《五代史考异》同时期买到，也是花了数百大洋。而且买到后，还被其好友沈兼士一借借了数年，足见这批手稿之难得。

收藏这么多名家手稿，陈垣先生并非要立志做一个收藏家。他最真实的想法只有一个，就是"取前人手稿重新作一次，等于从其学也"。说白了，就是为了转益多师。陈垣后来也是靠着自我摸索，成为民国时期学林中泰山北斗式的大学者。［王江鹏］

鲁迅和老舍暂停抽烟

在现代文坛名人中，鲁迅和老舍的烟瘾很大，他们之间往往是一支接一支，轻烟袅袅。

1931 年 8 月，鲁迅主办暑期木刻讲习会。他为了扩大学员的艺术视野，将家里珍藏的德国女版画家凯绥·珂勒惠支亲笔签名的《农民战争》七幅组画拿出来展览，逐幅详尽讲解。

听讲的学员突然注意到鲁迅先生一个不寻常的现象：他停止吸烟，而且在讲解过程中自始至终没有吸一口烟。画家江丰后来回忆道："当他讲述珂勒惠支的生平和艺术成就时，想必出于爱护艺术珍品的心意……没有吸一口烟。而且这次观摩的时间又特别长，超过了规定的下课时间。"

"文革"前，故宫绘画馆曾开放展览。有一次，老舍前往参观，他看见参观人群中有些人嘴里叼支烟，就在绘画馆入口处，劝阻吸烟的参观者道："我挺喜欢抽烟，但这个时候我不抽了，你把烟掐了。"文学史家李长之也在参观的行列里，他在《忆老舍》里写道："老舍向一个抽烟的观众提出的劝告，这是我最后一次听到他的声音，这是急公好义的声音，热心管闲事的声音。"

鲁迅和老舍在艺术珍品的面前，自己立即中止吸烟，或者劝人不要吸烟，是对艺术品的尊重，也是对艺术本身的热爱。［陈永坤］

郁达夫在汉寿买鲥鱼

1938 年 7 月初，侵华日军每天空袭武汉，国民政府下令紧急疏散人口。现代作家、时任军委政治部第三厅设计委员的郁达夫，辞去职务，带着岳母、妻子王映霞和孩子郁飞、郁云、郁荀，自武昌辗转来到湘北小城汉寿，通过时任湖南《国民日报》社长易君左的介绍，避居县城黄龙街蔡天培醋铺。

郁达夫刚定居下来，朋友易君左就从长沙赶回汉寿来看望他。

晚饭时，王映霞端上来一大盘鲥鱼，顿时，餐室弥漫出一股奇异的鱼香味。这鱼，是今天早晨买来的鲜货。

原来，汉寿最大的特产是鱼，郁达夫来到这座水乡小城后，早晨常与王映霞提篮上街买菜，曾几次同声交赞："汉寿的鱼，真真是这样好，这样便宜！"

这天，夫妻俩在鲜鱼堆里搜寻，居然还发现了鲥鱼。鲥鱼原产于长江下游，素为江南水中珍品，它沿江上溯，相传只游到安徽安庆境内的小孤山就回头。或许是长江封锁了，不能回头入海，这些鲥鱼便"流亡"到了汉寿，被郁达夫慧眼识得？郁达夫盯着鲥鱼顿生感慨：自己眼下流离失所的境况，与它何其相近！

郁达夫向卖鱼老人询问鲥鱼多少钱一条，老人伸出 5 个手指，算是回答。

"5 块啊。"郁达夫想，鲥鱼在长江下游卖几块钱一条，这里卖 5 块也算正常。于是拣上一条放进菜篮，递给老人 5 块钱之后，和王映霞一同往回走。

"先生，停一下！"郁达夫回过头，看见老人追了上来，心里一惊：莫非没付足鱼钱？正准备问他还应给多少，老人却找给郁达夫一把零钱。他一数，竟有 4 块 5 角，便吃惊地问："您一条鱼只卖 5 角？不亏本么？"

老人"嗯、嗯"了两声，再次伸出 5 个手指，表示鲥鱼价格确实只有 5 角。

餐桌上，主人和客人一边喝酒，一边想着鲥鱼在洞庭湖埋没了身价，和自己命运相似，郁达夫依然有些惆怅。

这个细节一直深深印在郁达夫的脑海里，并在他的很多作品中有所表现。〔朱能毅〕

杨绛在英国做红烧肉

1935 年 7 月，杨绛与钱锺书结婚后，同到牛津大学求学。两位书生远离家乡漂洋过海，饮食起居难免手忙脚乱。钱锺书常常自叹"笨手笨脚"：不会打蝴蝶结、穿鞋分不清左右脚。

刚到英国时，夫妇二人在别人家做房客，一日供四餐———早餐、午餐、午后茶和晚餐。开始还觉得可以，渐渐地越来越糟。钱锺书饮食习惯很保守，洋味儿的不大肯尝试，总吃不饱。于是，杨绛想租一套有家具、能做饭的房间。钱锺书则不以为然，认为杨绛又不会做饭，现在至少还能吃现成。

后来，杨绛还是说服了钱锺书，搬进了一位爱尔兰女房主的家。有了自己的厨房，钱锺书就说想吃红烧肉。当时，他们在牛津常来往的俞大缜、俞大纲姐妹对烹调也不在行，只是比他们略懂一点。便指导说，先把肉煮一下，然后把水倒掉，再加生姜、酱油等佐料。生姜、酱油都是中国特产，在牛津是奇货，又贵又不新鲜，杨绛就找来替代品凑合。

食材有了，厨房里的厨具却很是稀缺，没有菜刀、砧板，只好到房东家借来一把大剪刀，居然剪出了像模像样的方块肉。照俞氏方法，如法炮制。

迫不及待的两人立在电炉旁，把电力开到最大，一个劲儿猛煮。水干了、加水，肉没熟、加水，结果，第一次做红烧肉以失败告终。随后，杨绛想起妈妈做橙皮果酱是用"文火"熬的，一下恍然大悟。再做红烧肉时，就改用文火炖肉，汤也不倒掉，只撇去沫子。改良之后，就很有点妈妈的味道了，钱锺书更是吃得津津有味。

从此，一法通则万法通，红烧、白煮皆用文火炖，吃得钱锺书面色红润，而又心有愧意。于是赋诗一首《赠绛》："卷袖围裙为口忙，朝朝洗手做羹汤。忧卿烟火熏颜色，欲觅仙人辟谷（谷）方。" ［沈治鹏］

齐白石晚年幽默

齐白石晚年喜爱画虾。虽寥寥数笔，却生动传神，跃然纸上，令观者拍案叫绝。由于画虾获得成功，登门求画者络绎不绝。于是齐白石便贴出画虾的润格："白石画虾，十两一只。"并说："卖画不论交情，君子有耻，请照润格出钱。"如此价格足见其技艺之精。

一位富人见了画价，心中盘算一番，于是，以白银35两向他购画，他洋洋自得，以为必有赚头，已付纹银35两，总得画四只虾吧，岂不赚他半只？次日，画家作品已成，富人展卷一瞧："画上只有三只虾？不对呀，那多余的5两白银岂不白送了！"富人正待开言，仔细一看，发现在两株水草之间露出一只虾尾巴，那虾头正扎进水中觅食呢！顾主自无话说，只得抱着画走了。

齐白石对自己的艺术造诣是相当自信的，尤其是到了晚年，这种自信就更明显。90岁左右时有一次画虾，他在纸上画了一根长长的头发粗细的须，一边对在旁边观看的人说："我都这么老了，还能画出这样的线！"

诗人艾青多次陪外宾去访问齐白石。有一次外宾走后，齐白石很不高兴，艾青问他为什么，他噘着嘴说："外宾看了我的画，没有称赞我。"艾青说："外宾称赞了，是你听不懂他们的话。"齐白石一本正经地说："他们应该竖起大拇指,那样的称赞才是真心实意的。"后来,艾青回忆起这件事时,感慨地说:"老人多天真哟!"

1955 年发行新版人民币,回收旧版人民币,齐白石由于一直忙于作画,还没有兑换。眼看就要到兑换截止日期了,他的两名女弟子便自告奋勇去帮他以旧换新。老人很高兴,表示同意,但提出要求:"我只要那种粉红色票面的新币,即一元一张的,别的颜色不如这种可爱,故不要。"两个女弟子听后,提了两个手提包去换,换回来的全是老人欣赏的一元面额的新人民币。不过,钱是换回来了,可单是把这些鲜艳的一元面值人民币数清楚就是个力气活儿。两人直累得满头大汗、头昏眼花,这才完成了任务。〔冯忠方〕

汪曾祺堪称"多面手"

汪曾祺不仅是小说家、散文家、戏剧家,而且是书法家、绘画家、美食家,堪称"多面手"。

汪曾祺素有美食家之称。他每到一处不食会议餐,而是专走小街偏巷,品尝地方风味和民间小吃,每每陶醉其间,自得其乐。不仅如此,他还有一手精湛的烹饪手艺。拌荠菜、拌菠菜、干丝、烧小萝卜、塞回锅油条,这都是他的拿手菜。他说:"我不爱逛商店,爱逛菜场,看看那些碧绿生青、新鲜水灵的瓜菜,令人感到生之喜悦。"

文人爱美食,古来有之,但懂美食,且能食出心得,这就不是普通人所能够达到的了。汪曾祺深知美食三昧,那些寻常小食一经他的点睛之笔,无不令人垂涎,感慨美食文化的博大精深。在汪曾祺笔下,美食不再是寻常的果腹,而是一种文化、一种境界、一种艺术、一种态度。

在汪曾祺几十年的笔墨生涯中，有一部十分奇特的作品——《中国马铃薯图谱》。1961 年春天，汪曾祺在河北张家口市沙岭子农业科学研究所协助工作。所里交给他一项任务，到设在沽源的马铃薯研究站画一套马铃薯图谱。接到任务后，汪曾祺每天一早起来就到马铃薯地里掐一把花，几枝叶子，回到屋里，插在玻璃杯里，对着画。他曾写过一首长诗，记叙这段漫长单调的生活，其中有两句是："坐对一丛花，眸子炯如虎。"这样他居然真的写成了《中国马铃薯图谱》，可惜书稿在"文化大革命"中被毁了。

"文化大革命"后，汪曾祺复出文坛，他在新时期发表的第一篇作品，不是小说，不是散文，也不是戏剧，而是一篇名叫《"花儿"的格调——兼论新诗向民歌学习的一些问题》的学术论文。身处逆境不以为苦，反以苦为乐，达观潇洒，随遇而安，这就是汪曾祺。［史飞翔］

易君左妙续"绝对"

现代著名作家易君左在著书与从政之余，还写有不少干预现实的妙联趣对，尤其是有关张治中的一副续联，堪称奇、绝，至今在民间流传。

此事缘起于民国初年，有位叫任丹山的人，在任甘肃山丹县县长期间，为官廉洁，颇有政绩和口碑。当时有人出一上联求对："任丹山，任山丹县长，丹色满山。"出句后，哪知数十年里无人能续，成为"绝对"。

1947 年春，易君左随张治中视察河西走廊一带，行至山丹县境时，陪同的当地官员在闲聊中，抖出了那半副"绝对"的事，他们久闻易君左的才气，请其续联。易君左想：眼下各级官吏贪赃枉法，像任丹山这样的好官已寥若晨星；但续联必须遴选一位受世人赞誉的当代名人入联，而且其名字还得具备联趣，这正是续对的难度。

易君左跟随张治中将军多年，敬仰张治中将军数次向蒋介石上万言书，主张国共合作、反对重起内战，这无异是种和平布告。他还记起张治中字"文白"———联趣不正好藏在这里么？于是对出下联："张文白，张白文布告，文情大白。"（"白文"指白话文）。"文情大白"指张将军主"张"的和平意愿已大白于天下，联面工稳且诙谐。以张治中的和平对任丹山的廉政，可谓珠联璧合。

由于此联意境超出了一般对联的文字游戏范畴，很快传诵开来，长时间成为美谈，连张治中本人也含笑称好。［朱能毅］

溥心畬健忘"出了名"

作为现代著名书画大师，溥心畬（音同"于"）才华横溢，与张大千有"南张北溥"之誉，又与吴湖帆并称"南吴北溥"。溥心畬性情率真，加上一生不入仕途，远离官场和世俗，留下了许多逸闻趣事。

有人这样评论：溥先生的诗书画好到了极点，但他的生活不同于常人，甚至可以说怪到了极点。他的健忘是出了名的。

他喜欢抽烟，并且烟瘾很大，据说一天要抽50支左右，但他老找不到烟嘴，时不时地责怪佣人，为此家人总要给他多预备几个，点烟的火柴更要时刻给他备着。

到日本进行书画访问时，居住的宾馆老板娘见他喜欢抽烟又如此健忘，就特意缝了个小荷包，存放烟、火柴、烟嘴，替他拴在衣服上，可是第二天傍晚回来连小荷包也不见了。

其实不奇怪，作为恭亲王奕訢的嫡孙，溥心畬生在王府，当然生活非常优越，被服侍惯了的他不会理家，甚至不会照料自己。坊间传说他吃饭不知饱饿、穿衣服不知冷暖、买东西不会问价格、自己一个人出门不知道如何回家。不仅如此，溥心畲经常连扣子都扣不整齐，一次在韩国赴宴，居然穿皮鞋忘了穿袜子，窘得陪同者只好拉近茶几为他遮着。

溥心畲对人也很健忘。同一桌交谈甚欢的人，过几天向他打招呼，他会瞪大眼睛问："你是谁呀！你认错人了吧？"20世纪40年代在杭州，好友周象贤多次招待他吃饭。后来这位故友到他家拜访，他却全然忘记了，连连向人家请教"贵姓"，弄得周象贤非常尴尬。〔姜炳炎〕

老舍学武术

老舍家境贫寒，自幼身体不壮，22岁那年，一场大病几乎要了他的命。病好之后，想起了锻炼身体，从此就与武术结下了不解之缘。1933年4月，老舍忽然后背疼痛得厉害，多方求医，不见效果。这使他下决心加强锻炼，他拜当时著名的济南拳手为师，开始习练武术。想不到效果非常明显，不久，后背疼痛的毛病竟然完全好了。从此，老舍一直坚持拳术锻炼。

新中国成立后，老舍参与了一系列的对外友好交流活动。1965年老舍率中国作家代表团访问日本，他演讲后，一位日本青年作家说："听说你是个全才，文章里写了武艺，想必你就是一位武林高手，今天我来领教一下……"话没说完，拳头便朝着年事已高的老舍挥来。

老舍当时拄着个拐杖，背已经有点驼了，但他不慌不忙，伸手借劲使力，顺势握住对方的手腕，轻轻一拉，那个青年作家就是一个趔趄，几乎跌倒，连呼："高手！佩服！佩服！"立即要拜师。从此，老舍在日本的名字更响了。

但老舍从未对人讲起过这件事，直到他去世之后，那位日本作家写了一篇悼念老舍的文章，其中提到了这场别开生面的文人比武。

老舍一生著作等身，但他的第一本书竟然是武术专著。早年甚至还编写了一本《舞剑图》，成为他的第一部作品。《舞剑图》刊印出来之后，在 1921 年 5 月中旬，北京市举行的全市小学生联合运动会上免费发放。当时的《晨报》还做了专题报道，对健身术的推广普及起到了极大的宣传作用。

老舍还将拳师频频地写入了他的小说和戏剧。他在山东曾写过一部长篇小说，叫《二拳师》，可惜因故只开了个头就半途而废。后来，集其"核儿"压缩成短篇小说，这就是那篇精彩的《断魂枪》，成为他短篇小说的代表作。再后来，在美国，他曾将《断魂枪》改编成英文话剧，交给美国大学生去演出，取名为《五虎断魂枪》。〔彭才国〕

齐白石写纸条

抗日战争爆发后不久，北平（今北京）沦陷，很多日伪高官想得到齐白石先生的画作和印章。于是，他们纷纷跑到齐白石家中套近乎，请他吃饭、送他东西，或是邀请他一起照相，或是邀请他参加各种盛典，齐白石一概拒绝。后来，齐白石不胜其扰，干脆闭门谢客，在大门上贴了一张纸条，写了 12 个字："白石老人心病复作，停止见客。"

但是不卖画刻印，无法维持生活，几天后，齐白石不得不在纸条上补写两句："若关作画刻印，请由南纸店接办。"这就给了日伪可乘之机，仍有不少日伪高官找他买画刻印，齐白石干脆来个"以人划线"，在大门上贴了一张纸条："画不卖与官家，窃恐不祥。"并补充道："中外官长，要买白石之画者，用代表人既可，不必亲驾到门。从来官不入民家，官入民家，主人不利。谨此告知，恕不接见。"

当时常有给日本人当翻译的人，登门讹诈，齐白石又在门上贴了纸条：

"切莫代人介绍，心病复作，断难报答也。"又说："与外人翻译者，恕不酬谢，求诸君莫介绍，吾亦苦难报答也。"

1943 年，已是 83 岁高龄的白石老人，实在没有精力再与日伪周旋，就在大门上贴了四个字："停止卖画。"不再卖画也就没了生活来源，一些亲朋好友关心他的生活，他回答他们一首诗，有句云："寿高不死羞为贼，不丑长安作饿饕。"这是齐白石先生不屈精神的写照。［洪德斌］

沈雁冰与"钟英小姐"

1916 年，沈雁冰从北京大学毕业之后，经表叔卢学傅介绍到上海商务印书馆工作。沈雁冰扎实的古文基础和与时俱进的才学，让他很快被重用。1919 年 11 月，他接受《小说月报》主编王莼农的邀请参与改革《小说月报》，并在 1920 年担任《小说月报》的主编。他主编的第一期出版之后，立即在全国读者中引起轰动，他也因此一举成名。

此时，沈雁冰文学方面的成就以及他文章中对当时社会变化的关注引起了陈独秀的注意，而年轻的沈雁冰对政治也充满了热情，于是他于 1921 年在上海参加了中国共产主义小组，成为最早一批中国共产党党员之一。

沈雁冰入党后的一段时期，上海商务印书馆常常接到"神秘"的信件，信封上写着"沈雁冰先生转钟英小姐玉展"，而且信件的数量很多。频繁的来信引来同事们的猜测，"钟英小姐"是谁？

这天，商务印书馆编译所里又来了几封写着"沈雁冰先生转钟英小姐玉展"的信。又是这个"钟英小姐"！趁沈雁冰不在，沈雁冰的同事、好友郑振铎再也忍不住了，他好奇地偷偷打开其中一封信一看，不禁大吃一惊！只见信封里还有一个信封，上面写着"沈雁冰同志并转党中央"的字样。

郑振铎这才明白了沈雁冰的真实身份。

原来，1921 年 7 月中国共产党的"一大"召开后，党中央利用沈雁冰在上海商务印书馆编辑《小说月报》，每天都收到来自全国各地的许多稿件这一有利条件，让他秘密担任了中共中央直属联络员，凡是外地同志给党中央的信件都寄给他，由他汇总，及时上报党中央。"钟英"即中央的意思，"钟英小姐"就是党中央的代号。

郑振铎虽然知道了"钟英小姐"的秘密，但始终守口如瓶，从未泄露过。就这样，沈雁冰担任联络员角色一直到 1925 年春。［彭才国］

汤一介"偷奔"延安

1943 年春，汤一介在西南联大附中读初二，与游宝谟、曾宪洛、胡旭东和读初三的余绳荪很要好。几个同学在偷偷阅读余绳荪买的斯诺《西行漫记》后，被红军二万五千里长征的故事深深吸引住了，对共产党领导下的延安充满向往。

其实，早在汤一介八九岁时，他的哥哥就参加过一二·九运动，还常常把印有共产党宣传抗日的传单带回家。虽说不懂"革命"是什么意思，但"革命"两个字却留在了他的记忆中。在余绳荪的提议下，他们决定"偷奔"延安。

为了筹路费，几个同学商量从家里偷东西卖。汤一介偷了家里的金笔、金表和刻有父亲"汤用彤清华周刊总编辑"的金牌，与其他伙伴偷的家里东西变卖后换成路费，搭上了昆明到曲靖的火车。在曲靖住了一晚，又搭乘卡车前往贵阳。

到贵阳吃了晚饭刚回旅馆住下，几个彪形大汉就闯了进来，把他们带到当时的贵州警备司令部关了起来。这几个十四五岁不谙世事的学生才明白被捕了。他们想起箱子里的《西行漫记》有点慌，不知谁发现被关的房间地板有缝隙，于是赶紧一张张撕下塞进去。

第二天警备司令部的参谋长开始一个个谈话，警告他们不要听信谣言，并说这是抗战戡乱时期，乱来是要被枪毙的。他们则一口咬定是对联大附中不满，想换个学校到重庆南开中学念书，并各自说了一两位在重庆的亲戚作为"护身符"。由于没有问出什么来，他们就一直被关在侦缉队旁边的小房子里。大约过了一周，知悉后的联大附中派教务长把他们接回昆明，贵州警备司令部还派了人随同押送。汤一介与几个同学"偷奔"延安就这样匆匆收场。

回到昆明后不久，由于无法再在联大附中待下去，汤一介就真的转到重庆南开中学念书了。［沈治鹏］

郭沫若作品的"医学"印记

郭沫若弃医从文的经历被人们所熟知，然而他的学医经历在诸多作品中的体现却不常为人注意。重庆师范大学文学院副教授凌孟华在论文《我自己是学过医的人》中，分析了郭沫若是如何把学医经历融入文学作品的。

郭沫若的作品多次出现"我自己是学过医的人"一句，他在《赞天地之化育》中写道："我自己是学过医的人，我对现代医学十分敬重，我觉得这是对于人类幸福最有直接贡献的一种科学。"他还在《痈》一文中说："我自己也学过医，医生所说的话我自然是明白的。"他甚至在自己的日记中也常提到学医经历："负卫生行政的责任者瓦西列维奇博士，他听说我学过医，便和我特别亲密，一面为我陈述既往，一面又为我指示目前……"（《苏联记行》1945 年 7 月 9 日）

郭沫若不仅在作品中多次提及自己的学医经历，而且他所创作的文学形象和场景情节也有不少医学的痕迹。

小说《王昭君》中，太医为王昭君的母亲诊断时说："腹部虽有微温，心窍已不鼓动，脉是停了，额是冷了。虽有扁鹊在世，恐亦无力回天。"诊断结果很详细，而且有医学依据。在电影文学剧本《郑成功》中，郭沫若不仅设置了多位医生角色，而且专门设置了一堂解剖课的情景，其中还详细地介绍了解剖知识，他甚至细致地讲述了医生对"在田里割稻子的时候突然病倒"的户官杨英进行诊断时，如何检查瞳孔反应、口腔黏膜、颈部反应等细节。

所有关于医学的内容和情节并不是郭沫若信手拈来、凭空想象的，而是他将自己所学融入了文学作品当中，他也曾在《〈孔雀胆〉后记》中说："这些都是可能的，而且我是有根据的。"正是郭沫若作品中的诸多细微之处，体现了他医学专业知识的丰富。［李一诺］

胡适曾经"爱上"麻将

胡适先生一生的学术活动主要在史学、文学和哲学几个方面，但是要说胡适对麻将颇有研究，恐怕并非广为人知。

胡适专门写过《麻将》一文："从前的革新家说中国有三害：鸦片、八股和小脚，其实中国还有第四害，这就是麻将。"据估计，当时全国每天至少有 100 万张麻将桌，若以每桌只打 8 圈，每圈半小时计，就要消耗400 万个小时，相当于损失了 16.7 万天的光阴；金钱的输赢、精力的消磨，都还不算。面对此情，胡适掷地有声地说："女人们打麻将为家常，老人们以打麻将为下半生的'大事业'，我们走遍全世界，可曾有哪个长进的民族、文明的国家肯这样荒时废业的吗？"

但是,这样愤恨麻将的胡适此前居然也曾常上麻将桌,而且"指引"胡适坐上牌局的不是别人,正是他的妻子江冬秀。江冬秀除了为胡适的生活服务以外,最大的爱好是打麻将,可以说达到了痴迷的地步,而且她牌技超群,收入可观,在麻将桌上赢来的钱,居然成为胡家的经常收入之一。

每当麻将局"三缺一"时,江冬秀总是要拉胡适上麻将桌。胡适在生活中事事处处让着妻子,经不住夫人的纠缠,本来对麻将不屑一顾的他,也会偶尔为之,但他的技艺甚差,几乎每战必败。

梁实秋曾亲眼见胡适输过一回:有一年在上海,胡适、潘光旦、罗隆基、饶子离饭后开房间打牌,梁实秋照例作壁上观。言明只打八圈,到最后一圈局势十分紧张。结果,胡适输了个精光,身上带的钱不够,还开了一张30多元的支票,这在那时可不算小数目。

胡适曾戏称:英国的国戏是板球,美国的国戏是棒球,日本的国戏是相扑,中国的国戏自然是麻将了。

后来,胡适留学美国,亲身感受到西方文明,所以对麻将的危害有着深刻的认识。因此,胡适写了《麻将》一文,痛斥麻将的祸害。﹝邬时民﹞

冯玉祥不"请"夫人吃饭

曾担任李济深秘书的李任夫,与冯玉祥有过接触,了解他的一些生活片段。在《冯玉祥先生二三事》(《河北文史资料选辑》第8辑)中,李任夫就讲述了一件亲历的冯玉祥不"请"夫人吃饭的故事:

1932年,作为广西代表的李任夫参加完在山东邹平举行的中国社会教育年会之后,为了游览泰山,同时也为了探望住在泰山的冯玉祥,与来自山西的代表薄毓相一同去拜访冯玉祥。冯玉祥见到他们表示亲切欢迎，他们开诚相见，无话不谈，犹如家人。

李任夫看到冯玉祥穿着非常俭朴，一身布衣布鞋，尤其是身上的普通棉袄，就恰似一个老农。文章还写道：有一次，冯玉祥夫人李德全的上海朋友，托人给冯玉祥送来一套绸子衣料，相当华丽，李德全很满意。她还将衣料特地展示给冯玉祥看，并说："焕章，你看这套衣料好不好？"冯玉祥斜眼一瞥之后，并无表情，只是轻飘飘地说了一句"好得很！好得很！"李德全随即走开了。过了一会儿，冯玉祥特地交代副官说："太太今天有事，开饭时可不必叫她。"副官当然照办。

以前到了开饭的时候，冯玉祥夫妇会与大家同桌吃，可是这天冯玉祥一坐下，还没等李德全到场，便立即说："我们开动！我们开动。"当吃到半餐时，李德全怒气冲冲地跑来指着副官说："开饭为什么不喊我？"副官答："这是老总交代的，说太太有事不一同吃饭。"李德全马上转脸向冯玉祥问："你说我有什么事不一块吃饭？"冯玉祥则笑着说："你看衣服料子都看饱了，还吃什么饭呢！"李德全此时压不住怒火，说了一句"岂有此理"，就怒气冲冲地走了。在座的人啼笑皆非，又不好劝解。但冯玉祥依然镇定如常，继续请大家用菜，大家也都沉默无言地继续用餐。

冯玉祥通过此举既表达了对夫人的告诫之意，也表露了自己崇尚俭朴的可贵精神。［阎泽川］

孙洪伊的恶作剧

孙洪伊是民国时期的一位风云人物：他先后成立共和统一党、民主党、进步党，历任教育总长、内务总长等职；他反对袁世凯复辟帝制，还参加了孙中山领导的护法运动，于 1936 年 3 月病逝于上海。不过，据竹楼主人编纂的《近代名人轶闻》记载，他小时候可顽皮得很呢！

一天，他与一群小伙伴玩耍，走到一座果园旁边，看见里面的梨树上，结满了黄澄澄的梨子。孙洪伊非常高兴，准备翻越围墙，偷一点尝尝鲜。有个小伙伴胆怯地说："先生说过，瓜田李下的嫌疑尚且要避开，你竟公然偷窃，倘若被主人家发现，不是自寻烦恼么？"其他小伙伴也都认为有理，劝孙洪伊不可造次，孙洪伊笑道："你们都太迂腐了，那就看我的吧，我独自一人进园摘取，然后再带着梨子出来，与你们共同品尝美味。"说完，攀上墙头，纵身往下一跳。谁知墙下有个粪坑，孙洪伊没能看清，竟不偏不倚地跌进了坑中。

外面的那班小伙伴，听听里面无声无息，以为孙洪伊正在大快朵颐、饱享又大又甜的梨子呢，有个急性子的终于忍不住了，说："他是人，我也是人，怎能让他独自享受口福！"说完，也攀上墙头，纵身往下一跳。结果如孙洪伊一样，也跌进了粪坑中。他正想呼唤求援时，孙洪伊却从后面捂着他的嘴说："快别声张，否则，我俩就会成为他们耻笑的对象了！"那个伙伴一听有理，果然不再吭气。过了好一阵，外面的小伙伴们终于忍耐不住，都模仿着他俩，攀上墙头，一个个鱼贯而下，结果就可想而知了：相继跌进了粪坑，一个也没能幸免。

这时候，孙洪伊一边拍手，一边哈哈大笑着说："我早就说过，要与你们大家共同品尝美味呢。怎么样，果然让我说中了！"　［沈淦］

热情好客的施蛰存

　　施蛰存是当代著名学者、作家。20 世纪 20 年代，他曾以家乡特产四鳃鲈鱼招待朋友，在上海文艺界传为佳话。沈建中《施蛰存游踪》一书中，记载了这位著名作家、翻译家以鲈鱼宴客一事。

　　一般的鲈鱼几乎都只有两鳃，只有松江产的鲈鱼有四鳃，巨口细鳞，鳍棘坚硬，肉质肥嫩，鲜美无腥，享誉国产四大名鱼之一。据典籍记载，此鱼早在汉代便广为人知，乃王公贵族追捧的天下美食。乾隆南巡时，赞其为"江南第一鱼"。由于闻名日久，食客如云，加上产量有限，它在清末民初已属稀有之物，即使在产地平时也难得见到。

　　1928 年金秋时节，24 岁的施蛰存迎来人生大喜的日子，与相恋多年的女子陈慧华喜结连理。婚礼在松江老家举行，上海文艺界的朋友纷纷前去祝贺，其中有冯雪峰、戴望舒、丁玲、胡也频、沈从文、刘呐鸥等人。沈从文还赠送一幅裱好的亲笔章草贺词，文云："多福多寿多男女。"

　　当时正值鲈鱼上市之际，施蛰存为招待好这批朋友，特地事先关照操办婚宴的菜馆千方百计购入四鳃鲈鱼，做成鲈鱼火锅，辅以鸡汤、火腿、香菇、冬笋和虾仁，成为特色名菜。那天，客人们都觉得这鱼十分鲜美，有人还当场吟咏了苏东坡的名句"巨口细鳞，状如松江之鲈"。刘呐鸥曾在日本生活多年，平常习惯吃海鲜，连称日本的鱼也不及这样莹白鲜嫩。四鳃鲈鱼为众人大助酒兴，气氛异常热烈。

　　过了一年，郑振铎听说松江鲈鱼鲜美无比，羡慕不已，遂和叶圣陶、徐调孚结伴赴松江施家做客，品尝此鱼，"系红烧，加蒜焉"，大快朵颐。餐毕，主人又拿出刚出版的小说集《上元灯》分赠座中诸人，大家喝茶翻书，各抒己见，妙语连珠，过了许久才尽欢而散。施蛰存见大家意犹未尽，不久又从老家带数尾鲈鱼到上海，分送郑振铎、叶圣陶、徐调孚府上，并告知烹饪方法，推荐做夜宵火锅最妙。三人得此佳味，阖家欢愉，感激挚友盛情。叶圣陶还专门致函道谢："承饷鲈鱼，即晚食之，依来示所指，至觉鲜美。"又赋诗一首："红鳃珍品喜三分，持作羹汤佐小醨。滋味清鲜何所拟，《上元灯》里诵君文。"　　［郦千明］

钱君匋买画遭"钓鱼"

现代文化名家钱君匋，早年在学习书画时，常常希望观赏大家真迹。可藏家多严苛，一般并不轻易展示予人，这使得钱君匋深感遗憾。待到自己成名，有了些收入后，他便不惜金钱，尽量收存名家名画。他这样的心理被商家窥探出，便使用"钓鱼"手段，即将作品分成若干，分别投出，使人在欲罢不能中，掏出高出寻常数倍的价钱。这样的事，钱君匋到晚年还能记得其中的突出事例。

有一年，一位中间人带来清代著名书画家金农（号冬心）的一部水墨花卉册页。此次只带来5开，且要价甚高：每开50元。金农书画运笔别具风味，钱君匋爱不释手，没有犹豫便买了下来。可没过多久，此人又带了4开册页来到他家。钱君匋一看，正与前面的几开是同一册，这当然要买，不然不完整。一问价，每开100元，凭空涨了一倍。钱君匋问，"大小相同的四开，为何今天每开成了百元？"中间人却说，"物主就要这个价，少一文不卖。"钱君匋听得出这是物主故意如此，可为了使一部册页完整，他不得不忍痛买下。当时他还问中间人，这册页还有没有余下的？中介忙表示：没有没有。

又过一段时间，钱君匋的一位远房族弟邀请他去家看画。恰巧在这位族弟家，钱君匋看见了金农的一开水墨梅花。再细看，正是自己先前买的那部册页的最后一开。钱君匋想，如果这开能得到，这部册页真正就完整了。便开口问，"多少钱可以割让？"族弟的回答也干脆：150元。比第二次的索价又高出50元。这样一来，之前所说的"物主"是谁，钱君匋也清楚了。可自己追求完整的心理被"物主"全然掌握，这钱不得不掏。钱君匋照数付钱，取回了这最后一开的"金冬心"。〔杨建民〕

梅贻琦喝酒"酒风甚好"

清华大学校长梅贻琦总给人以严肃拘谨、不苟言笑的"寡言君子"形象。可事实上，他是个对生活充满热情的豪爽之人，这点，从他的酒事中可以看出。

梅贻琦爱喝酒，且酒量很大。一次在成都，梅贻琦的故旧与学生设宴招待梅贻琦、郑天挺、罗常培三人，朱自清也被邀请陪坐。因旧友相逢，心情大好，这一回，梅贻琦痛饮了20杯高度白酒，而且，酒后还能回寓与来客谈论事务，可见其海量。

不光爱喝酒，梅贻琦的酒品也为人所称赞。每逢遇到有人向他敬酒，梅贻琦总是来者不拒，极爽快地一饮而尽，因此，落得个"酒风甚好"与"酒圣"的美名。李济曾专门著文说道："梅先生在宴会中饮酒总保持着静穆的态度，我见过他醉过，但从没见他闹过酒（耍酒疯），这种'不及乱'的态度令人尊重。"梅贻琦的助手孙观汉也说："我从没看过他拒绝过任何敬酒人的好意，他干杯时的那种似苦又喜的面上表情，看到过的人，终生不会忘记。"

其实，梅贻琦也会喝醉，醉后，他总会进行自我批评。梅贻琦的日记里有记载："未得进食即为主人轮流劝酒，连饮数杯，而酒质似非甚佳，渐觉晕醉，原拟饭后与诸君商讨募款事，遂亦未得谈。十点左右由宝弟等扶归来，颇为愧悔。"另文记载道："食时饮'罗丝钉'酒甚烈，又连饮过猛，约五六杯后竟醉矣，为人送归家。以后应力戒，少饮。"可见，梅贻琦对自己醉酒误事也是自责的，也知道酒喝多了不好。然而，一种习惯一旦形成，很难改变，梅贻琦的修养和刚毅坚卓性格，使其豪饮还不闹不乱。[温均华]

"怪儒"辜鸿铭

精通东西方文化、被西方人誉为"圣哲"的学者辜鸿铭一生瞧不上袁世凯。1916年，袁世凯在举国的骂声中死去，当时政府规定为袁世凯哀悼三天，举国上下不能有任何娱乐活动，而辜鸿铭则请了戏班在家里吹吹打打以示庆贺，并请友人来观看。

几个警察闻声而来"兴师问罪"，辜鸿铭却对着警察一通臭骂："你们瞎了狗眼，没看到我与朋友正在看戏吗？不就是死了一个无耻小人吗？你们也不看看我辜鸿铭是谁？！"警察灰溜溜离开了辜宅。

段祺瑞执政时期，颁布了国会选举法，规定凡国立大学教授或在国外大学获得学位的都有选举权，因此，身背13个博士学位的辜鸿铭成为大小政客所拉拢的对象，政客们纷纷登门造访。有人表示要用钱来买选票，当时一张选票的"市价"是200元，有名的教授最高也就300元，而辜鸿铭张口就要500元，经过协商，二人最终以400元成交。可贿选的人前脚刚走，辜鸿铭就拿着钱立即买火车票到了天津，全部挥霍一空，两天之后载歌而归。

选举日那天，贿选的那个政客望眼欲穿，直到结束也没有看到辜鸿铭的影子，于是赶到辜鸿铭的家中，大骂辜鸿铭身为教授居然不讲信用。话还没说完，辜鸿铭拿起一根木棍，指着政客骂道："敢拿几个臭钱来收买我，跟你这种人也值得讲信用？你给我滚出去！"政客被骂得哑口无言。

辜鸿铭博古通今，但因其性格乖戾，一般人不敢接近。而他疾恶如仇、胆识过人，为世人所敬佩，被誉为"怪儒辜鸿铭"。[胡亚东]

谭鑫培台上应变

谭鑫培是我国著名的京剧演员，主攻老生，曾演武生。他在学艺期间，博采众长，吸收凝聚，终于独立一家，成为京剧史上第一个老生流派——谭派的创始者。谭派延续良久，影响甚大甚广。因扮演现代京剧《沙家浜》中郭建光而享誉全国的谭元寿，便是谭氏后人。

谭鑫培不仅演技精湛，能够开创形成流派，在演戏中间，应变能力也十分了得，"尤非恒人所及"。据上海《民国日报》1946年的一篇文章介绍，一天演《黄金台》时，谭正在后台蒙眬欲睡。忽然听到开场锣鼓声起，仓皇奔出。待上得台来，才感觉头上只束了头巾，没有戴纱帽。台下众目睽睽，看到谭鑫培这么一副模样，正要哗笑，只见他从容念白曰："国事乱如麻，忘却戴乌纱。"台下皆为老观众，知道发生了什么，听到谭鑫培如此敏捷化解窘境，即刻欢声雷动，叹为天才。

一天，谭鑫培到一个有钱人家唱堂会，演《文昭关》一出，误佩腰刀，直到走上台来才发现。他马上改变唱段："过了一朝又一朝，心中好似滚油浇：父母冤，不能报，腰间空挂雁翎刀。"台下人一听，叫好不迭。有一次演《辕门斩子》，谭鑫培演杨六郎。他在台上念："叫焦赞！"当天演焦赞的李连仲正在后台和人说话，听到台上招呼，急匆匆赶出。由于匆忙，竟没有挂上胡须。谭鑫培一看，明白发生了什么，他立即假作发怒状说："你父亲到哪里去了？快快与我唤来！"李连仲一听，明白了，赶紧进去挂上胡须出来继续演出。台下的观众，纷纷为谭鑫培的应变之才"绝倒"。[杨建民]

刘文典的烟瘾

刘文典是我国近现代杰出的文史大师，终生从事古籍校勘及古代文学研究和教学，曾在北京大学、西南联大等学府教授历史及文学。

然而，据刘文典的学生回忆，先生无论课上还是课下，读书还是会友，均烟不离手，是个名副其实的"瘾君子"。

一天上课时，刘文典的烟抽完了，便停下来，深知他习惯的家人正巧把烟送来，他才得以继续上课。

没烟抽不开讲，有时有烟反倒误了事。那次，他讲曹丕的《典论·论文》时，一边讲一边抽烟，一支接着一支，一小时只讲了一句，听者只能无奈摇头。还有一次，他讲《红楼梦》，刚到教室，就发现前来听课的学生以及教授已经挤得人山人海，地上都坐满了。文人派头十足的他，先悠然地抽了一口烟，似乎要说话，但又不说话，大家只好焦急地等待。他又抽一口烟，才不紧不慢地开了腔："你们各位在座的，都是贾宝玉、林黛玉呀！"当时化学系的一位老教授严仁荫，已经坐着等了半小时，听到这样的话，很生气地说："什么贾宝玉、林黛玉，都是大浑蛋、小浑蛋！"大家都听得出来，这话是骂刘文典的。刘文典也不计较，猛抽几口后开始讲课，而底下的人，没有一个走开的，大家都在袅绕的烟雾中听得如痴如醉。[李惠]

性格

XING GE

赵朴初作"自度曲"

1991 年赵朴初先生应友人之邀请，为清代一幅《篝灯课读图》题诗。

《篝灯课读图》是道光年间解元（乡试第一名）费耕亭请同年画家王世绂所绘，以志母德。由座师那某题卷首并作序，在图中作跋的人有林则徐、梁章钜、王引之等名吏名儒，费氏后人还求张之洞题跋卷尾，写的自是颂扬母慈子孝用心读书成才的话，都对图中费母教儿做出了很高的评价。

赵朴初看到这幅图，不禁感慨万分。因为他从 4 岁到 13 岁这 9 年间，白天在私塾读书，晚上回到家点起豆油灯，母亲教诗词文史，一字一句地让他背诵。他还想起赵家也有家传的《青灯课儿图》，于是写下了《题〈篝灯课读图〉》这首"自度曲"：

可贵处，不在画。

先看题，后续跋。

啥缘由，许多名吏名儒都给它作了高评价？

自古来，寸草春晖，永远有谈不尽的恩情话。

问何处是天堂，它就在母亲膝下。

像太阳照射草木生长，温暖的阳光是寸草在母亲膝下，无比恩爱庇护，为往后大展才智打基础。世间还有比这更幸福美好的吗？ ［阎泽川］

于右任的渝州诗情

于右任寓居重庆，生活时间长达 8 年，其间他终日挥毫不倦，留下了大量诗书杰作。

1941 年 5 月 30 日，适逢以祭祀爱国诗人屈原为主题的传统节日———端午，社会各界在重庆举行了首届诗人节的隆重集会，公推于右任为大会主席。于右任在开幕词中指出："今年的诗人节恰与'五卅'同日，这昭示我们，要反抗侵略，阐明真理，诗人也就是战士。"参与者除于右任外，还包括国府要员陈立夫、孙科、冯玉祥及郭沫若、冰心、胡风、臧克家等文化名流。郭沫若在集会上慷慨激昂地朗诵了于右任的新作《诗人节》："民族诗人节，诗人更不忘。乃知崇纪念，用以懔危亡。宗国千年痛，幽兰万古香。于今期作者，无畏吐光芒。"

于右任寄迹重庆，耳闻目睹了许多国民政府官员的奢靡腐败，创作了不少刺世疾邪的诗篇，讽刺鞭挞，同时抒发内心的愤懑和忧国忧民之情。他弹劾孔祥熙的提议遭最高当局否决后，写下一首题为《浣溪沙·泪桐花》的词作："歌乐山前云半遮，老鹰岩下日西斜，琴声隐隐起谁家？依旧小园迷燕子，几番风雨泪桐花，王孙芳草又天涯。"值此国家危急存亡之秋，一些达官贵人却依然过着歌舞升平的享乐生活，对此，于右任岂能熟视无睹，只能借助笔墨给予无情的嘲讽。

于右任以避乱入蜀的杜甫自比，还写有一首题为《小园》的古风，抒发了对歌乐山故园的无限眷恋情怀："也荷苍苍授一廛，与君同佃此山川。论诗杜老招嘉宾，圣贤多有草书传。独怜园小无余韵，夜夜惊心响杜鹃。"

1949 年，国民党败退台湾，于右任素有浓厚的故乡情结，却无可奈何，暮年背井离乡。他随众从南京先飞抵上海再转飞广州，旋即又飞往重庆小住。最后从重庆离开大陆，飞抵台湾。于右任面对茫茫苍穹，百感交集，在飞机上即兴写了《渝台机中》五言律诗："粤北万山苍，重经新战场，白云飞片片，野水接茫茫。天意仰人意，他乡似故乡，高空莫回首，雷雨袭衡阳。"［熊少华］

汤一介为书多发愁

汤一介 1927 年生于天津，1951 年毕业于北京大学哲学系，是中国当代著名的哲学家和国学大师，曾任北京大学哲学系教授、博士生导师等职。汤一介一生喜欢读书买书藏书，加上家里地方有限，如何收藏那些书，成为汤一介颇为头疼的事情。

汤一介当初成家时，由于住房紧张，他和妻子乐黛云只能挤在一间不到 40 平方米的房间里，加上妻子也是一个十足的"书迷"，也经常买书，家里便成了书的海洋。一开始，他们的书先是立着放，接着横着放，到最后干脆摆成一大摞一大摞，哪里有空间就放在哪里。用汤一介的话形容："书已经挨到天花板上了。"然而就算如此，只要碰到有用的书，汤一介照买不误。

除了为没地方藏书而发愁外，当时，汤一介还和妻子为将谁的书摆在家里显眼顺手的地方而争执过，不过每次都以汤一介的失败而告终，原因是因为他的个子高，而妻子个子低，"书放哪里他都能够得着"；其次，还有一个颇为有趣的原因，虽然汤一介是哲学出身，但是他却非常喜欢看文学书籍，妻子买回来的那些文学书，他总要抢着"先睹为快"，如此一来，他更不好意思和妻子争辩。最终，妻子的书成为"宠儿"，而他的书则大半被"驱逐"到了非要攀梯子才能拿到的"流放地"。偶尔为找一本书找急了，好脾气的汤一介有时也难免发牢骚："找一本书难如'登天'，还不如去图书馆借书来得方便。"

改革开放后，两人搬到了面积 80 平方米的房间里。在装修时，他们特意将两个大房间的六面墙全都装成下接地板、上接天花板的书架，两个人的书各自"气派"地占据一间房。如此一来，他们夫妻再也没为摆谁的书而争执了。［姚秦川］

吴宓的红楼癖

国学大师吴宓对古典名著《红楼梦》情有独钟，由于痴爱至深，就有了红楼癖。不管在什么场合，只要看到有人在谈《红楼梦》，吴宓必定立刻加入其中，开始一番滔滔不绝的高论，因此被称为"红楼第一痴"。

20世纪30年代，吴宓每到一所高校任教时，就会把《红楼梦》的魅力散播给师生们，常常掀起一片品读《红楼梦》的热潮。吴宓在讲演《红楼梦》时，能够将林黛玉、贾宝玉、王熙凤和薛宝钗等人物演得活灵活现，让人看得如醉似痴。于是，有些高校甚至将中文系的课程停下，换成吴宓讲演《红楼梦》，可以想见他受欢迎的程度。

吴宓经常自比为"怡红公子"，有时也称自己紫鹃，理由是紫鹃对林黛玉的爱护最纯粹。吴宓曾发表过《论紫鹃》一文，文章中说："欲知宓者，请视紫鹃。"意思是要想了解我吴宓，请看《红楼梦》里的紫鹃就知道了。

在生活中，吴宓也像紫鹃一样"支持关爱"着林黛玉。当时在昆明西南联大的对面，有人新开了一家牛肉馆，老板突发奇想，起了"潇湘馆"的店名，认为这样很雅致。吴宓看到后，认为潇湘馆是林妹妹住的清雅地方，怎么可以杯盘狼藉地吃牛肉来亵渎？顿时火冒三丈地提着手杖跑去一顿乱砸，并且让老板马上改名。不料老板也是牛脾气，坚决不改，双方就此争执不下。

后来经人出面调解，老板无奈地将"潇湘馆"改为"潇湘食堂"，吴宓这才作罢。［陈卫卫］

柳亚子的书斋名

"南社"诗人柳亚子,人称"南社之灵魂"。他一生用过的书斋名,粗略统计有近 20 个,这些书斋名或言志或抒怀或陈情,透露出柳亚子先生的情感、风骨和气派。

他最早的一个书斋名是"磨剑室",取自唐代诗人贾岛《剑客》诗:"十年磨一剑,霜刃未曾试。今日把示君,谁有不平事。"他在这里以刻苦励志、报效祖国民族自期。他为自己诗稿题名《磨剑室诗词集》《磨剑室文录》。

1937 年 11 月 13 日淞沪沦陷,柳亚子因病滞留在上海法租界。环境的险恶让他精神上很苦闷,自题书斋"活埋庵"。他在给友人的信中说:"'活埋庵'是国军西撤后所用,所以胜利到来,或是我个人能离开上海,那么活死人要自由行动,无须'埋'起来,自然用不着了。所以你说将来要刻一石印'活埋庵'送我,那是不对的,我不希望一世'活埋'也。"柳亚子在《一年来对于南明史料的工作报告》中说:"我整个地做南明史料研究的工作,开始于 1939 年,即民国二十八年己卯夏天。这时候蛰处在上海的'活埋庵'中,不过把她当作消愁解恨的活宝罢了,但弄到后来,似乎上了瘾似的。"

1941 年柳亚子居香港九龙,为其书斋取名"羿楼",取自"羿射九日"的神话故事,寓意对日本侵略者的强烈仇恨,希望取得抗日战争的胜利。

新中国成立后,柳亚子移居北京,住在北长街,斋名为"上天下地之庐",由毛泽东亲笔题写。在柳亚子当年唱和毛泽东"沁园春"咏雪之作中,结尾有"君与我,要上天下地。把握今朝"之句,这就是"上天下地之庐"的由来。[阎泽川]

李苦禅改名

中国大写意花鸟画的一代宗师、美术教育家李苦禅，原名李英杰，改名英，字超三、号励公。生于山东省高唐县李奇庄的一个贫苦农家。

少年时代李英的家乡高唐处处充盈着浓郁的民间艺术氛围：草台班子唱的大戏，关公庙里艺人在粉墙上描绘的壁画，造屋垒灶时贴吉祥图案，过春节时剪的红纸窗花……李英由于受到家乡传统文化之熏陶，从小便立志学画，走上了艺术征途。1918年，李英揣着父亲借来的4块大洋，趁暑假期间赴北京学艺。1919年，进入北京大学附设的留法"勤工俭学会"半工半读，在视野上打开了新世界的前景。

1922年，李英考入国立北京美术学校西画系（即后来的国立北京艺专）学习。画画是烧钱的行当，他形容昂贵的绘画材料时说："画油画告上一笔（山东方言，添上一笔的意思），那比在老家告一笔香油还贵。"

当初在学校画炭画，木炭笔迹不用橡皮擦干净，而是用学校发给学生的馒头蘸，蘸到最后，馒头上都是木炭灰。家境稍微好点的学生，都把馒头扔了，李英不舍得。每到中午下课，同学们去吃饭，问他："你怎么不去？"他推说自己不饿，再画一会儿，却躲着偷偷把黑馒头吃了。

贫寒的家境无力供给他学习和生活的费用，经朋友介绍，李英到车场租了一辆人力车，靠上课之余和夜间卖苦力拉洋车维持生计。这期间，他节衣缩食坚持学习，甚至拾取人家丢弃的铅笔头练习素描。最艰难的时候，只能每天以粥度日，撒上些最不值钱的"虾皮糠"。同学林一庐见他生活如此窘迫，送了他一个绰号"苦禅"。苦，即苦难的经历；禅，古称写意画为禅宗画。李英马上领悟其中含义，欣然接受后很乐观地说："名之固当！名之固当！"

从此，他在国画上题款"苦禅"，在西画上题款"李英"。改名后的李苦禅自强不息，并以苦禅之名行世，使自己进入书画大师的行列。[冯忠方]

杜重远创办《新生》

杜重远是著名实业家、抗日爱国人士，被邓颖超誉为"革命左派先驱"。1923 年他在沈阳创办了我国第一个机器制陶工厂———肇新窑业公司，为实现实业救国的理想而努力奋斗。

当时，上海民办中华职业教育社的机关刊物《生活》周刊由邹韬奋主编，刊物办得生动活泼，那些宣传职业修养、事业管理的文章，深受全国职业界的喜爱，杜重远及其工厂的许多职工，也是该刊的热心读者。由于《生活》周刊内容注重政治问题和国际问题，经常抨击政府的腐化、专制，谴责日本的侵略野心，揭露其阴谋，特别是"读者信箱"等栏目和竭诚服务的作风，受到全国各界读者的热心拥护和信任。杜重远对《生活》周刊思想、言论的转变，也十分称赞，对韬奋先生十分敬仰。

1931 年九一八事变爆发，沈阳沦陷，3 个月内，全东北沦入敌手。杜重远的事业毁于炮火，实业救国思想受到致命打击。他坚决不当侵略者的顺民，毅然忍痛离弃工厂和故土，携全家流亡北平，继而前往上海。

他在上海结识了邹韬奋，两人一见如故。当时，邹韬奋主办的《生活》周刊，在九一八事变前后，对日本的暴行、对南京国民政府的不抵抗主义深恶痛绝，要求抗日、要求民主的激越呼声，描述东北沦亡的篇篇报道，均使杜重远同仇敌忾，由衷赞叹。

从此杜重远在上海一面担任中华全国国货产销协会理事长，一面经常为《生活》周刊撰稿，痛诉东北人民的亡国奴生活，痛责日本帝国主义的种种暴行，并参加生活书店理事会工作，成为邹韬奋的亲密战友，也与《生活》主要撰稿人、中共地下党员胡愈之结为好友，受到邹、胡二人进步思想的影响。

1932 年，早已将《生活》周刊视为眼中钉的南京政府对邹韬奋蓄意迫害，邹韬奋不得不出国流亡。1933 年，《生活》周刊被国民政府查禁。杜重远义愤填膺，但无能为力。他说："我不是一个作家，也不是新闻记者，更不是文人名流……我是一个无家可归、无业可图、受尽人间惨痛和耻辱的人。"

面对白色恐怖，他不避艰险，毅然以实业家的身份创办期刊，取名《新生》，为唤起同胞、驱逐日寇、要求民主、争取自由而奋笔斗争。他效法邹韬奋，每期写一篇言之有物的小言论，胡愈之每期写国际论文，邹韬奋也按时寄来《萍踪寄语》连载，"读者信箱"栏目也是每期反映群众的实际生活和迫切要求。刊物的工作人员，也是《生活》的原班人马。

因为《新生》出版后，从内容到形式与《生活》周刊一脉相承，很快就赢得万千原来的《生活》读者，成为《新生》的读者。然而过了没多久，南京政府也把《新生》周刊视为眼中钉，必欲除之而后快。仅仅存活了一年零两个月的《新生》，便被扼杀了。［阎泽川］

吴湖帆观名画

现代著名绘画大师、鉴定大师吴湖帆年轻时就好学不倦，一心致力书画，对于朋友的家藏秘笈古玩、名人真迹，无不一一观赏，日夜琢磨，虚心讨教。怡园主人顾鹤逸也是一位书画家，与吴湖帆的祖父是忘年之交。闻名江南的顾氏"过云楼"就是顾鹤逸的祖父顾子山建造的用来收藏名家书画、珍贵古籍的藏书楼。

吴湖帆知道顾家藏有北宋大画家巨然和尚所作的《海野图》，这是一件稀世珍宝，顾鹤逸所居厅堂就以此命名为"海野堂"，可见对此画的重视和珍惜程度了。因慕其名，吴湖帆总想一睹为快，怎奈顾鹤逸对家藏的书画精品，从不轻易示人。

一次，吴湖帆手持礼物，郑重登门求见，诚恳地说明了来意，顾鹤逸一面热情款待，一面却抱歉地说："此画真赝还一时难分，正请外地名家鉴定，下次有便再请过来。"隔了一段时间，吴湖帆从一位熟悉顾氏内情的老画家处得知：黄梅后，顾家总要把秘笈名画拿出来透风见阳的。这使吴湖帆非常高兴，一直默记在心，等待时机的到来。

出梅后三天，阳光灿烂，热风吹拂，吴湖帆算准了时间，赶往顾家。果见"过云楼"书画铺满四处，迎风舒展。顾鹤逸见吴湖帆前来，很是惊奇。见他如此渴求艺术，用心字画，顾鹤逸便把他让到书房，泡上香茶，洗脸抹手，展示名卷，终使吴湖帆大饱眼福。《海野图》出自高人手笔，确实名不虚传。吴湖帆凝神审视，玩味半日还舍不得离去。　［阎泽川］

季羡林"赚小钱"

季羡林的父亲兄弟两人，只有他一个男孩。为了让侄子接受更好的教育，1917 年，叔叔将 6 岁的季羡林接到济南学习生活。

7 岁时，季羡林上了一师附小，地点在当时的南城门内升官街西头，而他和叔叔住在南关佛山街，每天上学要从东头走到西头。

几天后，季羡林就对周边环境熟悉起来。在上学路上一个名叫新桥的地方，有一处卖五香花生米的小铺子。铺子虽小，名声很大。这里的五香花生米，济南本地俗称长果仁，又咸又香，味道极好，远近驰名。季羡林经常到这里买着吃。

这一天，季羡林突发奇想，用自己从早点费中积攒起来的一些零花钱买了半斤五香花生米，接着再用纸分装成若干个小包，带到学校里向班里的同学兜售。同学们早就听说新桥花生米的大名，纷纷抢购，一眨眼儿工夫，销售一空，季羡林赚到了一些小钱，乐得高兴了好几天。类似的买卖，又先后做了好几次。后来因为学习等原因，"生意"停了下来。

多年以后，季羡林在回忆文章中感慨："我是一个被埋没了的做生意'天才'。如果当年继续投笔从贾，说不定早已成为一个大款，挥金如土，不像现在这样柴、米、油、盐、酱、醋、茶都要斤斤计算了。"

儿时做生意赚钱，让季羡林尝到了甜头。改革开放后，北京大学有不少人从事各种形式的"第二职业"。为更好地生活，季羡林也搞起了第二职业，那就是爬格子。不同体裁、不同篇幅的文章寄出后，时不时地收到全国各地的稿费，乃至很多时候他都不知道是哪一篇文章换来的。

尽管没有专门统计每月稿费多少。反正季羡林感觉，自从有了这第二职业后就再也没有感到拮据，家庭生活水平明显提高，还能有不少钱捐给别人或家乡的学校。他又找回了幼年时贩卖五香花生米赚钱的感觉。［姜炳炎］

梅兰芳学习绝招

20世纪20年代，梅兰芳已是观众喜爱的著名京剧演员。一段时间，他疲于赶场，可谓劳心劳力。

当时的演出惯例是戏前邀请名角唱折子戏，演完即可离开。为此一些名角一天内要在不同的戏院唱戏，这叫赶场。

一天，梅兰芳连演了三场《樊江关》。先在陆宅堂会表演，唱到后半出，下一个演出场地已派人来接。好不容易唱完，催戏的赶紧上前："下一场时间快到了，现在只好先让别的演员唱着。"

梅兰芳一听，心急火燎地上了车。快到地方时却正遇上塞车，一下子困在那里。眼瞅着时间来不及，赶紧下车跑到了戏院，这场戏自然唱得十分紧张。

接下来还要到德泉茶园唱第三场，梅兰芳咬着牙将演出任务全部完成。回到家中，他非常劳累，同时大为懊恼：今天这三场戏没有一出是自己满意的。但是如何解决这个问题？梅兰芳愁住了。

几天后，他演出《穆柯寨》，又是从戏院出来再赶堂会。这时，戏中扮演孟良的金秀山说："今天，我赶了三个地方。"梅兰芳一听就急了：怎么赶场的都凑到一块儿，看来今天这出戏是唱不好了。

谁知上台后，金秀山表演得从容不迫，根本看不出他是赶过三场而来的。梅兰芳佩服至极，当即请教。金秀山也不隐瞒，说出了三个绝招。

第一招，统筹计划。好演员免不了要赶场。今天要赶几处，你先得有个谱儿。把自己的精力，匀开了来唱；更不能因为唱累了就偷懒从而坏了名声。第二招，善用其长。演员再有名，总会有短处。舞台上，你得学会扬长避短。比如今天嗓子不太好，就少贴唱功戏。第三招，不可过火。演员在台上唱戏，把握火候，意犹未尽最妙，给观众留下念想。

听完金秀山的经验之谈，梅兰芳结合自己实际，便学着有计划地调节节奏、安排演出。此后再遇到赶场，他都从容应对、悠然自如。［姜炳炎］

梁漱溟难忘延安

以创建中国乡村建设驰名的梁漱溟先生，于抗日期间的 1938 年 1 月，为团结全国抗战，有过一次短暂的延安之行。

1937 年 1 月进驻延安，使延安成为中国共产党领导中国革命的中心。西安事变后，全民抗战的局面初步形成。正是在这个时候，梁漱溟先生踏上了赴延安之旅。

梁漱溟的《忆往谈旧录》中，记述了他来到延安后的见闻，和对那里的直观感受。

在延安，梁漱溟看到了陕甘宁边区的"荒凉凄惨"，"政府、党部、机关、学校都是散在城外四郊，傍山掘洞穴以成"，但"在极苦的物质环境中，那里的气象确是活泼，精神确是发扬"。

在抗日军政大学等学校里，梁漱溟发现"许多学生来自北平、天津、上海、南洋等处，现在的起居饮食，比了从前不知苦了多少倍"。比如，学生们"总是吃小米饭……萝卜汤，有点盐，没有油"，"睡在窑洞内，空气光线皆不足，而且潮湿，又是人与人挤拢一起，铺位分不开，跳蚤、虱子纵横无法清除。最不堪的，是早起没有洗脸水……一盆水，第一个人洗过，第二人洗，第二人洗过，第三人洗，第三人洗过，第四人洗，如此，洗到七八个人才算完……"但令他感到奇怪的是，学生们的身体并不见差，面色也不见黄瘦难看，并且精神面貌都很好。梁漱溟不由惊叹："这不是一种成功吗？"

梁漱溟还发现，在延安"人人喜欢研究，喜欢学习……人人都像学生"。他觉得，这又是一种好的风气："爱唱歌、爱开会，亦是他们一种风气。天色微明，从被窝中坐起，便口中哼啊抑扬，此唱彼和，仿佛一切劳苦都由此而忘却！人与人之间情趣增加，精神上互为感召流通。"

不畏艰苦、乐观向上、团结友爱，正所谓"眼见为实"，延安如此高昂的革命风气，给梁漱溟留下了难忘的记忆。［陈凯］

俞剑华的谦虚大度

20世纪30年代初，旅欧归国的傅雷应上海美术专科学校校长刘海粟之请，出任该校办公室主任。除负责日常行政工作外，他还开设了两门课程：美术史和法语。

当时，刘海粟正着手改进学校的教学业务，引进一批年轻有才干的教师，其中包括曾在北平美专任教的青年画家俞剑华。

为帮助新来的教师尽快融入学校，树立威信，以便担负起繁重的教学任务，刘海粟千方百计给予提携和指导。有一次，他请教务长将俞剑华的十多幅画作挂到长廊上，供老师和学生们观赏。傅雷路过看到，皱着眉头对工友说："这些画没有创造性，缺少才气，收掉！"碰巧，俞剑华也来到办公室，耳闻目睹了这一幕，显得有些尴尬。

校长刘海粟知道傅雷一向心直口快，内心并无丝毫恶意和成见，只好一再劝慰俞剑华，请不要在意傅雷的这些言行。俞剑华微笑着说："傅先生这个人，脾气虽有点儿古怪，心很好。其实我们昨天就见过面了。他说他看过我的讲稿，认为我没有本领，只会抄书。这是当面说的。我很佩服他的直率爽快。要是说老实话，抄书我也不会，为了怕出笑话，连古文的标点都不敢随便用，只用圈。傅先生对我那样评价，已经是过奖了。他的话，对我是一种鼓励。我要先用功学会抄书，免得辜负傅先生的期望。"

此后，俞剑华果真没有计较什么，甚至和傅雷成了很好的朋友。傅雷被划为"右派"后，许多昔日的同事朋友唯恐受到牵连，与他断了联系。但在南京执教的俞剑华每次去上海，必去探望；自己的新著出版，也必定送傅雷指正。

俞剑华那种谦虚大度、永不满足的高尚品格和治学精神，受到海内外有识之士的广泛称道。［郦千明］

第一次登台的赵燕侠

我国著名的京剧表演艺术家赵燕侠第一次登台的故事，非常有趣。

1933 年，5 岁的赵燕侠随父亲从天津来到武汉。1934 年的夏天，赵燕侠的父亲赵筱楼在汉口天声戏院搭班唱戏。这时，戏班里没有唱娃娃腔的小演员，凡有小孩戏，都是由一个 18 岁的青年演员来演，很不合适。适逢上海京剧名旦毛剑秋到此演出，打炮戏是《三娘教子》。可是这出戏里的小东人薛义哥，却找不到合适的小演员。老板看到站在身旁的小燕侠，想让她来演这个角，可是父亲赵筱楼担心其年幼又没有登台的经历，坚决不同意。这时，老板便直接问小燕侠："你敢不敢上台演戏？"小燕侠满口答应说："那有什么不敢的？"此时父亲不好再反对，于是老板叫一个年纪大的女演员，教会了小燕侠扮演小东人薛义哥的出场、台步、身段、戏词、板眼等。

可是，在上演的时候，却发生了一件趣闻。原来老板为防小燕侠不行，叫那位 18 岁的青年演员也化了妆，以应急时顶上去。按照程式规定，小东人薛义哥上场时，先要走完一个大圆场再去见老薛保。可是当小燕侠还只走了半个圆场时，就看到她的父母和那个准备顶替她的青年演员，在上下场门的两旁看着她。那个青年演员怕她走半个圆场停下来，不停向她摆手，并小声说："走下去，走下去！"可是小燕侠以为是要她下来，好让他上去顶替。于是便停下来，站在台上说："演得好好的，我干吗要下去！"观众见她是个稚态可掬的小孩子，不但不怪她，反而还鼓励她演下去呢！于是小燕侠又重新回到上场门，走完一个大圆场后，去见了老薛保。她那活泼、认真的动作，赢得了观众的阵阵喝彩。

从此，小燕侠"包办"了天声戏院的所有孩子戏。为她以后的艺术道路，迈开了可喜的坚实的第一步，使之成为京剧历史上唯一创造流派的女性艺术家。［冯忠方］

溥心畲"出口成诗"

　　我国著名书画家溥心畲天资聪颖，加上自幼受到良好教育，他4岁读《三字经》，7岁学五言诗，10岁就会作七律。

　　溥心畲的母亲项夫人出自书香门第，自幼饱读诗书，对儿子的教育颇为严格，请了两位素有声望的博学之士教习学业。其中龙子恕是光绪年间进士，对溥心畲的功课抓得很严。一次，读经史之余，溥心畲偷看袁枚的《子不语》，先生令他以此为题赋诗方可免罚。溥心畲随即真的"七步成诗"："子不语名篇，随固旨已愆；书原同稗史，义显背尼宣；志怪颐堪解，搜奇手自编；莫教评笔墨，终逊蒲留仙。"先生听后，拍手称奇。

　　10岁那年的一天，溥心畲跟随慈禧太后同游昆明湖。太后兴起，命他赋诗万寿山，溥心畲出口成诗："彩云生凤阙，佳气满龙池。"太后大悦，夸奖说"本朝灵气都钟于此幼童"。

　　作为书画大师，溥心畲自我评论，首先推文史，其次是诗，再次是书画。他的诗不仅作得快，而且作得好。

　　一次在杭州，一位朋友带着8岁的孩子去看他。这个小孩顽皮可爱，他要溥心畲给画一幅画，并要求画小亭在山巅。这位大师抚摸着孩子的头，爽快地答应了。很快，一幅山水画就完成了，上面还有一首诗："古道盘秋雨，茅亭接暮烟；莫嫌山木小，他日可参天。"这首诗明白易晓，表达了溥心畲对孩子未来的期望，更彰显了他的率真性情。

　　世人公认，诗书画是一个艺术整体，而溥心畲更认为三者中诗应该列第一。若干人想拜他为师，学习绘画。而他收徒弟时，见面先问："你会不会作诗？"他曾多次叮嘱前来学画的启功："画不用多学，诗作好了，画自然好。"他还时不时地向学生传授秘诀："书画奠基于诗文，诗文源于立品。"溥心畲甚至固执地认为：一个人如果不会吟诗，便不免庸俗。

和朋友在一起时，溥心畬谈论诗的兴致比谈论书画的兴趣要浓得多。一次，张大千到北京来拜访。那天正刮着大风，张大千触景生情，忽来雅兴，画了一幅画，画面是一棵大树被风吹倒，树上还缠绕着青藤。溥心畬拿起笔不假思索地就题上一首诗："大风吹倒树，树树根已露；上有数枝藤，青青犹未悟。"

溥心畬吟诗配画，一挥而就。诗中那被风吹倒的大树，不就是被推翻了的清王朝吗？溥心畬借此感叹道。［姜炳炎］

侯宝林的幽默哲理

相声大师侯宝林先生，毕生都以"把笑声和欢乐带给人民"作为自己的奋斗目标。他的话语既幽默又充满哲理，让人久久回味。

据著名相声演员姜昆回忆，1982年，新中国的曲艺团体第一次来到了香港。侯宝林的到来在香港刮起了"侯旋风"，他每天都被记者和闪光灯包围，要回答各种各样的问题。有记者问侯宝林："我们怎么用英文解释相声？"侯宝林回答说："有声的漫画。"那位记者穷追不舍："那怎么解释漫画呢？""无声的相声。"侯宝林的回答，让在座的人钦佩不已。

一位西方记者问："侯先生，您说的是普通话，香港主要讲广东话，您说的相声香港人能听得懂吗？听不懂，会有人来看您的演出吗？"侯宝林答："凡是来的都听得懂，凡是听不懂的都不会来。"

儿子侯耀文曾经讲述了发生在父亲身上的一件小事。20世纪80年代，作为电影演员的里根当选为美国总统。一些对中国的政治制度持有偏见的人便以此为话题，经常调侃中国的演员。一位西方记者故意问侯宝林："您是相声演员，里根也是个演员，但是他当了总统，您认为您也能有此殊荣吗?"侯宝林平静地说:"里根是二流的演员,而我是一流的。"大家听后掌声雷动。

侯宝林有一枚闲章刻"一户侯"三个字,曾令不少金石家为之倾倒。若干文化人分析:李白有一首诗"生不愿封万户侯,但愿一识韩荆州",侯宝林是反其意而用之。起初,侯宝林没做太多的解释。问的人多了,他便真诚地说:"没那么深沉,它的本意指的是这个院里就住着我一家姓侯的。" 〔姜炳炎〕

老舍辞职当"写家"

1930年春,老舍从国外回到北京后,萌发了一个念头:"不再教书,只写作,以便能全神贯注。"然而朋友们却劝他:还是先找个有固定收入的工作为好,保住饭碗要紧。

老舍虽然一心想当专业作家,可是朋友们的话也有道理。于是他接了齐鲁大学的聘书,到济南去当教授。他平常把精力全部放在教书上,只是到了假期才从事写作。

但老舍的寒暑假只有"寒"和"暑",却没有"假",假期反倒成了他最忙的时候。从开始写小说起,老舍一连10年都没有休过假,每年一本10万字的小说,都是在假期里写的。

济南的夏天奇热,大人们吃不下饭,一个劲儿地猛喝水,小孩子拒绝吃奶,整天哭号。当时,老舍正在写《离婚》和《牛天赐传》,他左手挥扇打苍蝇,右手握笔疾书,汗顺着笔流到纸上。他想了个法子:把毛巾垫在肘下,当吸汗器。如此这般,每天也必须完成2000字。

写完《牛天赐传》,老舍又一次想放弃教书匠的生活。一是长此以往,身体实在顶不住；二是有教学任务在身，今天写十来个字，明天写十来个字，这根本不叫创作；三是"专业作家"的那点乐趣始终向他微笑招手，他向往着常年从事写作的日子。

朋友们来信，劝他到上海去，干脆以写作为业，他动了心。1934年8月，老舍到上海后发现："上海正笼罩着战争气氛，整个书业都不景气，文艺刊物很少，当专业作家这碗饭不好吃。"他不敢轻易冒险，就又接下了山东大学的聘书。

两年之后，山东大学闹学潮，老舍随着许多同事辞了职。这次，他毅然决定移居青岛，专门写作。

这个决策，给老舍的生活带来了大转机。辞职当"写家"后的第一年，老舍便取得了成果———《骆驼祥子》诞生了。［姜炳炎］

熊十力的较真

熊十力是著名的哲学家，民国时期曾在北大任教授，为人狂放不羁，常常因为一些学术问题和别人激烈论辩，曾经和作家废名论辩乃至于大打出手，被时人引为趣谈。

熊十力在北大开了一门课，有一次在讲课时涉及一个尚没有定论的学术问题，他大发议论，如同长江大河，一泻千里。不料他正讲得津津有味时，一个张姓学生认为他说得不对，站起来反驳他的观点。为了说服这个学生，熊十力引经据典，耐心地开导启发他。不过这个学生也有自己的一套见解，熊十力怎么也说服不了他，两个人互不相让，争辩个没完。就这样，整整一个学期，熊十力和那个学生时不时爆发论战，各执己见、毫不妥协。

期末考试，熊十力出题偏偏就出这个学术问题，因为这个问题是本学期的课程重点，同时也有点考查那个学生的意思。不料那个学生还是"不思悔改"，坚持要写上自己认为对的观点。熊十力阅卷，看到学生依旧坚持己见，于是评为不及格。

按照学校规定，不及格的学生下学期要补考，而且补考成绩要打九折，也就是说要达到 67 分才能及格。为了表示决不让步，熊十力出题还是照旧，而那个学生也是寸步不让，答卷也仍是原样，熊十力给了他 60 分，打九折，不及格。再补考，仍然是双方都不让步，评分又是 60 分。不过到最后，熊十力似乎还是妥协了，60 分没有按例打九折，算及格。

那个学生喜不自胜，他找到熊十力说："熊先生，你终于肯承认错误了！"熊十力用力摇了摇头，又点了点头，他对学生说："你错了，在这个学术问题上，我是一丝一毫不会让步的。"顿了一顿，他继续说："不过我确实错了，我不应该自己坚持己见，却不容许别人坚持己见，这次补考没有打九折就是因为你能够坚持己见。"学生叹服而去。［钟乔］

柳青写诗

现代作家柳青是小说家，在特殊境况中却留下了几首诗。

"文革"中，柳青被迫从自己生活写作的长安县皇甫村搬到西安，在一个相当恶劣的环境中存身。柳青患有严重过敏性哮喘，可住处前后有几个公厕，西边一个牲口棚，东边一个醋厂，每当刮风，都带来气息刺激着柳青；可没有风，各种气味混合在一起，柳青更受不了。1970 年夏天，柳青被送医院抢救达 11 次之多。

三四年后，他们全家才离开那个地方，新住处虽然条件很一般，但由于没有了那要命的气味，柳青全家异常兴奋。当时虽还在"文革"中，可等安顿住好之后，柳青竟意外地在一幅竹篾条幅上书写了一首诗：

> 落户皇甫志如铁，谋事在人成在天。
> 灾祸累累无望时，草蕈还我有生机。
> 堆中三载显气节，棚里满年试真金。
> 儿女侍翁登楼栖，晚秋精耕创业田。

诗中抒发了自己的奋进精神。但"灾祸累累无望时"一句在当时真有些吓人。女儿让他摘下，他不摘。后来几乎所有来客都与女儿意见一致，有人甚至开玩笑说：就凭这首诗，你就可以做一个合格的"现行反革命"了，女儿才趁机将此诗条幅摘下，并一直保存下来。

大女儿结婚时，柳青说要送她一件礼物，结果是一首诗：

> 襟怀纳百川，志越万仞山。
> 目极千年事，心地一平原。

人们见到柳青的第三首诗是在粉碎"四人帮"时。当时人们敲锣打鼓游行庆祝，重病的柳青求医生允许他到西安钟楼转一圈。回来后，他写下一诗：

> 遥传京中除四害，未悉曲折泪满腮。
> 儿女拍手竞相告，病夫下床走起来。
> 忧愤经年无吉日，欢聚一夕新春开。
> 问讯医师期何远，创业史稿久在怀。

可惜，这稍稍正常的日子不过一年多，无论柳青怎样拼命，他却只能留下一部未完成书稿的遗憾，与他心爱的人民和书中形象告别了……［杨建民］

梅兰芳不讲派头

在一般人眼里，大师都应该是要讲些派头的，可梅兰芳不仅不讲派头，为人还非常谦恭。因此，梅派被后人称为"没派"：一方面是"十旦九梅"，说明梅派的全面；另一方面也体现了梅兰芳谦恭的性格。

说梅兰芳不讲派头，也是因他最讲究分寸，这正体现了他的智慧，他把儒家的中庸境界化入了表演，一招一式都有"度"，在温厚平易中，将中国女性含蓄、雅致的意象呈现在观众面前。中年后的梅兰芳名满天下，行里行外依旧评说他"本分"，心力只用在台上，要把台上的一切"做圆了"。

梅兰芳的"没派"还在于他常愿意听取他人建议。儿子梅葆琛有一次看完《霸王别姬》，对父亲说，第二场虞姬手扶宝剑出场时，剑鞘在身后翘得太高，挑着斗篷不好看。结果，第二天再演这场戏时，梅兰芳就把这个动作改了。还有一次，一个梅家的老服务员去看戏，回家说梅先生那天化妆化得脸上红色太重了。第二天演完，梅兰芳马上去问她："今天是不是比昨天要好些？"

即使面对晚辈，梅兰芳也会轻轻欠着身，面带笑容，声音低低地说话。如果晚辈中有女性，他还会起身让座。新中国成立后，有一次梅兰芳去武汉演出。开演前，一个小孩子请他签名，他低声对小朋友说："请你原谅，在这公共场所，如果大家都来找我签名，就会妨碍台上演员的工作，扰乱秩序，是不大好的。"小朋友说："你快给我签吧，别人不会看见的。"梅先生没法，只好把手册摆在腿上签好了递给他。与梅兰芳合作过12年的琴师姜凤山对此感慨地说："他啊，就怕让别人为难。"

正是这种不讲派头的性格和一丝不苟的日积月累，造就了一代京剧大师。﹝鲍海英﹞

鲁迅批评赵景深的翻译

赵景深 18 岁时就有童话作品在《少年杂志》发表，20 岁就有作品在郑振铎创办的《儿童世界》《文学旬刊》发表。1924 年，他翻译了《皇帝的新衣》等童话，是较早把安徒生作品介绍到中国的译者。

据赵景深《我与文坛》记载，他曾得到多位前辈的鼓励和帮助，文学创作和翻译曾是他的主攻方向。正当他朝着一个目标努力的时候，有一位前辈却对他提出了批评。

这位前辈就是鲁迅先生。1923 年，鲁迅先生在《二心集·风马牛》里批评赵景深的翻译：

"……Milkyway 误译为'牛奶路'（应译为'银河'或'神奶路'），Entaur 误译为'半人半牛怪'（应译为'半人半马怪'）……译得错不错是第二个问题，最要紧的是译得顺不顺。倘若译得一点也不错，而文字格里格达……其害处当与误译相差无几……所以严复的信、达、雅，其次序应该是达、信、雅。"

赵景深接受了鲁迅先生的批评，后来，鲁迅还指导他研究民间故事。1933 年，受郑振铎的影响和鼓励，赵景深从创作与翻译转向研究古代戏曲与小说，历经多年，当他拿出《曲论初探》《元明南戏考略》《宋元戏曲本事》等研究成果时，鲁迅先生却已经与世长辞了。［段慧群］

梁实秋风趣幽默

民国文林所撰的《细说民国大文人》，讲述了文学家梁实秋的几个幽默故事。

有"神医"之称的王敬义是梁实秋的好友，喜欢到梁实秋家串门。每次离开时，总是习惯偷偷在其家门口撒泡尿。梁实秋对此一直装糊涂，当作没看见。

一天，王敬义自己憋不住了，自我暴短说了出来，不无得意地问梁实秋："每次我都撒泡尿才走，梁先生知道吗？"梁实秋微笑着答道："我早知道，因为你不撒尿，下次就找不到我家啦！"

梁实秋与韩菁清结婚时，新房设在韩家，梁实秋因高度近视，又不熟悉环境，不留心撞到了墙上。新娘立即上前将新郎抱起。梁实秋笑道："这下你成'举人'了。"韩菁清也风趣地说："你比我强，既是'进士'（近视），又是'状元'（撞垣）。"两人相视大笑。

梁实秋先生毕生致力于研究莎士比亚，遂成为这方面的权威。他原计划用20年时间将《莎士比亚全集》译成中文，但结果却从20世纪30年代开始，持续近40载，到1970年才完成《莎士比亚全集》的翻译。他在"庆功会"上发表演讲时说道："要翻译《莎士比亚全集》必须具备三个条件。"大家洗耳恭听，他停了一下，又说："第一，他必须没有学问，如有学问，他就去做研究、考证的工作了；第二，他必须不是天才，如是天才，他就去做写小说、诗和戏剧等创作性工作了；第三，他必须能活得相当久，否则就无法译完。很侥幸，这三个条件我都具备，所以我才完成了这部巨著的翻译工作。"一席幽默，赢得笑声、掌声一片。[冯忠方]

品行

PING XING

于右任一生清廉

1925 年，孙中山逝世，于右任当时正奉命北上同张作霖谈判，未能随侍左右，一直引为终身遗憾。1927 年蒋介石发动四一二反革命政变后，最早主张"合则两益，离则两损"的于右任，感到前所未有的苦闷和彷徨。在国民党内部，一直认为他是国民党左派，所以当时处境十分艰难。这位辛亥革命的元勋，从此被蒋介石排挤。

蒋介石退败台湾后，给于右任准备了花园洋房，他婉拒了，选择了台北青田街的一个寓所。后来，他有时也到台北市北投溪居住，并亲手写了"梅庭"二字。他来这里不是为了避暑，而主要是避寿。因为过寿的时候，成千上万的人来看望他，老人家不胜其扰。更重要的是，他要躲开所有请托之人。所以他来的时候，连侍卫都不带，只有刘延涛先生和一个老佣人陪着他在梅庭看看书、写写字。

于右任一生性格豪爽，遇到前来借钱的朋友，从来都是慷慨解囊，加上来访的客人太多，开支越来越大。一向清廉的他，每到月末常常是捉襟见肘，有时还靠借贷度日。有一次，他迫不得已叫秘书借来一个金手镯去典当，暂时渡过难关。这件事被记者打听到了，就在媒体上披露了出来。大家议论纷纷，觉得不可思议。他知道后，怪秘书嘴不严。秘书不服气：这有什么，你一个"监察院院长"穷得向人家借金手镯典当过日子，很光荣吗？

1964 年 11 月 10 日于右任逝世，国民党中央打开他的保险箱，当时派了一位大员做证人。打开箱子时，里面有一双他的布鞋，还有写着"葬我于高山兮"的诗，此外有一张 4000 美元的借条。

为了纪念这位一生清廉的革命先驱，菲律宾的华侨捐建了一个墓园。牌坊前后有两副对联，其中一联是："海气百重开，终于有灵飞太华；国殇高处葬，此山不语看中原。" ［沈治鹏］

赵树理"不谈钱"

作家赵树理向来没有添置私产的习惯。

1951年他带着全家人由山西迁到北京，一时没有房子，就暂借了几间房子居住。后来组织上号召作家自己买房，他就用长篇小说《三里湾》的稿费，委托作家协会总务科的同志为他买了一所房子。那所房子在香炉营，是一座舒适的四合院，有18间房，客厅、餐厅、书房、厨房等一应俱全。房子买定时，赵树理不在家，等他回来一看却连连摇头，说离他的工作单位太远，路上要用两个小时，太不值得，时间比空间更宝贵。为了腾出更多的时间工作，他设法把房子让了出去，又在东单煤渣胡同马家庙2号另买了一处。这里离作协倒是近了，可相比之下条件要差得多，仅有五六间房，还得自己掏钱修葺，修理费前后花了1600元。

一个朋友问赵树理："老赵，这马家庙值不上香炉营的一半，你换它干啥？你至少要吃五六千元的亏哩。"赵树理坦然回答："为了工作方便嘛！钱这东西，叫作'人民币'，来自人民，还给人民，我是从来不计较多少的，说什么吃亏不吃亏。"

赵树理的新作《三里湾》一次就印了38万册，朋友问他稿费拿了不少吧？赵树理对他说："当时有三家出版这本书，我要是想多拿稿酬，就交给人民文学出版社了。现在把书送到通俗出版社，就是为了把书的成本降低一点，让农民读者少花点钱。只要广大农民能看到这本书，我是不计较稿费多少的。我还有意把篇幅压缩到最小限度，尽量少拿稿酬。"

10年后，赵树理调回山西工作，他把自己买的住房，分文不要地交给了作家协会。［阎泽川］

吴冠中烧画

吴冠中是当代著名画家、美术教育家。油画代表作有《长江三峡》《北国风光》《鲁迅的故乡》等。

吴冠中在艺术方面，对自己到了近乎苛刻的地步。他说："创新太不容易，创新十分之九不能成功，能成功的那一成才了不起，也就是说，要是画 100 张画，满意的作品仅仅不过 10 张。"言外之意，那些自认为不满意的作品统统烧掉。

吴冠中将烧画当成家常便饭。1991 年，吴冠中的画在市场上的价格已经很高了，他却把自己不满意的 200 余幅作品集中起来予以烧毁。

这一幕，恰巧被来访的新加坡著名摄影师蔡斯民碰上。望着渐渐化为灰烬的作品，蔡斯民心疼得连连惊呼："烧这么多幅，您可真下得了手呀！您这是在烧房子啊！"

吴冠中却平静地说："我觉得自己并没有画好，有些感情并没有表现出来。我见不得自己画坏了的画，看见了就觉得心里难受。对付坏东西的唯一办法就是毁掉，不能让坏东西流传出去，遗臭万年。作为一个艺术家，我应该对未来和历史负责。我骗得了今天的人，却骗不了明天的人。"吴冠中还强调："我老了，趁现在活着，赶紧将那些自己觉得不满意的作品烧掉。我这个人只喜欢艺术，别的如金钱、名气都已视为身外之物，所以烧起画来也就胆壮气足，毫不手软！"

吴冠中先生对艺术敬畏，以及认真负责的态度，值得我们世代敬仰和追随。［张雨］

杨小楼"罢演"

杨小楼名三元，系京剧武生演员、杨派艺术的创始人，在民国时与梅兰芳、余叔岩并称为"三贤"，享有"武生宗师"的盛誉。

杨小楼不仅是艺术大师，而且也是爱国志士，在做人处事方面堪称典范。1935 年，在卢沟桥炮声还未打响之前，北京、天津等地虽然尚未沦陷，可是冀东 24 县已经被日本侵略者所组织的汉奸政权把持，近在咫尺的通县理所当然成为伪冀东政府的所在地。1936 年春天，汉奸殷汝耕在通县过生日，举办盛大的堂会。为了给自己撑门面，殷汝耕打算邀请一些戏剧界的名流前去演出助兴，而首先想到的就是人气极高的杨小楼。

当时，殷汝耕想当然地认为，从北京到通县乘汽车不到一个小时，再加上给加倍的包银，杨小楼一定会爽快地答应。谁知，当殷汝耕兴冲冲地来到北京后，竟然碰了钉子，吃了"闭门羹"。开始他以为杨小楼是觉得价钱低，他让人向杨小楼传话，只要能过去演出，想要多大价钱随便开口。

然而，杨小楼则直接怒怼道："不要让你的银子脏了我的名声，不管给出多少价位，我也没兴趣演出。"殷汝耕听后，虽然恨在心上，但也没办法发作，只能灰溜溜地回到了通县。

当时，许多好友担心杨小楼不去通县给殷汝耕唱戏万一将来北京也沦陷了怎么办？那时殷汝耕一定会怀恨在心寻机报复。大家都劝说杨小楼可以前往南方躲避一下。然而，杨小楼却襟怀坦荡地说："为什么要躲起来呢？邪不压正，这个道理我还是懂的。如果北京届时真的'变了色'，那我干脆就退休不唱了。"

到了 1937 年，日本侵略军占领了北京，杨小楼果然从此不再演出。一年后，他便因病去世，令人扼腕痛惜。

不管给多少钱杨小楼也拒绝演出，其表现出的气概和胆识，令人敬佩、赞叹。〔姚秦川〕

郑振铎不摆架子

20世纪30年代初，季羡林在清华大学读西洋文学系。郑振铎当时为燕京大学中国文学系教授，在清华大学兼课。季羡林多次旁听过他的课。

那时的教授架子很大。主要有三个原因：首先他们知识渊博，自认为高人一等；其次他们的物质待遇优厚，是寻常百姓羡慕的对象；再次当时的社会，论资排辈是天经地义的事。大多数像季羡林这样的寒门子弟，常为毕业后的饭碗担忧，他们几乎把所有的希望都寄托在教授身上。

同郑振铎一接触，季羡林就感到他和别人的不同。在他身上，看不到半点教授的架子。郑振铎任何时候都是和蔼可亲的，完全是以平等的态度对待学生。他说话非常坦率，有什么想法马上就说了出来，既不装腔作势，也不以势吓人。只要他认为有一技之长的，不管是老年、中年还是青年，都一视同仁。

当时郑振铎正同巴金、靳以等主编大型刊物《文学季刊》，他没有按惯例只找名人来当主编或编委，而是让季羡林和他的同学当上了编委或撰稿人。大家都感到受宠若惊，认为郑振铎对学生们的爱护，除了鲁迅之外，恐怕再无第二个人，大家都在背后说他是一个宋江式的人物。

郑振铎的工作方式也不同于别的教授。他兼职很多，坐人力车奔走于城内城外。他戴着深度眼镜，拿着一个大皮包，里面装满了文章和书本，鼓鼓囊囊。一坐上人力车，就打开大皮包拿出书本，看起文章来。同学们都议论，说郑先生出行真像一只负重前进的骆驼。

1946 年夏，季羡林从德国回到上海，恰好郑振铎也在上海，季羡林去看过他多次。当时郑振铎正积极推进民主运动，国民党反动派把他看作眼中钉。一次，季羡林和他谈到了这个问题，出乎意料，他立即声震屋瓦，流露出极大的义愤，完全不同于长期以来的温文尔雅，让季羡林认识到郑振铎的另一面，那就是对邪恶势力的横眉冷对。［姜炳炎］

金庸的实事求是

金庸的武侠小说被广大读者热捧后，金庸于 1959 年辞掉了《商报》的工作，和一帮志同道合的朋友在香港创办《明报》。

1961 年秋天，金庸的身体出现了异样。到医院检查才知，他身体内有个肿块。医生建议：必须尽快做手术摘除，否则有癌变的可能。面对医生的建议，金庸不敢大意，准备尽快做手术。

手术前，金庸需要面对一个难题。当时的《明报》正在连载《天龙八部》，做手术会影响连载。金庸之前因为工作忙碌，从没备过很多稿。考虑到读者每天期待的心情，金庸有了顾忌。

就在金庸为连载的事情烦恼的时候，他的好朋友倪匡找上了门。一见金庸，倪匡真诚地说："手术要紧，千万别耽搁！你只管安心做手术，连载稿件的事由我来为你代笔。"

倪匡是香港四大才子之一，和金庸、古龙齐名，他写的武侠小说在香港也是非常受读者欢迎的。现在好友提出帮忙，金庸真的感激不尽。瞬间，压在金庸心头的石头一下子搬开了。接下来的时间，倪匡开始尽职尽责地写连载。由于倪匡的用心，读者根本察觉不出连载的内容出自代笔……

又一段时间后，金庸康复出院了。紧接着，金庸用个人名义在《明报》

的首要位置刊发了一条致歉启事：

> 尊敬的读者朋友：
>
> 你们好！
>
> 首先，我真诚地向大家说一声："对不起！"之所以要道歉，主要是因为，最近一段时间本人做了一个小手术无法写《天龙八部》，读者朋友们看到的小说都是我的好友倪匡代笔的……
>
> 在此期间若给读者朋友带来困扰，请大家谅解！
>
> 金庸
>
> 1961 年 11 月 15 日

致歉启事刊发后，读者们被金庸实事求是的态度深深地打动，更加喜欢金庸的武侠小说了。

凡事实事求是，正是凭借这样的人生信条，金庸收获了成功，成为誉满全球的作家。[张朝元]

茅盾扶持新人

茅盾不但才华出众，而且还是一个品德高尚的人，他半途弃稿扶持新人的故事，更是感动着文坛界的每一个人。

1931 年春天，出版家舒新城邀请茅盾来翻译英国女作家的长篇小说《简·爱》。这天，茅盾因翻译交期问题需要和舒新城当面沟通。来到舒新城的办公地点后，茅盾得知对方外出办事了，考虑到来回折腾更耽误时间，茅盾决定坐在办公室里等待。

等待的时间里，茅盾拿起舒新城办公桌上的一本书稿看了起来，发现这是李霁野翻译的《简·爱》。茅盾觉得李霁野翻译得非常到位，并且整套书都已经翻译完毕。他有些想不通，既然已经有人翻译得特别好，为什么舒新城还要找自己翻译呢？

就在茅盾不得其解时，舒新城回到了办公室，茅盾直言不讳地说出了自己的疑问。

原来，李霁野早在一个月前就送来了自行翻译的《简·爱》，舒新城看后觉得翻译得非常不错，但考虑到已经起用茅盾了，如果这个时候提出让茅盾终止翻译十分不妥。而且，李霁野在翻译界没有名气，所以舒新城准备回信婉拒。

听完舒新城的解释，茅盾说："李霁野翻译的《简·爱》相当不错，和原文误差很小。这样吧，这本书我就不再翻译了，你们就出版李霁野翻译的作品。"

舒新城急了："那怎么行！这本书您已经翻译了1/3了，如果这个时候停下来，对您太不公平了！还有，李霁野在翻译界没名气，我担心会影响发行的！"

茅盾笑着说："我翻译多少倒真的无所谓，我当初答应你翻译《简·爱》，主要是因为市面上出版的《简·爱》没能翻译出原著的水平。现在李霁野已经完工了，不能让人家白费功夫。还有更重要的一点，我们要给新人机会，才能让文学百花齐放！既然你担心发行问题，到时我隆重推介一下。"

后来，李霁野在得知事情的内幕后，感激得流下了泪水。［张朝元］

程砚秋荷锄务农

1937 年卢沟桥事变后，日本侵略者发动了全面的侵华战争，北平沦陷。著名京剧演员程砚秋绝迹舞台，以示抗议。

一次，日伪当局要求北平梨园公益会出面组织京剧界唱捐献飞机的义务戏。公益会被迫托人来请程砚秋，希望他能体谅同业的难处，参加演出。程砚秋义愤填膺，断然拒绝为日伪粉墨登场，激愤地说："叫我们中国人演戏，得来的钱他们拿去买飞机炸弹，再来杀害我们中国同胞，决不能做这种助敌为虐、屠杀自己同胞、没有人性的罪恶勾当！""我程某人宁死枪下，也决不从命！""我一人做事一人当，决不能让大家受连累。"来人见他如此坚决，只好悻悻而去。

不久以后，程砚秋从外地返回北平，在前门车站刚一下车，就被守候着的日伪特务以检查为名，把他拉入站内小拘押室问话。汉奸翻译煽动日本宪兵侮辱他，程砚秋不甘受辱，愤然反抗。20 多个特务、宪兵一拥而上，团团将他围住，拳打脚踢，还拿出绳索要捆绑他。程砚秋从小武功根底就好，后来又跟武术大师高紫云学过太极拳。他看屋内有一个柱子，便背柱而立，左迎右击，一人力敌七八个特务，把敌人打得纷纷倒退，不能近身。程砚秋瞅空子跑出屋外，钻入人群，才得以脱险。

从那次以后，程砚秋为了摆脱特务的纠缠，便离开了喧嚣的市区，隐居到颐和园后面的青龙桥，开始了荷锄务农的生活。他住的是土屋茅舍，吃的是粗茶淡饭，每天和农民一道下地种田。北京市档案馆珍藏着一张程砚秋"停演"后在青龙桥务农的照片，在照片中我们可以看到，程砚秋一手牵毛驴，一手拿农具。此时的程砚秋虽然身处艰苦的环境中，但是避开了日伪特务的威逼，他的脸上流露着平和温暖的笑容。

程砚秋归隐两年，1945 年抗日战争胜利，他满怀胜利的喜悦又重登舞台。［冯忠方］

顾颉刚与祖母

1893 年，顾颉刚出生于苏州。顾家是当地有名的书香世家，康熙当年下江南时，曾题写"江南第一读书人家"赠之。由于数代单传，顾颉刚一出生就成了掌上明珠，家里希望他延续顾门书香。

因为母亲身体不好，顾颉刚从小跟着祖母生活。祖母认定顾颉刚将来必能成一番大事业，因此立下很多规矩。五六岁时，一天家中来了亲戚，祖母买点心款待。客人吃时，顾颉刚站在旁边不停地看，客人分了一个给他，顾颉刚高兴地接过来吃了。待客人走后，祖母关起房门把他打一顿，让他彻底改掉了这个坏毛病。每次吃饭，大人没有下筷，顾颉刚绝不能先吃；吃饭绝不许浪费，落到桌上的米也要捡到碗里吃。这些规矩影响了顾颉刚的一生。

对待顾颉刚的学业，祖母极其认真。顾颉刚整天在私塾里，几乎没有一点玩耍时间，便想方设法借故逃学。一天下大雨，吃过早饭，看着祖母说："今天雨太大了！"祖母看透了他的心思："你想不去了吧？就是下铁，也得去！"随后她不厌其烦地叮嘱、鼓励说："你读书要好好用功啊！不要坏了祖上的名声！"这些话斩钉截铁，令顾颉刚终生难忘。

每晚临睡时，祖母总要检讨孙子一天的行为。若是做了错事，便叫他写在纸条贴到床头上，第二天早晨睁开眼睛，第一件事顾颉刚就把那张纸条诵读几遍，表示悔过。若日后重犯，还要另加体罚。就这样日积月累，让顾颉刚时刻对自己的行为负责。

祖母很会讲故事。傍晚时分，顾颉刚搬过小板凳挨着坐下。祖母一边抚摩着孙子一边讲述。民间传说、神话典故、人生道理，这些既增加了顾颉刚的向善心，又打开了他的想象力。

出生于"江南第一读书人家"，祖母的言传身教对顾颉刚一生影响极大，直至成为知名国学大师。他在著作《玉渊潭忆往》中回忆说："我的一生，关系最密切的是祖母。可以说，我之所以为我，是祖母亲自塑铸的一个艺术品。"［姜炳炎］

萧乾的大度

1998 年 12 月，萧乾因患重病住进北京医院进行治疗，好友张昌华得知病情后前来探望。

好友来访，浑身乏力的萧乾从病床上支撑着坐了起来与对方打招呼。两人简单聊了一会儿之后，张昌华发觉萧乾的脸色非常难看，于是便提出告辞，让萧乾多多休息。

一见张昌华要走，萧乾赶紧从枕头下面拿出一封信说："这是一位女读者写给我的来信，在这封信中，女读者对我老早写的长篇小说《梦之谷》提出了很多中肯的建议，我觉得对方提的建议有可取之处。本来我准备给对方回信的，没想到一下子住进了医院。医生说，我的情况有些特殊，现在不能看书、不能写字，且一时半会儿出不了院。你也知道我的儿女都在国外，再加上老妻行动也不是太方便，所以只能拜托老朋友给那个女读者回信了。请您按我的意思，回信时重点向女读者表示感激之情！"

萧乾的话一说完，张昌华赶紧答应下来，并承诺以最快的时间将信寄出。

回到家里，张昌华先看起了女读者写给萧乾的信。看着看着，他的眉头慢慢地皱了起来，这位女读者哪是在提宝贵意见啊，简直就是在鸡蛋里挑骨头，把《梦之谷》批判得一无是处。张昌华真的有些想不通，萧乾为什么要回这样的一封信啊？要说《梦之谷》写得好不好，广大读者自有评论。更让张昌华无法理解的是：萧乾现在病得特别严重，连说话都有些吃力，竟然还牵挂着要给对方回信。

一想到萧乾躺在病床上说话的场景，张昌华禁不住被萧乾大度的精神深深地打动了。经过一番酝酿，张昌华按照萧乾的意愿给女读者回了信……［张朝元］

冰心的吃苦耐劳

1935 年 5 月，冰心的二女儿吴冰出生以后，冰心的生活开始手忙脚乱了起来。由于冰心的婆婆身体不好，丈夫吴文藻要忙自己的事业，两个孩子没人帮着带，这使得冰心不得不白天辛苦地带孩子，晚上写作。

对于辛苦，冰心倒能接受，但在写稿的过程中，有个难题困扰着她，那就是由于白天比较辛苦，等冰心坐下来写稿时，会不停地打瞌睡，写作状态不好。正在烦恼时的冰心，无意间从书中得知吃辣椒可以提神，决定尝试一下。

当天晚上，当瞌睡再一次袭击冰心时，冰心挑了一只干红辣椒放进嘴里嚼了起来，瞬间被辣得嗓子直冒烟，身上直冒汗珠，人一下子精神起来了。

后来，吴文藻回老家探望自己的父母时，无意中说出了冰心为了写作吃辣椒提神的事情。吴文藻的父亲深受震撼，自己的儿媳带两个孩子就够辛苦的了，还每天晚上熬夜写稿子，这样下去对身体不好啊！这样一想，冰心的公爹主动提出要帮忙带孩子。

消息传到冰心的耳中，她一下子欢呼起来。要知道自己的公爹一开始是拒绝带孩子的，现在老人家能改变初衷，真是求之不得！

当冰心问老人家改变初衷的原因是什么时，公爹直言不讳地回答："之前，我以为儿媳小巧不能干，没想到这么能吃苦！儿媳现在累得要死，作为公爹我能不管不问吗？"

公爹的话一说完，冰心的心里暖暖的。

冰心用自己的能吃苦耐劳精神打动了公爹，获得了支持，从而使自己有更多的时间用来写作，不得不说吃苦耐劳是走向成功的法宝。[张朝元]

童第周为国争光

我国著名生物学家、教育家、社会活动家童第周，1930年得到一次出国留学的机会，在新婚妻子叶毓芬的支持和亲友们的资助下，他远渡重洋，来到比利时布鲁塞尔留学。

当时，童第周发现有的外国留学生对中国人抱着一种藐视的态度，说"中国人是弱国的国民"。有一次，童第周楼下房间里住着的外国留学生竟然向童第周挑衅说："中国人太笨，哪能比得上我们？"

童第周听后再也压抑不住满腔的怒火，严肃地对他说："这样吧，你代表你的国家，我代表我的国家，我们来比一比，看谁先取得博士学位。"童第周憋着一股气，在日记中写下了自己的誓言："中国人不是笨人，应该拿出东西来，为我们的民族争光！"

有一次做实验，教授正在做青蛙卵子实验，需要把卵子外面的一层薄膜剥掉。在显微镜下，教授和助手们怎么也去不掉那层膜。童第周到显微镜下拿针把卵膜刺一下，卵瘪下去了，一下就剥开了。教授对这个学生所表现出的生物学天分感到欣喜万分。他抑制不住内心的喜悦，连声称赞："童第周真行！中国人真行！"童第周剥除青蛙卵膜手术的成功，一下子震动了欧洲的生物界。

4 年之后，通过答辩，比利时的学术委员会决定授予童第周博士学位。在荣获学位的大会上，童第周激动地说："我是中国人，有人说中国人笨，我获得了贵国的博士学位，至少可以说明中国人绝不比别人笨。"在场的教授纷纷点头，有的还竖起大拇指。而那位羞辱他的留学生却一篇论文也没有，更谈不上当博士了。［冯忠方］

竺可桢的最后时刻

中国现代气象学和地理学的奠基人、著名气象学家竺可桢把毕生的精力都献给了自己心爱的科学事业。把自己的生死存亡置之度外，在死神面前，坦然面对，奋斗到生命最后一刻。

1974 年 1 月 23 日，竺可桢的生命处于垂危之中。这天，照例有不少人来探望他，因他病情日重，并且前一日咳了一整天，竺可桢夫人便把所有的亲戚、朋友都留在房外。

猛然间，他听到了外孙女婿的声音，便迫不及待地叫他进来。外孙女婿是中国科学院高能物理研究所的研究人员。竺可桢虽是大科学家，但他对自己缺乏"基本粒子"这门新知识很着急。他曾经五次向晚辈求教"补课"。现在，他又抓住这个机会，要求"补课"了。

破例进屋的外孙女婿，看到竺可桢强打精神，艰难地坐在书桌旁边，心里很难过。因病，竺可桢的听觉受到了严重的损伤，甚至戴上助听器都听不清外孙女婿的讲话。外孙女婿便用笔把竺可桢想了解的知识写到纸上。

竺夫人心疼地劝他说："你连坐都支持不住，还问这些干什么？"竺可桢听了，一声咳一个词地说："不成！我知道得太少了！"外孙女婿还给他介绍了国外研究基本粒子的近况，以及杨振宁的"规范场"取得的新进展。竺可桢听后满意地笑了。

1974年2月6日，是竺可桢去世的前一天。在病危时，他还不忘做当天天气情况的记录，在病榻上用颤动的手拧开收音机的旋钮，仔细倾听着天气预报。戴上眼镜，借着台灯的光，哆哆嗦嗦地在笔记本上写下了一行小字："气温最高零下1℃，最低零下7℃，东风1～2级，晴转多云。"当时他已经不能像过去一样，到室外观测温度，这是依照气象局的报告记录的，所以还注明了"局报"两个字。这是老人留下的最后一篇日记。 ［冯忠方］

于是之的宽容记忆

于是之是公认的艺术大师，曾担任中国戏剧家协会副主席、北京市戏剧家协会主席、北京人民艺术剧院第一副院长，曾被授予"国家有突出贡献话剧艺术家""中国戏剧奖·终身成就奖"等诸多荣誉，被观众亲切地称为"国宝"级话剧演员。

于是之塑造的《骆驼祥子》《龙须沟》《茶馆》等艺术形象多少年来给观众留下了难以磨灭的记忆。著名戏剧家曹禺曾说："他谦称是我的学生，其实很多方面他是我的老师，尤其是艺术和道德品质。"

1992年7月16日，话剧《茶馆》在首都剧场演出，这是第374场，系于是之的告别演出，也是他扮演王利发的绝唱。

那晚的首都剧场座无虚席，观众看得如痴如醉。演完谢幕时，于是之几次走向前台向不肯停止鼓掌的观众鞠躬致意。全体观众站起来，热烈鼓掌欢呼，一位观众大声喊："于是之老师，再见了。"又有人喊："是之，你好；是之，别走。"于是之听后，向前迈了一步，早已满眼泪水。他有些踉跄地走下台去，险些撞在门上。在随后召开的座谈会上，观众请他题词，于是之写下了"感谢观众的宽容"。大伙儿感到非常惊讶，为什么要写这七个字？

几年后，于是之给了我们答案：告别演出的那晚，他思想上有了负担，特别紧张，硬撑着把这场戏演下来，但内心却痛苦极了，带着满腹歉意向观众谢幕。观众却热烈鼓掌，又献鲜花又送花篮。他在文中写道："有人喊我名字说'再见了'时，我感动得说不出话来。由衷地感谢叫我签字的那位观众，是他给了我表达惭愧的机会。以前只知道观众对演员的爱和严格，从没想到还有这样的宽容。因而写下了'感谢观众的宽容'这七个字。"

大师什么模样？于是之老人做出了回答。他根植于人民心中，时刻念着观众，虽已逝去，独留真情铭记。［姜炳炎］

梅贻琦的秘密

1949 年后，梅贻琦在美国负责管理"清华基金"，却不愿意拿钱到台湾盖大楼，补贴经费缺口，说要用在科研上。因此，不少人骂他"守财奴"，手握巨款，不知有何盘算，此后，也只是在 1955 年于新竹建了一个"清华原子科学研究所"。晚年时，胡适曾多次劝梅贻琦立份遗嘱，交代有关事宜，以免落人口实，梅贻琦婉言拒绝了。这一系列讳莫如深的做法，让人生疑。

梅贻琦向来节俭，患病住院的医药费是校友们捐助的。1962 年 5 月 19 日，梅贻琦病逝于台大医院，人们在其病床下发现了一只紧锁的手提包。梅贻琦夫人韩咏华说这么多年，这只手提包，梅贻琦从不离身。她看着他把手提包从北平带到昆明，从大陆带到美国，不知里面装的是什么。梅贻琦为人谦和，不拘小节，唯独对这只手提包无比珍视，不容他人沾手，想必是极重要的东西。

梅贻琦逝世后，秘书遵照他的遗言，将他在病中仍带在身边的这只手提包当即封存了。许多人相信，这只手提包里一定藏着不为人知的秘密。两周后，在包括韩咏华在内的各方人士监督下，秘书将手提包启封……当手提包打开时，所有人都怔住了：手提包里装着的是清华庚款账目，从1945年到1962年，开支在哪儿、现有余额多少、利息几何，一笔又一笔，清清楚楚，分毫不差！

后来，蒋梦麟在《中国时报》发文说："清华的梅贻琦校长一生格物致知，诲人不倦，他是有秘密的！他的秘密是：廉洁、严谨与自律。"　［祁文斌］

刘节代师挨斗

中国当代历史学家刘节，1926年考入清华国学研究院，师从王国维、梁启超和陈寅恪，专攻中国哲学史。

1952年全国高等学校院系调整，岭南大学与原中山大学等校合并后成立新的中山大学，刘节任中山大学历史系主任，他不仅与陈寅恪同事，而且还成为其领导。但刘节对陈寅恪行弟子礼却一点也不含糊。逢年过节，刘节去拜望陈寅恪时，必对老师行下跪叩头大礼，一丝不苟，旁若无人。

在中山大学校园中，关于刘节尊敬老师陈寅恪及代陈挨斗的故事仍广为流传。在整个中国学术界，刘节与陈寅恪的师生情谊也广为人知。1962年6月，陈寅恪入浴时摔断右腿股骨，住院半年多，股骨仍不能愈合，自此盲眼膑足的陈寅恪终日躺在床上或在木椅上静坐。1966年，"文革"蔓延到中山大学。信奉"独立精神自由思想"的陈寅恪，也难以幸免。然而，刘节是在任何压力下都绝不批陈的学生，义无反顾地陪伴恩师同甘共苦，还经常主动把老师要受的苦难都揽到自己头上。在"文革"初起时，学生要批斗陈寅恪，刘节拦住，大呼："我是他的学生，他身上有的毒，我身上都有，斗我就行了！千万别斗他！"

1967年底，红卫兵要召开批斗会的前一天派人来到陈家，要暮年"膑足"的陈寅恪第二天到现场去接受批斗。但是到了晚上，办会的人过来跟陈家说不用去了，听广播接受批斗。

原来，刘节先生一听到说要批斗陈寅恪，立即跑去找办批斗会的人说，陈寅恪先生"又老又盲，你们不怕把他斗死？"并表示他可以代陈寅恪先生接受批斗，所以才没有让陈寅恪先生到现场接受批斗。

第二天，在那里接受批斗的就是冯乃超和刘节先生。批斗会上，"小将"们对刘节轮番辱骂、殴打，之后又问他有何感想，刘节昂起头回答："我的学问远不及我的老师，能代替老师挨批斗，我感到很光荣！" ［冯忠方］

钱锺书"没有书"

"文革"时，许多人经历了精神"缺粮"的味道。后来许多人写文章，谈到这个阶段，为了获得一本书，下班或农村收工后，走路十数里甚至几十里，还是限定一日、二日归还。偶尔获得一部书，视若珍宝，精心藏护。

钱锺书也遇到过精神"缺粮"之事。那时，他与妻子杨绛下放在河南"干校"。当时已是后期，纷纷有"老弱病残"可以回到北京的消息。钱锺书当时的一项职责是去邮局为大家伙儿取信，因为他有"辨认难字，寻出偏僻的地名"的本事，受到邮电所人员白开水的"款待"，所以，他也较早知道了自己可以回京的消息。他特地去杨绛处（他与妻子彼此距离不远）告知消息。之后，杨绛开始打算帮助钱锺书收拾行李，希望他先回去，可以对女儿有个照应。

不过几天后，钱锺书来看杨绛，脸上是"静静的"，公布的名单中没有他。在后来的记述中，杨绛说："我的心直往下沉。没有误传，不会妄生希冀，就没有失望，也没有苦恼。"真正切身体验。

回京的老弱病残送走了。钱锺书、杨绛就要做长久居此的准备了。一天，钱锺书又来到杨绛这里，过了菜园，杨绛指着"窝棚"说："给咱们这样一个棚，咱们就住下，行吗？"钱锺书认真想了一下说："没有书。"杨绛感慨："真的，什么物质享受，全都罢得，没有书却不好过日子。"

人们精神"缺粮"的情状，这几句话表达得够"透"。［杨建民］

徐悲鸿挂联明志

徐悲鸿是一位不牟私利、胸怀坦荡的画家、美术教育家，他的高风亮节，早年即享誉画坛。他处世为人、握笔作画始终恪守其先师达仰·布弗莱的教导："一个艺术家要诚实，要守信，不为名誉和金钱创作，不要为阿谀创作。"无论环境多么恶劣，他从未有过丝毫动摇。

1927 年，徐悲鸿从法国巴黎回国，这时，他已是在国内外享有盛名的艺术家了，许多人包括国民党的高级官员，都渴望能得到他的画。有一次，蒋介石 50 大寿之际，国民党政府文化委员会主任张道藩登门，请他为蒋介石画一张半身像。徐悲鸿断然拒绝，张道藩气得目瞪口呆，随即用威胁的口吻说："徐先生，你虽然是才华横溢的大艺术家，可我要奉告你，还是不要做这样的蠢事为好，以免后悔啊！"徐悲鸿白了张道藩一眼说："后悔？

笑话！我只会感到自豪！因为你的座右铭是升官发财，金钱美女，而我的座右铭却是：人不可有傲气，但不可无傲骨！"

1943年前后，国民党统治区文艺领域的思想十分混乱，派系纷争、鱼龙混杂。当时的美术界也有一批品格低下的画家，为了迎合国民党反动派的需要，大肆宣扬资产阶级颓废派艺术，更卑贱者，甚至绘制春宫图之类的淫秽不堪的东西，毒害青年，销蚀群众抗日的意志。对于美术界这种乌烟瘴气的状况，徐悲鸿深恶痛绝。

为表示他决不屈服于反动势力的淫威，徐悲鸿毅然反其道而行之，埋头作画，创作了《愚公移山》《九方皋》等歌颂劳动人民崇高精神的现实主义作品。为此，他集泰山经石峪石刻里的字"独持偏见，一意孤行"为联，用黄绫子装裱悬于画室，以表明心志。［冯忠方］

郑振铎的民族气节

1937年11月12日，上海沦陷。

这天，郑振铎从外面回来，妻子高君箴发现他的脸色非常阴沉，郑振铎让妻子帮着整理穿戴行装，同时，翻箱倒柜地收拾起来。他把全部日记和重要文稿，托暨南大学的工友寄存到一位朋友家去。然后，把有关人员的联系方式和书信等，统统投进了壁炉里烧毁；接着又用抹布清洗掉电话机旁边写的通讯地址。

一切安排妥当，他才告诉妻子，白天上海市文化界救亡协会召开了紧急会议，决定救亡协会成为分散的地下机关；《救亡日报》暂时停刊。最后，郑振铎神态严峻，只说了一句："匈奴未灭，何以家为！"便匆匆出了门，辗转上海各地，开始了地下抗日救亡运动。

郑振铎平生最深恶痛绝的就是那些卖国求荣的民族败类。每当听到原先的某某朋友或某某同事当了汉奸，总是气得牙齿咬得咯咯响。一次，一个当了汉奸的朋友来看望他，讨好地说，日本人很敬佩他，想请他出来主持某一方面的文化工作，并拿出一张数额很大的支票，说是一个叫清水的主持文化工作的日本人送给他的。

郑振铎横眉冷对，当场把那张支票撕了个粉碎，痛斥这个朋友，那个人只好灰溜溜地走了。郑振铎气了好几天，嘴里念叨着："岂有此理！士可杀而不可辱。"朋友们都劝说日本人已经盯上他了，要处处小心。郑振铎立即更换了住处。

几天后，郑振铎在中国书店意外地遇到了清水。当时，他正在书架前找书。清水进来后，先向书店伙计打听郑振铎来没来，说想见见面，随即亮明了身份。伙计机警地说："郑先生好久没来了，可能出远门了。"清水不认识郑振铎，只看见旁边一个穿青布长衫的人在翻书，还以为也是书店伙计，并没在意。

事后，郑振铎从内心感激书店的老板和伙计，他们才是堂堂正正的中国人。对遇到的种种危险，自己则泰然处之，以更加巧妙的方式和日寇做斗争。［姜炳炎］

夏衍托人"投稿"

夏衍最早从事文艺工作，多是写一点今天可称为"报告文学"的报道及杂文，还搞一些翻译之类。在当时人们眼里，不甚认可此为"作品"，所以有人说他是"空头文学家"。后来因为时局，他在上海一位朋友处隐蔽了一段时间。利用这个时间，他便写出了一篇"作品"：小说《泡》。

小说写一个在肥皂厂的女工，得了肺病还拼命工作，期望能做满五年，按规矩可得半年"赏工"。可在四年十个月时，她被辞退了。

这样反映工人与资本家关系的作品，当时左翼作家已有不少问世。小说写出，夏衍不大自信。虽然他投给"左联"机关杂志或其他朋友编辑的报刊，发表肯定没问题。可夏衍觉着那样就不知道作品"合格不合格"了。于是将小说请人抄一遍（怕字迹为熟人看出），又用了一个新笔名"夏衍"，托人带到杭州，由其表兄寄回上海，投给由傅东华、郑振铎编辑的《文学》杂志。不久，作品刊出。这大大增强了夏衍的信心。

1935 年，还是因为时局，夏衍在上海卡德路的一家小公寓隐居了三个月。这段时间，他创作了一部多幕剧《赛金花》。因为是第一次写多幕剧，夏衍仍然信心不足。到了第二年初可以"活动"了，他将该剧本润饰过后，仍然找人抄写一遍。托人从北平寄给《文学》杂志。该剧本借着晚清政坛形形色色情状，对现实当局大加讽喻。这当然是杂志喜欢的内容表达。很快，《赛金花》在当年四月刊出，并由此引发了关于内容的论争……

那一代人，为怕他人"照顾"，居然用了如此曲折的方法投稿。想来首先是不愿降低作品水准；其次，自尊、自爱。这样的作为，今天几乎觉着不可思议。所以笔者想记述出来，希望给人们一点借鉴。［杨建民］

臧克家自费出集

我国现代著名诗人臧克家的第一本诗集《烙印》是自费出版的。出版人是王剑三（王统照），1933 年 7 月刊行。收录了《难民》《生活》《烙印》《老哥哥》《当炉女》等 22 首诗，前有闻一多的《序》。

关于这本诗集的出版，臧克家在 1943 年出版的《我的诗生活》中这样讲道："之琳兄在北平自费印了他的《三秋草》，也怂恿我印一本诗。我便把新旧作品挑选了一下寄给了他（我们至今尚未见一面），取了一篇的名字———《烙印》作为集子的名字。这时候，闻先生已经到'清华'去了，经过了他们一番的精选，闻先生又代写了序言，就付印了。式样，印刷，一切全麻烦了之琳。"诗集："印了四百本，共花了六十元———闻先生出了二十元，王统照先生出了二十元，另外，是一位朋友慷慨解囊。"这里提到的之琳即卞之琳，闻先生即闻一多，那位慷慨解囊的朋友是王笑房。据臧克家后来讲，印行诗集时给过帮助的还有李广田、邓广铭。

闻一多在序中最先肯定了这本诗集，认为"克家的诗，没有一首不具有一种极顶真的生活的意义。没有克家的经验，便不可知道生活的严重"。诗集刚一问世，梁实秋又在 9 月 2 日天津《益世报·文学周刊》第 39 期发表《烙印》一文推荐。梁实秋在文中说："《烙印》的作者，在描写平民生活的苦痛的时候，并不效法叫嚣的社会主义者，他保持一种尊严健康的态度；他并不直率的平铺直叙，他悉心考求艺术的各种功献，只看他炼句遣词，便可知他是忠于艺术的，他不曾因了同情的心热炽而抛弃了艺术的立场。这一点，我以为最难得。"

茅盾先生在文章中感慨："诗集《烙印》，是青年诗人臧克家的第一次收获，小小的一册，共收诗 22 首。在这年头儿，一位青年诗人的第一本诗集要找个书店承印出版，委实不容易啊！"也许是名家的影响，上海的开明书店很快接受了《烙印》，于 1934 年 3 月再版。［阎泽川］

马公愚强装伏虎

现代著名书画家马公愚爱菊嗜酒，性格幽默，一生留下了许多趣事，最著名的一件就是在苏州的网师园内"伏虎"。

1932 年，国画大师张大千与张善子兄弟寓居苏州网师园，将画室设在淡雅柔和的小院"殿春簃"。张善子以画虎著称，自号"虎痴"，时人称为"虎公"。他为了以老虎为模特，在园中放养着一头不系锁链的幼虎，名唤虎儿。

驯良乖巧的虎儿一切听从张善子指挥，十分可爱。有一次，张善子让虎儿张开大口，然后他把头伸进虎口，旁人看了无不大惊失色，可张善子却若无其事，因为虎儿从来不会伤害他。张善子通过对虎儿朝朝暮暮的细致观察和不停描摹，终于将老虎画得出神入化，成为一代画虎大师。

一天，张氏兄弟请马公愚到网师园游玩，张善子特意叫来虎儿，请马公愚骑在虎背上，说绝对保证安全，由摄影大师郎静山拍照留念。马公愚连马都未骑过，更别谈骑虎了，虽然害怕但又不能说不敢，于是口称"姑妄试之"地上了虎背，但一坐上去就瑟缩发抖，脸上却不得不微笑着，强装大无畏的英雄气概，好似武松打虎一般。可一等郎静山拍完照，马公愚赶紧以最快的速度爬了下来，然后跑到安全地带去大抚胸口。虽然心有余悸，可他嘴上还要说着硬话："我虽没有降龙，却已经伏虎。俗话说骑虎难下，在我看来，是没有这回事的。"

马公愚这张骑在虎儿身上的照片，后来在上海南京路上四大公司之首的永安公司创办的《永安月刊》上发表，题为《伏虎图》。 [陈卫卫]

冯玉祥著书

爱国将领冯玉祥曾写过一本名为《煎饼———抗日与军粮》的书，1935 年 9 月由天津时事研究社出版。如果仅从书名与封面的设计来看，人们会误以为是一本文学书，其实这是一本讨论抗日时期军事问题的通俗理论书。在书的封面草绿色的色块空间里，画着一个手持刺刀状的军人，十分威武雄壮，表现了抗敌卫国的战士可爱又可敬的精神风貌。全书文字深入浅出、平白流畅、生动有趣、引人入胜。

1933 年 5 月，冯玉祥将军联络吉鸿昌、方振武等爱国将领在张家口组织成立了察绥抗日同盟军万余人，痛击日伪军，打击了日军的嚣张气焰。但是蒋介石仍采取不抵抗政策，派兵围困张家口，解散同盟军。同年 8 月，冯玉祥在蒋介石的威胁下，来到泰山隐居。虽然隐居在泰山过着布衣素食生活，他心中还是念念不忘抗日救国。山东煎饼是老百姓的日常主食，在冯将军的餐桌上也常常备着煎饼，用来招待客人的也都是各种煎饼，如老舍、郭沫若、翦伯赞等人，不仅品尝而且还带回去做纪念，称为"冯玉祥煎饼"。胡适在 1937 年 7 月 25 日的日记中写道："回寓后，沧波（即程沧波，曾任中央日报社社长）来谈到半夜。肚子饿了，我取出冯玉祥先生送我的煎饼，和他分吃，居然很可吃！"胡适在日记中也赞叹冯将军送的煎饼很好吃。

他在《煎饼》一书中深情地说："资本主义国家的军队，战时吃的是饼干、罐头。我们国家穷，吃不起。馒头、大饼易腐，不好储存。在战地生火做饭，又容易暴露目标。只有煎饼既久而不腐，又省钱，且容易携带。而制作煎饼用的原料，又是我国盛产的玉米、高粱、小米、大豆，最适合我国的情况了。"抗日战争爆发后，他亲手将这本书送给蒋介石，请蒋批转后勤部门推广使用，以解决军粮补给问题。［阎泽川］

公私分明的陶行知

陶行知被毛泽东称为"伟大的人民教育家"。郭沫若曾赞道："二千年前孔仲尼，二千年后陶行知。"陶行知的人格魅力、思想风范，光照千秋，堪称楷模。他只讲付出不求索取，一生清贫；他公私分明，品格高洁，拥有宝贵的精神财富。"捧出一颗心来，不带半根草去"是他一生无私奉献的真实写照。

陶行知对公账和私账有一个精辟的论点："公私之间应当划条鸿沟，不使他有毫厘的交通。公账混入私账，就是混账。公民不但自己不混账，并且反对一切混账的人。"他是这样说的，更是这样做的。陶行知为了工作方便，为自己缝制了一件"工作服"，上衣有两个专用口袋，一个放公款，一个放私款，公款和私款泾渭分明，互不混淆。

值得一提的是，陶行知有一次募捐回来途中，车上人多，被小偷将他口袋里的钱偷走了。这可急坏了陶行知，但他摸了一下口袋，眉头立刻舒展开来，原来小偷只偷走了他私人的钱，而公款还在。换车无钱买票，尽管经过一天的募捐活动已疲惫不堪，但他依然不动公家的一分钱，从十几里外步行回到学校。

陶行知在工作中经常告诫支配公款和管理财务的工作人员要"点滴为公"。育才学校所有的经费都是由他争取及募捐得来，但他从不为私事花一分钱，就算一些因公应酬也坚持自己开支。

一个工作人员一回公私分明并不难，难得的是一辈子公私分明。但陶行知做到了，一生廉洁、无私奉献，公私分明伴他走过一生。陶行知虽然已离我们远去，但他"捧出一颗心来，不带半根草去"的无私奉献精神和一生公私分明的品格，值得我们永远学习。 [张雨]

李公朴离开国民党

1925 年，上海爆发五卅运动，李公朴参加了学生的罢课游行，并作为沪江大学学生代表任上海学生联合会工人科长，负责联络工作。此时，李公朴加入了改组后的国民党。第二年，他毅然离开学校，弃文从武，到广州投奔北伐军，参加革命，在国民革命军东路军总指挥部政治部工作。1927 年初，李公朴随军到上海。蒋介石发动四一二反革命政变后，李公朴担任了"国民革命军东路前敌总政治部沪宁路属党政特派员"。

李公朴在敌人营垒里，耳闻目睹许多事实，例如消灭吴佩孚、孙传芳的是共产党领导的部队，发动工人武装起义的是共产党，等等。但是，为什么在北伐战争中发挥了重大作用的中国共产党要被清洗？接着，那些优秀的共产党员和国民党左派人士，在"清党"的枪声中，纷纷倒在血泊之中，其中有他的同乡、同学，甚至还有与他并肩战斗过的战友。而一些大大小小的旧军阀，此时摇身一变，却换上了国民党的番号，成了依靠力量。许多土豪劣绅变成了达官贵人，仍然鱼肉乡民。这使他痛心疾首，开始对"清党政策"产生怀疑和不满。

正当李公朴迷惑不解的时候，政治部的一个叫夏宗禹的勤务兵，抱了一包伪造的共产党宣传品来到李公朴住处，悄悄告诉李公朴：这是上司命令塞到你的床铺下的。原来，上司已经觉察到李公朴对"清党"有不满情绪，但又抓不到什么把柄，便企图以此栽赃陷害。李公朴彻底清醒了，在自己周围的竟是这样一批反动、卑鄙的家伙！怎么办？赶快离开豺狼窝。于是，他便带着夏宗禹，愤然离开了反动营垒。

此后，李公朴游学欧美，并和留美同学立志："将来共同为吾可爱之中华争荣耀！"　［冯忠方］

齐白石的"见面礼"

生活中的齐白石是可亲的，他曾送给弟子李可染一枚别致的图章，寄寓颇巧，令李可染大为感动。

1946 年底，经徐悲鸿引荐，李可染认识了当时已八十有余的齐白石，想拜对方为师。不过，那次的拜见，齐白石并没有特别在意李可染的求师诚心，只是做了简单交流沟通。

第二年春，李可染带了自己的 20 张画作，第二次拜见齐白石。当时，齐白石正在躺椅上闭目养神。当画作送到手边时，他便顺手接了过来。起初，齐白石还是半躺着看，待看了两眼后，已不由自主地坐了起来。看到最后，他不由得赞叹起来："这才是大写意呢！"第二天，齐白石便答应收李可染为徒。

一星期后，李可染和妻子邹佩珠一起拜见齐白石。当时，由于两人之间为一幅画作的画法产生了一点小小的分歧，李可染感觉妻子过分挑剔，一直对妻子冷着脸。齐白石看在眼里，并没有当面批评自己的弟子。

临分别时，齐白石拿出一个纸包送给李可染，并对他叮嘱道："我给你刻了一枚图章，但你只能回家后再打开看，也算是师父送给你的见面礼。"

回到家后，李可染小心翼翼地将纸包打开，发现是一块刻着"李"的图章。不过，特殊的是"李"字旁边还刻有一个小圆圈，思来想去，李可染也想不明白这个小圆圈到底代表着什么意思。

几天后，李可染再次拜访自己的老师时，便提到了那枚图章，同时将自己心中的疑惑说了出来："那个'李'您给我非常好，但是那个圈儿是什么意思呢？"齐白石幽默地笑着道："夫妻两人要真诚相待，相互信任。那个圈儿，就是你身边佩有的一颗珍珠啊！"　　［姚泰川］

孝心感人的启功

作为大师，启功取得了举世公认的成就。人们在惊叹其学术造诣外，更为他的孝心所钦佩。

启功的先祖是雍正皇帝的后裔，他生于 1912 年，这时家道开始衰落。年纪还小时，父亲和祖父先后病故，母亲和终身未嫁的姑姑带着启功一起生活。

从小，母亲的管教非常严格，乃至到了苛刻的程度。她督促启功读书的方法很特别：每晚搬来一个小凳子，叫启功站在凳子上念书。他就不敢打瞌睡，因为一打瞌睡就会从凳子上跌下来！就这样勤学苦练，启功打下了良好的文学基础和知识功底。

在那个动乱年代，要维持生计非常困难，幸好有祖父的门生长期接济。启功早早地萌发自立养家的强烈愿望。多年后他回忆说："尽管有祖父的门生来照顾，但总不能老靠别人的资助过日子吧？我要谋个职业、挣钱来养活母亲和姑姑，哪怕一月挣个二三十元也行。"

那段时间，启功忙着找工作、养家糊口，母亲和姑姑则忙着给启功张罗婚事。1932 年，20 岁的启功奉母之命与章宝琛结婚。虽是包办婚姻，但两人婚后相敬如宾、情深义重。

1933 年，其祖父的世交溥增湘带着启功的作业去见时任辅仁大学校长的陈垣，想给启功找个合适的工作。此后不久，陈垣推荐 21 岁的启功到辅仁大学附属中学教国文。启功从此开始了长达半个世纪的教书生涯，靠着自己的收入养活全家、孝敬母亲和姑姑。

母亲和姑姑将启功拉扯成人，管束依旧严厉。据说，40 多岁的启功，已是北京师范大学副教授，但母亲依旧会抄起鸡毛掸子就打。这时，启功则毕恭毕敬地说："等儿子把眼镜摘了，静等受打。"

20 世纪 50 年代，启功在北京师范大学工作稳定，家庭状况大为好转，然而母亲和姑姑先后去世，只留下无限的思念在心头。［姜炳炎］

茅以升默写圆周率

茅以升是我国著名的土木工程学家和工程教育家。23 岁那年，他获得美国卡耐基理工学院（现为卡内基梅隆大学）博士学位。

茅以升在卡耐基理工学院求学期间，一位名叫亚历山大的同班同学对他非常排挤，因为每次考试，茅以升都会考取全班第一，而他每次都不得不屈身第二。这种结果让心高气傲的亚历山大心生不满，于是，他常当着许多同学的面挖苦茅以升，说他不仅穿得寒酸，说话的腔调也土里土气。

面对这位美国同学的各种冷嘲热讽，茅以升一点也没有生气，偶尔，他还会热心地去主动帮助对方学习上遇到的困难。不过，亚历山大好像并不领情。

一天，亚历山大来到茅以升的面前，傲慢地对茅以升说道："圆周率是你们中国人发现的，现在，我想和你来一次比赛，看看谁能在最短的时间内，写出小数点后 100 位的数字。"最后，亚历山大还特意加了一条："所有的数字都必须用英文来写。"

面对亚历山大咄咄逼人的挑衅，茅以升并没有退缩，而是面带微笑地答应了对方挑战。

比赛开始了，亚历山大由于从小学写英文，他下笔如流水，100 位数字很快就写出来了，而且一个也没有写错。写完后，亚历山大骄傲地吹着口哨，等着看茅以升的笑话。

虽然茅以升当时的英文也不错，但要在很短的时间内，写出 100 位数字，也是一件非常不轻松的事情。等他写完了，时间比亚历山大慢了 15 秒。

亚历山大兴奋地挥舞了一下拳头，大喊一声："我赢了！"然而，还没有等亚历山大祝贺完，围在一边的同学就提醒他，让他仔细地先看一下茅以升的答案。

亚历山大不明白怎么回事，他将茅以升写着答案的那张纸拿起来一看，竟然发现对方比自己多默写了一位数字。也就是说，茅以升写到了圆周率小数点后第 101 位的数字。

看到这里，亚历山大一下子羞愧难当。茅以升这是在无声地劝告自己：做人不能骄傲自大，更不能从门缝里看人。要记住，在 100 之后，还有 101，学无止境。〔姚秦川〕

梁实秋 30 年译书

34 岁那年，梁实秋做出一个惊人的决定，打算翻译《莎士比亚全集》，这项工作的艰苦程度不言而喻。梁实秋当时想，如果光靠自己一个人翻译，不知哪年才能完成这项工程。思来想去，梁实秋打算找几个志同道合的人一起做。

很快，梁实秋物色了另外 4 个人和他一起进行翻译工作。那 4 个人分别是闻一多、徐志摩、陈西滢和叶公超。梁实秋打算，他们 5 个人，最少 6 年，最多用不了 10 年，便能翻译完《莎士比亚全集》。然而，由于种种原因，那 4 个人都没有干多长时间，便先后退出了翻译小组，只剩下梁实秋一个人。

思来想去，梁实秋觉得既然自己已经做了决定要翻译《莎士比亚全集》，所以不管别人怎么样，反正自己不能当"逃兵"。于是，梁实秋便决定一个人把责任全承担下来。

就这样，梁实秋开始废寝忘食地工作起来。在抗战爆发前，他顺利地完成了 8 部莎翁剧作的翻译工作。七七事变后，为了躲避日寇的通缉，梁实秋不得不逃离北京，在极其艰苦的环境下，梁实秋继续进行对莎翁剧作的翻译。

抗战胜利后，梁实秋回到北京，在北京师范大学任教，课余之暇，他依然坚持莎翁剧作的翻译工作。终于，到了 1967 年，长达 30 年的时间，由梁实秋独自翻译的莎士比亚全集 37 部作品的中文译本全部出齐，在国内学术界引起巨大轰动。

对于取得的成绩，梁实秋看得很淡然。他回忆说："我翻译莎氏，没有什么报酬可言，长年累月，其间也很不得到鼓励……说实话，我只是做了自己想做的一件事情而已。" ［姚秦川］

吴冠中焚烧画作

吴冠中是中国当代著名的油画家和美术教育家。他在创作中善于思考，敢于创新，对作品精益求精，在画界享有很高的声誉。

和许多人一样，吴冠中在学画之初，只是一味地崇拜和模仿名人作品，没有自己的主见。后来，当他有了自己的欣赏水平和识别力之后，开始进行反思，如果想在画画中取得成绩，就必须创作出属于自己的标签作品。而对于不满意的作品，他更是毫不犹豫地撕毁。

20 世纪 50 年代初，吴冠中曾花费一个多月的时间，创作了一组井冈山风景画。一些同行在观看了那些作品后，都给予了极高的评价。不过，对于在创作中一贯追求完美的吴冠中来说，并没有被赞美声迷惑头脑，他依然从作品中发现了许多的小瑕疵。

随后，吴冠中连续几天将自己关在画室里，对作品进行精心修改。然而，在经过多次修改后，他依然对画作感到非常不满意，便一把火将那组风景画全部烧掉了。

此后分别在 1966 年和 1991 年，吴冠中又两次把自己创作的几百幅画作全部烧毁。此时，作为中国画界的顶级画家，吴冠中的作品在拍卖行的价格已经十分昂贵。人们都说他烧的不是画作，而是豪华的房子。大家在惋惜的同时，也对他的行为感到大惑不解。

吴冠中却平静地说道："我只想保留让未来的行家挑不出毛病的完美的画作。对于其他有瑕疵的作品，都是不值得保留的。我之所以将这些有瑕疵的画作烧掉，就是避免以后被人当作'名画'，我要做对得起良心的事情。"

吴冠中毕生追求完美，但不热衷用画作来换取金钱。有人评价他"物质生活追求是低点，艺术创作是高点"。　［姚秦川］

濮之珍赞赏丈夫

濮之珍先生一辈子研究中国语言学史，学术成果有较大的国际影响。1950 年，她读完南京大学中文系的研究生，应聘至上海复旦大学中文系。据陈四益《蒋孔阳夫妇》回忆，濮之珍先生教《语言学概论》，有一双不时闪烁、会说话的眼睛，她是那么开朗能言的人；她的丈夫蒋孔阳先生教《文学概论》，却是个朴讷内敛、拙于言辞的人。

濮之珍先生上课，有时会扯上蒋孔阳先生。譬如讲到"推广普通话"，她半喜半嗔地说："我们孔阳啊，一口的四川话，教也教不好。"讲到"语言是交际工具"时，也会半是责难半是欣赏地说："孔阳啊，就知道看书。"课堂里响起一片克制的笑声，一半儿欣赏一半儿调侃。

蒋孔阳先生不善言辞，晚辈求他帮忙，他总是推不掉。20世纪80年代之后，蒋孔阳先生常叹息为学生或晚辈作序的任务太重。濮之珍先生也怪他给自己增加了难以名状的负担。濮之珍先生说，别人请他作序，他都要把为之作序的著作通读过，总要准确地评介人家的著作，谈出自己的见解，并给予热情的鼓励，他办事很认真。

开朗的她遇见朴讷的他，似乎是天公安排的对立，可是，她知道他所有的缺点和弱点，却依然认为他非常棒。[段慧群]

徐悲鸿谦卑

说起徐悲鸿，人们不仅想到其杰出的绘画成就，更有他谦卑的待人方式和高尚的人格。

1929年，时任北平艺术学院院长的徐悲鸿，发现齐白石的作品富有浓郁的民族特色。就两次请他"出山"担任学院教授，都被谢绝。第三次请时，齐白石道出了苦衷："我从没读过书，怎么能教大学生呢？"徐悲鸿说："你的画好，画给学生看就是教学，可以为人师。"终于打动了齐白石。赴任的那天，徐悲鸿亲自坐马车来接。上完课，又把齐白石送回，并两手搀扶他下了车，送进家中。对徐悲鸿的礼贤下士，齐白石直言："生我者父母，知我者徐君也。"

1931年，徐悲鸿到庐山写生，许多青年美术爱好者前来请教，其中就有傅抱石。看了他的画，徐悲鸿赞赏不已。因等待的人太多，就请他留下地址再详谈，傅抱石怅然而归。第二天一早，天下起雨来，家境困窘的傅

抱石想：徐悲鸿哪会注意到我呢？忽然听到有人敲门，而且叫自己的名字，一看正是徐悲鸿。见大师冒雨登门，傅抱石夫妇感激不尽。看完画后，徐悲鸿说："你的前途不可限量。"他多方游说，筹措经费，让傅抱石出国深造，最终成为中国著名的山水画大师。

一次，徐悲鸿举行画展，来宾观者如潮。正当他向众人介绍作品时，一位乡下老农上前说："这幅画错了。您画的是雌麻鸭，它的尾巴哪有这么长？"旁边的人训斥说："你一个乡下人懂什么？"徐悲鸿马上制止，走到《写东坡春江水暖诗意》画前，老农接着说："雌麻鸭毛为麻褐色，尾巴很短。而画中羽毛鲜艳，尾巴很长。"徐悲鸿仔细看了看，确实如此，他连忙真诚地认错，并向这位乡下人鞠躬致谢。几天后，他又特意重新画了一幅，专程赶到老农家中请指点。一时间众口相传，大家纷纷对徐悲鸿的人品交口称赞。[姜炳炎]

宗白华扶植新人

1922 年，22 岁的宗白华应上海《时事新报》邀请，开始编辑副刊《学灯》。在当编辑期间，宗白华以自己独到的眼光，力排众议，发现和扶植了比自己大 5 岁的郭沫若，成为文坛的一段佳话。

当时，郭沫若正在日本福冈九州大学医学部学习。一天，他在"新文艺"上读到了康白情的白话诗《送慕韩往巴黎》，唤起了胆量，立即把以前写的两首诗作《鹭鸶》和《抱和儿浴博多湾中》，投寄给了自己经常阅读并非常喜欢的《学灯》。

半个月后，宗白华收到了郭沫若从东瀛寄到编辑部的两首诗，立即被作者的才华所打动，他以敏锐的洞察眼光，判断出诗人胸中蕴藏着不可估量的创造力，立即决定，在最新一期出版的《学灯》上刊发这两首诗作。

不过，当时编辑部却有几个同仁持谨慎的反对意见，他们认为，作者只是一个无名小卒，他的诗歌中还存在这样那样的缺陷，实在用不着对这样两首普普通通的诗"兴师动众"。不过，面对同事们质疑的声音，宗白华并没有退缩，而是力排众议，第一时间刊发了郭沫若的那两首诗作。

稿子很快被刊用，让郭沫若欣喜若狂。在此之前，他虽然时有创作和翻译，但却知音难觅，写出的稿子寄回国内后，往往石沉大海，这次竟然变成了铅字，一下子打开了他的才思之泉，并给他的生活道路和创作历程带来了决定性影响。

从 1919 年 9 月到 1920 年 3 月，在短短半年的时间内，宗白华一下子刊登了郭沫若所写的新诗数十首。有时甚至用上《学灯》的整个篇幅。这在《学灯》的编辑史上，甚至是在当时的中国报刊史上也是绝无仅有的。后来，郭沫若将刊发在《学灯》上的新诗加以增删，结集为《女神》出版，而这部诗集，从此开启了一代诗风，对新诗的发展有着深远的影响。

对于宗白华的扶植和帮助，郭沫若永生不忘，他说："但使我的创作欲爆发了的，我应该感激一位朋友，编辑《学灯》的宗白华先生。"他甚至由衷地称宗白华为"我的钟子期"。［姚秦川］

钱穆父亲巧解"骄"字

钱穆是我国著名的国学大师和历史学家，他虽然著作等身，为人却低调谦逊，这与他小时候父亲对他的一次教诲密不可分。

幼年时的钱穆聪明过人，记忆力超强，许多文字只看过一篇，便能将核心内容完整地叙述出来。而对于那些读过三遍以上的东西，他更是会流

利且正确无误地背诵下来。

当时，钱穆最喜欢看的书是《三国演义》。每天下午放学后，他都要先找出书来读上一段。虽然对书里面的内容一知半解，但他却读得非常入迷。9岁那年，钱穆已经能背诵《三国演义》里面的内容。

一天，钱穆父亲的几位好友来家里做客，他们早就听说小小年纪的钱穆有过目不忘的本领，打算考考他。一位客人提出让钱穆背诵一段《三国演义》里面"诸葛亮舌战群儒"一节。钱穆虽然年纪尚小，但一点也不怯场，张口便开始背，而且竟然一字不落、非常流利地全部背了出来。

客人们听后，连连拍手称赞钱穆是个小神童，将来必能做成大事。听了大人们的赞扬后，钱穆不免有些沾沾自喜。虽然接下来并没有人再让他背诵，但他却自告奋勇地又背诵了《三国演义》的几个章节，自然又引来一片叫好声。

第二天，父亲叫钱穆和自己一起外出散步。走到一个小桥跟前时，父亲指着桥："你知道'桥'字怎么写吗？"钱穆大声回答："当然知道！"父亲紧接着又问："如果将'桥'字的木字旁，换作马字旁，会变成什么字呢？"

钱穆回答道："是'骄'字。"这时，父亲语气严肃地问道："骄字是什么意思，你知道吗？"听了父亲的问话，钱穆低声回答："知道。"钱穆这才明白，父亲带他来到这里散步，是要告诫他做人一定要戒骄戒躁。

长大后，钱穆不管做任何事情，都一直将"谦逊"二字放在首位，最终成为受人尊敬的大家。〔姚秦川〕

溥心畬不慕权势

1937 年，日本占领北平（今北京）后，一直在物色社会上层人物加入敌伪政府，溥心畬的知名度和王公贵族的身份成为日本人所要利用的重点。特务机关长土肥原多次拜访，邀请其主持华北的文化工作，并以高官利禄相许。见其不为所动，又以危言恐吓，或以暗杀威胁，但溥心畬终究没有屈服。其间还数次拒绝了日军高层的重金求画。为表示决心，他和家人隐居于西山。

抗战胜利后，溥心畬重新搬回北京恭王府，除了与一些文化艺术界人士交往外，极少与达官贵人、政客往来。他辞去了国大代表身份，仅以书写字画为生。

一次，蒋介石曾请溥心畬吃饭。尽管溥心畬说："我感到莫名其妙，他做他的总统，我做我的百姓，请我吃饭干什么？不去！"据说，最后考虑到种种因素，他还是去了。席间，宋美龄关心溥心畬，知他尚无处栖身，便资助其一栋宿舍。

后来，宋美龄想学画，当然要找第一流的画家。她派人多次找溥心畬联系此事，原以为他会答应，没想到溥心畬对来人说："蒋夫人要学画，这是好事，我理应效劳。但有三不便，学画的人都应照例向我行拜师礼，以夫人之尊，我不便让她跪拜，这是其一；我对学生一向直呼其名，对夫人却不便直呼，此乃其二；我的学生都要到舍下求教，而居室简陋，不便接待夫人，此为其三。"宋美龄听了这三条理由后也忍俊不禁，只得另请高明，求教别的大师。﹝姜炳炎﹞

唐韵笙成人之美

1950 年秋，唐韵笙和梅兰芳等在天津中国大戏院演出《法门寺》，合作非常成功。

次日，梅兰芳便亲自登门拜访并出面宴请唐韵笙。酒过三巡，梅兰芳站起身来，盛情对唐韵笙说："唐先生，《法门寺》合作得很愉快呀，至今犹有余兴，我十分期待和您再合作一出《霸王别姬》，由您出演霸王，您认为如何？"

这是一个千载难逢的机会，很多演员一辈子的最大梦想是登台饰演《霸王别姬》里的霸王，更何况是艺术大师梅兰芳亲自邀请，没想到的是，唐韵笙却谢绝了梅兰芳的邀请，不同意出演霸王一角。

唐韵笙端起酒杯向梅兰芳敬过酒，然后充满歉意地说："谢谢梅大爷对我的肯定，不过在您面前，我永远是学生。能和您同台演出是我的荣幸，可是这次请您原谅。这一角色刘连荣饰演过，界内对他的成就是赞赏有加，由他出演最好不过了。如果我出演，于情于理，恐有不妥。梅大爷您说呢？"梅兰芳听后，沉思片刻，接着频频点头赞道："贤弟说得在理，贤弟不仅艺高，品德更高！"

原来，唐韵笙谢绝梅兰芳不是别的，而是为刘连荣着想。如果自己出演霸王一角，名利双收了，那刘连荣怎么办？之前《霸王别姬》里霸王一角都由刘连荣饰演，如果自己演好了，不仅是让刘连荣下不了台，甚至还可能让他丢了饭碗。

作为一位 20 世纪的京剧大师，唐韵笙甘为别人着想，能够舍己为人、成人之美，足为后世之楷模。［张雨］

李烛尘怒斥日寇

范旭东旗下的永利化学公司、久大精盐公司、黄海化学工业社,组成"永、久、黄团体",是近代中国最大的民营股份制化工生产、研究合一的机构,李烛尘就任职于天津久大精盐公司。

七七事变爆发后,北平(今北京)、天津相继沦陷,天津塘沽的永利、久大厂区与位于天津法租界的总管理处暂失联系,但仍维持生产至 7 月底。后经厂务会议决定,分批撤离。

早已觊觎我国盐、碱生产的日寇,于七七事变爆发的次日即派军队威吓两厂的员工。由日本军部操纵的华北开发公司属下的"兴中公司",在日军指使下,强行要求同两厂"合作",多次派员前来"洽商"租赁,纠缠不止。

一天,日本武装军人到厂,拿出早已印好的合同,强令李烛尘签字。李烛尘愤怒地正告来人称:"公司系股份制公司,主权在股东会。当前时局未定,董事们散处各地,无法召开董事会,故暂难进行。"日寇明明是来强占,又假惺惺地声称"合作",李烛尘当面驳斥他们:"世界上哪有强盗抢夺东西,还要物主签字之理!"

随后,兴中公司派人持日本"冀东特务机关长"公文,强行把两厂"委托"给兴中公司,声称日内将派员"接收"公事房。但两厂坚定地拒绝与敌"合作",辗转迁往西南内地。

1945 年,日军战败投降。李烛尘作为国民政府接收人员,准备重返天津接收被日寇强占的永利、久大两厂。已经战败的日方人员,竟又故技重演,要求李烛尘签字。愤怒的李烛尘再次斥责日寇:"现在物归原主,我们派人去管理,有什么字可签!" 〔陈凯〕

梅贻琦勤政廉洁

梅贻琦历任清华学校教员、物理系教授、教务长等职。1931年至1948年，梅贻琦任清华大学校长，1955年在台湾新竹创建清华大学并任校长，直至逝世。

梅贻琦受到清华师生的敬仰和爱戴，很大部分是因为他有崇高的道德操守和人格魅力。

20世纪30年代初，他刚出任清华大学校长，就主动放弃前任校长享受的免交电话费、免费拉两吨煤，免费雇用家庭帮工等"特权"。他的勤政廉洁、公私分明深受师生们的敬仰。1941年7月，梅贻琦、郑天挺、罗常培在成都准备转重庆回昆明，梅贻琦联系好了飞机票，此时恰好又有个乘邮政汽车的机会，想到乘邮政汽车可以给公家节约200多元，梅贻琦毫不犹豫地退掉了飞机票。1942年，美国驻华大使特别助理费正清来昆明，拜访联大的金岳霖、张奚若等人，梅贻琦为了给公家省钱，为费正清举办家宴，一顿饭花了不下1000元，而他当时的月薪不足600元。

1962年，梅贻琦在台湾去世，旁边的人打开他病中一直携带的一个箱子，里面全是清华基金的数目，一笔一笔，清清楚楚，分毫不差。在场的人无不肃然起敬。

直到今天，新竹清华人每年都会来到他的墓地（被称为梅园），举行祭"梅"活动，以纪念这位人格高洁的教育老人。〔张雨〕

郭沫若的为人谦虚

郭沫若不但知识渊博，在为人处世方面也显得十分谦虚。

1958 年 9 月，郭沫若开始兼任中国科学技术大学校长一职。有一次，他和刚刚入学的新生进行了一场名为"做人与做学"方面的学术沟通。

在交流过程中，一位同学小心翼翼地问郭沫若："校长，您的知识比我们多许多倍。同时，您在回答问题时，不仅思维缜密，而且逻辑性强。可是，您为什么还经常对自己的解答持有疑问的态度呢？难道还有其他什么原因吗？"

对于那位同学的提问，郭沫若并没有直接回答，而是微微一笑。随即，他在桌子上用粉笔画了两个大小不等的圆圈。同学们看着那两个奇怪的圆圈，不明白郭沫若想要表达什么意思。

看着学生们不解的神情，郭沫若忽然表情严肃地对他们解释道："这两个圆圈，大的代表着我，小的则代表着你们。大一点的圆圈的面积就好比我的知识，小圆圈的面积就是你们的知识。我的知识虽然比你们多那么一点，但是，这两个圆圈的外面，却是你们和我无知的部分。"

说到这里，郭若沫停顿了一下，接着语重心长地对学生们说道："大圆圈的周长比小圆圈的周长长，因而，我接触到的无知范围，也要比你们大许多，这也就是我常常怀疑自己知识不够的原因。在这里，我想对同学们说的是，在人和人的交往中，特别是在学习方面，千万不要自作聪明，更不要自以为是，觉得自己比所有的人都强。天外有天，人外有人，说的就是这个意思。"

听了郭沫若的话后，同学们深深地为校长的谦逊所感动。〔姚秦川〕

吴冠中毁次品

20 世纪 50 年代，吴冠中曾创作过一组井冈山风景画。当时，应要求复制了一套送给井冈山管理处作为藏品。多年以后，他翻看手头原作，感到对这些属于探索油画民族化幼稚阶段的作品很不满意，便毅然将其烧掉。不想，那套复制品后来却一件挨一件地在拍卖行出现。

鉴于上述情形，吴冠中下决心毁掉自己所有不满意的作品。1991 年，他一次次张挂审查自己的作品，把有遗憾的次品毫不留情地淘汰下来。画在纸上的，墨彩、水彩、水粉全部撕碎；作在布料上的油画，用剪刀剪成片；作在三合板上的，则用油画颜料涂盖，堆放到阳台上。有时，他在浸透自己汗水与心血的作品面前，实在不忍心下手，就叫儿媳和保姆帮助销毁，由她们抱到楼下点火焚烧。吴冠中则站在画室窗前，看熊熊火光中，灰烬随风不断地飞旋、升腾……随后，他说了这样的话："生命末日之前，我还将大量创作，大量毁灭，愿创作多于毁灭。"

近日，全国政协常委、中国文联副主席、中国民间文艺家协会主席冯骥才在接受媒体专访时，谈到吴冠中先生说，那些年，俩人时常在一起交流，但吴冠中从没谈过自己的画价。冯骥才清楚地记得：一次创作油画后，吴冠中乘公共汽车回到住地，因怕油画蹭脏别人或被蹭坏，索性用手拎着画伸到车窗外，一路近两小时，到站时胳膊已经麻木。时间已经过去多少年了，这件事依然让冯骥才铭记在心。他感慨道："我终于知道，艺术在吴冠中内心的分量有多重"。［姜炳炎］

梅兰芳的谦恭

京剧大师梅兰芳有一次演出《霸王别姬》，就在观众们叫好不绝时，坐在第一排的一个老者站起身来，大声说道："好什么好，什么名角，我看是徒有虚名！"在众人惊愕的眼神中，老者匆匆离场。

散场后，有人把这件事告诉梅兰芳，梅兰芳听后不但没有生气，而且表示要想办法找到这位老者。梅兰芳认为，自己一定是在哪个环节上出了问题，演得不好，所以那位老者才会愤而退场。

此后，在繁忙的演出之余，梅兰芳托人四处打听，不停寻找，功夫不负有心人，他最终找到了那位老者。老者姓朱，家住北京云居寺。见到老人时，老人正在庭院舞剑，梅兰芳深鞠一躬，诚恳地说道："晚生梅兰芳，戏演得不好，多有得罪，今日特来请教。"老者看了梅兰芳一眼，淡淡地说道："哪里，你名动四方，是名角，岂敢指教。"听了这话，梅兰芳再鞠一躬，更加谦恭地说："人外有人，天外有天，晚辈一心只愿中华国粹能发扬光大，恳请您能指点一二。"

老者见梅兰芳如此谦恭，于是对梅兰芳说："你演的《霸王别姬》确实很精彩，但有一点不足。虞姬是美人，而你舞的却是男人剑法，身份不相称呀！"

梅兰芳听后顿觉醍醐灌顶，当即又向老人深鞠一躬。在此后的一段时间，梅兰芳还多次到老者的住处，向他请教剑法。

拥有一颗谦恭的心，这就是梅兰芳的做人原则和对待京剧艺术的态度。梅兰芳的谦恭，让人们看到了他作为艺术大师的真正高度，也是为什么历经多年，京剧后生一直敬重梅兰芳的主要原因。〔张雨〕

既慷慨又抠门的齐白石

齐白石成名之后，模仿他的山寨作品也开始充斥市场。

一天，国粹大师梅兰芳遇见了齐白石，就对齐白石说：有一个朋友花了 200 两银子买了一幅他的《春耕图》，那人看着齐白石的画真是栩栩如生。齐白石突然心血来潮，想知道这幅画是自己什么时候画的，就让梅兰芳把那幅画借来看一下，这一看，竟然发现是山寨的。齐白石当即表示不能让他的那位朋友吃亏，于是就自己掏腰包把那幅山寨画买下，而且另画一幅《春耕图》给了那人。这件事也成为一时美谈，人们也由此对齐白石更加尊敬。

成为大师后的齐白石，并不是一副"羞于谈钱"的模样，而是光明正大地收取润笔费，并且还有一个规定：无论是谁，必须先给钱才给画。除此之外，齐白石还是位"锱铢必较"的"抠门"老头。

齐白石早年卖画的时候，为了简便起见，以数量计算，就像赶集买东西一样，青菜瓜果鸡鸭鱼虾，画上有多少，就要以多少钱计算。一次有人求一幅以虾为题材的画，齐白石画完后，就按画上有几只虾，照只计算。

此人看了画之后，真以为是在菜市场买菜呢，就要求多添一只虾。齐白石就不高兴了，但还是拿起了笔，在画上给他添了一只虾。那人看画，发现这只虾画得像是走了样，死气沉沉，有点奇怪。齐白石就说："你要添的这只虾子，是不在价钱以内的，所以替你画了只死虾，算是免费附送。"　［曹金娜］

"民国炮手"张奚若

张奚若是著名的爱国民主人士、政治学家。他一生最痛恨腐败，最关心国运，是最令蒋介石头疼的几个人之一。

张奚若为人正直，对国民党的统治极为不满。在担任西南联大政治学系主任期间，一次演讲会，台下有六七千名学生，张奚若犀利地指出："现在中国害的政治病是政权为一些毫无知识的、非常愚蠢的、极端贪污的、极端反动的和非常专制的政治集团所垄断。这个集团就是中国国民党。"张奚若认为，为了中国政治的前途，唯一的办法就是废除国民党一党专政和蒋介石的个人独裁，并毫不客气地说请蒋介石为了国家和个人着想，立即下野才是正道。

张奚若不仅敢在学校里这样指责国民党，在国民参政会期间，还当着蒋介石的面，在国民党代表面前，指责国民党的腐败和蒋介石的专制。

抗战胜利后，各方代表筹备政治协商会议，共产党和民主同盟会将张奚若列入无党派人士名单，国民党坚决不同意，说张奚若是国民党员。张奚若听闻后，在《大公报》发出声明："近有人在外造谣，误称本人为国民党党员，实为对本人一大侮辱，特此说明，本人不属于任何党派。"

张奚若在教育学生时也是同样的言辞。张奚若称读政治学不要为了做官，如果你想做官，那么你找错地方了；学习政治学的宗旨是了解社会，伸张正义，为社会服务。

徐志摩曾这样评价张奚若："他的身体是硬的，他的品行是硬的，他的意志，不用说也是硬的，他说的话也是硬的。"他称张奚若为"一位有名的炮手"。[胡亚东]

公正严明的竺可桢

徐道恒在《贵阳文史资料选辑》（第11辑）撰文《竺可桢与贵州》回忆了我国著名科学家、教育家竺可桢先生抗战期间在贵州工作、生活中的一些轶事。其中，他坚持不录取自己儿子上大学的事情尤其令人感慨。

1943年，竺可桢的大儿子竺津从遵义浙大附中毕业，报考浙大史地系，总分只差5分没有达到录取标准。负责史地系招生的教授是竺可桢的学生，这位教授准备瞒着竺可桢将竺津录取。而竺可桢在最后审定录取名单时，发现了这一问题，严厉地批评了这位教授，并把自己儿子的名字划掉，补上了另外一名合格的考生。

当新生名单公布后，有些教授前来求情，要求竺可桢将大儿子破例录取在自己的系里读书。竺可桢却说："我是校长，考生考试不合格不能录取，何况是校长的儿子！浙大这么多教职员工，当他们的子弟考试不合格时，你们怎么办？这个头开不得！"

按一般人的想法，在当时那样的社会里，要让儿子到自己主持的大学，或者想办法托个人情送到其他同等大学里，是不会有什么问题的，也是那时的人之常情，然而竺可桢没有这样做，最后把自己的儿子送到当时不用考试的桐梓军校读书。

竺可桢的行为体现了一位严于律己、忠于职守、为人师表的教育家的高贵品质。［阎泽川］

鲁迅宽容文盲保姆

许广平在《鲁迅回忆录》一书中，记述了很多关于鲁迅的小事。

在上海时，鲁迅家里用了一个善良而又淳朴的老女工。凡工人有错误，鲁迅是不加呵斥的。老女工对鲁迅的儿子周海婴很慈祥，鲁迅要海婴叫她姆妈，从来不许直呼其名。

每逢鲁迅和许广平去饭厅吃饭的时候，姆妈就来到鲁迅写作兼卧室的一间大房间里，做清洁工作，或带着海婴在这里玩耍。有一天，鲁迅吃完饭回到房里一看，她和海婴玩得正欢，在朝马路的三楼阳台上和海婴一页页地吹纸片，说是放风筝。海婴看到纸片飞舞，忽上忽下，高兴极了，总是要求再来一个。

看到二人如此欢乐，鲁迅走了过来。可走近了，却发现那纸片正是自己书架内的一本书，被撕去大半本做蝴蝶和风筝放飞。鲁迅连忙拦阻，才把后小半本收回。姆妈是文盲，不懂得鲁迅视书如命的脾气，又想博得小海婴的欢喜，就没顾得那么多。但鲁迅体谅她，没有加以责备，只告诫以后不可再做了。

另一次，鲁迅写完稿子还没来得及收起就去吃饭了，稿子就摊放在桌子上。姆妈来打扫房间，擦桌子时顺手把稿子扫到地下，当废物扫掉了。鲁迅回到房间一看：稿子为什么不见了？追问起来，才知是当废物扫掉，倒在楼外的垃圾箱里了。许广平赶紧跑到楼下，打开垃圾箱的门，幸好还没有别人倒下污湿的东西，就拾了回来。鲁迅也是笑笑，叹息了事。

不过，不认字的姆妈也曾帮鲁迅找到过一本好书。1931年的某一天，鲁迅东边的邻居搬走了，姆妈照往常习惯，仍然领着小海婴去玩，回来手内带着一本人家遗下不要的破书，准备给海婴玩。鲁迅接过来一看，被那精美的莱勒孚50多幅插图和原作者马克·吐温迷住了，爱不释手地翻了又翻。后来，鲁迅又托人翻译了全书，那就是《夏娃日记》。［高中梅］

孙中山爱好读书

身为中国民主主义革命开拓者的孙中山，虽忙于为国家的命运奔波，却始终没有放弃过读书。

1887年，孙中山入香港西医书院，他一面刻苦攻读医学，一面业余攻读经史和其他学科，为此，他特意买了一套《二十四史》。有人以为他是用来装点门面的。一天，同学何允文从《二十四史》中任意抽出一本，考问孙中山，没想到他竟对答如流。

1922年6月，陈炯明叛变，孙中山被迫离开广州到上海。下舰时，孙中山有4只皮箱来不及带走，后来，他让随行人员去取，搬运时，舰上的士兵一定要打开箱子检查才肯放行。士兵开箱后一看，里面装的竟全是手稿、书籍、信件等，至于钱财，只有合银币40元的广州毫洋。

1922年底，孙中山在报上看到一则消息：美籍律师佑尼干在上海逝世，由美国领署代为拍卖其藏书。孙中山马上叫何世桢向美国领署要来目录。看完后，孙中山说："很好，我要都买下来。"于是又让何世桢出面商量，谈妥后便将这批书运回寓所。

1923年1月，表示服从孙中山领导的滇、桂军队将陈炯明逐出广州。同年2月，孙中山从上海又回到广州，重建大元帅府和陆海军大本营，以大元帅名义统率各军、总理政务，逐步加紧改组中国国民党的准备工作。并在广州派出"孙逸仙博士代表团"访问苏联，邀请苏联政治和军事顾问到广州帮助中国革命。此时，身在上海的何世桢在帮孙中山整理佑尼干的藏书时发现，很多书上都已经有了孙中山的批注，而当时距离孙中山买回这批书，仅仅不到3个月。［张震］

刘半农捍卫民族尊严

中国新文化运动先驱，文学家、语言学家和教育家刘半农，虽然出身贫寒，但十分好学。他曾留学欧洲，回国后曾在北京大学任教，还担任中央研究院研究员。

1927 年，瑞典地理学家斯文·赫定不经过我国政府许可，擅自准备来我国西北地区进行科学考察。得知此消息后，由北京大学考古学会、故宫博物院、古物陈列所以及历史博物馆的学术团体组成的中国学术团体协会明确表示反对。

后来斯文·赫定和中国学术团体协会商议，提出由瑞典方面提供经费，双方合作进行科学考察活动。刘半农当时担任中国学术团体协会的理事，受协会的委托，和其他几位学者一起同瑞典方面的代表进行谈判，前后交涉十余次，为中国的学术团体赢得了平等的权利。

1927 年 4 月，中瑞联合的"西北科学考察团"正式成立。考察团由中外团员共 27 人组成，中国的徐炳昶和瑞典的斯文·赫定两人共同担任团长，双方共同分享成果和资料。刘半农则担任了该考察团理事会的常务理事长一职，处理日常事务。

在以往的国家外交谈判中，由于我国当时的国际地位低下，双方签署文件惯例上以外文为主、中文为辅。但在此次交涉中，刘半农和其他中国学者坚持原则，据理力争，要求文件以中文为主，外文为辅。最后，瑞典人不得不做出了让步。刘半农的这种做法不仅维护了中华民族的尊严，也赢得了外国谈判对手的钦佩和尊敬。［曹金娜］

田汉用笑包容

据曾敏之《晚晴集》记述，田汉曾于 1949 年后担任文化部戏曲改进局、艺术局的领导。从 20 世纪 20 年代开始，田汉一直是中国戏剧运动的主驱，创作了许多脍炙人口之作。

有一次，北京上演田汉写的《金钵记》，不久，《人民日报》刊登了一位年轻观众戴不凡的文章，对此戏提出了批评意见。许多人看了哑然失笑，田汉却拍案而笑，连连称赞："写得好，有胆略，有才华！"

20 世纪 50 年代，周恩来总理让郑亦秋带着年轻演员杜近芳（京剧大师王瑶卿的关门弟子，也是梅兰芳的徒弟）拜访田汉，一进门便聊起戏，杜近芳挑了不少毛病："金钵是法海用的，这个戏是唱法海啊，还是唱白素贞啊？小青怎么能一个人就把官银给抢了，这不是说她就是个妖精吗，要不怎么那么大能力。"田汉被逗乐了，对郑亦秋说："这个小姑娘很好玩儿，怎么知道这么多事儿啊。"

面对年轻观众戴不凡的批评，田汉笑着称赞，并积极打听戴不凡其人，还向北京戏曲协会推荐他；面对年轻演员杜近芳的挑毛病，田汉被逗乐了，并听取了意见。田汉接受各界批评，修改了剧本，改为《白蛇传》。1954 年，《白蛇传》正式首演引起轰动，戏里的白素贞没有妖气，亦人亦仙，非常感人。

对于年轻一辈的批评，田汉是用笑去包容的，心藏天地，默纳众生，这是他一贯的做人准则。 [段慧群]

刘文典甘愿挨打

国学大师刘文典从不屈服于人，但一生却有过两次挨打，一次怒目而视，一次却甘愿挨打。

1927年8月，刘文典受安徽省政府之聘，出任安徽大学校长一职。第二年，安徽大学发生学潮，蒋介石召见刘文典问话。见面时，刘称蒋为"先生"而不称"主席"，蒋非常不满。蒋要刘交出在学潮中闹事的共产党员名单，并严惩罢课的学生。

刘文典说："我不知道谁是共产党。你是总司令，就应该带好你的兵。我是大学校长，学校的事由我来管。"说着，二人火气都上来了，相互拍桌大骂，蒋骂刘"你是学阀"，刘则骂蒋"你是新军阀"。蒋介石恼羞成怒，当场打了刘文典两记耳光，并给他定了个"治学不严"的罪名，把他关进了监狱。

出狱后，由罗家伦介绍，刘文典出任清华大学国文系主任。任教时，他需要查阅某种佛经，闻北京西山香山寺有此佛经。不过该寺有严格规定，非佛教人士，不准借阅藏书。允许借阅者必须在寺内念经堂正襟危坐，也不得以手指沾口水翻书页，必须用寺院特制的篾子翻阅，违者受罚。

香山寺管理藏书的老和尚与刘文典略有认识，知道他是著名学者，特准他借阅，佛堂内也不派僧人专门看守。阅前，老和尚向他详细介绍了阅读规则，他当即承诺，严守规约。

老和尚去后，刘文典静坐读经。看了一会儿，他因路途劳顿，有些疲倦，见室内有一空床，便持书卧床阅读。不料，他看着看着就睡着了，手一松，身子一歪，手中的佛经也就随之掉落。

不知过了多久，正在睡梦中的刘文典忽然听到骂声，头面受到扑打。他睁眼一看，老和尚边打边斥责："你言而无信，竟把佛经丢在地上！"

刘文典一面承认错误，一面"抱头鼠窜"。佛堂是关闭的，刘文典既逃不出去，也不想逃出，因外面还有游人，怕丢人现眼，只有且喊且逃，苦苦求饶。

不打不成交，刘文典与老和尚成了好朋友。老和尚到清华大学拜访，他还专门设素斋招待。刘文典后来回忆此事，幽默地说："我的脑袋虽然不太高贵，但也不是任何人可以打的。但这次挨打应该，君子不可失诺！"〔张光茫〕

顾颉刚出唱本宣传抗日

1933 年春，长城抗战失利，华北危急。燕京大学中国教职员抗日会决定出版北平、天津、河北地区流行的大鼓唱本进行抗日宣传。于是，先在报纸上刊登鼓词广告，预列许多题目，两个月内即征集到 40 多篇。宣传干事顾颉刚与洪业、郭绍虞、吴世昌等同事共同审阅来稿，评定名次，分别给予奖励。

评选结果在报上公布后，抗日会一面继续征求稿件，一面将入选作品付梓。他们专门集资成立一家出版机构，取"楚虽三户，亡秦必楚"之意，命名为"三户书社"。

同年 6 月 5 日，第一册描写义勇军抗日事迹的长篇唱词《杜泉死守杜家峪》出版。不久，又陆续推出《宋哲元大战喜峰口》《义勇军女将姚瑞芳》《二十九军男儿汉》等十多种。这些唱本都以成本定价，十分低廉，便于在民众中流传。尽管如此，起初因为推销无把握，每种只印 5000 册。不料，唱本上市后，大受读者欢迎，很快便销售一空。一些书铺见销量可观，还私自翻印售卖。其中《宋哲元大战喜峰口》销得最多，仅半年之内，印数已超过 7 万册。

为进一步扩大读者群，顾颉刚认为除批发给书铺分销外，应有固定的销售场所。最后，他在打磨厂 222 号觅得一间门面，聘请专人经营唱本，命名金利书庄。

营业初期，金利书庄还算顺利。可是，《塘沽协定》签订后，国民党当局禁止抗日言论，警察经常检查、扣押抗日宣传物，书庄不得不于次年初关门歇业。

顾颉刚做事一向不肯半途而废，遂写信给国民政府教育部长王世杰，请求政府拨给津贴，以维持三户书社营业。他在信中强调，该社所编唱本颇受大众喜爱，通过传唱"俾得深入民间，即不识字者亦能感觉当前之危机与自身之责任"。当局同意每月支付 100 元津贴，但书社须更换名称，脱离中国教职员抗日会。

1934 年 10 月，三户书社被迫改为通俗读物编刊社，在北平、天津只准发行普通读物。而少量偷偷印刷的抗日题材图书，只能销往僻远的农村地区。〔郦千明〕

赵树理看"小二黑"

据一位 1946 年便认识赵树理的作家记述，当时的《小二黑结婚》编成戏剧，农村到处上演，演到哪里，哪里人都挤得满满的。一次快开戏了，戏院门口的儿童团员拦住了一个其貌不扬、打扮老土的人："不让进。""我就是写这个戏的！"儿童团员细细打量：写戏的是何等人物？你这一身穿戴怎么可能会写戏？摇头：不行。

事情惊动了后台。剧团团长赶到："嘿，这是我们的赵老师呀！你这个娃娃。赶紧的……"剧团的人喜欢把有能力的人叫老师。这个"赵老师"，不但编剧，还导演，连如何配乐、如何演奏他都"管"。剧团上下都认他做可敬的老师。看戏的老乡没有这么文气，一散戏，你也拉，我也叫，争先恐后请"老赵"回家吃烙饼。

一个作家，作品"红"到如此地步，在今天，那稿费、版税定然不菲。1946年时，一个美国作家贝尔登慕名到晋察冀中央局的所在地访问赵树理。知道他的作品如此流行，便按他的国度情形问：你的书行销这样广，得到的版税一定非常多。赵树理回答：不，我不计较报酬。我们实行的是供给制。听到这，贝尔登大为激动：他们剥削了你！如果在我们美国，你早就成富翁了！赵树理笑了：我们国家制度不同，要求作家标准便不同。写作，就是我为百姓大众的一种工作。贝尔登眼睛瞪得老大，显然，按照他生活国度的价值观，这太不可思议了。

1955年，他的长篇小说《三里湾》问世。有作家问他印了多少册，收入一定不少时，赵树理回答：钱这个东西，是"人民币"。来自人民，还给人民，我是不计较多少的。要是为收入多，就送人民文学出版社了。我交给通俗读物出版社，是为了发行广。只要广大农民能读得起，我是不顾及稿费多少的。［杨建民］

态度

TAI DU

巴金给陌生读者回信

1992 年的一天，一位朋友上门拜访已经 88 岁高龄的巴金，同时带给他一位陌生读者的来信。这位写信的人是巴金的一位忠实读者，3 年前曾因病偏瘫住进医院，正是靠着每天捧读巴金的《家》《春》《秋》等著作，度过了那段最艰难的日子。

在病情好转回到家后，这位读者想到巴金作品对自己精神上的影响和鼓励，忍不住想给心中的偶像写一些真心话。最后，他不由自主地拿起笔，写出了他在医院那种特殊环境下，品读作品时的真实感受。没想到写起来一发不可收，他一连写了五六篇"读后感"。

将这些特殊的"读后感"写好之后，这位读者托付一位和巴金相熟的朋友，希望对方能将自己写的这些"读后感"转交到巴金的手中。不过考虑到老人已经到了耄耋之年，最后他一再嘱咐自己的朋友，一定要在巴老身体良好的情况下再将"读后感"交给他，不然可能会影响到老人的身体健康。

那天，巴金打开信后，看到这位读者写道："巴老您好，您历尽坎坷，用尽一生心血写成的书，是拥有广大读者的，我这个也已年近古稀的偏瘫病人，就是您的一个忠实读者。在您的作品中，我不但读到了生活的艰辛，更品味到了生活的甘甜……"看到这里，巴金被这位陌生读者的来信深深感动了，他马上请人从书橱里拿出一套精装的全集《随想录》，然后打开扉页，拿起笔，颤抖地写了起来："这位朋友，谢谢您的来信，再没有比它们更使我感动的了。愿您早日恢复健康。"信的末尾，巴金注明具体的时间和日期：一九九二年十二月十三日。

几个月后，当这位读者从朋友手中接到巴金亲笔写的回信后，激动得半天说不出话来。他无论如何也没有想到，巴金会给自己亲笔回信，而且还写上了祝福的话语。最终，这位读者没能抑制住自己，喜极而泣。［姚秦川］

叶圣陶"宠"孩子

作为教育家的叶圣陶，在日常生活的点点滴滴中注意养成孩子们的好习惯，但在不违背教育原则的前提下，却也时时有一些宠爱孩子的小举动。

叶圣陶非常疼爱唯一的女儿叶至美。叶至美上小学时，叶圣陶有一天突然心血来潮，要亲手给女儿做一身大衣。他把女儿叫到身边，拿一些报纸折出衣服的样子，用一些别针固定在女儿身上。叶至美被一身报纸裹住，感到浑身不自在，忍不住一动，报纸就破了。叶圣陶很有耐心，重新拿报纸，重新折出衣服样子，一连折腾了好几次，终于勉强裁出一件不太合身的大衣。后来，叶至美写过一篇作文，题为《一件大衣》，说父亲看着自己做的大衣，沮丧得不得了。

叶圣陶的小儿子叶至诚读高中的时候，课程繁多，各科老师对学生有各自的要求，让他感到很不耐烦，于是他就在作文里发起了牢骚：各科老师各有各的要求，一天满满当当，作业做不完，记也记不住。好像读书就是为了应付老师，这书念得真没有意思，还不如退学算了。叶圣陶看了小儿子的作文，并不像一般的家长遇到这种情况那样，"教育"或者"收拾"孩子，他似乎很理解儿子的苦衷，淡淡地说："不念就不念了吧。"他不仅主动给小儿子办了退学手续，还把这篇作文刊发到了自己主编的《中学生》杂志上。

高中肄业的叶至诚被父亲送到上海开明书店当学徒，在书籍的熏陶下，他爱上了读书，发表了好多作品，后来加入了中国作家协会，成了一名作家。

叶圣陶的长孙叶三午5岁时被送进幼儿园。教叶三午的老师很严厉，经常批评吓唬这些幼小的孩子，叶三午回家后时常闹着不想上学。有一次，这位老师在叶三午的成绩单上批了8个字："品学俱劣，屡教不改。"叶圣陶看后，心想，这样小的孩子正需要正确的引导，岂能一板子打死？！于是，在成绩单上也回敬了 8 个字："不能同意，尚宜善导。"让接送叶三午的阿姨捎给那位老师。后来，叶三午在爷爷和父母的影响下，也爱上了读书写作，成了一名诗人。[夏明亮]

晏阳初教劳工识字

1918 年 6 月，晏阳初从耶鲁大学毕业后，来到法国北部的布朗，那里有一份非常不错的工作正等着他。到达布朗后的一个星期，晏阳初结识了在当地工作的 5000 名中国劳工。

在和劳工们交流的过程中，晏阳初得知他们最需要的服务是能有人替他们代写家信。经过认真考虑，晏阳初暂时辞去了那份不错的工作，打算去帮助这些劳工。虽然当时信写得都非常简单，只是报个平安，但每天晚上写百余封信，还要代办汇钱手续，工作量还是非常大的。晏阳初最后决定教劳工们识字写信。

一天，他将一部分劳工召集在一起，向他们宣布："从今天起，我就不替你们写信了。"大家听后，以为晏阳初是在和他们开玩笑。晏阳初继续说道："从今天起，我要教你们识字写信，愿意跟我学，请举手。"此时台下竟然鸦雀无声。过了一会儿，有 40 多人举起了手，不过只举了一小半儿。晏阳初说："愿意学的人，今晚来找我。"然后宣布散会。

当天晚上，在公共食堂里，几个劳工和晏阳初围坐在一张饭桌前。晏阳初的前面放着一张小石板，一支石笔。他用石笔在石板上写，几个劳工用右食指在大腿上写。望着劳工们那种认真而诚挚的样子，晏阳初觉得，"纵是铁石心肠者见了也会感动"。

劳工们识字的热情很快被激发出来。4 个多月后，最早跟晏阳初识字的 40 余人中有 35 位可以自己写家信了。为了表彰他们，晏阳初还特意请来一位美军将军主持毕业典礼，为那 35 名中国劳工每人颁发了一张大红纸写的毕业证书。一年多后，跟着晏阳初学习识字的人已达到近 4000 人，这不能不说是他的认真执着感动了大家。

当时，许多人都对晏阳初这种辞掉工作教劳工识字的做法表示赞叹，可他却平静地表示："我只是做了一件很平常的事，实在不值得炫耀。"［姚秦川］

邓拓的笔名"左海"

20 世纪 60 年代初，当代杰出新闻工作者邓拓应《北京晚报》之约，用"马南邨"笔名撰写的专栏杂文《燕山夜话》，早已为广大读者所熟悉。但是，他用"左海"为笔名撰写的大量诗文就不大为人所知了。

邓拓最早刊登在《北京晚报》上的作品并不是杂文《燕山夜话》，而是用"左海"的笔名，在副刊"五色土"上发表的大量题画诗。在中国作协举办的邓拓百年纪念座谈会上，邓拓女儿邓小虹回忆起父亲 20 世纪 60 年代以"左海"为名在《北京晚报》发表了不少题画诗，例如 1962 年 3 月邓拓为吴作人的画《黑天鹅》而作的题画诗："《秋波媚·黑天鹅》：雍容闲雅泛涟漪，红啄黑绒衣。几声密叫，两丛新苇，未解双飞。连天冰雪离乡土，何幸到京师？春风吹梦，湖波送暖，唯我先知！"

1964 年的全国京剧现代戏会演，画家洪炉画了大量舞台速写，邓拓也以"左海"为笔名，为《芦荡火种》的剧中人物速写作了题画诗。他在赞扬阿庆嫂时写道："……壶里乾坤江海阔，杯中弓影虬蛇长。屡施奇计知肝胆，直捣贼巢灭虎狼。"

邓拓取"左海"为笔名，带有思念故乡的意思。因为他原籍是福建省福州市。按我国古代地域方位规定，以"西"为"右"，以"东"为"左"。福州地处我国东南，位于东海之滨，除简称"榕城"外，还别称"左海"，正如江西又称"江右"，山东别称"山左"一样。清末福州城曾耸立有一座石牌坊，上刻"左海流芳"四个大字，以示福州人才辈出。如今，福州市澳门路林则徐纪念馆的大门屏墙左边门上书"左海伟人"四个金字。[冯忠方]

邓子恢不摆架子

邓子恢又名绍箕，为福建龙岩新罗区人。他不但是农业工作的卓越领导人，也是闽西革命根据地和苏区的主要创建者之一。生活中的邓子恢为人真诚朴素，从来不摆架子，他总是用自己的行动去一点一滴影响着身边的人。

1929 年，邓子恢开始担任闽西特委书记，当时，除了要领导地方武装外，他还要配合毛泽东、朱德率领的红四军入闽作战。出于工作上的需要，邓子恢要经常深入到农村做调查，了解农村的生产状况，同时为农民群众解决一些实际问题。

有一年，邓子恢在福建龙岩做调查时，跟随的保卫人员出于对他健康方面的着想，在每次外出时，都会提前准备好邓子恢所需要的茶缸和茶水。邓子恢发现后，奇怪地问保卫人员为什么要这样做？对方不好意思地回答道："农村的水源不干净也不太卫生，大家都担心您喝了后会对身体造成影响，所以特意为您提前准备好所要喝的茶水。"

邓子恢听后，非常生气地批评保卫人员道："你们怎么会有这样的想法呢？过去在我们打游击的战争年代，许许多多的群众冒着生命的危险给我们送来米、盐以及蔬菜等生活物资。今天，如果我们去了老乡的家里，不喝他们家里的水，那你们说说，老乡们的心里该有多难受。其实我倒觉得，老乡家的水不但干净卫生，而且更甘甜解渴。"保卫人员听后，明白了自己所犯的错误，从那以后，他们再也不会提前准备那些东西了。

邓子恢一直将农民群众当成知己，他不但时时刻刻为农民朋友着想，而且发动身边的亲朋好友去关心和帮助农民群众。只有一直将别人装在心里，处处为对方着想的人，才会受到他人的尊敬和爱戴。〔姚秦川〕

梁寒光改名

著名作曲家梁寒光原名梁荣林，曾用名梁玉衡。他是广东开平人，出生于贫农家庭，以创作歌剧音乐而闻名，最具代表性的是 1950 年根据著名诗人李季的同名长诗，创作了大型歌剧《王贵与李香香》，该剧在中华人民共和国成立一周年的国庆节公演。公演后，轰动中外，受到广泛的赞扬。后被翻译成罗马尼亚文字，并由罗马尼亚底米索拉国家歌剧院演出。

1937 年 12 月底，梁寒光经八路军驻广州办事处介绍，到达延安。1938 年 11 月，冼星海受延安鲁迅艺术学院全体师生的邀请，也来到延安。梁寒光和他同是广东人，被组织上安排照料冼星海的生活，接近冼星海，并跟冼星海学习作曲。1938 年，梁寒光加入延安鲁迅艺术学院音乐系学习作曲，后又在冼星海主办的音乐高级班学习，和冼星海成了知交。

1940 年 1 月间，冼星海对梁寒光说，他要离开延安去苏联莫斯科考察音乐。5 月，赴苏联前夕，当时延安留守兵团司令员萧劲光请冼星海吃饭送行，梁寒光受邀也在场。临别时，梁寒光请冼星海给他起个笔名，冼星海想了想说："现在是打仗的时候，不是有'寒光照铁衣'（出自《木兰诗》）

的古诗吗？就叫'寒光'不是蛮好的嘛！"从此以后，他就以梁寒光为正式名字，代替了原名"玉衡"。晚年的梁寒光回忆此事还激动地说："我的名字寄托着星海对革命的热烈追求，也是我和星海友谊的标志。"

在 50 年的音乐生涯中，梁寒光共创作了 200 多首歌曲，十几部大、中、小型歌剧，为 30 余部电影故事片和新闻纪录片作曲，并写了多篇论述歌剧创作的文章。1989 年 1 月 16 日，梁寒光在深圳病逝，享年 72 岁。［冯忠方］

贝时璋的"长寿经"

贝时璋是中国经胞学的创始人，107 岁时无疾而终。有趣的是，贝时璋在世时，身边的许多人曾向这位百岁老人请教过长寿"秘诀"。由于前来"取经"的人太多，贝时璋便将自己的一些生活经验和饮食习惯，整理好后让家人打印出来，赠送给那些有需求的人。

对于自己写的"秘诀"，贝时璋总是开玩笑地说，其实所谓"秘诀"并不神秘，里面的内容只是自己的经验之谈。再说，每个人的生活习性和饮食习惯各不相同，大家切不可"照本宣科"，能找到适合自己的生活方式最好。

在"秘诀"中，贝时璋首先表示：想要健康长寿，首先要有合理的饮食规律，切不可挑食贪食；每日三餐荤素搭配，同时要求食物中具有一定的营养和热量，并保证每天能摄入足够的蛋白质和碳水化合物。贝时璋认为，这一条看似简单，但要坚持下来却有些困难。

接下来，贝时璋在"秘诀"中特意提到，自己每天都会坚持吃 B 族复合维生素和维生素 C。贝时璋认为，根据自己的细胞重建理论，维持好细胞解体和细胞重建的平衡，是对抗肿瘤和心血管疾病，以及维持和提高脑功能的最重要环节。贝时璋在这一条的最后幽默地提醒大家，这两种维生素的价钱都不贵，就算每天吃也不会把"老本"吃光。

在那份"秘诀"最后，老人忽然笔锋一转写道："其实这些所谓的长寿'秘诀'，除了'仅供参考'外，更多的只是想博大家一乐而已。众所周知，想要健康长寿的关键所在，并不是靠'秘诀'来指导的，更重要的还是必须保持一种乐观积极的生活态度，遇事不烦扰，看淡名和利，只要做到这些，相信每个人都能健康快乐地度过一生。"〔姚秦川〕

丁玲与"战斗动员令"

1933 年 5 月，丁玲被国民党特务绑架，拘禁在南京。宋庆龄、蔡元培、鲁迅、罗曼·罗兰等国内外著名人士曾发起抗议和营救活动。1936 年 9 月，丁玲逃离南京，来到了当时中共中央机关所在地———陕北保安。毛泽东在窑洞中开宴会欢迎她。毛泽东听说丁玲要当红军，就叫她跟随杨尚昆到前线去。

到达前线后，丁玲感到既紧张又兴奋。一天晚上，彭德怀微笑着把一封电报交给了丁玲。丁玲打开电报，那是毛泽东写给她的一首词：

壁上红旗飘落照，西风漫卷孤城，保安人物一时新，洞中开宴会，招待出牢人。

纤笔一支谁与似，三千毛瑟精兵，阵图开向陇山东，昨天文小姐，今日武将军。

这是毛泽东一生填的唯一一首《临江仙》词。丁玲把这首词看成是一份"战斗动员令"，后来丁玲从前线回到延安，还专门请毛泽东为她手书了这首词，并把它珍藏了一生。在此之前，只有彭德怀也曾有过"以诗代令"

的待遇，那句广为流传的"谁敢横刀立马，唯我彭大将军"诗句，就是毛泽东以电报的方式发给了正在前线指挥作战的彭德怀。

丁玲"得令"以后，立即以笔代枪，很快写出了著名的千字文《彭德怀速写》，发表在《新华日报》上。不久，丁玲又创作了来到陕北之后的第一篇小说《一颗未出膛的子弹》，讲述一个红军小战士英勇不屈，激励国民党士兵投身抗日的故事，毛泽东称赞丁玲"纤笔能敌三千兵"。

全面抗战爆发后，八路军组建了"西北战地服务团"，丁玲任主任。丁玲带领"西战团"，进入敌后的晋绥和晋冀鲁豫根据地，借用老百姓非常熟悉的民间小调，填写新词，使老百姓能懂会唱，几乎"家家有歌手，处处有战歌"，为宣传抗日唤起民众发挥了巨大作用。[崔鹤同]

冯骥才的无书生活

冯骥才是当代著名作家、艺术家。谁能想到他之所以取得今日成就，得益于曾经的无书生活。

冯骥才的家在"文革"之初就被洗劫一空。原先收藏的1000多册图书，被造反派或撕碎或烧毁。抄家过后收拾破烂杂物，冯骥才把残书和零零散散的书页十分小心地收起来，整理、缝订，破口处全用玻璃纸粘好，残篇散页装了一大包袱。

包袱里的这些书页，成了冯骥才真正的伙伴。苦闷寂寞时，他便把包袱打开，将里面的凌乱书页拿出来读，由此进入了另外一个天地。

《约翰·克里斯多夫》被撕得只剩下半本，几乎被冯骥才看烂，若干名词佳句熟记于心中。读这些无头无尾的残书，冯骥才慢慢地有了另外一种体味。书中的某些人物命运由于缺少篇章不知后果，冯骥才就用想象去发展它、完成它，按照自己的意志为他们设想出各种命运变化和结局。其间，他感觉自己就像命运之神那样安排着一个个有意味的生命历程，由衷地感到幸福和快乐。

由于不知道这些人物在原书中的结局是什么，冯骥才往往会给一个人物设计出几种不同的结局。他把自己编的这些续篇分别讲给不同的朋友听。凡是某一种结局感动了朋友，他就认定原作一定是这样，而朋友听了冯骥才的讲述也都深信不疑，好似他讲的就是真实的书本。

"文革"结束后，这些散页和残书都重新出版了。常有朋友跟冯骥才说："你讲的那本书最近我读了，那人物根本没死，结局也不是你讲的那样。"继而朋友又说："不过，你那样的结局也不错。"

当年，续编这些残书中未了的故事，冯骥才干得很来劲，因为在续编中，他调动出自己生活中最生动、独特和珍贵的细节，发挥了艺术想象。慢慢地，冯骥才脱开别人的故事轨道，开始写下自己心中藏不住的、唯我独有的故事，踏上了文学创作之路。［姜炳炎］

潘光旦"四体投地"

潘光旦是颇有名望的社会学家、优生学家、民族学家，曾先后兼任清华大学、西南联大教务长。他有着矮胖的身材，圆脸儿上挂着微笑，喜欢叼着那福尔摩斯风格其实烟叶早已燃尽的烟斗，这是他在校园里留给人们的印象。

潘光旦年轻时在清华读书期间因踢足球意外摔断一条腿而致截肢，不得不借助于木拐行走；这般"特立独行"的人物为西南联大师生所瞩目。彼时徐志摩曾戏言，他有两个好朋友，一是"胡圣"，二是"潘仙"；前者指胡适，后者当系潘光旦。之所以谓其"仙"，乃是比喻他如同八仙之一的李铁拐。

潘光旦拄拐走路与常人一般无二，在昆明，每当遭日敌飞机轰炸，联大师生"跑警报"奔到山里，见潘光旦已到达且"自夸"："怎么样？别看独腿，不比你们慢！"

潘光旦以平易近人风趣幽默而著称，有一次在西南联大演讲时提到孔子，他说："我对孔老夫子，是佩服得五体投地啊！"瞬时纠正道："错啦错啦，应该是'四体投地'！"众皆愕然，继而满堂掌声；原来，潘教授指着自己的一条空裤腿儿自嘲："既然缺了它，就得来个'五减一'呀！"［杜浙泉］

老舍"入戏太深"丢工作

1924年，25岁的老舍奔赴英国，任伦敦大学亚非学院的讲师。在英国待了5年之后，老舍回到国内，开始担任齐鲁大学文学院院长一职。也许因为受到西方文化的熏陶，老舍当时在讲课时太过"前卫和奔放"，最后竟然因为"入戏太深"，而尴尬地丢掉了这份不错的工作。

当时，老舍虽然第一次来到大学教书，但也许是因为喝过"洋墨水"的缘故，再加上其口才一直很好，所以在上课时老舍从不怯场。那时，老舍的课非常叫座，时常有外系的学生慕名来听。因为教室座位有限，这些"外来"的学生只能站在教室后面听课。看到此景后，老舍便热心地从办公室里搬来几把椅子，让这些学生坐下来，"挤在一起凑合一下"。老舍这一亲和的举动令学生们倍感温暖。

有次，轮到老舍上课时，教室里再次挤满了前来听课的学生，那天老舍刚好讲到了曲艺部分。因为他自小爱听相声、评书和一些京戏，懂得什么是"捧哏""逗哏"，什么地方"有彩"，再加上老舍天生喜欢"耍滑稽"，当时讲着讲着，老舍竟然太过投入，一下子爬到讲台的桌子上，动作热烈地表演起了耍"大鼓"。

正当老舍表演得起劲的时候，恰逢首任华人校长朱经农从教室门口经过，当他看到身为院长的老舍竟然荒唐地站在桌子上"表演"时，立即沉下脸来，大声将老舍喊出教室，表情严肃地批评老舍讲课"太任性"，这样做不仅有失院长的身份，而且一旦传出去，对学院也会造成不好的影响。

虽然朱校长的一番话过于危言耸听，但老舍还是觉得这件事情由自己引起，他必须承担有可能发生的不良后果。最终，在做了通盘考虑之后，老舍向学校递交了辞呈。只因讲课过于"入戏"而丢了饭碗，老舍的遭遇实在令人有些哭笑不得。［姚秦川］

启功善于"吃活的"

启功是举世公认的书法大师。然而他回忆说："我小时候字写得并不好，我学字的过程很有意思。"

当年，表舅过30岁生日，20岁的启功画了一幅画给他。表舅说："画好了不必落款，让你老师落款。"这件事对启功的刺激很大：表舅嫌我的字写得不好。

从此启功痛下决心："我要认真练字，希望能与我的画相配。"慢慢地写上了瘾。

启功的书法大有长进得益于看唐人写经真迹。他比喻说："我是青蛙，苍蝇打死放在眼前也不吃，要吃就吃活的。"他把唐人写经真迹比喻成活的青蛙。他又说："音乐家经常要练一个曲子，做基本练习。书法也如此。字写多了往往会失去神韵，这时就应坐下来临临帖。"临碑是必要的，但应知道，笔迹经过刀刻后已走了样，所以他说："学书别有观碑法，透过刀锋看笔锋。"

启功认为提高书法水平主要靠理解。他说："功夫不在于时间加数量，而在于准确的重复。像打靶一样，每打一回都要找出它的规律来。我小时候字写不好，后来年纪大了，有所领悟，到近 40 岁才大有进步。"

谈到当下一些家长让小孩学书法，启功很不以为然。他说："我反对小孩练毛笔字。在科举时代毛笔字写不规矩不行。今天，有些小孩加减乘除都不知道，却花大量时间去写字没必要。小孩更需要的是学习大量的知识。有的家长带孩子来找我，我首先问小孩，你体育课怎么样，游过动物园没有？"

人们评论说："启功的字神态自然，得力于多年精心追求结构美；他的字不加修饰，如深谷幽兰，美而不俗，笔笔有法，自成一家。从中，能清晰地看到启功对书法的深刻认识以及文学、历史、诗词、绘画等方面的修养，堪称当代之绝。"

多年前，有人问他对哪出题字最为满意。启功笑着反问："看过王府井大街'中华书局读者服务部'这几个字没有？"言外之意，这是他的得意之作。［姜炳炎］

张恨水劝友

张恨水先生是现代通俗文学大家，一生淡泊名利，抗战时期，他赠画劝谏好友张友鸾的故事可见其真性情。

1944 年，张恨水和著名报人张友鸾同在重庆《新民报》任职，两人相交甚笃。有一天，张友鸾有一位时任重庆社会局局长的朋友登门，想邀请他出任主任秘书一职。主任秘书一职虽不高，可权力不小，在国难时期算是肥缺。当时，张友鸾全家八口人挤在大田湾一间名为"惨庐"的狭窄茅屋里，生活窘迫。如果出任主任秘书，就可解决生活上的困顿，张友鸾犹豫不决，便去报社征求张恨水等几位老朋友的意见。

张恨水并不赞成好友出去做官，但是想到张友鸾家里有 6 个孩子，生活艰难，他实在开不了口。回家后，他又因未能对好友直言而内疚，左思右想，就想出了一个主意。他取出纸笔，画了一幅画，卷好后来到张友鸾家里，把画赠送给张友鸾。张友鸾打开画一看，是一幅青山仙松图，旁边附题七绝一首："托迹华巅不计年，两三松树老疑仙。莫教坠入闲樵斧，一束柴薪值几钱。"

张友鸾看罢诗画，明白了张恨水的意思，他这是劝自己不要涉足官场追逐名利，要像青松一样保持气节。于是，张友鸾果断谢绝了朋友的聘请。张恨水如释重负，后来想取回赠画，张友鸾笑道："你对小弟如此勖勉，正见交情，还是留下来做个纪念吧。"［洪德斌］

巴金写《寒夜》

巴金先生是中国现代著名作家，1940 年 10 月，他由昆明来到重庆，1946 年 5 月离开重庆到上海，先后在重庆生活工作了 6 年，重庆为巴金提供了大量的创作素材，促进了巴金现实主义文学风格的成熟，尤其是长篇小说《寒夜》的创作，标志着巴金的创作进入了第二个高峰时期。

巴金来到重庆后，在重庆文化生活出版社工作，住在沙坪坝好友吴郎西开办的互生书店楼上。书店位于公路边，两边都是饭店，他整天被汽车的烟雾困扰，被煤油味熏着，苦不堪言，后来便在不远的庙湾租了一间小屋来写作。

1941年3月29日至5月23日，他创作完成了抗日战争时期的力作《火》三部曲的第二部（又名《冯文淑》），这部作品虽然不是写重庆的生活，却反映了生活在重庆的巴金要用文学表现抗战、歌颂爱国青年的创作欲望。

1942年1月，巴金在重庆文化生活出版社出版的散文集《龙·虎·狗》中有不少是在重庆创作的，比如集子中的代表作品《爱尔克的灯光》作于1941年2月，是一篇脍炙人口的散文，也是各类教材选用的传统基本篇目。

1942年4月，巴金在重庆文化生活出版社出版了短篇小说集《还魂草》，其中的代表作品《还魂草》与重庆生活密切相关。当时，日机常来重庆轰炸，巴金常随大家一起跑到住处附近的川康银行防空洞躲日机。一次，巴金亲眼看到一对熟悉的母女因没来得及躲进防空洞不幸罹难，感到无比难过、愤怒，于是创作了小说《还魂草》，强烈地控诉了日本侵略者的罪行。

巴金在重庆完成的最有影响力的作品是中篇小说《憩园》《第四病室》和长篇小说《寒夜》。《憩园》是巴金两次回故乡成都的所见所感，1944年10月由重庆文化生活出版社出版。《第四病室》则以巴金自己在贵阳中央医院的亲身经历为素材，描写病室里乌七八糟的情景。

在巴金创作生涯中具有里程碑意义的是长篇小说《寒夜》，尽管这部小说是1946年巴金举家迁居上海后续写完稿的，但它起始于1944年初冬的重庆，而且所写的故事也来源于重庆的社会生活。当时，巴金和妻子萧珊住在重庆民国路（现渝中区五一路）文化生活出版社楼下的一个小房间里。这房间只有七八平方米，非常简陋，这在巴金晚年的散文《怀念萧珊》《再忆萧珊》里提起过。

在他们这幢楼的三楼上，住着这么一家人：老太太、老太太的儿子、媳妇和孙子，祖孙三代四口人。老太太从前念过旧学，是昆明的才女，儿子、媳妇是上海某大学教育系的高才生，孙子正上小学，这是典型的小知识分子家庭。老太太、儿子、媳妇过去都是满怀希望和抱负的人，逃难来到重庆后，在黑暗势力的欺压下，生活越来越苦，意志越来越消沉，最后儿子染上肺病身亡，老太太只得带着孙子远走他乡。巴金就以这个故事为素材，每天夜晚坐在小屋里写小说，在他看来，国民党统治下的陪都真像冬天的漫漫寒夜，为了更好地表现主题，他索性把小说取名为《寒夜》。

《寒夜》出版后，被誉为巴金"家庭题材小说的炉火纯青之作"，人们评价："它凝聚着作家抗战时的丰富生活、血泪的感受、深沉的思想感情。"［洪德斌］

黄侃不著书

黄侃在经学、文学、哲学各个方面都有很深的造诣，是公认的国学大师，所治文字、声韵、训诂之学，远绍汉唐，近承乾嘉，多有创见，自成一家。然而他却慎于著述，一生未曾著书。

黄侃读书十分勤奋，以愚自处，主张"为学务精""宏通严谨"。他告诫学生30岁以前不要轻易在报刊上发表文字，一则学力不充分，一则意见不成熟，徒然灾梨祸枣，遗人笑柄，于己无益，于世有损。他自己更是以身作则，"坐穿冷板凳"，发愿50岁以前不著书，自认从知天命之年开始，方是学术研究的收获季节。因此，"五十之前不著书"成了他的名言，至今流传。

黄侃50岁以前不著书的决定，让他的恩师章太炎先生很着急，章太炎认为他的学术研究已经很深刻了，多次劝他著书立说，还曾告诫他说："人轻著书，妄也；子重著书，吝也。妄，不智；吝，不仁。"黄侃却认为"观天下书未遍，不得妄下雌黄"，终不肯轻应师命而为，但他答应恩师："年五十，当著纸笔矣。"

1935 年 3 月 23 日，黄侃 50 岁生日，章太炎送他一副寿联："韦编三绝今知命，黄绢初裁好著书。"章太炎用"孔子读《易》，韦编三绝"和"东汉蔡邕题曹娥碑"的典故，称赞黄侃读书勤奋，希望他兑现当初的承诺，50 岁以后潜心著述，写出绝世好文。

可遗憾的是，半年之后，黄侃还没有开始著述，却因胃血管破裂，抢救无效去世。他生前虽未出版任何著作，但品味他"五十之前不著书"的说法，让人感受到的是大师治学的严谨态度。[洪德斌]

吴宓搬椅子

吴宓是著名的西洋文学家及国学大师，也是清华大学国学院创办人之一，被称为"中国比较文学之父"。吴宓不仅学识丰富才华出众，在待人处世方面也非常谦逊，堪称楷模。

1943 年，吴宓开始在西南联大担任外文系主任，由于其讲课时旁征博引风趣幽默，因而他的课深受学生们的喜欢。当时，每逢吴宓授课时，教室里都会座无虚席。很多时候，别的班级的学生也会慕名跑来听课。在当时的西南联大，吴宓讲授的"红楼梦"的课程最为叫座，"粉丝"也最多。

一天，还没等上课的铃声响起，教室里的座位已经全部坐满。走进教室后吴宓发现，在靠近教室后门的地方，还站着好几位外班的学生。吴宓首先和同学们打过招呼后，随后说了声"请稍等"，然后便转身快步走出教室。同学们不知吴宓出去的原因，禁不住小声议论起来。

就在大家胡乱猜测的时候，很快同学们发现，吴宓竟然从隔壁教室搬来几把椅子，热情地递给那几位站在教室后面的学生，示意他们坐下来听课。当时，西南联大教室的椅子可以随意搬动，经常会出现从各个教室互搬椅子的情况。

看到老师亲手搬来椅子，那几位站着的学生立即变得局促不安起来。与此同时，那些坐在教室里的男同学也猛然惊醒，大家急忙起身，蜂拥着出门去和吴宓一起搬椅子。

最终，等站在后面的那些同学全部坐定后，吴宓才开始为大家讲课。吴宓亲自为学生"搬椅子"的事件很快在学校里传开来，大家都不禁为他平易近人的态度所折服。

"搬椅子"看似只是一件不起眼的小事，但它折射出的，却是一个老师关心学生、呵护学生的优秀品质和道德典范。〔姚秦川〕

费新我的"新我左笔"

我国有一位驰名中外、誉满全球的左笔书法大师费新我，人称"新我左笔"。

费新我原名费省吾，祖父、父亲都是账房先生，写得一手漂亮工整的毛笔字是他们职业所必备的技能。费新我幼承庭训、耳濡目染，从小就喜欢写写画画。32岁时，他辞去薪俸优厚的商店副账房职务，决定自立画室，弃商学画。为了表示决心，他把名字改为"新我"，表示决心重新开始一切，创造出"新"的"我"来。费新我先是报考上海美术学校，未被录取，后又报考上海白鹅画校，以一页扇面画兼书法被校长同意收下。师从陈秋草、潘思同。经过刻苦学习，他终于成为一名画家。

新中国成立后，他曾与艾青、萧乾等一批诗人、作家、画家到内蒙古体验生活,回苏州后用了7个多月时间,在200多张草图上画成国画巨作《千里草原图》5丈长卷,画面6段。著名画家丰子恺特地为此画题词作文,赞扬它是内蒙古的《清明上河图》。

然而,天有不测风云。1958年,正当费新我的艺术生涯处于黄金期时,忽然祸从天降,他赖以挥毫的右手突患结核性腕关节炎。医生诊断,恢复无望。一个书画家,不能运笔,岂非等于艺术生命的终结。但是,对艺术的挚爱和执着追求的强烈欲望又使他不甘心听凭于命运的安排。他没有消沉,凭借着坚强的毅力和智慧,用左手专攻书法,终于练出一手驰名中外、誉满全球的左笔。

20世纪70年代初,毛泽东曾在一次会议休息期间问郭沫若,谁的书法最好,能否排个名次?郭老则说:"第一名应是林散之,他的狂草当代可数第一,堪称'当代草圣';第二名应是费新我,他不仅书法好,而且自从右手有残疾,改左手写字,练就一身真功夫,实是难能可贵。"说到这里,毛泽东插话:"费新我身残志坚,以左手练书法,能达到炉火纯青的地步,更值得我们好好学习。" [冯忠方]

蔡廷锴赋诗以明志

蔡廷锴将军是我国著名抗日爱国将领。1932年,一·二八淞沪抗战爆发后,他率领十九路军全体将士,在淞沪前线浴血奋战,赢得了全国人民的热情支持和赞扬。

阳春三月,蔡廷锴出于军务上的原因,来到临近前线的苏州。由于连日来操劳过度,偶受风寒,突然患病,住进了苏州天赐庄的博习医院做短暂的治疗和休息。3月23日,他在病榻上接到家信,信上殷殷叮嘱要他保重身体。蔡将军由于一直处于繁忙的军务之中，已经有两年没有回老家探望亲人了，而信上又寄来了家人盼他能回家团聚的殷切期望，不由得勾起了无限感慨和"匈奴未灭，何以为家"的悲壮心情，当即命笔，写下了《苏州病中接家书感言》七绝一首："戎马倥偬至此间，身心劳瘁负艰难。家书两载叮咛寄，不扫倭寇誓不还！"

3月24日，蔡将军病体初愈，要想出外走走。他在随员的陪同下，到虎丘山郊游。穿过浓郁苍松，拾级而上，来到号称吴王遗迹的试剑石旁边。随员向他讲述了当年吴王阖闾试剑和越王勾践卧薪尝胆的故事。历史和现实，挑起了他万重心事。于是他挥笔又写下一首慷慨激昂的诗篇《抗日军次登虎丘》："劫灰血泊掩长江，半壁江南不忍亡。寇重已无磨剑暇，那堪尝胆救家邦！"在诗中抒发了炽热的爱国情怀，充溢着民族自强的凛然正气。

立即奋起、救亡图存，这是蔡将军和全国人民的共同心愿。［阎泽川］

杨绛追求"慢"工夫

1970年7月，杨绛和中国社会科学院外国文学研究所的同事们，被下放到河南"五七"干校改造。

杨绛和同事叶廷芳等编在同一个"菜园班"劳动、同一个"学习班"开会。因为大家都是研究学问出身，繁重的劳动结束后，就拿出随身带的外文书籍进行翻译、学习。

过了几天，叶廷芳等年轻人凑在一起聊天，聊起翻译问题，互相询问一天能译多少字，一般回答都是2000字左右。这时，杨绛只在旁边听也不说话。叶廷芳好奇地问："您一天能翻译多少字？"杨绛可是社科院外国

研究所的前辈，她的学识让叶廷芳等年轻人羡慕不已，大伙儿都期待着她3000～4000字的回答。

杨绛认真地说："我想平均起来每天也不过500字左右吧。"听后，叶廷芳和同事们纷纷表示不相信。

杨绛补充说："我翻译其实是很慢的，我首先要把每段话的原意弄清楚，然后把每个原文句子统统拆散，再按照我们汉语的语言习惯重新组织句子，把整段话的原意表达出来。"

叶廷芳将杨绛这段话记在心里。多年后，了解到翻译《堂吉诃德》全过程，他才更深刻地理解了杨绛的"慢"功夫。

1956年，杨绛接受翻译任务后，决心从西班牙文直译《堂吉诃德》，此前她根本不懂西班牙文。那年她已55岁，这样的年纪再开始学习一门外语困难可想而知。为翻译一本书而下决心学会一门语言，实属罕见。

看到不少人疑惑的表情，杨绛解释说："我这个人特别认真，既然把任务接下来，我自己便摸索着学，无师自通。每天读呀，背呀，到底也搞不清学的是西班牙语还是东班牙语。"诙谐幽默的言语中透出的是轻松。

22年后的1978年3月，《堂吉诃德》终于出版。1984年，73岁高龄的杨绛又将《堂吉诃德》这部70万字的巨著重新校订了一遍。

叶廷芳赞叹不已：杨绛的"慢"功夫，就是决不拿时间换产量，她追求"神似"而彻底摒弃"形似"。［姜炳炎］

王任叔编辑《鲁迅全集》

著名作家王任叔1922年由郑振铎介绍，加入"文学研究会"。他从新诗起步，开始了漫长曲折的文学道路。

1936 年 10 月，鲁迅先生逝世后，许广平立即开始整理鲁迅的遗著。上海沦陷，这 600 万字的手稿很可能毁于战火，为此，"孤岛"的爱国文人齐心协力，着手出版《鲁迅全集》。经商定，由许广平、郑振铎和王任叔负责起草编辑计划，并由许广平和王任叔组织一个编辑全集的班子。王任叔当时身兼数职，忙得不可开交，但他总是分秒必争，怀着最虔诚的崇敬，从事《鲁迅全集》的编校工作。

据蒯斯曛在《回忆〈鲁迅全集〉的校对》中说："王任叔当时好像在编《译报》和《大家谈》，此外还有别的工作，是一个忙人，但他在全集的编校工作上负着相当大的责任。他虽然不是跟我们整天集中在一起工作，但所做的工作是最多的。单就校对方面说，他总是随身带着清样，有空就看，每天能来跟我们一起工作多久，就来多久。直到现在，我还能记得他急急忙忙钻进许先生家二楼的亭子间、马上坐在他的桌子前、拿着清样就读的那个样子；我还记得他有时突然放下清样、立起身来马上就走的那个样子。"

王任叔通过编校，研读了鲁迅的全部原著，又写成《鲁迅全集总目提要》，对各卷内容作出提纲挈领、简洁扼要的说明，供预告征订时宣传之用。这份提要，如果没有对全集内容了然于胸的把握，无疑是绝难写好的。

1938 年夏，皇皇 20 卷《鲁迅全集》问世，3 种版本，4 个月内全部出齐，实在是中国出版史上的奇迹。它的出版，不仅为中华民族保留了一部最优秀的文献典籍，更为抗战中的人民及时提供了强大的精神武器。当然，这也是王任叔在"孤岛"奋斗的一大业绩。新闻出版家胡愈之先生说过："这部 600 万字原著的编辑工作，他（指王任叔）是出力最多的。"　　〔阎泽川〕

梅贻琦不"关照"

1937年，抗日战争全面爆发后，北大、清华、南开3所大学迁到长沙，组成长沙临时大学，次年又南迁至昆明，组成西南联合大学。

刚刚成立的西南联大办学条件十分简陋，可谓困难重重，作为校长的梅贻琦呕心沥血，惨淡经营。好在当时的云南省政府主席是龙云，作为位高权重的封疆大史，他对西南联大十分重视，给予西南联大人力、物力、财力等很多方面的大力支持，帮助西南联大渡过难关，让梅贻琦很是感激。

后来没过多久，龙云的孩子报考联大附中，可惜没考上。龙云想，凭他给予联大那么多的帮助，如果他去找梅贻琦走走后门，让他"关照"一下自己的孩子，应该没有什么问题。于是，龙云就登门拜访梅贻琦，说明了来意，但梅贻琦并没有马上表态，而是留龙云在家里吃饭，并请来联大的教务长潘光旦作陪。酒席上，梅贻琦告诉潘光旦，以后每天晚上派老师为龙主席的孩子辅导功课，以便孩子明年再考联大附中，并言明老师的家教费由龙云出。龙云见梅贻琦如此不肯通融，也不好再说什么，但是心里还是感到有些不舒服。

回去后，龙云找人一打听，才知道梅贻琦一贯坚持原则，他不只是对别的学生如此，就是对他自己的亲属也是一视同仁，从不肯给予"关照"。梅贻琦的侄子梅祖武曾经报考清华大学，但成绩不够，梅贻琦没有动用自己的权力为侄子开后门，侄子无奈地去了北洋大学。他的小女儿梅祖芬报考清华大学，成绩也不合格，梅贻琦依然坚持原则，他的小女儿去了燕京大学。了解到这些情况后，龙云不但不再生梅贻琦的气，还对他增添了一些敬佩之情。［洪德斌］

潘光旦博学幽默

潘光旦是我国著名的社会学家、优生学家，曾任教于清华大学、西南联大等，是清华四大哲人之一，博学而又幽默。

1914 年，潘光旦在清华大学读书时，参加跳高不慎摔伤了右腿，后因感染不得不截肢，从此落下残疾。但他从不避讳自己的残疾，甚至还常拿自己的残疾"开玩笑"。

在清华园的时候，有一次下雪，一个小男孩看到潘光旦拄拐在雪地上留下的印迹，以为是什么小动物，跟踪脚印直到发现潘光旦。小男孩说："我在校园里发现好几回这种脚印，又不像什么小猫小狗，原来是你啊！"潘光旦回家就把这个故事当笑话讲给家人听，还夸奖那个小男孩有寻根究底的劲头。

一次，潘光旦在西南联大演讲，当讲到孔子时，他说："对于孔老夫子，我是佩服得五体投地的。"说着，他低下头看了一眼自己缺失的一条腿，更正道："讲错了，应该是四体投地。"引得同学们哈哈大笑。

晚年，他被打成右派，而且视力极差，有一只眼睛根本看不见，有人开玩笑地说："你这个人，立场、观点都有问题。"他不无幽默地回答："我不但立场、观点有问题，我这方法还有问题呢，我架的两根拐杖是美国货，所以方法也有问题。"

面对自身残疾，潘光旦没有自卑，反而常常幽它一默，其积极乐观的人生态度，给人留下了深刻印象。张汝伦教授夸赞潘光旦说："（他）始终站在我们文化的最积极的方面，来观察世界，来对世界做出自己的回应。" ［洪德斌］

郑振铎戒烟

作为现代杰出的爱国主义者和著名作家，郑振铎参加过五四运动，与茅盾等人发起成立文学研究会，后任上海商务印书馆编辑、《小说月报》主编、燕京大学和清华大学教授。

工作繁忙加上颠沛流离、时常熬夜，郑振铎养成了吸烟的习惯，并且吸得很多、特凶。据朋友回忆，大多数人吸烟的人最多带个烟盒子，也就是装 20 支。但郑振铎不这样，他那大衣口袋里，整日是鼓鼓囊囊的装有 50 支烟的铁罐头。他一边和人说话，一边一支接一支吸烟，一天到晚几乎用不着火柴。直至牙齿蜡黄，手指头夹烟的地方焦巴巴的。

抗战爆发后，上海沦陷。郑振铎参与发起"上海文化界救亡协会"，创办了《救亡日报》。1938 年他的《中国俗文学史》出版，代表当时国内这方面研究的最高水平。

这一阶段，他在上海属于秘密工作。另有一项主要任务就是，千方百计联系古书店和经销商，抢救那些将被敌人弄到国外去的古老旧版本与文物，为国家留下了大量珍贵的古籍文献。

一次，和他非常熟悉的开明书店老板在大街上偶然碰见，两人相约再叫上几个好友一起到小酒馆喝绍兴酒。令人吃惊的是，郑振铎酒量照常，可烟却一支也不吸了！"怎么回事？""不抽了！""为什么？""不为什么！"旁边一人开玩笑说："他把三炮台烟丢了，可以多收几部旧书嘛！"

新中国成立后，郑振铎担任第一任国家文物局局长，后来又任文化部副部长，全面负责国家的文博、考古、图书馆等工作。他更加繁忙，参加外事活动日益增多。外交场合，好烟多得是，全是国内外的名烟，郑振铎依旧不吸。可他却常常在口袋里掏出随身带的金色打火机。有人问："你不抽烟，带个打火机干什么？"他回答说："玩玩呗，孩子要玩具，大人也有大人的玩具嘛。这不是，还可以替别人点点火！"原来，虽然他戒了十多年烟，可还是旧情难忘。

多年后，朋友通过郑振铎的日记才揭开谜底。原来20世纪二三十年代，郑振铎烟吸得越来越多，他咳嗽厉害并伴有哮喘，亲人反复劝他戒烟，他下定决心终于戒掉。他在日记中写道："最近伤风，咳嗽，但由于戒了烟，气喘较好，痰也少了，戒烟的好处确实不少。" ［姜炳炎］

许地山"较真"

许地山为人随和，不拘小节，人缘颇好。然而，在治学方面，他却一改生活中随性的做法，做事严谨认真，一丝不苟，甚至到了"较真"的地步。

1921年，许地山亲手在燕京大学成立了文学研究会。当时，参加研究会成立的还有熊佛西、冰心、凌叔华等几位志同道合的好友。经过商讨，他们几人共同创办了一份校园刊物———《燕京大学季刊》。当时，在每一次出刊前夕，他们几个都要聚集在一起，仔细商量稿件的撰写和杂志的编辑工作。

在组稿的过程中，许地山一贯主张严谨治学，每一篇文章的写作都要有根有据，不可信手拈来。而任何经不起推敲和讨论的文章，都一律不刊用。

有一次，许地山为杂志专门写了一篇文章，其中文章中用了"雇工"一词。冰心在编辑许地山的这篇文章时，在"雇"字旁边加了个"亻"，将"雇工"改为"僱工"。许地山看到后不以为然，但他并没有作声。

几天后，冰心突然收到了一封厚厚的来信。她拆开来信一看，竟然是许地山写给她的。信的中心意思是：古代的"雇"字，并没有"亻"。最后，许地山引经据典，洋洋洒洒地论证"雇工"二字是正确的。过了一个星期后，

许地山又寄来了一封长信，并且补充了更多材料，来证明自己的观点。

冰心看完信，给许地山回信道："我服了，你不用再找更多的材料了，我马上改过来就是。"至此，许地山才罢休。［姚秦川］

谢无量拒人

谢无量先生是我国近代史上著名诗人、书法艺术家，他的书法出神入化，在书坛独树一帜，被誉为返璞归真的"孩儿体"。

1946年秋，著名书法家于右任先生曾对当时的金陵大学教授刘君惠说："你们四川谢无量先生书法'笔挟元气，风骨苍润，韵余于笔，我自愧弗如！'"刘长荣在《谢无量先生生平及诗歌书法艺术》（《四川文史资料选辑》第42辑）文中讲到谢先生巧拒题字的一则轶事。

1938年秋，谢无量带着家人从上海辗转回到四川，后任四川大学城内部中文系主任，由于薪资微薄，生活非常清贫，曾开书屋并卖字画，还辛勤地著书或为人书写字联。即便生活如此清苦，他对唯利是图的人也是不屑一顾的。

20世纪40年代初期，成都有个"恒昌银号"，老板姓何，温江人，要请谢无量题写字号招牌，想借此招徕顾客，于是就派他店里的掌柜去请谢无量题字，并许以重酬。谢无量虽然也认识何某，但对其人感到厌烦鄙夷，常避其铜臭气而远之。现在一看何某竟派人来要字，便严肃地对来人说："我的字一两黄金一个，一手交金，一手交字。"那掌柜不知其意，回去报告何某，并当即取了四两黄金登门买字。不料，谢家人告知："谢先生已到川北去了。"来人碰了一鼻子灰，只得怏怏而去。［阎泽川］

韩美林感谢指责

韩美林是中国当代极具影响力的天才造型艺术家，在绘画、书法等多个艺术领域都有很高造诣。他的艺术风格独到，个性鲜明，2015 年被授予"联合国教科文组织和平艺术家"称号，是中国美术界得此殊荣的第一人。

20 世纪 80 年代，美术家韩美林画的小型动物国画风靡一时，颇受欢迎，好评如潮。可是，也有一些不同的声音，有人"指责"他："韩美林只会画豆腐干式的画。"韩美林听到后并没有生气，反而痛下决心，立刻转向大型画作与雕塑的创作，再也不画以往类似的画。很快，他就创作出了巨幅绘画和巨型雕塑。正当他为自己取得的成功而兴奋时，又有人"指责"他："韩美林只会画画，不会写字不懂书法。"韩美林听到后仍没有生气，而是潜心书法创作。不久，他的书法也进入新的境界。

有记者问："是什么力量促使您的艺术生命如此旺盛？"韩美林笑着说："是别人的指责。别人指责我时，我不把它当作羞辱，而是当作前进的动力。这就好像我站在艺术的十字路口，不知向哪里发展，正是指责我的人给我指出了前进的方向。我感谢那些指责我的人，正是他们的指责，我才会有今天的收获。"

他人的指责是把双刃剑，能把人推下地狱，也能把人送上天堂，最终结局如何，关键还要看自身的修为。尽管他已经是功成名就的美术大家，但并没有像旁人一样过分爱惜"自己的羽毛"———荣誉和名声———而把别人的指责化作自己前进的动力，看作一笔鞭策自己的珍贵馈赠，正是由于韩美林的清醒和真诚，他的艺术生命才如此旺盛。［张雨］

鲁迅冒死悼念杨杏佛

1933 年 6 月，蒋介石指使特务在上海公然将中国民权保障同盟副会长兼总干事杨杏佛杀害了。消息传出，震惊了整个社会。

鲁迅和其他民权保障同盟的主要成员宋庆龄、蔡元培等都收到了特务的恐吓信，在特务的黑名单上也有鲁迅的名字。许多人都为鲁迅捏一把汗，劝他暂时隐蔽一下。

愤怒的鲁迅置生死于度外，不但没有躲避，反而决定去万国殡仪馆参加杨杏佛葬礼，并在出门时未带家门钥匙，做好了有去无回的准备。他说："怕什么，杀死一个杨杏佛，会有更多的杨杏佛；杀死一个鲁迅，会有更多的鲁迅……"

许广平很为鲁迅的安全担心。平时，鲁迅一出门，她就紧跟在左右，但这次鲁迅却不让许广平跟去。硬是和许广平分开走，免得一起遇害。

万国殡仪馆里里外外布满了特务。鲁迅的昂然出现，反使特务们措手不及。鲁迅身上透出一股无形的力量，尤其是那双锐利的眼睛似乎能够看透五脏六腑。特务们慑于鲁迅在国内外的崇高威望，终于未敢下手。

送殓回来，鲁迅挥笔写下《悼杨铨》一诗："岂有豪情似旧时，花开花落两由之。何期泪洒江南雨，又为斯民哭健儿。" ［彭才国］

杨绛指导董衡巽的翻译

1959 年，杨绛经历下乡"锻炼"，重返北京，回到研究所上班。据董衡巽《记杨绛先生》忆述，他分配到杨绛老师同一个单位，一直想向杨绛先生学点翻译的本事。有一次，董衡巽试译了英国小说家萨基的短篇小说《开着的窗门》，去向杨绛求教。

杨绛很快就看完了，发现其中一些错误是翻译者的通病，立即找董衡巽谈话。

"你是不是朱光潜先生的高才生？"董衡巽嘴上说："不是，不是"，心里不无得意，等着表扬。

而当董衡巽拿过译稿后，脸"刷"地红了，译稿上打了十几个问号。杨绛问："你是怎么翻译的？"董衡巽答："头一遍对着原文边查字典边译，译得很慢，第二遍润色中文，速度就快了，最后誊清，誊的时候再改中文。""你这个方法不对，你译第二遍、第三遍的时候，应该更加严格对照原文，看译文是不是符合原文，有没有走样。"

董衡巽回到家，开始反省。他觉得自己没能把握好原文，那是英语水平问题，是可以提高的。但自己因偏爱某个词，不管同原文贴切到什么程度，便擅用了；还有，原文与中文有细微差异的地方，照顾不过来，来一个简化处理，企图糊弄过去，这可是态度问题！

杨绛的谈话给董衡巽上了一堂端正态度的启蒙课。此后，经过几十年的训练，董衡巽成为著名的文史学者、翻译家、美国文学专家。［段慧群］

陈毅写读者来信

《走进统帅部——共和国高级将领采访录》（上海人民出版社出版、张黎明著）一书中，记载了陈毅以普通读者的身份为《新民晚报》写读者来信的逸闻。

那是在上海刚解放不久，《新民晚报》曾发表一篇题为《南京路是上海的精华》的特写稿。几天后，编辑部收到一封读者来信，对这个提法提出了不同的看法，信中说："旧上海是奢侈消费的城市，南京路糟粕很多，今天再称为上海的精华，我认为不合适。希望贵报以后能多向我们介绍一些上海的工人阶级勤奋劳动、迅速恢复生产等方面的情况……"末尾署名"一读者"。

《新民晚报》老社长赵超构先生从信笺和信封的"上海市人民政府"字样以及毛笔字的笔迹上获得"重大发现"，认出这封信是陈毅市长写的一封"人民来信"。对此，他深有感触地说："在国民党时代，我也办过多年报纸，若是市长大人对哪条消息和标题看不顺眼，立刻一个电话，训斥一顿算是轻的，重则撤职查办，甚至封你的报馆，哪有申辩的余地？而陈毅市长则以一个普通读者的身份，和我们平等地商量、讨论，他不拿官位压人，大家都从心里敬重他！"赵社长尊重陈市长的用意，不把这封信作为市长的指示，而作为读者的正确批评来接受。〔阎泽川〕

郁达夫善待失意

郁达夫18岁时作为官费生到东京一高预备班学习，同班的有成仿吾、郭沫若。他们一年后入高中，三年后入大学。

据钟敬文《忆达夫先生》、郭沫若《论郁达夫》记载，1918年，郁达夫在东京帝国大学学习。留学深造、学业有成、回归祖国的梦想遭遇的现实是：并非想学什么专业就能学什么专业。郁达夫先后从医科部转到法学部，最后到经济学部。除了应付一年一度的考试之外，他大部分时间都在阅读欧美小说。

时光飞逝，1920年，成仿吾在东京帝国大学造兵科已学习了三年，他不想参加毕业考试，在 4 月 1 日要提前回国；郭沫若也因为听觉的缺陷，又觉得医学非常枯燥，决心和成仿吾同路。

求学的失意击醒了郁达夫，他最重要的阅读计划还未完成呢。每次到帝大图书馆，他是从书架上的第一栏第一本到第几本整批借出来的。看完后，又从前回终止的地方开始往下整批借下去。就这样，他对于小说知识的广博达到了相当高的境界。

1921 年，通过书信往来，郁达夫和郭沫若、成仿吾、张资平、郑伯奇组创了文学团体"创造社"。当郁达夫的小说《沉沦》给他奠定了文坛的地位时，他在帝大的阅读还在继续，一直到 1922 年他获得经济学学位回国。

善待失意需要智慧，更需要跳出自己，同时回归本身的能力。[段慧群]

"不肯悔过"的闻一多

1921 年 6 月，以李大钊、马叙伦为首的北京八校教职人员索薪罢教，政府镇压引起"六三血案"。为表示支持，北京大、中学校联合会酝酿全市学生总罢课。清华学校学生会也不例外，通过了举行无限期罢课的决议。

闻一多、吴泽霖他们是这一届的毕业生，一个月后就要举行毕业考试，大家都已经做好了出国的准备。但大局当前，他们决定罢课，也不参加毕业考试。学校召开会议，决定本毕业班必须参加毕业考试，否则不予毕业并取消学籍，这对毕业班来说是一个严峻的考验。到了考试的前一天，全班分化了。有三分之二的同学没有顶住压力，走进了考场，而剩下的二十几个同学认为既然参加了罢课，就不应该为了自身利益而半途退出集体行动，否则就是破坏罢课、分化学生运动、出卖清华学生会的荣誉。于是，闻一多、吴泽霖等人拒绝参加毕业考试，默默接受了处分，离开了学校，出国也眼见着是无望了。

不料，同年 8 月，清华学校召开了董事会，不同意学校当局对闻一多、吴泽霖等学生的处分。为了挽回学校的颜面，学校教务处给他们发了一个通知，说只要交上一份悔过书，9 月就可以回学校补习一年，第二年再毕业出国。

于是他们就分头接触，征询意见。闻一多坚持不肯写悔过书，一切回学校再谈。经过磋商，他们谁都没有写悔过书。后来学校又作出了让步，说既然不愿意个人悔过，可以写一张集体悔过书。闻一多坚持无过可悔，集体悔过书也不能写。学校无可奈何，只得使悔过一事不了了之。

后来又经过一年的学习，闻一多他们也毕业出国了。［曹金娜］

钱君匋：徘徊五年，终得佳画

1949 年，居住在上海的钱君匋去了一趟北京。作为我国现代有名的书画家、装帧艺术家，钱君匋首先要去的自然是琉璃厂。

在一家画店中，迎门张挂着一幅齐白石的四尺整张《红莲鸣蝉》。此图画面精彩，设色绚丽，极为炫目。由于自己书画销得不错，钱君匋当时手头还较宽裕，故此向店家问价。回答：带框一百元。一百元，在当时是一个普通家庭几个月的生活费用。齐白石画价虽高，也不过七八元一平方米。这幅画定价远高于基本价位，显然是因为好画难得。钱君匋希望店家能减20 元，却遭到拒绝。几番犹豫后，钱君匋未舍得出手。

第二年，钱君匋又来到北京琉璃厂，《红莲鸣蝉》在那家画店的墙上悬挂依然，看来一百元的价格能接受者太少。钱君匋再去问价，仍然一百元，不让一分一厘。虽心有不甘，可他仍然没有出手。

1951 年，钱君匋第三次造访那家画店，只见那幅画仍然高挂，且还是一百元，不还价。钱君匋有些置气，返身离开。

好东西过目，便一直存在心上。到了 1954 年，钱君匋又从那家画店经过，看着好画，终于不再犹豫，出手将这幅《红莲鸣蝉》请回了家，重新装裱后，张挂在他家的客厅里。

从看中到出手，整整五年。画店商家深知画好，有信心和耐心，不降价贱卖。钱君匋何尝不知画好？所以他终究还是敌不过佳画的诱惑。钱君匋曾经夸赞齐白石说："白石老人以惊人的天赋，敏锐的观察力，善于削去烦冗的气魄……不工而工，自然高妙，不是雕饰可达到的境界。"这当然是他终于下决心买下这幅画的心理认知。［杨建民］

意趣

YI QU

华罗庚巧作对联

　　华罗庚是著名的数学家，但他的文学造诣也很深。他不仅喜欢作诗，而且十分擅长即兴作对联。

　　1953年春，中国科学院派出科学家代表团访问苏联，钱三强任团长，华罗庚作为代表团成员也一同前往。在北京到莫斯科的长途火车上，路途漫漫无聊之际，华罗庚突然来了灵感，用团长钱三强的名字出了个上联请大家作对："三强韩赵魏"。一车厢几十位科学家想了半天，也没有对出下联，最终，还是华罗庚自己公布了答案："九章勾股弦"。"九章"既是指记载了勾股定理的古代数学名著《九章算术》，又暗指代表团成员、大气物理学家赵九章。

　　1981年，年逾古稀的华罗庚从北京到合肥中国科技大学讲学，校方知道他年迈体弱，特安排一位姓倪的年轻女医生照顾他。一天，华罗庚与同去的数学家们聊天，他看着倪医生，想出了一副拆字的上联："妙人儿倪家少女"。"妙"与"倪"拆开是"少女"和"人儿"，又与倪医生相对。过了许久无人能接出下联，随即华罗庚自己揭示了下联："搞弓长张府高才"。"搞"和"张"拆成"高才"和"弓长"，正好对应在座的年轻数学家张广厚，"弓"指弓形，"长"指长方形，"搞弓长"意指研究几何三角。这副对联既对应人物身份，又暗合此情此景，生动贴切、妙趣横生。［夏明亮］

高野侯画梅

　　民国时期的国画大师高野侯擅画梅花,曾请篆刻大师陈巨来为他制"画到梅花不让人"一印自负其艺。他富收藏,以古今名人梅花作品为多,有"五百本画梅精舍"之称。镇库之宝是元代王冕的《梅花图》卷,所以将斋名题为"梅王阁"。

　　一次在上海举办的国画展览会上,高野侯对客挥毫画梅。当时,"江南三铁"之一的大画家钱瘦铁正巧在座,一见不觉技痒,也要画几枝梅花来和高野侯争胜。旁边有位画师提醒他道:"有'画到梅花不让人'的高先生在此,你何必多此一举呢?"钱瘦铁说:"野侯先生是'画到梅花不让人',而我却是'画到梅花不怕人'!"说罢,他即兴画了一幅苍古的梅花,观者纷纷赞叹不已。高野侯看了之后,不得不佩服地认为钱瘦铁是他的画坛劲敌。

　　高野侯居住在上海江苏路月村,楼上住的是沈钧儒的弟弟沈蔚文,沈蔚文也画得一手好梅花,他喜欢在画幅上钤"梅王阁上人"一印,别人说他也太夸大其词了,沈蔚文答道:"高野侯住在二楼,我住三楼,当然是'阁上人'。这是事实,并没有夸大啊!"他还打趣说:"高野侯是'画到梅花不让人',钱瘦铁是'画到梅花不怕人',我可称'画到梅花吓坏人'!"

　　沈蔚文是个很幽默的人,一天他特意拜访高野侯并请画梅,高野侯说:"这很容易,我马上给你画。"不想沈蔚文这次是故意为难他:"梅花不是常年开放的,开放的时候不过是冬末春初,其他时间仅有杈丫的枝干。我要请你画的不是开花的梅,而是杈丫枝干的梅,但必须让人一看便知道是梅,而不是其他花木。"

　　这下子把高野侯给难倒了,但他还是画成一幅,因为不能表现梅花的特点,只得在画幅上加很长的题跋加以说明,这也成了画坛的一件趣事。

　　[陈卫卫]

潘天寿赠画

1958 年，著名画家潘天寿执掌浙江美术学院（原中央美术学院华东分院）。从上任之初，他便展现出与众不同的一面：一般大学本科教育多为四年制，但浙江美院却不遵循此例，潘天寿规定将学制改为五年，第一年颇有点预科和考察期的意味。当时，潘天寿除了正常地给学生讲授中国诗词外，其余的时间便用来绘画。潘天寿对待自己的艺术创作和讲课时一样严谨，不满意的画作他总是随手扔到废纸篓里。

一天，几名喜欢绘画的学生一起去潘天寿家里拜访请教。一位男学生刚好坐在画案边，脚底下的纸篓里有几张潘天寿废弃的作品。此时，大家都围在潘天寿的身边热情地讨论着什么，男学生便趁无人注意，悄悄地从废纸篓里捡出一幅画，飞快地装进了自己的口袋。回家后，那位男学生便急不可待地将这幅画拿去装裱。装裱师傅以为这画是潘天寿送给这位学生的，便按对方的要求认真地装裱。

第二天，潘天寿恰巧去裱画厂办事，无意中发现自己的那幅废弃画作时颇感惊讶，便询问装裱师傅怎么回事。得知缘由后，潘天寿便让装裱师转告那位学生，让对方去一趟自己的家里。此事很快便在同学中间传了开来，大家都知晓潘院长是个做事严厉的人，现在发生了这种事情，这位同学很有可能"吃不了兜着走"。

当那位学生战战兢兢地来到潘天寿的家中时，潘并没有大动肝火地批评他，而是心平气和地说道："虽然是一幅废弃的作品，但你悄悄地拿走，便成了品行的问题，这和喜欢不喜欢是两回事，你回去写个检讨交上来吧。"

有趣的是，这位学生的检讨一定打动了潘天寿，时间不长，潘将自己新近创作的一幅画作赠送这位学生。此事传开后，大家都对潘天寿呵护年轻人的做法赞叹不已。　[姚秦川]

丰子恺养鹅

1943 年 6 月，漫画大师丰子恺在重庆郊外的沙坪坝建了一所竹篱小屋，作为暂时的栖身之所。这一带很是荒凉，友人夏宗禹为解丰子恺的寂寞，送来一只雪白的大鹅，并说鹅也可以看守门户。

这只鹅果然相当尽责，一看到有陌生人进来，或者篱笆外有人走过，它马上大叫，不亚于狗的狂吠。让丰子恺夫妇感到欣喜的是，鹅给主人在物质和精神上都有贡献。物质上的贡献是它每天或隔天都会生一个蛋，丰子恺为此特地设了一堆稻草，只要看到它蹲伏其中，便知道它要下蛋了。丰子恺的女儿总会兴奋地站在稻草旁边等候，一等鹅生下蛋，马上趁热捡起放进篓子里。鹅蛋要比鸡蛋大四倍，炖一个咸鹅蛋，够全家人用来下饭吃一餐的，省下了许多的菜钱。

丰子恺更喜欢的，则是鹅带来的精神贡献。自从沙坪小屋落成后，他又恢复了抗战前类似在缘缘堂的闲居生活，每天读书作画、饮酒清谈。在手酸意倦时推窗一望，总能看到鹅在院子里昂首踱着方步，好像一个武装守卫，使这小屋有了安全保障，让简陋的庭院顿时变得生机盎然。而鹅的许多可笑行为、高傲的脾气，又给一家人带来不少欢乐。

每次当鹅要吃饭时，丰子恺都要派人专门喂它，因为邻近的狗和鸡常常虎视眈眈地盯着鹅饭。这位鹅"老爷"的脾气很大，吃过几口饭后就会踱着方步到远处吃泥巴、草和水，在它跑开的间隙，竹篱外窥伺的狗和鸡就会敏捷地跑上来偷吃。一旦被鹅"老爷"发现饭罐里空空如也，就会伸颈去追咬逃之夭夭的狗和鸡，然后引吭大叫，似乎在责备主人的供养不周。在丰子恺看来，这位鹅"老爷"真是"架子十足"！

抗战胜利的消息传来后，丰子恺一家要重返江南了。据说，在告别沙坪小屋前，丰子恺感到最牵情、最留恋的，便是这只高傲轩昂、如老朋友一般的鹅。〔陈卫卫〕

陆文夫的美食情调

著名作家陆文夫是文坛公认的美食家，他曾风趣地说道："我大小算个作家，但听到了'美食家陆某某'时，也微笑点头，坦然受之，并有提升一级之感。"

小说《美食家》轰动全国后，陆文夫会吃的名头也传扬了开来，哪家大饭店的厨师闻听陆文夫光临，内心便都有些惶惶然，感觉是在美食家面前班门弄斧。20 世纪 80 年代的一天，陆文夫与回苏州的作家叶至诚于饭店小聚。席间，陆文夫评价厨师的一句话只是"小家伙今天蛮用功的"。这话传到了厨房，席罢后当班厨师拿着菜单请陆文夫提提意见，陆文夫嘴里说着"烧得不错"，但笔却捏在手里迟迟不见动静。一边的叶至诚急了，以为陆文夫一时想不起词来，忙说："就写'色香味形俱佳'。"陆文夫仍不着急，等一支烟抽完，才一笔一画地在菜单上写道："料真味正。陆文夫。"

写完，陆文夫在和蔼中透着歉意说："'料真'不容易，这年头以次充好的东西太多，今晚的虾是河塘虾，脑满仁肥，不像市场上的虾，那脑壳是空的，空脑壳的虾不起鲜。划水一般用草鱼苗就够了，今天是青鱼苗的后三分之一，而且是活宰。再说'味正'，现在的调料太多，饭店里的菜多半弄得鱼无鱼味、虾无虾香，要做到味正还真是很不简单。"

对于品味美食，陆文夫特别讲究情调的幽雅。一个秋日，陆文夫来到江南小镇上的一家小酒楼，店主为他用一条二斤重的桂鱼做了道佳肴。当时楼上旁无别人，窗外风帆过处，有群群野鸭飞过，极目远眺更见青山隐现，正是"秋水共长天一色，落霞与孤鹜齐飞"。这时，鱼还没吃，情调已经来了。于是，陆文夫面对着碧水波光低吟浅酌，足足吃了两个多小时。多年以后，那份青山、碧水、白帆的诗意，一直让他魂牵梦绕。［陈卫卫］

赏识教育成就季羡林

1917 年，6 岁的季羡林跟随叔叔到济南读书。像大多数孩子一样，他也贪玩，正如在自传中说的："到济南求学后，我当时并不喜欢读书，对大明湖蛤蟆的兴趣远远超过课本。"一切的改变，是在读北园高中期间。

北园高中，也就是旧山东大学附中，这里的老师，尤其是国文，水平极高。一次，王昆玉老师布置了一篇作文，题为《读〈徐文长传〉书后》。季羡林写得很是下功夫，王昆玉老师的批语是"全校之冠"。这次赏识教育，让少年季羡林的积极性一下子提起来，他再也不愿意有不好的成绩。一改过去贪玩不用功的习惯，开始努力学习。学习成绩在期末考试是甲等第一名，第二学期，再次获得了甲等第一名。

北园高中附设于山东大学之下，当时省教育厅厅长王寿彭兼任山东大学校长，他是著名书法家、前清状元。王寿彭有言在先："如果谁连续两个学期得甲等第一名，自己就题写一幅字赠予。"1927 年 5 月，16 岁的季羡林连续两个学期获得甲等第一名，王寿彭兑现了诺言。

王寿彭给季羡林题写了一副对联："能将忙事成闲事，不薄今人爱古人"，并盖上"王寿彭印"和"癸卯状元"两枚印章。另外又给写了一个扇面，把清代诗人厉鹗的一首诗恭录在上面。在扇面末端题写："录《樊榭山房诗》，丁卯夏五，羡林老弟正，王寿彭"。季羡林是全校唯一获奖者，成了师生关注的焦点。

正是王昆玉老师的批语"全校之冠"、王寿彭校长题写的对联和扇面，让季羡林改变了人生观。随后的日子里，他努力学习，开始在报上发表小说和散文，逐渐培养起一生的读书习惯以及严谨治学的态度，奠定了国学基础和做人品格。

晚年，季羡林回忆说："在北园高中读书期间对我一生的影响，是关

键性的，夸大一点说是一种质变。"他由衷地感谢那里的几位老师，包括王寿彭校长和王昆玉老师。［姜炳炎］

胡蝶的广告效应

现如今，影视或体育明星做广告已屡见不鲜，但是在 20 世纪 30 年代，却是不常见的。

当时，最早的广告作品，起源于"电影皇后"胡蝶。1931 年春节过后，上海"大世界"游乐场举办"迎春招待会"，胡蝶作为特邀贵宾出席，自然分外引人注目。在会上，有记者问她最喜爱哪一家商店的服装。她脱口而出："鸿翔服装店的衣服，不但做工考究，而且款式时新，我常去选购。"

此话本来很平常，但是出自胡蝶之口，立即产生了轰动效应，顾客纷纷登门，一时间"鸿翔"的销售额增加了两三倍。店主胡鸿翔后来将胡蝶的话写成大字布标，并与她达成口头协议，报酬是自后每购一件，一律以 6.5 折优惠。这项创意是明星介入商界初始的"口头广告"。

沪江照相馆老板受此启发，多次登门与胡蝶协商，愿意为她免费承拍所有剧照和生活照，并冲洗数千张，留作寄送影迷朋友。交换条件是，用胡蝶的近照印制成广告明信片，在市场上出售。此举令"沪江"收益颇大。广告明信片的收入高达数万元，而且还可以不断再版。另外，无形中获得胡蝶玉照的拍摄"专利"，吸引了上海滩的好多顾客光临。

接着，以出售"阴丹士林"布料为主的大中华布匹公司，也看出了苗头，决定将胡蝶的形象搬上巨大的广告牌，还请她题写了"阴丹士林色布是我最喜欢用的布料"。这则明星广告开了正式付酬的先河。开始是一次性付给"谢礼"50 万元，以后，因"广告"而掀起了"胡蝶购买热"，以至"阴丹士林"色布供不应求，公司门庭若市，众人竞相订货。公司经理十分感激，决定每季度再给胡蝶追加 10 万元"续礼"。

胡蝶做广告，震动了上海商界，拉开了"产品广告宣传大战"的序幕。[阎泽川]

傅抱石的醉后画作

1904 年，傅抱石出生于江西南昌一个修伞匠家庭。八九岁时父亲去世，母亲靠补伞和替人洗衣来抚养体弱多病的他。巧的是，傅家西邻是一家裱画铺，东邻一家刻字店。稚气十足的傅抱石常常跑到隔壁去看人家裱画、刻字，逐渐对绘画产生了浓厚的兴趣。后来，他靠东拼西凑来的钱念完江西省立第一师范学校艺术科。

在第一师范学校这段时间，他不断去旧书店，疯狂阅读一些古代画史画论方面的著作。当读到记述石涛的图书《瞎尊者传》（陈鼎 著）中"我用我法"一句时，傅抱石茅塞顿开，并对石涛"搜尽奇峰打草稿"的思想欣赏不已。

一个偶然的机会，傅抱石结识了徐悲鸿。徐悲鸿看过他的画后，很欣赏这个年轻人的才气。在徐悲鸿的鼎力推荐下，傅抱石获得了公派赴日留学的机会，随后徐悲鸿又一路扶持、提携他。

傅抱石爱朋友、爱酒，爱美术事业。在美术界，大家都知道他"爱酒如命"，他的一方闲章就叫"往往醉后"。他爱饮酒后画画。有一次喝醉后，便提笔作画，自觉非常有感觉，很顺手，越画越多，后来迷迷糊糊了，心想第二天再修补一下这张最得意的画。

次日起床后，却找不到这张画了。傅抱石大脑里跳出的第一个念头：

一定是画得太好,不知被什么人拿走了。找了两个月之后,有一天他打扫房间,竟然在蚊帐顶上发现了这张画,但它已经被撕碎了。原来那晚大醉之后,傅抱石自己把画撕碎,揉成一团,顺手抛到蚊帐上了。

1959年,傅抱石与关山月合作,为人民大会堂绘制巨幅国画《江山如此多娇》。那时国家很困难,但周恩来总理知道他作画时的嗜好,还专门给他特批过白酒。[沈治鹏]

梁漱溟"打错比方"

梁漱溟是著名的思想家、哲学家和国学大师,有"中国最后一位大儒家"之称。他平日说话风趣幽默,在朋友中人缘颇好。不过有一次,他却因为"口无遮拦"打错了比方。

一年,梁漱溟一位朋友的儿子结婚,他受邀在婚礼上致辞。当天,梁漱溟偕太太黄靖贤一同参加婚礼。婚礼开始后,梁漱溟站在台前,首先祝福两位新人婚姻幸福早生贵子等,说到高兴处,梁漱溟好像完全忘记自己所处的环境,他顺手指了指坐在台下的太太黄靖贤,然后滔滔不绝地说道:"记得我结婚的时候,我对太太非常崇敬,她不仅贤惠温柔,而且对我也十分谦和。许多个夜晚,由于我要预备讲课,至深夜还不能睡觉,我的太太就一直陪在我的身边,替我沏茶倒水。这时,我总会客气地说一声'谢谢',而太太也必定会谦让一番。由此可见,婚姻生活就要相敬如宾,因为敬是相互的、平衡的……"

梁漱溟的现身说法引起台下一阵阵热烈的掌声,他不免有些洋洋得意,还想再接着说下去。不想,坐在台下的梁太太高喝一声打断了他:"不准你在台上这样'口无遮拦',不管什么事情到了你的嘴里都变成了哲学。"

梁漱溟的本意是通过"打比方"祝福那对新人婚姻幸福，没想到却"引火上身"。看到太太发怒后，他顿时变得不安起来。不过，梁漱溟到底是见过大场面的人，他先是无辜地双手一摊，然后调皮地自嘲道："在这种场合让大家发现我也是一个'惧内'之人，真是情何以堪啊！"说完，他冲大家使了个眼色，立即回到太太的身边落座。梁漱溟那种既无辜又可爱的样子再次引来大家一阵善意的掌声，这个小插曲也一下子将婚礼推向了高潮。

梁漱溟的随机应变不仅让人感受到他机智聪慧的一面，也感受到他风趣幽默的一面。［姚秦川］

沈从文"吃"的故事

从一些文章的记述中可以看出，著名作家沈从文喜欢美食。可在物资紧缺时代，这一点欲望也不易满足，这是今天生活的人很难体会的。

1980 年 10 月，沈从文与妻子张兆和第一次走出国门，到美国访问并演讲。他到美国后，大部分时间住在妻妹张充和家。张充和是结婚后才出国的，对国内情形了解较多，吃喝多是她在安排。沈从文吃东西并不讲究，可神情专注。一次沈从文演讲，勃朗大学大卫教授主持，完毕后他还请吃晚餐。为了让大家吃好，大卫亲自下厨，忙里忙外。沈从文却问："怎么没见到主人？"别人告诉他主人就是掌勺的大卫，他说："我以为他是大司务呢。"

一次，耶礼学会在一个很考究的俱乐部请沈从文吃晚餐。那里屋子"旧旧"，座椅"破破"，灯光"暗暗"，可价格很高，因为这是美国人认为的古老情趣。沈从文不了解这里的饮食习惯，以为和在中国请客吃饭一样，需要吃上个七碟八碗的，于是他为主人家考虑说："菜不要多，两三个就够。"张充和赶紧打断他，说："快别说了，这里主食副食加在一起才一盘子呢。"

在座的美国人开始不知道他们在说什么，听了解释后都大笑，一时传为美谈。这些人大多研究中国文化、去过中国、吃过满桌中国菜，所以也能体会沈从文这样说的实际含义。

最有趣的是，沈从文偶然尝到美国的冰激凌后，十分喜欢，每天饭后都希望吃一支。可当时严冬腊月，谁也不需要，有时就会忘记给他取。一次，张充和忘了给他饭后吃一支，沈从文便说："饭吃完了，我走了。"大家在说话，没人理会他。他又说："我真上楼了。"这个"真"字，咬得很重，大家觉着奇怪，可还是没明白过来。沈从文站起来做出要走的姿态："我真走了，那我就不吃冰激凌了。"大家哄然大笑，也满足了他的"愿望"。［杨建民］

张伯苓妙语

教育家张伯苓谦和、风趣、幽默，他讲过不少妙语，这些妙语，颇有趣味，富含哲理，给人多方面的启迪。张伯苓特别注重仪表，对学生提出"衣不整，何以拯天下"的理念。他常对学生说："人可以有霉运，但不可有霉相！越是倒霉，越要面净发理，衣整鞋洁，让人一看就有清新、明爽、舒服的感觉。这样，霉运很快就可以好转。"因此，南开的学生都知道张伯苓的一句妙语："勤梳头，勤洗脸，就是倒霉也不显！"张伯苓的这句妙语看上去朴实无华，却富含哲理、平中见奇。

抗战期间，张伯苓在荒凉的重庆沙坪坝建成重庆南开中学。人们赞叹张伯苓创造了奇迹，称他是魔术师，他却乐呵呵地说："我不是魔术师，而是不倒翁。日本人把我打倒，我又站了起来！"幽默中透着自信，含着不屈，给人以信心和力量。

当时，重庆南开中学的学生中有不少高官子弟，张伯苓经常劝诫他们："一定要靠自己的努力和奋斗，不能依赖别人！"他还说："有脑子不用，不如拿来炒炒吃啦！"风趣幽默的妙语让高官子弟在轻松愉悦中受到教育，得到启发。

张伯苓的妙语连篇，给人留下很深的记忆，在教育学生中起到了积极作用，达到了良好效果。作为教育家的张伯苓，不仅用妙语去教育学生，而且更注重以身作则，用实际行动来示范学生。

一次，张伯苓在校园里散步，正巧碰上一个嘴里叼着香烟的学生。张伯苓见状便叫住他，问他为什么抽烟。学生回答说："那是因为看见先生您抽烟，所以才学着抽烟的。"

张伯苓听了，乐呵呵地说："如果我不再抽烟了，你是不是也不抽了？"学生点了点头。张伯苓见学生同意，当场砸掉了手里拿着的烟嘴，而后将它丢进了垃圾箱，从此再不抽烟。张伯苓的做法让学生肃然起敬。张伯苓为学生戒烟一事不胫而走，成为人们津津乐道的话题。［张雨］

侯宝林搞发明

作为著名的语言大师和相声表演艺术家，侯宝林毕生以"把笑声和欢乐带给人民"作为自己的奋斗目标。根植于生活肥田沃土的他，有着广泛的兴趣爱好，还特别善于搞发明创造。

多年前，朋友到侯宝林家去，发现屋里挂着一个鸟笼，起初以为侯宝林喜欢养鸟，但仔细一看，却是一只不值钱的黄雀。这样的鸟儿还有人养？朋友感到非常奇怪。侯宝林笑着说，这只鸟是他家的"煤气安全警报器"。根据他的观察，小鸟尤其是黄雀对煤气特别敏感，屋里只要稍漏煤气，黄雀就会乱飞乱叫，好像在召唤人："注意！注意！煤气泄漏！"朋友忍俊不禁，直说：这是侯宝林的一项科研成果，应申请专利。对此侯宝林也颇为得意。

生活还很困难时，侯宝林家住的是三间南房，光照很差。起初他心安理得，常想旧社会的苦，常想今天国家要搞四化，自己家的困难总是小事。但屋里光线暗，对于阅读、创作也确实影响极大。为解决光线的问题，侯宝林开始动起脑来："凿壁透光"肯定不行；白天点灯吧，对能源又浪费极大。

说来也巧，侯宝林在偶然的情况下受到启发：一次，他正伏案写相声，凝神构思，忽然为稿纸上一小块光亮所吸引，原来是桌上的纸烟盒里锡纸被台灯照耀折射所致。侯宝林思路大开，开始了"科研发明"，经过反复实践，积攒了无数张锡纸，认认真真地贴满在一块二尺宽、三尺长的木板上，在老伴的大力协助下，登梯子爬高上了树，把那块"导光纸"按适当的角度固定在窗前的一棵老枣树上，室内顿时明亮了许多。

侯宝林把这项发明称为"光源补足器"。他幽默地说："我偷得这道光，好完成艺术生涯中最重要的任务——研究相声。" ［姜炳炎］

何炳棣"复读"

何炳棣是著名的历名学家，他曾于 1944 年考取了清华第六届留美公费生，并取得博士学位。回国后何炳棣转入国史研究，成就斐然。不过，当年何炳棣的留美生涯并非一帆风顺，他通过"复读"才通过了考试，过程也颇为曲折。

1940 年，当时正在西南联合大学读书的何炳棣第一次参加留美公费生考试，当时，考生所考的科目除了党义（不计分）、国文、英文外，还要另考 5 门专业课，所以，想要顺利地将所有科目全部通过，并非想象的那么容易。为此，何炳棣做了艰辛的准备。当时，他报考的是经济史，不过这个专业并非他的强项，虽然何炳棣的英文在所有考生中考出了最高分，但最后还是遗憾地名落孙山。

然而，何炳棣并没有气馁，他打算复读一年，再次向留美考试发起冲击。就在这时，他的父亲却因病去世，不得已，何炳棣只能无奈放下书本回家奔丧。等他处理完父亲的后事，返回学校，又得知因太平洋战争爆发，留美考试暂时中断两年。

到了 1944 年，当第六届留美公费生招生时，何炳棣奋力冲刺了两个月，终于笑到了最后，他的总平均分 78.5 分（百分制）在 22 位录取人中排名最高。多年后，何炳棣还特意提到了一个有趣的数字，如果历届中美和中英庚款考试合并统计，总平均分最高的人，就是中英第三届的考生钱锺书了，他当时的分数高达 87.95 分。

值得一提的是，在何炳棣参加第六届留美公费生考试前夕，当时的教育部因为提倡理工救国，把留学奖学金中的文法方面的科目大加砍除，其中就有何炳棣最想报考的西洋史。经过反复慎重考虑之后，何炳棣斗胆给当时担任行政院政务处长的蒋延黻写信，报告了西洋史科目被撤掉的事情。

一个联大普通的学子的来信会有什么效果呢？一个月后，学校在公布教育部审核批准的科目中，西洋史竟然排在了第一位。这件事在西南联大校园轰动一时，大家也都为何炳棣过人的胆识拍手叫好。［姚秦川］

张恨水票戏

张恨水出生于"京剧鼻祖"程长庚和"武生泰斗"杨小楼的故乡——安徽潜山，自幼喜爱戏曲艺术，一生与戏曲结下了不解之缘。他不仅喜爱看戏、赏戏、写戏、评戏，偶尔自己也要登台"票戏"，过过戏瘾，其中有两次十分有趣。

1933 年，北平新闻界一位同事的母亲做寿，开了一台纯系票友的堂会，张恨水也粉墨登场，演出《乌龙院》。主人打破梨园规矩，在演员排表时，在中央位置写上"小说家张恨水"。读者听闻，纷纷跑来一睹张恨水真容。

演出那天，张恨水甫一登台亮相，便引起观众哄笑，因为他扮丑角张文远，画着白鼻子，走台步一瘸一拐，张口念白一口安徽腔。旦角上来后，并不照着原来的台词，存心逗张恨水道："张心远（张恨水原名）是谁啊？"张恨水答："是我的徒弟。"旦角接着问："我听说你的徒弟是有名的小说家，你怎么没名啊？"台下一愣，张恨水随即接口："有道是，有状元徒弟无状元师父啊！"台下顿时一片掌声。张恨水下台后，有人问他为何走路一瘸一拐，他答道："不知谁在我的靴子里放了一枚图钉，害得我好苦。"

1947 年 9 月，北平新闻界在民国电影院上演京剧《法门寺》，剧中有四个跑龙套的校尉，由张恨水和当时北平三大报社的社长扮演。其余三人都是近视，戴着眼镜，为求效果一致，并不戴眼镜的张恨水也戴上了眼镜。四个校尉一一登场，一字排开，16 只眼睛闪闪发亮，俨然"四进士"，台下一片哄笑。［洪德斌］

张恨水钟爱花

著名作家张恨水一生创作了100多部小说，深受人们喜爱，然而他爱花成癖，却鲜为人知。

张恨水有一个锻炼身体的独特方法，就是种花木。在北京大栅栏居住时，他在院内种植了杏树、丁香、樱桃，还建了一个大花圃，一年四季，春有迎春，夏有牡丹、睡莲，秋有黄菊、月季、海棠，冬有蜡梅、水仙等，可谓满院芬芳。写作劳累时，张恨水便去院中侍弄花木，或到花间徘徊，一边构思，一边赏花。因此，有人认为张恨水的创作得花之灵气。

抗战时期，张恨水住在重庆的几间茅屋中，条件简陋，没有牡丹、海棠等名贵花卉，但漫山遍野开着杜鹃、野杏花、金钱菊、萝卜花、豌豆花，张恨水常采来放在小花瓶中，置于书案上。他在给友人的信中这样写道："在乡间采得野花，常纳于水瓶，或供之笔砚丛中。花有时得娇艳者，在绿叶油油中，若作浅笑。余掷笔小思，每为之相对粲然，此为案上最有情意者。"

花中，张恨水最爱菊花，每年他都亲手种植各种名贵菊花。他在一首咏菊诗中赞道："飘逸尚留高士态，幽娴不作媚人装。"若有友人来访，他喜在菊花丛中设座招待，喝一壶清茶，或者是二两白干，一起谈诗论文，别有一番情调。一位友人知张恨水爱菊，赠他两盆菊花，一盆紫红，一盆雪白，放在阶下，两只蝴蝶翩然飞来，又翩然飞去。友人问道："此情此景，恨水兄可有诗？"张恨水随口吟道："怪底蝶来容易去，嫌它赤白太分明。"

张恨水喜欢画的花也是菊花，高兴时提笔泼墨，朵朵菊花跃然纸上，他还要摇头晃脑地赞颂菊花："昔日你被贬于寂寞的东篱，冷对寒霜，今朝你重在百花丛中舒枝，笑迎冬阳，你这种高风亮节的风格，代代颂扬。"　［洪德斌］

马寅初 "不投降"

"不屈不淫征气性，敢言敢怒见精神。"这是 1941 年 3 月重庆《新华日报》送给马寅初先生六十寿辰的贺幛寿联，这寿联概括了他坚持真理、敢于斗争，不唯名、不唯上而唯实的高风亮节。

马寅初是中国当代经济学家、教育学家、人口学家，早年留学美国，获得世界驰名的耶鲁、哈佛两大学的经济学博士学位。新中国成立前，马寅初积极参加爱国民主运动，他当过蒋介石的老师，但当蒋介石叛变革命，与人民为敌后，马寅初就和蒋介石断绝了师生之谊。仅 1940 年一年之内，马寅初就在"中国经济学年会"等大会上，骂了蒋介石三次，而且一次比一次骂得尖锐深刻。马寅初在 11 月一次公开演讲中说："有人说他蒋委员长是民族英雄，我马寅初认为他不够格，他只是家庭英雄。他若要做民族英雄，必须做到四个字：大义灭亲。"马寅初一句"家庭英雄"，可谓一口气骂了当时中国三个最有权势的人物，后果当然严重，于是蒋指使特务将马寅初秘密逮捕，送进监狱监禁达 21 个月之久。1944 年，在共产党和民主人士的营救下才得以出狱。出狱后，马寅初仍旧到处演讲，不为蒋介石的淫威所慑。

新中国成立后，马寅初先后担任中央人民政府委员、政务院财经委员会副主任、北京大学校长等职。20 世纪 50 年代，马寅初鉴于我国人口增长太快对国民经济所带来的不利影响，提出著名的"新人口论"，其中着重阐明了"节制生育""控人口"的重要性和必要性，却受到错误的批判。马寅初并没有屈服，仍旧坚持真理。

他在《北京大学学报》上发表答辩文章说："我虽年近八十，明知寡不敌众，自当单枪匹马出来应战，直至战死为止，决不向专以力压服不以理说服的那种批判者投降。" ［冯忠方］

傅抱石名字的由来

傅抱石，原名傅瑞麟，是 20 世纪我国杰出的国画家。郭沫若曾说："我国画家向有南北二石，北面即齐白石，南面则抱石。"那么，"抱石"这个颇有趣味的名字有何来历呢？

傅抱石生于江西南昌的一个修伞匠人家。他少年时期从邻近的一家刻字店里知道了清末书画篆刻大师赵之谦，又从一本残缺不全的《二金蝶堂印谱》中学习篆刻艺术。他的篆刻艺术在其艺术道路上最先露出头角。

傅抱石在临摹学习中，渐渐发现许多山水画中的摹古画风，千篇一律，毫无生气，束缚了山水画的发展，唯有清代画家石涛的笔墨得自真山真水，生动真切而又气度非凡。尤其是看到石涛的"我用我法"顿开茅塞，他更欣赏石涛"搜尽奇峰打草稿"的思想。于是，他便对石涛的作品格外重视起来。为了表达自己对石涛的情有独钟，他不仅刻制了"我用我法"的印章，还开始用"抱石斋主人"作为自己的别号。他将石涛所著《苦瓜和尚画语录》中的一些精彩章句抄录下来，贴之于墙，作为自己的座右铭，下面题款："抱石斋主人傅抱石恭录"，可见他对石涛的崇拜，"抱石"一名也从此沿用下来，他的本名傅瑞麟则渐渐被人淡忘了。

20 世纪 30 年代以前，傅抱石的画作尚处于临摹时期，他临摹过诸家真迹，而临摹得最多的是石涛。1933 年，抱石东渡日本留学期间，又遇到对石涛甚有研究的桥本关雪等人士，并有幸目睹了一些流传在日本的石涛真迹。他早在 20 世纪 40 年代就曾说过："余于石涛山人，可谓痴嗜甚深，无能自己。"足以证明石涛独辟蹊径、开拓创新的艺术思想，对傅抱石一生的艺术发展确实起着极大的作用。包括他的改名都贯穿着崇拜前辈、虚心学习的精神。"抱"者，存在心里之谓也。

"抱石"，便是把石涛的画风人品永远存于心中，继承发展，以繁荣国画艺术。［冯忠方］

"山药蛋" 赵树理

马铃薯，山西人称为山药蛋。中国现代小说流派之一的"山药蛋派"是指以赵树理为首的一批土生土长的山西作家所形成的一个文学流派。这个流派因为其作品具有新鲜朴素的民族形式、生动活泼的群众语言、清新浓郁的乡土气息，为群众所喜闻乐见。赵树理作为其中杰出代表，取得了重大的成就。

在赵树理的作品中，晋东南农村风貌宛然如画，作品中的人物栩栩如生、呼之欲出，乃至于达到这样有趣的程度：不管走到哪里，人们难以认出穿着朴素的名作家赵树理，却像老朋友似的"认识"他作品中的人物，如：三仙姑、小二黑、糊涂涂、铁算盘、常有理、惹不起、小腿疼……他们的可爱、可亲、可气、可怜、可笑、可悲，深受大家喜爱，真可以说是家喻户晓、妇孺皆知。

文如其人，赵树理本人也具有"山药蛋"的品质———朴实无华、内质秀美；扎根生活的土壤，一刻也不脱离群众。赵树理长期生活在农村，和农民打成一片。乡、村干部找他谈工作，姑娘、小伙子喜欢听他吹拉弹唱，婶子大娘请他排忧解难，东邻西舍吵嘴打架请他评理，两口子闹离婚找他说合。总之，农民群众的喜怒哀乐，每家每户的生活琐事，都在赵树理关心之列。由于赵树理几十年如一日地扎根农村，积累了丰富的写作材料，甚至材料多到"碰了头"，"想不拾也躲不开"，终于结出了累累硕果———文学上的"山药蛋"。

李普在《赵树理印象记》一文中写道："他（赵树理）住在一家老百姓家里，剃着光头，穿着青色的中式对襟衣服，衣领敞开着，这正是北方农民的习惯。""他的脸色黄中透黑，表情很朴素，很忠厚善良，看起来也像一般农民那样，似乎并不聪明。"但就是这个貌不出众，外表朴实得像"山药蛋"

的人，内里却有着睿锐的智慧。他多才多艺，创作出具有浓厚地方色彩和民族风格，为人民群众喜闻乐见的著名篇章，如《小二黑结婚》《李有才板话》《锻炼锻炼》和《三里湾》等，不少作品还被译为英、法、德、俄、日等20余种文字。〔冯忠方〕

丰子恺做"古董生意"

漫画大师丰子恺在青年时代热衷于写生，他的审美眼光和常人不同，为此而闹出了许多的趣事。

为了买个花瓶供写生用，丰子恺来到了瓷器店里，但他挑了好久，还是没有找到中意的。正在失望之际，他忽然看到柜台底下有一个积满灰尘的花瓶，感到挺入画的，就向店主询问价钱，店主说："这花瓶破了，会漏水，没用了，所以才搁在那里。"说完就从架子上取下一个金边彩绘的细瓷花瓶，递给丰子恺道："这个才好看，你买这个吧。"丰子恺看了看，连连摇头："不要这个。我就要那个破的，漏水不要紧，你开个价吧。"

在店主惊愕的目光里，丰子恺付了钱，双手捧了那个破花瓶，如获至宝地转身而去，让所有在场的店员目瞪口呆。后来，丰子恺和朋友们提起这事时，笑着说："他们一定把我当成疯子了。"

有一年，丰子恺的隔壁人家为办喜事，借用丰家的客堂摆了十几桌酒席。开席前，桌上一个蓝色直口的小酒杯引起了丰子恺的注意，他觉得这酒杯不但造型简洁明快，上面还有古朴的花纹，素雅的样子相当适合写生，就问邻居是哪里买来的，邻居说："这是最粗糙、最老式的东西，现在早就买不到了。你喜欢的话，就拿一个去吧，但你要它有什么用啊？"说着就把酒杯送给了丰子恺。

随着时间的流逝，丰子恺家中堆满了各种破旧的瓶、罐、碗、钵。在一般人看来，这些东西一文不值，可它们却全是丰子恺的宝贝。有位木匠来丰子恺家修窗时，看到房间里满是瓶瓶罐罐，就不解地问丰太太："您先生是做古董生意的吧？"丰家人听了，全都大笑了起来。［陈卫卫］

赵元任的同音诗文

20世纪30年代，赵元任在美国讲学时，用同音字编纂了一个题目叫作《施氏食狮史》、类似讽刺性笑话的小故事，被收入世界著名文库。

这首被称作"看懂听不懂""能看不能听"的超短诗文连同标题不足百字：

石室诗士施氏，嗜狮，誓食十狮。氏时时适市视狮，十时，适十狮适市。是时，适施氏适市，氏视是十狮。恃矢势，使十狮逝世。氏拾是十狮尸，适石室。石室湿，氏使侍拭石室。石室拭，氏始试食是十狮尸。食时，始识是十狮，实十石狮尸。试释是事。

赵元任在所编著的另一本书里，还收入一篇极为精短的文章，该文亦以同音字，描绘一个叫嵇熙的人，与一头犀牛在溪边嬉戏耍闹的情景：

西溪犀，喜嬉戏。犀吸溪，戏袭熙。嵇熙夕夕携犀戏，嵇熙嘻嘻希息戏。嵇熙细细习洗犀，惜犀嘶嘶喜戏熙。

这两篇别具一格、妙趣横生的短文在美国引起很大反响，有一家中文报纸随即举行了全国性征文比赛，要求参赛者用尽量少的字数描述一个时空跨度大、情节曲折、富有悬念与回味的故事。冠军获得者是这样写的：

皮特与妻弟远赴非洲密林狩猎，未料弟被狮吞，妻获电报悲恸，致电"速将尸运回"。多日后特大木箱抵家，打开系一死狮，乃复电"要尸不要狮"；回电曰："狮毙命，尸在狮腹中。"［杜浙泉］

冯玉祥题扇

抗日战争初期，国民政府迁至大后方，重庆作为中华民国第二首都，彼时有"陪都"之称。1943 年，抗战进入最艰难阶段；当时，冯玉祥（字焕章）担任国民党中央军事委员会副委员长。

暮春某日，时任国民政府财政部长等职的孔祥熙携一把制作精美的折扇前来求见，说道："焕章兄，求你大笔一挥，给我题这把扇！"冯玉祥笑曰："庸之兄休要开玩笑，我那种字和丘八诗，岂敢登大雅之堂？"孔祥熙答道："焕章兄不必客气，劳神挥毫，小弟不胜荣幸之至！"

"既不见弃，那就献丑了！"冯玉祥说罢磨墨提笔，略作思考，在扇面写下：赤日炎炎似火烧，野田禾稻半枯焦。农夫心内如汤煮，部长大人把扇摇！

孔祥熙一看，所题内容乃是《水浒传》第十六回《杨志押送金银担，吴用智取生辰纲》中，杨志送生辰纲行至黄泥冈时，"白日鼠"白胜扮作挑酒桶的汉子所吟唱的那首歌谣，只不过改动了末句的前四个字。

说来，冯玉祥选取这首歌谣，似乎是"有所指向"的，虽然稍加思索，却是用心良苦，其寓意想必是：日寇铁蹄踏遍了大半个中国，四万万同胞处于水深火热之中，中华儿女为赶走侵略者心急如焚，你倒有兴致玩这闲情雅趣！

孔祥熙顿时便悟到冯之用意，尤其这改动的四个字，令他陷入尴尬境地。试想，原句"公子王孙把扇摇"成了"部长大人把扇摇"，那孔祥熙这个部长不就是"公子王孙"中的一员？如此这般，这把扇子若是当着众人使用，岂不是自嘲自讽吗？越想越不对劲，气得满脸燥热，却又奈何不得。

孔祥熙深知冯玉祥身居高位，何况是自己登门来请求题扇的，有心想跟他解释解释，又一寻思，冯玉祥心直口快，若是弄得越描越黑，还不如就此打住。结果窝了满肚子火没地儿撒，只落了个自讨没趣自寻烦恼。［杜浙泉］

赵树理善做群众工作

抗日战争初期，赵树理在阳城县四区担任抗日区长。四区区公所驻地有一个叫玉兰的姑娘，爱上了当地男青年土孩，可是玉兰的妈妈嫌土孩家穷，不同意。由于赵树理这个区长没架子，爱为群众办事，玉兰和土孩就把这桩心事告诉了赵树理。

赵树理找玉兰的妈妈拉家常，解释新政权自由结婚的政策和好处，做通了玉兰妈妈的思想，使这对有情人结为夫妻，为自由结婚的青年人带了个好头。后来，这一对年轻人的故事，就被赵树理写到长篇评书《灵泉洞》里。

也是在抗日战争时期，有一段时间，赵树理住在太行区党委所在地平顺县寺头村。

有一天，一个八路军战士的媳妇闹离婚，她去找赵树理，把离婚的理由和赵树理谈了谈。赵树理听后，对这个妇女说："你想离婚的事，咱一会儿再办。我先领你去看一出好戏。"

戏台上有三个人在演唱，两个男的穿八路军衣服，一个女的扮农村妇女。只听那女的唱道："自你上前线呀，田地无人耕，家里的苦难，实在也说不完。油也没有了呀，买盐也没钱，你今天赶快跟上我回家园。"接着是一个八路军战士唱："我给你两块钱呀，叫你买油盐，打走了日本鬼，咱们再团圆。"这时，女的把接过来的钱掷到地上，大声唱道："我不要你的钱呀，叫你回家去！你要是不回去，我就要离婚。"那个战士急了，对另一个男的唱道："报告指导员呀，我要去打日本人，她就要离婚。"接下来是指导员唱："男同志不要吵呀，女同志不要恼，吵吵呀闹闹，实在是不好……"

看到此处，赵树理扭头看那个妇女，只见她低头流泪，脸蛋红红的，最后悄悄地走出了人群。

赵树理善做、巧做群众思想工作的故事，从此在解放区被传为佳话。

[阎泽川]

胡适的一枚"特殊戒指"

年轻时，胡适就喜欢喝酒，因为酒量不大，他常常一喝就醉，为此耽误过不少的事情。有一段时间，胡适下定决心要戒掉酒瘾，一开始他显得信心十足，面对摆在面前的酒能做到无动于衷，不过每次坚持不了一个月，胡适便再次开饮。

人到中年后，胡适患上了心脏病，为了身体的健康，他只能采取少饮的办法。这一次，胡适比之前下得决心都要大，他甚至还专门写过一首戒酒诗："少年恨污俗，反与污俗偶。自高六尺躯，不值一杯酒。倘非朋友力，吾醉死已久。"这首诗最后收录在他的《尝试集》里。

不过，就算写了一首戒酒诗，但胡适还是克制不了想要喝酒的欲望。他的朋友丁友江实在看不下去，也不想胡适再这样糟蹋自己的身体，就将那首戒酒诗请梁启超题在扇面上，将扇子赠予胡适，劝其戒酒。胡适看到扇子后虽然大为感动，但由于之前一直没有戒酒成功，他也不知自己有没有毅力做到这一点。

一年后，胡适去青岛讲学，青岛大学的闻一多等八位教授款待胡适，胡适眼看酒力不适，忽然从怀中掏出一枚戒指给大家看，只见戒指上刻着两个奇怪的字："戒酉"。大家一时间不明白这两字表达了什么意思。

胡适有些内疚地告诉大家，这枚戒指是他的夫人为了劝他戒酒而专门送给他的。原来，胡适的夫人江冬秀为劝丈夫戒酒，最后花费了近半年的时间，在胡适给她买的一枚戒指上亲自刻上了这两个字。不过，由于江冬秀的文化水平不高，将"戒酒"误刻成了"戒酉"。

大家看过那枚特殊的戒指后，心情颇为复杂，便都停止劝酒。这件事很快在胡适的朋友中间流传开来，大家被那枚刻错字的戒指所感动，从此再也没有人劝胡适喝酒了。 ［姚秦川］

启功三招拒客

作为大师，启功无论在绘画、书法、诗词，还是在鉴别、史学、民俗等诸多领域都成就非凡，因而前去拜访他的人络绎不绝。启功动了不少脑筋，想了三招拒客法。

第一招，挂免战牌。不少人说启功长得像熊猫，而启功认为那是受保护的稀有动物，因而以被称为"熊猫"而自得。于是就在宿舍门口挂"免战牌"，上写："大熊猫，病了，请勿干扰。"一位熟人理解启功的心情，就在《人民日报》写了一篇《保护稀有活人歌》的文章，呼吁社会减轻他的压力。但这一招效果不明显，他越呼吁，慕名者反而越是争先恐后地来访。

第二招，风趣婉拒。启功时常搬家，可无论搬到哪里，还是有人会通过各种途径找上门去。一家电视台准备拍摄一部关于大师的纪录片，启功是重要拍摄对象。电视台想法联系到启功的一位朋友，携带贵重礼品前去拜访。碍于情面，朋友答应了。见客人拎着一大堆礼品，启功就在门口问："这是干什么？"朋友忙说："这是我的一位朋友过来看您！"启功笑了："那看吧！"说完，把灯打开，面朝着门站好，几秒钟后问："正面看完了吧，再看侧面……"又在走廊里连续转了三个圈，问："看清楚了吗？"电视台的工作人员忍俊不禁："看清楚了！""那就回去吧，这趟没白来啊。"启功哈哈大笑，下了逐客令。

第三招，不慕权贵。对到家里维修水管、电路等普通工人，完工后，启功往往会说"我给你写一幅字"。而对权贵者，他则想方设法避开。一位知名度颇高的商人，准备好笔墨纸砚，非要叫启功为企业题名。他脸一沉说："你准备好笔墨纸砚我就非得要写，你要准备好一副棺材我就得往里跳吗？"一位军队领导派秘书前来求字，秘书表明身份，显得来头很大。见此情景，启功郑重地问："我要不写，你们会不会派飞机来炸我？"秘书一愣，有点摸不着头脑："哪里，哪里。"启功接着说："那好，就不写了。"直接拒之千里。〔姜炳炎〕

陶行知改名字

现代诗人、人民教育家陶行知一生几易其名，每次启用新名都体现了他思想的进步。

陶行知原名陶文濬。1910年，19岁的陶文濬入南京金陵大学文学系读书，并担任《金陵光学报》中文版编辑，宣传民族、民主革命思想。这期间，他信奉明代理学家王阳明的学说，赞赏他的"知是行之始"的观点，于是改名为"陶知行"。此名最早用在金陵大学学报《金陵光》中文版创刊号上。他特地撰文《金陵出版之宣言》，其署名即为"陶知行"，那是1913年。以后很长一段时间，他写信、著文皆用此名。

1927年底，陶行知在南京晓庄学校的教学实践中，发现自己主张的"'教、学、做'合一"不如上海宝山师范提出的"'做、学、教'合一"理论来得完整合理，就检讨自己，把"知是行之始"改为"行而后知，不行便不知"。

一次，他在征求意见本上看到了学生写的一段幽默留言："先生既相信行是知之始，为何仍名为'知行'？何不翻它半个筋斗。"1934年，他41岁时，因坚信"行是知之始，知是行之成"，便改名"陶行知"。并在7月16日出版的《生活教育》上发表了一生中重要的文章《行知行》，文中阐述自己的观点：最初电的知识是从哪儿来的？是法拉第、爱迪生从实验中找出来的。这实验便是"行"。从"知行"到"行知"，这个改名过程绝不是旧名在文字上的简单颠倒，而是陶行知认识上的一个飞跃。

陶行知后来在重庆为人题字、写横幅对联署名时，还创造了一个以"行

知"二字合写的字，作为自己的笔名。他解释这个新奇名字说："行是知之始，知又可以反过来引导行动的。" ［冯忠方］

"超级戏迷"老舍

老舍是个超级戏迷，对京戏和昆曲都研究很深。他不仅爱看戏、听戏，更爱唱戏，还唱得字正腔圆，这也是他能被大伙记住的重要原因。

老舍学戏始于1920年，那年他21岁，刚由小学校长晋升为北郊劝学员。那时的老舍性格孤僻、内向，总有一种压抑感。借着唱戏，他能喊出积淤在胸中的苦闷，这也是他学戏的重要原因。老舍直言："好歹不管，喊喊总是痛快的。"

后来，老舍辞去了劝学员这一职务，重新去教书。他不仅在音乐课中把昆曲当教材，而且在国文课上也唱戏。一次，他讲诸葛亮的《出师表》，随后又讲《失街亭》里的诸葛亮，边讲边学当时的著名演员谭鑫培的念白："悔不听先帝之言，错用马谡，乃亮之罪也！"他告诫学生们："以后听戏，不要只听味儿，要看有益身心的感人之处，诸葛亮就知错认过嘛！"说得学生们都笑了起来。

还有一次讲骆宾王的文章，突然唱起了昆曲，他打着拍子，一本正经地唱着，学生们又惊又喜，因为从未上过这样"图文并茂，文武双全"的课。明白人更是叫绝，因为昆曲是唱功中最高级的艺术，难度极大，会者甚寡。

抗战期间，老舍担任中华全国文艺界抗敌协会的总负责人。在筹备大会上，老舍利用间隙，拉着几位朋友，听他唱自己刚刚写完的京戏《忠烈图》，这是利用旧唱腔编的抗战新戏。叶圣陶回忆说："只要有老舍的节目，再晚也要看完，绝不早退！"

新中国成立后，老舍是北京戏曲改革小组成员，看戏成了工作，经常和梅兰芳、荀慧生、程砚秋、马连良等知名演员一起研究剧目，他们都成了好朋友，自然学到了好多。后来，老舍改编《十五贯》，这是由昆曲改编成京剧的尝试，新编了《青霞丹雪》，改编了《王宝钏》。为此，周恩来总理还表扬了老舍。这三出京戏的创作和改编表明：老舍紧盯时代的变化，将自己对京戏的喜好推向了新的高度。［姜炳炎］

刘绍棠的睿智妙答

一次，南开大学请中国著名乡土文学作家刘绍棠去作报告。刘绍棠讲到文学创作要坚持党性原则时说："每个阶级的作家都是有所为有所不为，即使是真实的东西，也是有所写，有所不写的，无产阶级的文学更是如此。"

有个女学生听后感到不解，便写了一张条子："刘老师，您说作家要有所为有所不为，我不能苟同。请问：既然是真实的，就是存在的；存在着的，就应该给予表现，就可以写。"

刘绍棠接过条子一看，微笑着对这位写条子的女同学说："我想看看你的学生证，上面是不是贴着脸上长疮的照片？"女同学迷惑不解地问："把长疮的照片贴在学生证上多么难看呀，我怎么会去拍这样的照片呢？""漂亮的小姐啊，你不在长疮时去拍照片，这说明你对自己是看本质的。你知道长疮时不漂亮是暂时的，它不是你的最真实的面目，所以你不想在长疮的时候照相，更不会把长疮的照片贴在学生证上，你说对吗？"那位漂亮的女学生脸红了："是的，刘老师。"

刘绍棠继续说："缺点是需要批评的，但有些事情是有其特殊原因的，你非要把它揭露出来，这不是相当于把长疮的照片贴在证件上吗？为什么你对自己是那样的公正，而对别的事物就不公正了呢？"

有一次，刘绍棠到国外访问，一位外国记者问："刘先生，听说贵国进行改革开放，学习资本主义先进的科学技术和管理方法，这样一来，你们的国家不就变成资本主义国家了吗？"

学习资本主义先进的科学技术和管理方法就会变成资本主义国家，这显然是一个谬论，而此时刘绍棠没有直接正面驳斥，只是对这位记者说："照此说来，你们喝了牛奶，就会变成奶牛了？"一句话就驳倒了对方。

刘绍棠的对答睿智可见一斑。〔冯忠方〕

钱锺书的率真童趣

作为学贯中西的大师，钱锺书的率真童趣，每每被人称道。

杨绛将这些童心童趣戏称为"痴气""傻气"。她在《钱锺书与〈围城〉》一文中，写了颇多。

钱锺书爱看电视连续剧《西游记》，但与众不同的是，他边看、边学、边比画，口中念念有词，时而悟空，时而八戒，"老孙来也"，"猴哥救我"，一边手舞足蹈，乐此不疲。钱锺书仍嫌不过瘾，又歪歪斜斜模仿小学生字体和语气，写了好几篇短评，起个化名装入信封，扔进邮筒里。上海《新民晚报》的编辑收到信一看："这是哪里的小孩写的，怎么连地址都没有，稿费寄给谁？"再仔细看，文章写得真好，立马编排发稿。

钱锺书特别喜欢带自己女儿以及叔父家的女儿玩。故意引孩子说一些"不文明"的话，但孩子懂事偏不说。钱锺书就变着法子，或做手势，或用话套，诱她们说出来。待孩子们说出后，钱锺书一本正经地教育她们今后不要说"不文明"的话。于是一群孩子围着他吵个没完，他却以胜利者自居。这些把戏闹完后，他趁女儿熟睡，在她肚子上用毛笔画了个大花脸，被钱母训斥后，才不敢再画。继而每天临睡前，又在女儿被窝里埋置"地雷"，把玩具、镜子、刷子等都埋进去，等女儿惊叫，他就开心地大笑。对此，钱锺书百玩不厌。

1994年10月，钱锺书因病住院。适逢同住一个医院的夏衍过生日，其女儿给钱锺书也送来一块蛋糕。钱锺书病情缓解，胃口大开，坐在床上边吃蛋糕，边与人聊天。突然发现有记者摄像，钱锺书老先生便像孩子一样，连人带蛋糕一下子钻进被子里，全然不管白、红奶油弄得满头满身满被子。

钱锺书的率真童趣，源于他对生活的热爱。我们在敬仰大师的同时，不由得多了几分亲切感。［姜炳炎］

老舍与相声

著名作家老舍不但笔下健谈多趣，表演相声也让人捧腹，用出色的口才和笔功打动了观众。

抗战时期，老舍被推选为中华全国文艺界抗敌协会常务理事、总务部主任，积极投入到抗战斗争中去。协会迁到重庆后，以国立编译馆为首的机关团体举行募捐劳军晚会，老舍不但自报奋勇说相声助兴，还请在北平待过的梁实秋做他的演出搭档。对相声很有心得的老舍，给有些犹豫的梁实秋鼓劲儿：说相声要沉得住气，放出一个冷面孔，永远不许笑，控制住观众的注意力，用干净利落的口齿，在紧要处斩钉截铁迸出一句俏皮话，全场必定哄堂大笑。老舍的话，打消了梁实秋的疑虑。

老舍凭记忆背写出《新洪羊洞》《一家六口》两个老段子，两人合练过就上台，一连表演两晚：头一晚老舍逗哏，梁实秋捧哏；第二晚两人角色互换，演出在全场笑声中完成，特别是结束时老舍无意中用折扇打落梁实秋的眼镜又被梁实秋下意识接住的瞬间，让观众感到有"绝活儿"，仍觉不过瘾，高呼"再来一回"。两位语言大师联袂说相声被传为佳话，后来，他们还被其他单位邀请演出。

老舍不但善说相声，作为一位"写家"，对于这个民间艺术的编写也得心应手。他说过："在抗战中，写小说戏剧有用，写鼓词小曲也有用。我的笔须是炮，也须是刺刀。"这期间，老舍写的《卢沟桥》《中秋月饼》《台儿庄大捷》《骂汪精卫》等相声段子都取自现实，语言通俗、幽默提气，鼓舞民众抗战到底。

有一回，冯玉祥将军观看了艺名"小地梨"的演员（本名董长禄）表演老舍写的相声段子《欧战风云》，击节叫好，上台赞赏道："你真是个大演说家呀！"当场题词："胸中具成竹，舌底翻莲花"。冯玉祥哪里知晓，这段子幕后的作者是老舍呢。〔霍无非〕

杨沫与武术

女作家杨沫以小说《青春之歌》闻名于世，但是很多人不知道她还是一位精通武术的"武林人"。

杨沫从小爱读武侠小说，如《七侠五义》《峨嵋剑侠》《江湖奇侠传》等，受武侠小说影响，她立志要当个侠客。杨沫的父亲是个开明人士，他支持女儿发展自己的爱好。12岁那年，父亲把杨沫送到北京四民武术社，拜著名武术家邓云峰为师。那时，杨家住在阜成门北福绥境东弓匠营，四民武术社设在鼓楼南火神庙内，相距十余里地。杨沫当时正在福绥境小学念书，每天下午放了学，就步行去四民武术社习武，从不间断。

在邓老先生的亲授下，杨沫学习了形意、太极、器械、站桩，着重练习负重腾跳。最后，邓老先生又将自己拿手的弹弓、弓箭也传授给她。

杨沫大哥的岳父杨德山是个有名的镖师，曾投师太极名家吴鉴泉。大嫂杨斌贞也有一身好武艺。大嫂过门后，就成了她的家庭武术指导。杨沫还直接向杨德山老先生请教刀术，并请他代购了一把好刀。

抗战初期，杨沫不幸染上了黑热病，但她硬是挺过来了。1939 年，杨沫生下儿子马青柯，为了不因照顾孩子影响干革命，小青柯出生后，杨沫就将他送到了自己妈妈家，而她产后未加调养就登上了路程，辗转数百里去找自己的队伍了。幼年习武练出的强健体魄，帮她渡过了一个个难关，身体终于没有垮下来。

新中国成立初期，杨沫身体一度坏透了，先后动过 3 次大手术。她在疗养期间坚持散步、练气功、打太极，终于使身体复原，并完成《青春之歌》的创作。〔洪德斌〕

华君武的幽默书信

著名漫画家华君武人如其画，睿智幽默，在其书信中表现得淋漓尽致。

2000 年是农历龙年，华君武从北京寄给《浙江日报》总编办接待科科长曹大春的夫人一张龙的漫画，祝贺春节愉快，并在信封上的收信人处写了"茅芳芳"。

收到信后，曹大春给华君武打电话表示感谢，顺便说了一句"你把芳芳姓忘了，她姓罗不是姓茅"。华君武连忙说对不起，并于第二天重新写了邮封，信里这么调侃："老兔（华君武生肖是兔）八十五，头脑不清楚，错把茅当罗，应该打屁股，重新写邮封，请你原谅我。"

有位集邮的读者写信给华君武，对他提出如下要求：一、在纪念封上画张画；二、彩色照片两张；三、500 字的简历一份。华君武复信说："您的要求比入党申请书还厉害，恕不能照办。"还有一位读者声称专门收集各国元首及名人的签名和照片，要华君武满足他的要求，华君武回信调侃："我不想和那么多总理、首相在一起。"

有一年，华君武在给广东版画家黄新波写信的时候，还另外包了一小包胡椒粉，用纸一层一层包裹。最后打开的时候，黄新波不知道是什么东西，就闻了闻，结果就打了喷嚏。华君武后来说，因为广东人有个说法，打喷嚏就是有人想你了，他借此互道思念，风趣至极。

翻译家、画家高莽和华君武是超过半个世纪的朋友，高莽一直视华君武为师长。就此，华君武说："我为什么要当你的'师长'？说不定我还想当'军长'呢！"平时，高莽给华君武写信，信封上总是华君武"老先生"收。华君武复信时则在信封上报以高莽"中先生"收。不知情的人或许认为高莽叫"高莽中"呢！　［冯忠方］

王大觉以文入社

南社作家王大觉自幼文采过人。小学时，他每作一篇诗文，都在同学之间传阅，很受大家喜爱。而且他还常有诗文、小品等刊登在上海《民立报》上。不仅如此，学校为了宣传民主共和思想排演的剧目，其中许多剧本都是王大觉写的。

沈晓烜在《南社与周庄》一文中，介绍了文采出众的王大觉加入多个文化进步社团的事。

1914 年，17 岁的王大觉回家闭门自修。由于家中藏书较多，又订阅了上海发行的多种报刊，王大觉在博览群书的基础上了解社会现实，为的是将来有所作为。同年 4 月，王大觉经陈去病、叶楚伧介绍，加入了南社。

王大觉不仅书读得多，写作也多，时政评论、散文小说，有文言更有白话，往往多种文体多个篇幅同时开笔，接连一篇篇优秀的文章。

1917 年，王大觉与费公直、朱璧人、朱琢人、柳㧑霄、柳率初、朱云光等在江苏周庄成立"正始社"。"正始社"团结了邻近乡镇的中青年文人诗友数十人，积极宣传南社倡导的共和宗旨，王大觉也被大家公推为正始社社长。后来，由王大觉辑成的《正始丛刻》第一集面世，"正始社"社员们由于受到新文化的影响，文章大半使用白话文写作，倡导共和，反对军阀独裁统治，王大觉也因此声名大振。

1919 年 3 月，王大觉应上海民国日报邀请，任艺文部主笔。这段时期，他创作了 10 多篇小说，内容既接近人民大众的生活，又富于哲理思考，深受读者欢迎。然而同年秋天，王大觉患上肺病，勉强支撑到年末，只得辞职回家休养。虽说是休养，王大觉仍旧手不释卷、笔不停挥。他每天都要熬夜，常常稿纸边一碟黄豆、一碗黄酒，不到黎明鸡鸣不肯停手。

1923 年，柳亚子与陈望道等人根据当时新文化运动发展的需要，发起创建新南社，王大觉为提倡气节、引纳世界新潮流也积极参加。然而他由于过度劳累，患上肺结核。1926 年，由于操劳过度旧病复发，于 10 个月后去世。［李一诺］

熊庆来的艺术修养

熊庆来的儿子熊秉明在《熊庆来二三事》（《云南文史资料选辑》第 36 辑）一文中，记录了熊庆来的点滴往事。

熊庆来是我国近代数学研究和教育的奠基人。1937 年，他回到阔别 16

年的家乡，担任云南大学校长。1955年，周恩来视察云南大学时，还特别提到这位当时尚在国外的大数学家、大教育家："熊庆来培养了华罗庚，这些具有真才实学的人，我们要尊重他们。"

不过，人们历来只知道熊庆来是大数学家，但他对文学、艺术方面也非常感兴趣，有着鲜为人知的艺术修养。

熊庆来非常喜欢画。抗战前，他在北平清华大学时，就买过不少齐白石的作品。那时在他们住的两院一套中式房子里，有四幅联作的屏挂在客厅里最醒目的壁上，是鱼、虾、蛙、蟹。还有一幅近于册页的小品，三只虾是齐白石送他的。墨色极好，虾是游动的，虾须交织，真是一片水光与生意。这是他十分得意的一件收藏，常年挂在书房里书桌旁的墙壁上。有一次，他对儿子说："回家乡，进入竹园坝子，仿佛看到一幅油画，甘蔗与稻田不同，甘蔗厚实浓密，像油画颜料画出来的。稻田像水彩画。要画出老家的风光，水墨怕还是不够的。"〔阎泽川〕

民国时期的冬虫夏草

1936年8月，北平《世界日报》分5次连载刊发专访菌类植物学专家周宗璜的报道，访谈主题为"菌类植物与人生"，首次将中国菌类植物研究的最新成果与进展向市民大众进行"科普"宣传。访谈中，提到了药用菌类中的特别之物——冬虫夏草：

"说到冬虫夏草，那是一种很有趣味的菌类。"说的时候，他（周宗璜）便去到他们的标本室里，拿来一个玻璃盒，里面陈列着一束一束的冬虫夏草。也许这种标本，采集得很久吧，冬虫夏草都已变得快黑了，在外表看出，冬虫夏草约有一寸半长，仿佛一节小豇豆粗，是分为两节，下端还包虫的蛹，草便从虫的蛹里长上去，上端便是草。于是我便问：

"在虫未死以前，草是否就生长了嫩芽？"

"大概的情形是这样，这类的幼虫，接受了草的孢子以后，便渐渐发芽，同时幼虫也渐渐到了死期，如是便由动物一变而为植物了。"

"冬虫夏草出产在什么地方？每年可以出产多少？价值若（如）何？"

"这种菌类，产于云南贵州及两广等处，统共每年可出产一万公斤左右，约合二万二千磅，每公斤合法币七元左右。"

"它治病的功能，到底若（如）何？"

"据说是能治肺病，并且可以吃，四川人认为是一种补品。至于是否有功效，在没有经过化验以前，我们实在不敢去认定。"

看来，周宗璜并不认为冬虫夏草有什么特别神奇的医药价值，冬虫夏草的市场价值也并不算特别高昂。"每公斤合法币七元左右"的市价，按照法币未贬值前与银圆的兑换比率，冬虫夏草每千克时价为七块大洋。如今，再按每块大洋的银价折算，每块大洋约合人民币 150 元，可见，当时的冬虫夏草每克价格折合人民币仅 1 元左右。［肖伊绯］

胡适的幽默

胡适性情随和、温文尔雅，他幽默风趣的谈吐常令人忍俊不禁、拍案叫绝。

胡适反对文言文，提倡白话文。他写过一首诗："文字没有雅俗，却有死活可道。古人叫作欲，今人叫作要；古人叫作至，今人叫作到；古人叫作溺，今人叫作尿；来同一字，声音少许变了。并无雅俗可言，何必纷纷胡闹？至于古人叫字，今人叫号；古人悬梁，今日上吊；古名虽未必不佳，今名又何偿少妙？至于古人趁舆，今人坐轿；古人加冠束帻，今人但知戴帽；若必叫帽作巾，叫轿作舆，岂非张冠李戴，以虎作豹？"这样深入浅出、诙谐幽默地介绍古今文字知识，将文言文与白话文对照，妙趣横生、意趣盎然。

1937 年七七事变前后，蒋介石和汪精卫联合邀请全国各界名流学者到江西庐山开谈话会。谈话会上，胡适慷慨激昂，发表了一次抗日救国演讲。胡健中听了，赋诗一首："溽署匡庐盛会开，八方名士溯江来。吾家博士真豪健，慷慨陈词又一回！"言词中颇含戏谑之意。胡适看后，随手写下一首打油诗回赠："哪有猫儿不叫春？哪有蝉儿不鸣夏？哪有蛤蟆不夜鸣？哪有先生不说话？"四句反问，类比生动，在座的人看后，顿时一片喝彩。

爱国人士杨杏佛是胡适的关门弟子，此人鼻高嘴阔，绰号"杨大鼻子"。一天，胡适去他家找他议事，杨杏佛不在家。胡适左等右等就是等不到杨杏佛回来，等得无聊，胡适掏出笔写了一首《致杨大鼻子》的诗贴在门上："鼻子人人有，唯君大得凶。直悬一宝塔，倒挂两烟筒。亲嘴全无份，闻香大有功。江南一喷嚏，江北雨蒙蒙。"贴好，他又念了一遍，浅笑转身，恰好杨杏佛回来，与他撞了个满怀。杨杏佛擦了擦眼镜片，认真读《致杨大鼻子》这首诗，读罢，连呼"好诗，好诗！"紧接着对恩师就是一个响亮的喷嚏，"蒙蒙雨丝"洒满胡适的长袍马褂，正应了那句"江南一喷嚏，江北雨蒙蒙"，二人捧腹大笑不已。［张雨］

齐白石笔误出精彩

国画大师齐白石在 1950 年春，精选了创作于 1941 年的精品《苍鹰图》和《海为龙世界，云是鹤家乡》立轴准备送重要友人。

没几天，著名收藏家张伯驹等人来访，齐白石很高兴地谈起画了两幅作品的事。当说到"海为龙世界，云是鹤家乡"的对联时，张伯驹不由自主地"啊"了一声，原来此联写错了一个字。出自清代书法家邓石如之手的后一联原为"天是鹤家乡"，而齐白石却写成了"云"。齐白石经张伯驹提醒，马上紧张起来。

张伯驹忙安慰齐白石说："齐先生，你这个'云'字改得比邓石如的'天'字好。他的上联若是'地'字，那么下联'天'字不可动；可上联却是'海'字，恰与你的'云'字相对，不必拘于成格。"经张伯驹这么一说，齐白石心情才平静下来。

有一年，英国女王伊丽莎白二世访华，指名道姓邀请国画大师齐白石作画。齐白石欣然应允，当下操笔挥洒自如，顷刻间，一幅《牡丹醉春图》即告完成。

不料，齐白石收笔之际，突然一滴墨溅落到画上，观画的人群不禁爆发出一片惋惜声。

此时，齐白石老人神态自若，好似画龙点睛，躬身在那滴墨点上轻描几笔，瞬间，一只极具神韵的小蜜蜂跃然纸上，《牡丹醉春图》顿时大放异彩，全场爆发出雷鸣般的掌声。

后来，有人评价齐白石说，齐先生不愧为"国画大师"，即使是错字、笔误亦精彩。〔张雨〕

伍廷芳巧辩涉外案件

中国近代著名的法学家、外交家伍廷芳，早年留学英国攻读法学，是中国近代第一个法学博士。后来在香港担任律师，又成为香港立法局第一位华人议员。洋务运动开始后，伍廷芳出任李鸿章的法律顾问，主管与欧美各国的交涉。

一天，一个外国商人与中国的车夫发生了纠纷，一怒之下竟拔出手枪打伤了车夫。舆论认为洋人欺人太甚，这可是在中国的土地上，洋人怎么能够对着一个苦力拔枪行凶呢？此事一下子引起了公愤，案件被送进了司法部门。伍廷芳此时正是审判法庭的法律顾问。

那位外国的"体面豪商"深知倘若在法庭上丢尽面子，其营业额势必会受到很大影响，自己在中国的生意就不好做了。于是，他托人带给伍廷芳一封信，信中承认自己有过错，请伍氏在法庭上替自己"弥缝"———即调和、斡旋，说点好话，以达到大事化小、小事化了之目的；作为报酬，他还送给伍廷芳 1000 元钱。

伍廷芳收下了信件和钱。

开庭当天，除了当事人双方，该国的领事也亲临庭审现场，来替本国公民——那位富商辩护。既有本国的领事大人辩护，又收买了中国的司法权威，法庭上的富商有恃无恐，坚决不肯认罪。然而，让富商万万没想到的是，伍廷芳忽然拿出那封信，当众高声朗读了一遍。富商顿时脸色大变，领事也目瞪口呆，不能再包庇一句。

结果，法官判了富商应得之罪，伍廷芳则将那 1000 元钱给了车夫，作为富商的赔偿之费，然后扬长而去。［沈淦］

识见

SHI JIAN

霍懋征巧释"聪明"

著名特级教师霍懋征在教小学生学习"聪明"一词时，注重营造师生互动的教学氛围，巧妙设置教学悬念，收到了调动每一名学生积极参与和入脑入心的教学效果。

在课堂上，她先是这样亲切地发问："同学们，你们愿意做聪明的孩子吗？愿意的，请举手！"霎时间，每一个学生都争先恐后地举起了小手。接着，她告诉学生："每个人身上都有四件宝，如果学会了运用这四件宝，人就会聪明起来。这四件宝是什么呢？我暂时不讲，先让你们猜几则有关人体器官的谜语。"

于是，她将四则谜语的谜面一一讲给学生。"东一片，西一片，隔座山头不见面。"谜底是"耳朵"。"上边毛，下边毛，中间一颗黑葡萄。"谜底是"眼睛"。"红门楼，白门槛，里面有个嘻嘻孩。"谜底是"嘴"。"白娃娃，住高楼，看不见，摸不着，缺了它就不得了啦！"谜底是"脑"。每当学生猜中一则谜语，她就要学生讲讲这个人体器官有什么作用。随后，她又引导说，在上课时，要仔细看，但不要东张西望；要认真说，但不要随意说话。总之，要多听、多看、多想、多说。

谜语猜完了，学生们意犹未尽，霍懋征转而引导学生剖析"聪"的字形。她说："你们看，'聪'字，左边是耳朵的'耳'；右上方是两点，代表两只眼睛；右边中间是'口'字，就是嘴；右下方是个'心'，代表脑。这四件宝合在一起，正好是个'聪'字。'聪'字后面之所以加个'明'字，是因为这四件宝要天天用，月月用，天长日久，你们就会聪明起来。"

翌日，霍懋征在上课时首先发问："四件宝，大家都带来了吗？"学生们异口同声大声说道："带来了！"

就这样，霍懋征在课堂上既教给了学生们知识，又在润物无声中培养了学生良好的学习和思考习惯。［夏明亮］

周汝昌说"痛苦开心"

一次，朋友和著名学者、红学家周汝昌闲谈。问他："你一生中最痛苦的记忆是什么？"周汝昌沉默了一会儿，低缓地讲了起来：

那是在抗战时期，当时我在燕京大学读书，珍珠港事件爆发后，日本人把燕京大学封了，把学生遣散了，当时辅仁大学登出广告招编，很多同学都去了。我没去，回到了天津老家，有一个叫新民会的汉奸组织专门搜罗失学失业的青年学生为其服务，我只有藏在家中的地窖里。

一天，我亲眼看见当地唯一的一所小学，教师领着一队小学生打着新制的太阳旗去迎接日本驻军。太阳旗是白纸做的，一张白纸中间用红墨水画了一个红圈圈。阳光下，小学生手中的太阳旗刺痛了我的眼睛。我的心在流血，一种绝望让我无法言表。

为了安抚这位耄耋老人的情绪，朋友又问："一生中您最高兴的事是什么？"周汝昌稳定了一下，接着说：

1968年，我从人民文学出版社编辑岗位上被关进牛棚，一年后下放到湖北咸宁"五七干校"劳动，被安排看菜园子。夜里4点起来，我挂着一根竹竿，蹚着过膝的水，到一个大湖堤上，在那里可以看到整个菜地。我站在堤上仰望东方，东方渐渐露出了鱼肚白，太阳一点一点出来。我突然有了一种信心，觉得前途也会像早晨的太阳一样充满希望。

天亮后我被换回去，走在路上碰到一位同志对我说，队部让你去一趟。我心中"咯噔"一下，不知犯了什么错误。硬着头皮到了队部，领导对我说，北京工作需要你，要调你回去。我一听，这不是"一步登天"吗？赶紧到总部拿公函，走在路上还恍恍惚惚像在梦里。公函拿到一看，是周恩来总理办公室给湖北省军区司令部的专电。你可以想象我当时的心情是什么样的。

那一天是 1970 年 9 月 5 日，是周汝昌的纪念日，是周总理调他回来的。那一天，发生了他平生最高兴的一件事。［姜炳炎］

南怀瑾论"人"

著名的国学大师和教育家南怀瑾在教学方面严谨细致、精益求精，经常能用通俗易懂的方法传授解惑，深受学生们的喜爱。

1963 年的一天，台北中国文化大学创办人张其昀找到南怀瑾，希望他能来学校担任教授并兼任礼学院院长。在了解了详细的情况后，南怀瑾最终答应下来。聘书下达那天，南怀瑾为全校师生做了一场名为"学问与做人"的主题演讲。

在演讲中，南怀瑾提出了自己对于学问和做人的观点，他认为："学问不是知识，智慧不是聪明，学问是从做人做事上来，又往做人做事上去的。"南怀瑾最后表示，如果按学问来划分，人可以分为四等：第一等为"有学有术"之人，就是学问和修养都很高，做人做事的办法也很灵活，这样的人堪称"完人"，难得一见。不过南怀瑾开玩笑地对大学生们表示，这种人不是普通的人，我们只可在心中仰望一番，不用刻意学之。

南怀瑾认为第二等人是"有学无术"之人。此类人不管是学问道德还是个人素质都很好，但做人处事却缺少方法，不够灵活，因而只能自处而不能处人，历代先贤圣人，大多为此类人也。南怀瑾号召在场的大学生们，不妨多往这一类型的人上下功夫，不管最终能不能达到，只要努力付出，相信就一定能有所收获。

南怀瑾认为第三等为"不学无术"之人。这类人既无突出的人格修养，但也不会为非作歹，各方面都很一般，属于芸芸众生，这样的人是大多数的普通人。说到这里，南怀瑾面带微笑故意大声地问大家："是否愿意做这一类人？"大家都笑着摇了摇头。

讲到这里，南怀瑾忽然收敛了笑容，最后表情严肃地说道："第四等为'不学有术'之人，此类人属于品行修养不够，却头脑灵活、手段很多的人。这样的人，一旦得势，必然为害社会，甚至祸国殃民，所以，我不希望在场的任何人成为这一类型的人，永远不要！"南怀瑾的话音刚落，在场的师生为他精妙的演讲给予了热烈的掌声。［姚秦川］

李叔同谈论"咸与淡"

李叔同是著名的音乐家和戏剧活动家，也是中国话剧的开拓者之一。从日本留学归国后，他担任过教师和编辑等职，后剃度为僧，被人尊称为弘一法师。李叔同不仅学识渊博，才华横溢，在接人待物方面同样令人称道。

1924年6月，已经遁入佛门的李叔同取道松阳、青田后抵达温州，开始全面整理佛教书集《四分律》。在夜以继日地工作了两个多月后，该书终于在8月底完稿。一身轻松的李叔同打算去杭州游玩几天，不过没走多长时间，便因为交通受阻被困宁波，最后只能暂居于七塔寺。在上虞白马湖春晖中学任教的夏丏尊得知这一情况后，立即邀请李叔同来自己家中做客。两人为多年好友，又许久未见，李叔同最后欣然应允。

在夏家小住期间，李叔同在饮食方面非常简朴，每餐仅要一小碗米饭，外加一碟素菜和一杯白开水。夏丏尊有时过意不去，会嘱咐家人多加一个菜，但每每都被李叔同以不要浪费为由阻止，他开玩笑地表示，菜不在多，够吃就行。

一天，夏丏尊的家人在烧菜时，一不小心多放了一点盐，菜咸得让人难以下咽。当夏丏尊满心愧疚地将菜端到桌上时，都不好意思邀请李叔同动筷。不过，令夏丏尊没有想到的是，李叔同并没多说一句话，依然像平常那样吃得津津有味，仿佛在品尝一盘从来没有吃过的山珍海味一样。

夏丏尊最终按捺不住，小心翼翼地问李叔同："一碟热炒腌菜叶，您不觉得太咸了吗？一杯无味白开水，您不觉得太淡了吗？"听了夏丏尊的问话后，李叔同淡淡一笑，若无其事地回答道："非也非也。其实，咸，有咸的滋味；淡，则有淡的妙处。在我看来，它们各自有其特别的地方，也均是一道别致的美味，缺一不可。"

说到这里，李叔同停下筷子，神色平静地最后又加了一句："对于生活而言，不也是有咸有淡，有欢乐有失意吗？所以不要过于苛求生活的完美，只有这样，我们的人生才会过得踏实和从容。"听了这番颇有禅意的话后，夏丏尊的内心既感慨又感动，同时也为李叔同淡看人生的心态所折服。〔姚秦川〕

陆澹安的人生智慧

在大师云集的民国文学团体"南社"中，陆澹安素有"智囊"之称，他深谋远虑、善断诸事。许多人遇有疑难不决的问题，往往会请他出谋划策。

一天，书法家潘伯鹰对陆澹安说，有位亲戚向他借了 300 元，但是逾期后迟迟不还，追讨时对方还出言不逊，因此非常愤怒，打算上门斥骂一通，来发泄胸中的恶气。陆澹安平静地对他说："斥骂一通是不解决问题的，而且你们是亲戚，如此反而伤了感情，这是下策。依我的看法，您以后没事时就经常到他家里去问候问候，上天下地都可以谈，但绝不能谈及还钱一事，这样去的次数越多越有效。"潘伯鹰依法炮制，去了七八次后，那亲戚竟然把所欠的钱给如数归还了。

当潘伯鹰登门道谢时，陆澹安说："其实，这是在精神上给予他无形的压力。他借钱久拖不还，是内愧于心的。一次次和您见面，他便一次次地受到压力，最后不得不还清借款。"听了这一番话，潘伯鹰顿时对陆澹安佩服不已。

陆澹安的人生智慧，在他给小辈的《处世刍言》中可见一斑："遇无可理喻的人只当他是醉汉，遇难以应付的事只当他是梦境；对不满意的人须要想到这人也有较好处，对不愉快的事须要想到这事还有更坏时；要忍耐不要懦弱，要勇敢不要粗鲁……"［陈卫卫］

陈独秀妙做广告

陈独秀在建立上海共产党早期组织时，曾巧妙地为《共产党宣言》做过广告，令人拍手叫绝。

1920 年 8 月，陈望道翻译完成的《共产党宣言》一书，以上海社会主义研究社的名义出版，初版的《共产党宣言》首印达到 1000 册。这部中国出版的首个中文全译本《共产党宣言》，第一次在我国印刷品上印上了马克思的肖像。

当时，在《共产党宣言》刚刚上市之际，为了让读者尽快买到《共产党宣言》，陈独秀还亲自动手，于 1920 年 9 月 30 日的《民国日报》副刊《觉悟》上编写了一个答问形式的新书广告，里面的内容这样写道："你们来信询问陈望道翻译的马格（克）斯《共产党宣言》的买处，因为问的人太多，没工夫——回信，所以借本栏答复大家的话：一、'社会主义研究社'，我不知道在哪里。我看的一本，是陈独秀先生给我的，独秀先生是到《新青年》社拿来的，《新青年》社在'法大马路自鸣钟'对面。二、……凡研究《资本论》这个学说系统的人，不能不看《共产党宣言》，所以望道先生花费了比平常译本五倍的功夫，把彼全文译了出来，最后请陈独秀、李汉俊两位先生做了校对。"

《共产党宣言》经陈独秀如此这般"广而告之"后，立即受到大量读者的热捧，新书上市不到一个月便销售一空。在同年 9 月，出版社又印刷了第二版。不过，这次的印刷质量相较第一次要提高不少，不仅改正了首印本封面上错印的书名《共党产宣言》，而且书封上的书名和肖像也全部由粉红色改为蓝色，看起来更加美观大方。

第二版的《共产党宣言》销售依旧火爆。在随后的几个月里，《共产党宣言》竟然重印了十几次。大家都开玩笑地说："这全是因为陈独秀先生的广告做得妙。"

在《共产党宣言》出版不到一年的时间，中国共产党诞生了，中国也从此翻开了崭新的一页。［姚秦川］

曹禺为创作"交朋友"

1934 年秋，24 岁的曹禺从清华大学毕业后，经老同学介绍，应聘到天津河北省立女子师范学院英文系、国文系担任教师。

此后，在巴金等人的鼓励下，曹禺开始创作话剧《日出》。为丰富人物形象，他深入体验生活，积极和社会各界尤其是底层贫困人民交朋友。

一次，他冒着刺骨的寒风，半夜到贫民区，等候两个吸毒的乞丐，听他们唱"数来宝"。但由于他在预约时付的赏钱多了一些，引起了乞丐的怀疑，以为他是警察局的侦缉人员，没敢按照时间赴约。这可把曹禺急坏了，他赶紧去"鸡毛店"寻找那两位乞丐。所谓鸡毛店并不是旅店，而是特别贫困人员用鸡毛、稻草铺在地上当床睡的破旧空屋。刚到鸡毛店，不料遇上一个醉鬼，故意找碴儿，曹禺的脸被重重地打了一拳。尽管受了一肚子气，但曹禺仍不死心。为便于和这两个乞丐交朋友，他脱下了干净的长袍大褂，换上了一身又脏又臭的衣服，再次到了鸡毛店，终于找到了他们，了解到真实情况。

后来，经人介绍，曹禺又到一个贩毒的"土药店"，和这个店里一个外号叫黑三的人真诚地谈心，并交上了"朋友"，从而较深刻地认识到黑社会的内幕。

为塑造翠喜这一有血有肉的人物形象，曹禺曾扮作唱数来宝的艺人混入妓院体验生活。第一次因为学得不像，一眼就被人看穿了，结果挨了打，一只眼睛险些失明。成功"混"入妓院后，有的妓女把曹禺当作和她们一样的苦命人，经常背着老鸨向他倾吐非人的悲惨生活，抒发对黑暗社会的憎恨、对新生活的向往。通过谈话，曹禺加深了对妓女的认识，对她们怀有深切的同情。这些，在《日出》中都得到了淋漓尽致的表现。

1936 年 6 月起，《日出》开始在《文季月刊》进行连载，引起了文坛的高度关注和广泛好评，被誉为中国话剧艺术成熟的标志。［姜炳炎］

张大千当和尚

1899 年，张大千生于四川内江一个书香门第，家境富裕。这位 20 世纪负有盛名的画坛巨匠，不仅拥有"五百年来一大千"的才情，还堪称"有情世界的第一痴人"。

16 岁那年，他二哥张善孖因为反袁，连累张家被抄，被迫逃亡日本。三年后，19 岁的张大千出现在京都街头，一边学染织技术，一边随二哥学画。1919 年，在日本的张大千得知未婚妻谢舜华因病去世，噩耗如晴天霹雳，为祭吊未婚妻，他结束在日本学染织的四年课程，回到上海。谢舜华长张大千 3 个月，是他的表姐，人长得相貌清秀，贤惠温柔，和张大千青梅竹马、两小无猜。张太夫人见他俩这么投契，就在他俩 10 岁时定了亲。谢舜华一直很体贴张大千，订婚之后尤其关心。两人本来约定从日本留学归来后就完婚，岂料谢舜华患病辞世，从此阴阳两隔。

风风火火回到上海，张大千想马上回内江祭吊，但恰恰遇到张勋复辟，国内兵荒马乱，一时间回不了四川。遭遇重创的张大千心灰意冷，脑子里只充满一个念头：今生不娶，遁入空门。不久，他就到上海的松江禅定寺出家当和尚。禅定寺住持逸琳法师见他气度不凡，眉宇间有大气象，便给他取法号为"大千"。

家里人不见张大千踪影，便四处打听，终于，二哥张善孖得到消息，硬是把他的爱弟拽回尘世，"押"回四川。并在母兄命令之下结了婚。那年，张大千 22 岁，娶妻曾庆蓉。张大千当了百日的和尚，就这样画上了句号。

［沈治鹏］

丰子恺译书

在众人眼里，丰子恺是著名的散文家和漫画家，其实，他还有另一个身份：翻译家。由他翻译的《源氏物语》不仅是国内第一个全译本，同时也是印刷量最大的一个版本。

1921 年春天，23 岁的丰子恺东渡日本学习艺术。一天，他来到东京图书馆，打算借几本文学书学习。无意中，丰子恺发现了一部古本版的《源氏物语》，他展开一看，发现里面全是古日文，根本就看不懂，这让丰子恺大失所望。

几天后，不甘心的丰子恺又去了另一家书店，终于找到了一本现代日语译本的《源氏物语》。他粗略地读了一遍后，发现这部著作很像中国的《红楼梦》，里面不仅人物众多，而且故事情节也非常离奇，读起来令人爱不释手。当时，丰子恺心中忽然产生了一个愿望：如此优秀的一本书，要是能用中文翻译出来，介绍给广大的中国读者该多好。从那以后，丰子恺便发奋学习日文，打算将自己愿望化为现实。

不过，丰子恺真正开始翻译《源氏物语》时，已经是 63 岁的高龄。《源氏物语》里故事情节错综复杂，时间前后跨越长达 70 多年，如何才能将这部著作原汁原味地翻译出来，是摆在丰子恺面前最大的一道难题。

一天，丰子恺正在闲翻一本章回体小说时，看着看着，他忽然计上心来，自己为何不用章回体的形式来翻译《源氏物语》呢？

想到这里，丰子恺立即动手，他将《源氏物语》首先分成 54 回，并根据中国章回小说的用语习惯，在翻译时经常用到"话说、却说、且说"等词语。例如他在翻译第八回《花宴》时这样写道："且说那个朦胧月夜的小姐，回想那晚间的迷离春梦，不胜悲叹……"读起来既清新，又朗朗上口。

最终，历经 4 年的时间，丰子恺完成了《源氏物语》的中文翻译，此时，丰子恺已近古稀之年。由于丰子恺对《源氏物语》有着深刻的理解，再加上他自身的国学根底，当《源氏物语》出版发行后，一时洛阳纸贵，它也成为中国第一部《源氏物语》的全译本。［姚秦川］

竺可桢礼遇人才

竺可桢是中国近代史杰出的气象学家、地理学家、教育家，中国地理学和气象学的奠基者，也是中国物候学的创始人。竺可桢曾担任浙江大学校长13年。有人说：民国时代，中国有两个最好的大学校长，一个是北京大学蔡元培，一个是浙江大学竺可桢。这两个人都作风民主，都能做到礼遇人才，竺可桢甚至因此被称为"浙大保姆"。竺可桢珍视、礼遇人才，留下不少佳话。

竺可桢对国学大师马一浮的礼遇就是其中之一。马一浮为人孤傲耿介，浙江大学曾多次礼聘他，被其拒绝。后来由于日寇不断进攻，马一浮生存环境急剧恶化，他于1938年写信给浙大校长竺可桢，委婉表达了想来浙大任教的心愿。竺可桢不计前嫌，将其聘为"国学讲座"。给他安排了当时浙大最好的屋子，而且不要求他跟其他教授一样讲课，只需每周给全校师生上两三次课。并且为马一浮配了一辆黄包车，要知道，当时浙大只有两辆黄包车。马一浮能遇上竺可桢这样礼遇他的人，真是三生有幸。

竺可桢不仅能做到无微不至地关心尊重教师，还能充分包容那些反对自己的人。政治学教授费巩很有才华，但很长一段时间对竺可桢非常不满。他常说："我们的竺校长是学气象的，只会看天，不会看人。"消息传到竺可桢那里，竺可桢只是一笑了之。后来，学校缺一名训导长，竺可桢极力推荐费巩，使其当上了训导长。事实证明，费巩的话错了，竺可桢不只会看天，还会看人。

正所谓"量小非君子，无度不丈夫"，竺可桢如此礼遇人才，恰恰体现了他做人的大格局、大气度。［张雨］

孙伏园发起"爱情讨论"

1923 年 4 月，丧偶不久的北京大学生物系教授谭熙鸿，忽然与正值青春妙龄的陈淑君相恋。此前，陈淑君与广东籍沈姓男子订有婚约。此事在京城引起轰动，社会舆论普遍同情沈氏，指斥陈淑君移情别恋、谭熙鸿夺人所爱。

就在舆论呈一边倒的形势下，孙伏园任主编的北京《晨报附刊》，于 4 月 19 日刊登谭熙鸿留法学友、北大哲学系教授张竞生的《爱情的定则与陈淑君女士事的研究》一文，文章为谭、陈爱情辩护，并阐述爱情的所谓四项定则。

孙伏园认为机不可失，在报上发起关于爱情问题的大讨论。数月之内，编辑部竟收到稿件 60 多篇，从中选出 37 篇陆续予以发表。这些文章就爱情问题各抒己见、见仁见智，形成一种热烈的讨论气氛。值得一提的是，鲁迅和许广平均参与了这场讨论。

当时，许广平还是北京师范大学的一名学生，尚未与鲁迅相识。25 岁的她看到《晨报附刊》的爱情问题讨论后，即以"维心"为笔名投稿参加。她在文章中强调爱情的高尚性："爱情是最真挚、不屈一切的。彼此如果没有浓厚的爱情，忘我忘他，舍生舍死，心中目中，只有一人，那时尚用得着比较吗？尚有可以变迁的吗？"

对于这场讨论，鲁迅虽然没有公开发表观点，但一直给予关注。有人曾给编辑部写公开信，认为参与讨论的文章"除了足为中国人没有讨论的资格和佐证之外，毫无别的价值"，主张终止讨论。鲁迅读到这封公开信后，很不以为然。他随即致函孙伏园，支持讨论继续进行，认为它对社会进步是有益的。

这场讨论进入尾声时，张竞生又以《答复"爱情定则的讨论"》为题，分上、下两篇刊登于 6 月 20 日和 6 月 22 日的《晨报附刊》上。不久，《晨报附刊》又刊登了 3 篇读者来信，这场讨论遂告终止。

孙伏园发起的这场"爱情讨论"，在当时中国社会普遍存在"父母之命，媒妁之言"爱情婚姻观的现实中，无疑具有相当大的进步意义。［郦千明］

陈序经"三不主义"

1903 年，陈序经出生于海南岛文昌县。1928 年，他获得美国依利诺伊大学哲学博士学位。回国后分别在岭南大学、南开大学、西南联大任教和担任校长、院长。

1948 年 8 月，陈序经出任岭大校长至 1952 年夏，不到四年的时间，岭南大学成为国内最完善的大学之一，一些院系（如医学院）已达到国内一流或最高水平，拥有一批国内外著名的学者、教授和专家，广州俨然成了当时中国的学术重镇，岭南大学的发展不能不说是一个奇迹。

陈序经从南洋归国时，他父亲就告诫他从此要为国家的教育事业尽心尽力，他的确终身铭记父亲的嘱咐。为了明志，他对自己定下了"三不主义"：不经商、不做官、不入国民党。陈序经不仅是学贯中西的学者，在教育界也名声显赫。林云陔担任广东省政府主席时数次劝他出任教育厅厅长，同乡宋子文力邀他担任驻泰国大使，国民党组织"战时内阁"有意让他担任教育部次长，陈序经都一一拒绝了。

抗战时期，有关当局明令各大学院长都要加入国民党，时任西南联大法商学院院长的陈序经坚决不肯加入，并明确表示："如果一定要我参加国民党，我就不做这个院长。"最后还是由张伯苓出面说情，陈序经的院长才继续当了下去。

纵观其一生，陈序经淡泊官场名利，不仅著作等身，还有很高的管理院校的才能。他有一句口头禅："我是为教授服务的。"知人知心、优容雅量，是他从事管理的宗旨。他的"三不主义"成为当时的美谈。 ［沈治鹏］

林语堂妙语演讲

林语堂是中国现代著名的作家和翻译家，其不仅才学过人，而且说话风趣幽默，深受众人的尊敬和喜爱。

有一年，地处纽约的林氏宗亲会突然邀请林语堂前去当地演讲，他们希望借助林语堂的名气，来宣扬和扩大林氏祖先的光荣事迹。

接到这个邀请后，林语堂有些左右为难，他明白，这种演讲费力不讨好。如果自己去了，要是不说一些夸赞祖先的话、不说一些让同宗们高兴的话，对方一定会失望。可是，自己如果吹嘘得过于厉害，又有失学人的风范，这也是他无论如何做不出的事情。

思来想去，林语堂打算找个借口回绝此事，以避免尴尬的事情发生。然而，对方铁了心似的，一再邀请林语堂前去捧场。无耐之下，林语堂只能勉强答应。

到了演讲的那天，林语堂神色平静地站在讲台上说："我们姓林的始祖，据说是有商朝的比干，这在《封神榜》里提到过。同时，英勇的有《水浒传》

里豹子头林冲，旅行家有《镜花缘》里的林之洋，才华出众的女子则有《红楼梦》里的林黛玉。除此之外，还有美国大名鼎鼎的总统林肯，独自驾驶飞机飞越大西洋的林白，可以说，林氏家族人才辈出。"

林语堂的一番演讲，让宗亲们听得很是高兴，他们都觉得林语堂不仅给足了自己的面子，也让林氏宗亲会扬眉吐气了一回。

不过，虽然林语堂洋洋洒洒地说了一大通，可是细究之下却不难发现，他口中的这些所谓的林姓始祖，要么是小说中虚构的人物，要么是一些外国人，跟林姓祖先可以说没有任何瓜葛。就这样，博学多才的林语堂，既没有驳同宗的面子，又保住了自己作为学人的风范。［姚秦川］

章太炎精通医学

章太炎先生是近代著名革命家、思想家和学者，而在诸多方面均有精深造诣的他，还同样精通医学。

郑逸梅在《艺林散叶荟编》中记述了一个故事："有人问章太炎，你的学问是经学第一，还是史学第一？太炎笑答：都不是，我是医学第一。"

章太炎先生出身于世医之家，用他自己的话说："吾家三世皆知医。"尤其是他的伯父章钱，是当地一位医术精湛的名医，并在医学上对年幼的太炎做过启蒙教育。1890 年，章太炎跟从汉学大师俞樾学习，俞樾不仅擅长治经，也爱好医学，曾作《废医论》等，章太炎受其影响，也广涉医典，为他以后的医学研究奠定了基础。

从 20 世纪 20 年代初开始，章太炎不断进行医学活动，直到 1936 年病逝。他的一生在医学理论研究方面下过很多功夫，著述颇丰，著有《霍乱论》《章太炎医论》（原名《猝病新论》）等。他尊经崇古，极端推崇《伤寒论》和《黄帝内经》，是民国时期经典伤寒学派的重要人物之一。即便如此，他对西医的接受也相当开明，一点也不迂腐古板，在《猝病新论》中，处处可见西医的新知识。他融会中西，更造新医，对我国近代中医学的发展起到了积极的推动作用。

除了致力于医学理论研究，章太炎先生还热心中医教育。1927 年，中国医学院在上海创立，公推章太炎为首任院长，他欣然就任，这是上海最早筹办的一所中医高等院校。1928 年，不少医学专家共同创办上海国医学院，同样推举太炎为院长。1934 年，章太炎迁居苏州，又应邀出任苏州国医专科学校名誉校长和国医研究院院长。［洪德斌］

蔡元培的择偶宣言

1989 年春天，蔡元培在家庭包办下，与王昭结婚。婚后不久，蔡元培就一直在杭州乡试，而后又四处奔波以求功名，在家陪王昭的时间并不多。1900 年王昭病逝，蔡元培悲痛之余，撰《祭文》哀悼："早知君病入膏肓，当摒绝万缘，长相厮守，已矣，如宾十年，竟忘情乃尔耶？"足见夫妻情深。

随后，他把全部精力用在了处理南洋公学的事务和参加许多社会活动上，如创办"爱国女校"，成立"中国教育会"等，无暇顾及个人问题。

在身边人不断劝说下，他接受了亲友的好意。当时，妇女地位十分低下，而蔡元培由于受母亲的影响，女权意识超越常人。他觉得，应开男女平等之先风，自己应做表率。于是向说媒者宣布择偶的五条标准：一、女子不需缠足；二、须识字者；三、男子不娶妾；四、男死后，女可再嫁；五、夫妇如不和，可离婚。同乡的人，对于一、二两条，已是很难觅得。而对于四条又难免生出莫名的恐慌，无数说媒者竟无法找到一个合格者，于是蔡元培续弦的问题就这样搁置下来。

有一天,在朋友家看到一幅工笔画,线条秀丽、题字极有功底。他一打听,作者是江西名士黄尔轩的女儿黄世振,又名仲玉。黄仲玉出身书香门第,不但没有缠足,而且识字、精通书画、孝敬父母,完全符合蔡元培的择偶标准。于是,他求人介绍。是时,黄家正在杭州,黄世振欣然接受蔡元培所提五条,即行订婚,二人于1902年元旦结婚。

婚礼在杭州举行,由于蔡元培反对旧习,仪式不循旧风俗,初开新风气。以带"孔子"二字的红幛子代替三星画轴,以演说会代替"闹房"。这在今天看来,婚礼仪式也完全不落俗套。[沈治鹏]

陈垣驱逐汉奸

1938年,日军攻占徐州后,华北地区的伪政权发来公函,令各学校悬挂日本国旗,游行庆祝。辅仁大学校长陈垣把公函撕碎,向全校师生宣布:辅仁大学照常上课,决不搞什么悬旗庆祝游行。

伪教育长恫吓说,如今北平是日本人的天下,你不依命令办事,宪兵队一来,还有命吗?陈垣则引《孟子》中的话回应:"生亦我所欲也,义亦我所欲也,二者不可得兼,我陈某甘做舍生而取义者!"

1942年初夏,辅仁大学举办体育运动大会。开幕典礼上,伪文化、体育部门的官吏不请自到,还拉了一批落水的所谓名流来祝贺。

陈垣在司仪宣布"请校长致开幕辞"后,开言道:当前提倡尊孔读经,我就讲一个"孔夫子开运动会"的故事作为开场白吧。据《礼记·射义》记载,孔子为提倡学射强身报国,组织弟子们开了个射箭运动会。这天来观光的人特别多,场地上简直容纳不下了,老夫子朗声宣布:"凡属败军之将、降敌败类，以及见利忘义之类下贱者，不得滞留场上，请吧。"听了孔子这话，一些人垂首低眉溜之，可是还有几个厚着脸皮不走。这时孔子的弟子耐不住了，把那几个轰了出去，就这样，场上剩下的，是清一色的圣门弟子了……

听着陈校长的故事，同学们心领神会，笑声四起。那些汉奸则忐忑不安，无地自容，他们担心同学们再现轰走下贱者的情景，纷纷借故开溜。[陆茂清]

易君左妙对"闲话"

20世纪30年代，被誉为"民国游记写作第一人"的易君左写了一本名为《闲话扬州》的小册子。不过，书中写到了旧扬州一些负面的东西，比如"扬州人一个上午就只有皮包水，一个下午就只有水包皮，这一天就完了"。其意指扬州人懒惰，不事生产，上午泡在茶馆中，下午泡在澡堂里。因为这些"闲话"，此书出版仅两个月，便引起扬州众多民众的反对，有人要与易君左对簿公堂，更有人放出要"取他脑袋"的话来。后经周佛海、陈果夫、王柏龄等多位出面调停，法院判决作者登报道歉，书局收回书本销毁。

这件事情发生以后，易君左虽然一度处于麻烦之中，但过后的名声反而扩大。当时，扬州府仪征县一位文士出了一个上联征对："易君左闲话扬州，引起扬州闲话，易君，左矣！"联中的"左矣"是"错了"的意思。

一时间，应征者络绎不绝，其中有名的下联也不少，如之一：唐生智誓守南京，导致南京失守，唐生，智乎？之二：陈公博计划实业，推选实业计划，陈公，博矣！之三：王子壮监察委员，拒绝委员监察，王子，壮哉！皆是状写当时军政名人事迹的好下联。

事隔不久，易君左游览四川峨眉山，与时任国民政府主席的林森（字子超）相遇。林森名义上是国家元首，其实并不负实际政治责任，显得比较超脱。当时，两人互致问候，寒暄之间，林森说了拿易君左的故事凑趣的上联，要易对下联，才思敏捷的易君左立马对道："林子超主席国府，不愧国府主席，林子，超然。"下联正好也开了林森的玩笑，双方相视而笑，遂成为文坛趣话。［陈扬桂］

南社创办乡镇小报

1920 年底，南社发起人柳亚子和好友陈去病同行，游历江南水乡。12月 25 日，他们落脚于苏州周庄古镇，并在此居住了 7 天。在这期间，他们和周庄的南社社员，如王大觉、费公直、沈君崇等多人，常在一起畅谈国事、评论时政、鼓动民主革命。为了响应五四新文化运动，柳亚子建议周庄南社成员创办乡镇小报。

据《南社与周庄》一文记载，当时，周庄爱国青年教师朱翙新、陈蕈人、唐庐锋等人为了提倡民族气节、宣传新思想，合办了一张油印小报———《冰心》。这份小报虽广受社会的欢迎，但是由于经费拮据，仅出版了 15 期就停刊了。后来，《冰心》改名为《蚬江声》，在上海出版，并且免费向社会赠阅。1921 年，周庄南社成员推举王大觉主笔《蚬江声》，王大觉接手后，将报纸更名为《新周庄》报，于是，首份正规出版发行的乡镇小报诞生了。

丁筱华在《南社创办的〈新周庄〉报》一文中，详细介绍了这份报纸的发行内容。《新周庄》为半月刊，公历的每月 1 日和 16 日出版，所刊内容十分丰富：社会新闻、杂文评论、剧本连载，还有轮渡、广告和启事等内容。

其中，时政新闻和社会新闻占据了最重要的版面，内容多为本地新闻，有关于县公署会议的政府要闻，也有关于电气厂、本县米粮价格等反映社会民生和商业企业的简讯，颇受读者欢迎。公告启事的内容就更加多样了，有本县妇女的市井新事、警察缉拿地痞的治安动态，甚至连细小到禁止捕食田鸡的事情，也在报纸上刊登。当然，《新周庄》所刊内容中，最值得一提的，就是有关倡导新文化运动的内容，如《社会主义概史》的连载和《五卅纪念日学生在体育场开会演讲》的新闻等，充分体现了《新周庄》提倡新思潮、研究新文化、打倒旧势力的办报方针。

作为乡镇小报的先声，《新周庄》的影响力已不仅仅局限于周庄，它在上海、无锡等地都设有办事处，成为南社在江浙沪一带的重要舆论阵地。［李一诺］

沈从文曾是"北漂一族"

五四运动以后，全国各地胸怀梦想的年轻人纷纷涌向北京。1922年，沈从文只身闯荡北京，成为当时的"北漂一族"。

来到北京后，沈从文"蜗居"在沙滩附近银闸胡同一个由储煤间改成的小屋，取名"窄而霉小斋"。沈从文想进大学，但是只有小学学历的他难以考取。好在当时北大校长蔡元培先生不仅提倡学术自由，而且还开门办学，为这些穷愁潦倒而又满怀理想的青年打开了一扇希望之门。这些穷困的"北漂一族"，比正规学生多几倍。

有写作天赋的沈从文开始给一些报刊投稿，偶尔有文章刊发，可稿费连房租都难以支付，经常是吃了上顿没下顿，连三分钱的《晨报副刊》都买不起。

天无绝人之路，沈从文遇到了自己的"伯乐"。1925年执掌《晨报副刊》的徐志摩，对他的文笔与风格非常欣赏，两个月时间就刊发了沈从文的十篇稿子，在北京文坛带来不小震动。与沈从文一起"北漂"的文艺青年陈翔鹤、刘梦苇、陈炜谟、赵其文等人，莫不大受鼓舞。徐志摩惜才，一边鼓励沈从文，一边托人帮他四处谋职，随后在香山慈幼院图书馆做了个小职员。后来，徐志摩又向胡适大力举荐，最后，沈从文得以在上海吴淞中国公学当了讲师。

小学学历当大学老师，不说绝无仅有，但的确不可思议。这一创举，震动了当时的教育界，也使沈从文从"北漂一族"正式跨进了知识分子的圈子。［沈治鹏］

崔嵬表演抗日剧

山东省社会科学院文学研究所副研究员王立鹏在《卓越的电影艺术家崔嵬》一文中（《诸城文史资料选辑》第13辑），讲述了著名表演艺术家崔嵬演出宣传抗日和阶级斗争的街头剧《放下你的鞭子》的事。

九一八事变之后，崔嵬写了宣传反对投降的话剧《察东之夜》、儿童剧《墙》。1937年1月，他和陈波儿一起参加上海救国会组织的慰问团赴绥东抗日前线慰问演出。在这里的耳闻目睹，为他改编著名街头剧《放下你的鞭子》（原名《饥饿线上》）并在剧中成功地扮演卖艺老汉创造了良好的条件。

崔嵬在戏剧界的初露锋芒，不是因为他的剧作，而是由于他在《放下你的鞭子》中的出色表演。有资料记载，《放下你的鞭子》每一次演出都得到观众的热情呼应，"打倒日本帝国主义""打回老家去""反对不抵抗主义"的口号此起彼伏。

1938 年 1 月，上海救亡演剧一队冲破国民党的重重关卡，到达山西临汾八路军总部所在地演出时，有人说"这出戏在别的省容易使人感动，可想感动山西老乡却不那么容易"，不料演出的效果出人意料，当饰演卖艺老汉的崔嵬用鞭子抽打香姐时，一个满面泪痕的老乡突然跳入场内，手举铁锹就向崔嵬的背部砍去。人们急忙拉住他，夺过铁锹，告诉他这是演戏，可他却怎么也不相信，情感上的过分激动使他晕倒在地。原来这位老乡也是东北人，九一八事变后流落到了山西，看着剧中的表演，想到自己的苦难，情不自禁地进入了剧情。

《放下你的鞭子》在广州街头演出时，许多观众当成真人真事，对卖艺老汉和香姐纷纷抛送钱币，情景十分动人。这出街头剧同抗日烽火一起燃烧了 8 年，为中国戏剧史谱写下光辉的一页。［阎泽川］

启功的看家本领

鉴定书画是启功的"看家本领"，他曾不止一次说："无论是书法、绘画，我自己觉得最拿手的只有一项，那就是看古董，鉴定书画真伪。"

启功小时候就跟著名书画家吴镜汀等人学画，经常临摹古画或随几位老先生逛故宫看古画。在临摹或观看过程中，老先生们你一言我一语评论宫内藏画，这是真的，那是假的；这幅为什么真？那幅为什么假？耳濡目染，日积月累，启功懂得了许多鉴定古画的知识。他曾深有感触地说："我每一次鉴定一件书画作品，脑子里都会跳出许多同类作品与之比较，从而判断其真伪。细想起来这个过程就像福尔摩斯破案那样。"

中国书画历史悠久，各家各派，各有特色，而摹本与真迹往往奇诡万状，要准确加以辨别实非易事。

启功结合多年实践经验，总结说："一般来讲，鉴定古书画要从用笔、落墨、构图、造型、立意以及诗、书、印的运用和纸质、墨料以及作者的习惯、风格等去辨别。比如唐宋用麻纸，明朝也有用琉球纸、日本洋纸的。但有的人用古纸作画以假乱真，有的人甚至将古画上的上款、下款、钤印分开来，然后巧妙地进行临摹补画，一张古画就变成好几张古画。仅从款、印分析，确实出于名家之手，岂料又是伪作？"

启功在多年的鉴定生涯中，看过的书画数以十万计，他自己也说："见的东西绝对超过任何古人"，因而能清楚地辨别各个时代的绘画风格及书画家的个人风格。对于赝品，启功认为："只要有敏锐的眼光眼力，对字画所提供的相关线索和资料进行考证，再加上相应的艺术实践和一定的领悟能力就能捕捉到它。"

当然，有许多伪作一眼即可辨明。一次，有位文物工作者拿了一幅据说是朱熹的书法手卷给启功先生鉴定，他一打开手卷，指着落款的年份说："这时朱熹还是个穿开裆裤的小孩儿，这么小的年龄他能写出手卷吗？"一句话逗得满屋人笑得合不拢嘴。〔姜炳炎〕

鲁迅为标点符号"维权"

在标点符号推行过程中，发生过不少趣事，其中最为有趣的当数鲁迅为标点符号争取权利、索要稿费一事。

为标点索要稿费，并不是鲁迅斤斤计较。事实上，鲁迅很多时候发表文章是义务的，不领稿费。鲁迅为标点符号索要稿费，主要是针对个别苛刻的书局进行的一次为标点符号"维权"。

鲁迅十分重视标点符号，他在写完小说《药》后，还曾专门写信给语言学家钱玄同，请求帮助纠正标点。然而在 20 世纪 30 年代，上海有家苛刻的书局，发稿子严格按实际字数计算稿费，标点符号忽略不计。既然这家书局不把标点符号按文字计算稿费，鲁迅就和他们开了个玩笑，再给这家书局撰文或译书时就既不加任何标点，也不划分段落，每张稿纸的文字都是密密麻麻，黑压压的一片。

稿子寄出不久，这家书局就写信给鲁迅："请先生分一分章节和段落，加一加新式标点符号，从这次起，标点和空格都算字数，和文字一并付酬。"

鲁迅为标点符号"维权"的事在文坛上留下一段佳话。新中国成立后，标点符号的引进和使用有了进一步的发展。1951 年 9 月中央人民政府规定标点符号在全国的统一用法，为 14 种。1990 年 4 月 17 日，国家语言文字工作委员会和新闻出版署发布了修订的标点符号用法，由 14 种增为 16 种。至此，我国的标点符号统一和完善起来。可以说，我国标点符号的统一和完善与鲁迅先生的积极推动是分不开的。［张雨］

瞿秋白发表《东洋人出兵》

1931 年初，瞿秋白一边在上海养病，一边从事文艺创作和翻译工作。九一八事变的爆发，立即激起了全国人民的抗日怒潮。瞿秋白忧心如焚，奋笔疾书，抱病写成说唱作品《东洋人出兵》（乱来腔），揭露日本侵略者的暴行，鼓励民众同仇敌忾，抵御外侮。

《东洋人出兵》全文共 15 小节、168 行，内容通俗，朗朗上口。为使南北方人民都能说唱，瞿秋白特地把唱词用上海话和北方话分写成两部分。上海话实际以市郊方言为主，吸收浦东说唱的形式。唱词前附有一段说明，将创作宗旨和目的写得一清二楚，"在下编了一首歌，叫作《东洋人出兵》，说说这里面的道理。这首歌的调头是没有什么一定的，大家随口可以唱，所以叫作乱来腔。谁要唱曲子唱得好，请他编上谱子好了，欢迎大家翻印。欢迎大家来唱，欢迎大家来念。一人传百，百人传千。提醒几万万人的精神，齐心起来救国。"另外，他还特别注明最后一节可以循环说唱。

同年的 9 月 28 日，《东洋人出兵》发表于"左联"刊物《文学导报》第 1 卷第 5 期，署名"史铁儿"。冯雪峰看到后，认为这种通俗易懂的文艺作品必受民众的喜爱，会起到很好的宣传效果。经与瞿秋白反复协商，决定及时撰文评论，以推动革命文艺更好地为抗战服务。冯雪峰在评论中指出，要发动一切革命作家和文艺爱好者，创作反帝抗战的大众文学，如唱本、歌谣、连环画、故事、小说等，"可以利用五更调、无锡调、唱春调、小热昏等旧调子，因为惟有这些是大众唱惯的，天天要唱的，容易送进我们的政治口号去"。

一星期后，《文艺新闻》杂志大篇幅刊登社会各界抗日的消息。其中《左翼文艺界抗日反帝大行进》报道说，"左联"与美术研究会一起出版民众唱本种种，最近即出版者有《东洋人出兵》一册，为连索图画故事，并附以相当文字的说明。据某文学家云："这是中国最初的真正的大众文学的作品。""连索图画"指连环画，瞿秋白专门作了文字说明。

不久，这篇唱词又被印成单行本，不仅在上海、南京等城市大量发行，还远销到内地农村地区，影响很大。作者在书上特别注明此为"时事新唱本"，"欢迎翻印，功德无量；自己不看，送别人看"。 ［郦千明］

潘素作画纪念曹雪芹

1963 年，曹雪芹逝世 200 周年，著名女画家潘素特意挥毫泼墨，画了一幅《黄叶村著书图》，来纪念曹雪芹。

丈夫张伯驹为这幅《黄叶村著书图》题了这样的词："斜阳衰草暮云昏，黄叶旧时村。东风一晌繁华事，忍回头，紫陌红尘。砚水滴残心血，胭脂研尽酸辛。落花如霰总留痕，知己几钗钿。是真是幻都疑梦，借后身，来说前身，剩有未干眼泪，痴迷多少情人。"意思是说，曹雪芹在黄叶村过着贫困的生活，却坚持写作《红楼梦》，一把辛酸泪，痴迷了天下无数有情人。

为潘素画的《黄叶村著书图》题咏者甚多，令人难忘的除了张伯驹之作外，还有张次溪的《题潘素夫人绘曹雪芹黄叶村著书图》："山山风信向晚，忍冷烟凄婉。老屋村边，斜阳还缭绕。红楼休恨梦短，算付与雁声啼断。唱遍旗亭，多情应泪泫。当今天下，资讯乱如麻，争向荒唐演大荒，让人眼花缭乱，不知所从。"表达了对《红楼梦》的热爱之情和对《红楼梦》的作者曹雪芹早逝的惋惜之情。

这幅《黄叶村著书图》用笔虽淡，其意却浓，实是告慰曹雪芹的在天之灵了。［王吴军］

郑振铎创办《儿童世界》

郑振铎办儿童期刊的设想，发轫于担任上海《时事新报》副刊《学灯》编辑时期。

1921 年 7 月，他在《学灯》上新辟《儿童文学》专栏，主要发表由他主持的文学研究会的会员有关翻译作品，以满足国内儿童接受文学启蒙的需要。这是我国现代报刊史上第一个儿童文学专栏。

该专栏办了两个多月，颇受小读者的欢迎。郑振铎决定乘势而上，干脆办一本《儿童世界》周刊。1921 年 12 月，郑振铎起草的《儿童世界宣言》陆续刊登在《时事新报》《晨报》《妇女杂志》等南北各大报刊上，宣告《儿童世界》周刊即将诞生。

1922 年 1 月 7 日，中国首本儿童期刊《儿童世界》正式问世。开头几期的内容，几乎都由郑振铎一人撰写。除了自己创作的童话、图画故事外，还改写、引进不少外国儿童文学作品，从欧洲古代的《伊索寓言》《列那狐的故事》，到日本民间故事《竹取物语》和安徒生、王尔德等人的童话。作家许地山提供了部分儿童歌曲，他的哥哥许敦谷为刊物画上插图。后来，经郑振铎的竭力动员，叶圣陶、赵景深、顾颉刚、吴天月等青年作家纷纷为该刊供稿。尤其是叶圣陶，越写越多，也越写越好，最后结集为《稻草人》一书，由商务印书馆出版发行，影响很大。鲁迅曾撰文称："《稻草人》是给中国的童话开了一条自己创作的路的。"

《儿童世界》为小 32 开刊物，每周出一期。从内容到形式，都倾注着编者极大的心血。没有古板的说教，没有高高在上的训导，而是尽量采用浅显易懂、生动活泼、适合儿童趣味的内容，通过诗歌、童话、图画、游戏、做手工等形式，潜移默化地使孩子们幼小的心灵懂得什么是假恶丑，什么是真善美，培养他们从小对科学和文学艺术的兴趣。

这本小刊物很快在社会上站稳了脚跟，订户数量不断增加，一度远销到日本、新加坡等国和中国香港、澳门等地。著名学者夏鼐和吴晓玲后来回忆说，他们都曾是《儿童世界》的忠实小读者。外国文学专家、翻译家戈宝权晚年在《我怎样走上翻译和研究外国文学的道路》中说："童年时，我最喜欢的儿童读物，就是商务印书馆出版的由郑振铎主编的《儿童世界》，直到今天我都无法把它们遗忘！"〔郦千明〕

被悼念两次的胡愈之

著名传记文学作家叶永烈在其《名流侧影》一书中，提到一则有关胡愈之的轶事———"死了两次的胡愈之"。

胡愈之是著名的社会活动家、成就卓著的学者，被誉为中国出版界"运筹帷幄的主帅"。1986年1月16日，胡愈之去世，享年90岁。当时报刊发表了许多感人至深的悼念文章。然而41年前，在1945年9月21日出版的第3期《周报》上，刊有署名为"金枫"的悼念文章《光荣战死的胡愈之先生》：

"最使我们震惊和悲痛的，是对我们进步文化事业有着丰富而伟大的贡献的胡愈之先生，已在南洋病死了……胡先生的死，是我国战后文化重建声中无可比拟的损失，是胜利的欢笑所不能掩盖的伤痛。"

当时胡愈之并未去世，报纸却刊登了悼文，这是怎么回事呢？

胡愈之于1940年11月去新加坡，任《南洋商报》主编。1941年12月，太平洋战争爆发，1942年2月他与新加坡一批文化界人士共同流亡到苏门答腊，隐姓埋名，历经艰险，共3年8个月，其间和国内完全隔断了联系，故国内一度传说他已在南洋"牺牲"，纷纷对他作了"悼念"。1945年7月第89期《中学生》杂志曾出了"纪念胡愈之先生特辑"，著名作家茅盾、叶圣陶、胡子婴、宋云彬、傅彬然、伯寒等人都写了悼念文章。

在1946年1月12日出版的第14期《民主》杂志上，刊登了胡愈之和夫人沈兹久寄给郁达夫儿子的一封信，信中记述了他们在苏门答腊时的艰难生活："我们住过树皮为壁、树叶为盖的鸟巢似的高脚小屋……为了生活，学习做手工业，我们有的做灰水肥皂，有的做纸，有的卷烟，居然就此自给自足生活了下来……"直到郭沫若将这封信发表出来，大家才确切知道了胡愈之的下落。［阎泽川］

民国时期的圣诞节

作为中国开放较早的港口城市，上海一直是西方文化传入中国的前沿阵地。欧美国家最为流行的节日——耶稣圣诞节，被开埠后定居上海的外国侨民带入上海，并由此推至全国，掀开了它进入华人世界的序幕。

华东师范大学刘芳在《制造圣诞》一文中说，从清末上海开埠到 20 世纪早期，人们还处于对耶稣圣诞节的观察阶段。上海人民通过观察租界里洋人放假、装饰及弥撒等节日习俗，对耶稣圣诞节有所了解。但是了解过程中也有偏差谬误，例如将耶稣圣诞节误称为"外国冬至"。

从 20 世纪 20 年代开始，耶稣圣诞节成为最热闹的狂欢节日，同时也是爱国人士宣扬"和平""博爱"和"牺牲"等革命精神的良好契机。1929 年 12 月 25 日的圣诞节，长沙海关署税务司的摩尔根发出布告，允许海关工作人员在圣诞节这一天休假。

20 世纪 30 年代以后，耶稣圣诞节俨然成为一个常规的节日，形成了以逛百货、通宵跳舞、吃大菜为主的娱乐狂欢活动。

在南京，一些大学生会聚集到学校体育馆里，猜谜、唱歌。教堂里都会"张灯结彩"，想要过节的人们就会在晚上 7 点左右开始成群走进教堂。他们不一定真的清楚圣诞节的来历和仪式，但也会学外国人一起唱诗祷告。

不仅有人们的游乐狂欢，精明的商人也开始抓住机会，利用圣诞节兜售商品，试图打造"购物节"。圣诞节前几天，一些商家就开始做准备，窗户上贴满促销的宣传告示，但不会像现在一样在门前摆放圣诞树。1948 年，中华图书馆刊发"介绍圣诞礼物"广告，推销名人字画。湖南《大公报》也有十分接地气的商品推荐，肥皂、香烟，甚至跌打药等商品也相继搭上圣诞节的顺风车，连续在报纸上发布打折信息。［李一诺］

话说当年"摆子鬼"

前不久，药学家屠呦呦获得诺贝尔生理学或医学奖，因为她发现了青蒿素，可以有效降低疟疾患者死亡率。而在清代至民国年间，疟疾却是危害人们生命健康的大疾。

疟疾别称很多，尤其以"打摆子"南北皆知。1934年9月21日《申报》载《香港脚》："疟疾在湖南叫作打摆子，民间相传有'摆子鬼'作祟。"

和现在不同，当年医治疟疾并没有什么有效的药物。《申报》1879年10月12日载《津多病疟》："天津立秋以来，多患疟疾，一寒一热，令人难堪。发热时，竟有失其常度者。天津向无医士，略识汤头，便称国手。其实无一真知医理，故患病者只有各听天命而已。"

就连光绪皇帝也曾身染疟疾。《申报》1894年11月19日载《圣躬已豫》："皇上前染疟疾，欠安数日，经御前太医连进良剂，已报大安。刻下，茶膳如常进用。"可难寻抗疟"良剂"的普通百姓哪有这般幸运？

《申报》1895年8月19日载《析津近事》："津友信云：每逢夏令，疾病丛生，固不特今岁为然，亦不止津城独尔也。惟析津今夏则病者尤多，除三阴疟疾外，最危险者为上吐下泻之时行霍乱……津城医生半如南郭先生之滥竽充数。其贫之无资医药者，每经得病，呻吟床席，固无续命之丹。即富有之家，参术杂投，病势每因而转剧，其急症更有朝生暮死者。又有病人尚在弥留，而无疾亲丁，一蹶不振，先驱狐狸于地下者。"

清末报章也刊布不少"治疟良方"："阳愆阴伏酿成疫疠之阶，节欲谨身或是保全之道。凡日间瓜果，固宜节食，而晚间高卧，尤不宜露宿，以免凉气侵肌。戒嗜欲、慎起居，防病于未然，似胜于愈病于已然也。却病延年之君子，不知以为然耶否耶？"

仅讲求养生术，是不能够完全驱除"疟鬼"的。时疫流行实与清代各地居民区环境卫生太差、河道肮脏、污水四溢、雨季排水不畅等颇有关系。垃圾遍地为疟蚊滋生提供条件，但当时人们对此没有充分认知。无助的疟病患者苦不堪言，非常无奈。［王勇则］

"学者死于讲坛"的由来

1929年，梁启超久病不愈，吃西药无效。谢国桢毕业于清华国学研究院，与梁启超有师生之谊。他当时正在梁家当家庭教师，就推荐当时驰誉北京的四大名医之一的萧龙友为其看病。萧龙友诊治后，对症下药。梁启超服了中药后，开始颇见成效，但不久病情又有反复。

谢国桢十分关心老师的病情，就去问萧龙友。萧从谢的口中得知梁启超先生在治病期间一直没有停止过读书治学活动时，对谢国桢说："令师要病好，不能光靠吃药，同时必须停止工作，包括阅读，否则即使扁鹊再生，也无能为力。"

谢国桢将萧龙友的意思转告给了老师。梁启超先生听后，不但不采纳医生的意见，反而说："战士战死于沙场，学者死于讲坛。"这句话让谢国桢始终铭记于心。不久之后，梁启超先生便病逝了。

后来，谢国桢成为我国当代著名的明清史专家，著述颇丰。1982年，他因病住院，虽然病情严重，但只要稍微有所改善，他就坚持看书。好友萧璋（萧龙友之子）前去探望，见此，劝他说，养病期间不要看书，要注意休息。

谢国桢沉默片刻后，回答说："'战士死于沙场，学者死于讲坛。'这是梁任公先生的遗训。当年曾专函把这两句话奉告令尊，你想必也是知道的，你现在忘记了吗？我有幸列于梁先生门墙，亲承教诲。尽管由于我的资质鲁钝，也不够勤奋，垂老无成，愧对师门，但梁先生的这两句遗训，我是一辈子都忘不了的。师训不可违，我现在虽然病了，但还活着，怎能叫我不读书呢？"几个月之后，谢国桢先生去世了。

"战士死于沙场，学者死于讲坛"，这是两代学者留下的名言！〔曹金娜〕

铁路带来近代"旅游时尚"

近代以来，铁路建设在国内开展得如火如荼，因省时、省钱、便捷和舒适，火车成为人们出行的时尚之选。从"游铁路"到"铁路游"，折射出铁路在近代旅游业中的独特地位。

1910年，时任绍兴府中学堂监学的鲁迅率领200多名学生到南京参观"南洋劝业会"，他特意让这些从来没见过、没坐过火车的学生乘坐了一段，以开阔眼界。名人尚且如此，可见当时在古老的农业大地上，蒸汽火车成为人们围观的对象不足为奇。淞沪铁路通车时，当地人争乘火车，场面比赶庙会还要热闹。"游铁路""坐火车"本身就成为一种备受追逐的旅游项目。

现今国人出游有选不完的目的地和噱头繁多的广告宣传，也正是铁路的开通催生了旅游资源的属地开发以及团游模式。比如，北戴河曾因所在地交通不便，并不闻名，而1893年，津榆铁路的洋工程师勘测线路时，"发现"那里为理想的滨海度假胜地；无锡太湖湖滨虽然已经闻名，但沪宁铁路的通车，使其分散的景点得以连通，游客数量陡增。不仅如此，为了吸引客源，各条线路的铁路管理局争相为景点发布广告，颇有雅意和功效。如京沪沪甬铁路的"乘本路车，畅游江南，有左右逢源之乐"。

早在清末，国有铁路就规定周六、周日或召开盛会时，团体可享折扣票价。原来，旅游业的降价促销也不是今日才有的新鲜事。铁路开通后，旅游者数量的激增、旅游者的集体出游带来了无限商机，承办团体旅游的旅行社也应运而生。可见，铁路的兴起不仅造就了出游时尚，也带动了近代旅游的组织化、产业化发展，作用重大。［赵梦遥、张宇］

治学

ZHI XUE

徐悲鸿的"重要一课"

1937 年 10 月，徐悲鸿从桂林辗转来到重庆，在中央大学艺术系学习。那一年除夕之夜，徐悲鸿独自漫步在嘉陵江畔，看到远处迷茫的灯火，再想想自己依旧不稳定的人生，那一刻，情绪低落的他不由得悲从中来。

正走着，徐悲鸿在暮色中发现一个衣衫褴褛的拾荒老妇人，一边走一边捡着地上的破烂，甚至还捡起别人扔掉的半个馒头，津津有味地吃了起来。

然而，令徐悲鸿惊讶的是，老妇人并不在乎路人投过来的异样眼光，吃完后，她竟然还开心地哼起了小曲。如此艰辛的生活，老妇人非但没有表现出一丁点儿的悲伤，反倒像是一个丰衣足食的贵妇人，微笑着面对生活中的一切不顺。

看到眼前的这一幕，再联想到自己面对困难时并不坚强的意志，徐悲鸿的内心被震撼了。他不由自主地把手伸到衣袋里，急匆匆掏出所有的钱，塞在那位老妇人手中。老妇人接过钱感激地连连鞠躬，然后拄着拐杖消失在夜幕中。

此时，徐悲鸿的内心再也不能平静，一丝灵感在他的脑海里翻腾。他疾步返回宿舍、摊开画布，那贫苦老妇人的形象，再次鲜明地映在他的脑海里。黎明前，徐悲鸿创作完成了一幅名为《巴之贫妇》的作品，成为他后来的代表作。

从那之后，徐悲鸿一改往日的悲伤忧郁，而是以健康饱满的心情去迎接每一天的到来。他曾在日记中记载，自己最应该感谢的是那位拾荒的老妇人，是她让自己明白了如何乐观地笑对人生，给自己上了最重要的一课。［姚秦川］

成仿吾爱生如子

1939 年 6 月，中共中央决定由陕北公学、鲁迅艺术文学院、安吴堡战时青年训练班、延安工人学校组成"华北联合大学"，教育家、文学家、翻译家成仿吾担任校长。学校的任务是培养各种干部，坚持华北敌后抗战，开展国防教育。7 月 7 日，华北联合大学正式宣告成立。毛泽东在讲话中号召大家"深入敌后，动员群众，坚持抗战到底"。并赠他们三样法宝，这就是"统一战线、武装斗争、党的建设"。

7 月 12 日，华北联合大学 1700 余人从延安出发，同行的还有抗大5000 名师生，一路栉风沐雨，东渡黄河，翻越吕梁山、云中山。9 月底到达北方分局和晋察冀军区所在地阜平县城南庄，联大便分散在附近几个小村庄正式开课。

10 月中旬，成校长根据联大的战斗经历和任务，写下了《华北联合大学校歌》："跨越祖国的万水千山 / 突破敌人一层层的封锁线 / 民族的儿女们，联合起来 / 到敌人后方开展国防教育 / 为了坚持华北的抗战 / 同志们，我们团结，我们前进，我们刻苦，我们坚定 / 国土要收复，人民要自由，新社会要创造，我们要担任 / 努力学习革命理论 / 培养我们的革命品质 /我们誓死绝不妥协投降 / 战斗啊，胜利就在明日。"这首豪迈深情、具有陶冶思想品德与革命情操的校歌由吕骥谱曲，唱出了广大师生的心声与坚强信念，立即受到大家的喜爱，歌声随着联大师生的足迹，很快传遍了晋察冀的城乡村镇。

成仿吾办事认真，作风忠直诚朴，态度谦和慈祥，对待教职员工如同手足，看学生胜似子女，大家平时都亲切地称呼他为"成妈妈"。1946 年由于革命形势发生变化，学校要跨越长城横过平汉路转移到河北冀中平原，大约两个月时间。他告诉同学们准备吃苦，注意安全，投入行军，接受锻炼与新的考验。他说这也是另外一种学习，尤其在思想感情磨炼上。他强调要遵守三大纪律八项注意，在长途行军中更要团结有爱，克服困难。他为同学们想得特别周到，连每个人的背包负重不得超过 15 公斤的问题都想到了。甚至在大秤旁看同学们"验收"，尤恐超过斤两累坏了同学，造成损失。有时还看看同学的背包和穿的鞋子，那神态真像是一位慈祥的母亲。

华北联合大学先后办学 9 年多，毕业生多达 8000 余人，对坚持华北抗战，开展边区的政治、经济、文化、教育、文艺等各条战线的工作，以及配合全国解放战争的胜利，作出了重要的贡献。〔阎泽川〕

沈从文辅导写作

1938 年 11 月，沈从文到西南联大担任中文系教授，尽心尽力辅导学生们写作。

据汪曾祺回忆：沈从文主张学生想写什么就写什么，但有时也会出两个题目，比如"我们的小庭院有什么""记一间屋子里的空气"……学生问为什么出这样的题目？沈从文回答说："先得学会车零件，然后才能学组装。先作一些片段的习作，可以锻炼基本功。如果一上来就写大作品，而功力不够，原因就在零件车得少了。"

他讲课，大都是先看学生的作业，就这些作业讲述，点评直中要害。常强调："搞创作，要贴到人物来写。"他始终认为人物是主要的，作者的心要紧贴着人物，其余都是次要的，环境描写、作者的主观抒情，都只能依附于人物。

一次，汪曾祺写了一篇小说，竭力把对话写得有诗意、有哲理。沈从文说："你这不是普通人对话，是两个聪明脑壳打架！"从此，汪曾祺知道对话就是人物说的平常话，要朴素、真实。

沈从文常在学生的作文后面写很长的读后感，往往比原作还长。这些读后感评析本文得失、见解精到。同时，针对学生的作文，他还会推荐阅读一些相类似的中外名家作品，通过对比借鉴，学生进步得更快。为此，他每天上课，总要夹着一大摞书，带给学生。有些资料不易找到，就自己抄，完后分发给学生。他家从早到晚都有学生来借书。至于谁借了什么书、什么时候借的、能否归还，沈从文从不记得。

对写得较好的文章，沈从文就寄给相关报刊发表，这对学生是很大的鼓励。他寄出去发表的稿子，不计其数，用去的邮费也相当可观。

沈从文满腔热情地帮助学生成才，不仅在西南联大，此前在中国公学、青岛大学、山东大学任教期间，都始终这样做，因而他的学生名家甚多，包括著名历史学家吴晗、罗尔纲，著名诗人臧克家、穆旦，著名作家汪曾祺等。［姜炳炎］

蔡元培栽培人才

蔡元培在北京大学任校长时，不拘一格选聘人才，充实教师队伍。他看中陈独秀时，开门见山地说："我想聘你做北大文科学长。"陈独秀却不愿意："我要回上海办《新青年》。"具有伯乐禀赋的蔡元培，经过和陈独秀多次谈心、做工作，终于打动了他来到北大任教。

1917年，国学大师梁漱溟报考北京大学没有考上。他曾经在《东方杂志》上发表《究元决疑论》一文，以近代西方学说阐述印度佛教理论。蔡元培读后，认为他的功底很好、前途无量。当他得知梁漱溟没有被录取时，甚为惋惜，说："梁漱溟想当学生没有资格，就请他到北大来当教授吧！"于是，梁漱溟被聘任来北大主持印度哲学讲习。

历史学家马非百于 1919 年考取北京大学文科，当时北大有个规定：新生入学，要有一位京官担保。马非百无人担保，遂给校长蔡元培写信，尖锐地批评了京官担保这种陈规陋习的守旧与迂腐。信末坚决地说："我宁愿退学，也决不低头求人！"就在马非百准备收拾行李返家时，收到了蔡元培的亲笔回信。信中对马非百的批评意见深表赞赏，但"京官担保"的制度是经教授会议决定而制定的，不便擅改。蔡元培又说："如先生不以我为不合格，就请到校长办公室找徐宝璜秘书长代我签字。"自此，马非百顺利地进入了北大。

有一次，正值北京大学招生期间，胡适在北大招生委员会说："我看了一篇作文，给了满分，希望学校能录取这名有文学才华的学生。"在座委员均无异议。主持会议的校长蔡元培也表示同意。可是委员们再翻阅这名考生的成绩，却发现数学是零分，其他各科成绩也平平。但蔡、胡二人对所作的决定并不后悔。这名北大破格录取的学生就是后来成为教育家的罗家伦。〔冯忠方〕

钱锺书为《毛选》翻译纠错

1949 年，钱锺书接受清华聘约赴京，一年后调任毛选翻译委员会工作。领导是徐永煐，介绍做这份工作的是清华同学乔冠华。1954 年毛选翻译委员会的工作告一段落，他调到了北大文学研究所外文组做研究员。1958 年初又启动，到 1963 年，他是英译毛选定稿组成员，一同定稿的是爱德勒。

从 1964 年起，他又成了英译"毛主席诗词翻译五人小组成员"，"文革"中停顿。1974 年 11 月，袁水拍到钱锺书家传话："江青同志说的，'五人小组'并未解散，锺书同志当把工作做完。"杨绛说："钱锺书病着呢，他歪歪倒倒的，只能在这屋里待着，不能出门。"

于是叶君健、袁水拍只得挤在钱锺书的小屋子里继续翻译工作，周珏良、赵朴初偶尔也来。面对逼仄的小屋，袁水拍几次想换工作环境，钱锺书与杨绛都异口同声："这里很舒服，很方便，平时还有邻里照顾。"后来江青传话来："锺书同志可以住到钓鱼台去，杨绛同志也可以去住着，照顾锺书同志。"杨绛回话："我不会照顾人，我还要阿姨照顾呢！"次日，江青又传话："杨绛同志可以带阿姨去住钓鱼台。"面对步步紧逼，钱锺书和杨绛缄口不语，夹在中间的袁水拍不知最后如何跟江青周旋的。就这样，毛主席诗词翻译工作最后是在这间陋室完成的。

在翻译毛选时，还有个插曲，钱锺书指出原文中有个错误。他说："孙猴儿从来未钻入牛魔王腹中。"徐永煐立即请示上级，胡乔木调了全国不同版本的《西游记》查看。的确，孙猴儿是变作小虫，给铁扇公主吞入肚里的；铁扇公主也不能说是"庞然大物"。原文自然得改，钱锺书没有错。不过，在那个时代，也算够"狂傲"了。［沈治鹏］

钱锺书博学救急

黄永玉在《比我老的老头》一书中记录了一件趣事。

20世纪80年代，为了纪念中日建交，国家要派一个代表团出访日本广岛，团长由时任中央政治局委员、中央顾问委员会副主任的王震担任。两国交流，文化先行。代表团先派中国美术家协会副主席黄永玉去了广岛，向对方征求意见，准备画一张以"凤凰涅槃"为主题的大幅中国画。广岛市长表示热烈欢迎。回国后，黄永玉用了一个月时间完成了这幅作品。

出发前夕，王震忽然安排黄永玉写一个简要的"凤凰涅槃"的文字根据。黄永玉说这事简单，回家马上办。

没想到一动手问题出来了，有关这四个字的材料一点影儿也没有。黄永玉查阅《辞海》《辞源》《中华大辞典》《佛学大辞典》，到《人民日报》资料室、北京市知名寺庙、佛教协会等相关机构，全都请教过了，均查不到出处。

三天过去了，出发在即，还是没有线索，黄永玉愁眉不展。怎么办？他在屋里踱步，走着走着，忽然想起钱锺书先生。当时，他们都住在北京西郊三里河，相距仅 200 米。

黄永玉连忙挂了个电话："钱先生，平时绝不敢打扰你，这一次我顾不得礼貌了。'凤凰涅槃'我几乎查遍整个北京城，原本以为很容易的一件事，这次难倒了我，一点根据也查不出。"

钱锺书略加思索，就在电话里说了以下这些话："凤凰涅槃是郭沫若在 1921 年左右自己写的一首诗的题目。凤凰跳进火里再生的故事那是有的，古罗马钱币上有过浮雕纹样，也不是罗马的发明，那是从希腊传过去的故事，说不定和埃及、中国都有点关系。这样吧，你去翻一翻中文版的《简明大不列颠百科全书》，第三本里可以找到。"

放下电话，黄永玉马上查阅资料，果然找到了，一下子解决了所有问题。事后，黄永玉既庆幸又后怕：自己差点耽误了大事，幸亏被钱锺书的博学解了围。［姜炳炎］

俞振飞找"诀窍"

俞振飞名远威，号箴非，是著名的昆剧表演艺术家，代表作有《牡丹亭》《长生殿》等。俞振飞所取得的成就，和他小时候学艺时所经历的一件事密不可分。

14 岁那年，经人介绍，俞振飞开始拜著名的昆剧演员沈月泉为师，学习唱昆剧。当时，沈月泉对俞振飞的要求极其严格，从习曲的第一天起，他便要求俞振飞认真地"拍曲子"，也就是一遍又一遍地跟他唱同样一支曲子。每一支曲子，俞振飞最少都要唱 100 遍。在唱的过程中，有一字一腔唱得不够准确，沈月泉会要求俞振飞再唱上 100 遍。

一开始，俞振飞还能虚心地按照老师的要求去做，但时间一长，便在心里产生了抵触情绪。他觉得自己从小习曲，这种"小儿科"式的学唱方法早已经不能满足自己的学习要求，他现在和老师学习，只想找到唱昆剧的"诀窍"，而不是一遍又一遍在这些简单的小事情上浪费时间。有了这种想法后，沈月泉再命令他"拍曲子"时，他便"拍"得心不在焉。沈月泉将徒弟的一举一动看在眼里，但并没有直接批评俞振飞。

一天，沈月泉忽然要求俞振飞和一个师弟比赛唱同一支曲子，并请来几个好友当评委。俞振飞却不由得笑出声来。这个师弟平时木讷内向不善言辞，大家都认为他难成大器，俞振飞也从来不把对方放在眼里，觉得自己这次一定会稳操胜券。然而，令他没有想到的是，这个师弟唱起来不仅字正腔圆，而且在调子的拿捏以及感情的投入方面，得到了所有评委的一致好评。反观俞振飞自己，自认为早已唱得娴熟的曲子，竟然有好几处唱得跑了调，这一结果令俞振飞羞愧难当。

直到这时，沈月泉才委婉地告诉俞振飞："为什么在你们眼里笨拙的师弟竟然表演得如此出色？就是因为他找到了唱戏的'诀窍'：从一点一滴学起，练就扎实的基本功，只有这样，才能取得优异的成绩。"

听了老师的一番教诲后，俞振飞明白了自己之前犯的错误。从那以后，他开始摆正心态，从最简单的基本功学起，最终成为著名的表演艺术家。

[姚秦川]

藏书大家黄裳

黄裳原名容鼎昌，是一位学识渊博而又富有情趣的人，被誉为"当代散文大家"，以藏书、评书、品书著称于文坛，在戏剧、新闻、出版领域都有建树。

作为藏书大家，黄裳藏书无数，而最为得意的第一本是他自己写的《锦帆集》，这本书是由巴金文化生活出版社出版的，后来黄裳自己用宣纸印了一部线装本，他曾对人说"那是唯一的一部，孤本啊，全世界就这么一本"，他自己写、自己印，自己藏，真可说是爱书爱到家了。

巴金先生是影响黄裳最深的朋友，他们两人半个多世纪的友谊堪称一段佳话。黄裳曾回忆说："当时我在报社里当记者，每天要写许多各种样式的文字，他从没有对我说过什么意见。后来报纸被封门，我也失了业。他就把这些文章要去，选了一下，印成了一本小书，又建议我翻译冈察洛夫和屠格涅夫的小说，我偶然走上文学道路，就是这样开始的。"黄裳说的这本书就是《锦帆集》，当时巴金是编委，对这本书做了推荐，后来那些没有收入在《锦帆集》中的文字，又出了另一本书《锦帆集外》，这是巴金亲自为他出版的。

巴金先生去世后，黄裳曾写过《记巴金》《读巴金〈随想录〉的随想》《关于巴金的事情》等多篇关于巴金的文章。说起来黄裳还是《随想录》的催生者之一，巴金在《随想录》的合订本中曾写道："朋友潘际炯兄刚刚去香港主编《大公报》副刊《大公园》，他来信向我组稿，又托黄裳来拉稿、催稿。"可见《随想录》的问世也有黄裳先生的一份力。

许多读书爱好者对黄裳取这个笔名很好奇，他在《往事琐记》中这样写道："近发现新说（指其笔名）出之余范老板（用），更有别趣。文云，陪郑逸文一起走访范老板，听他讲起，黄裳曾追求过黄宗英，事未谐，黄便说'那么我做你的衣裳吧。'自后果真改名为黄裳。在种种异说中这要算是最有诗意的一种了，但都离不开齐东野语之列。日前偶然翻到抄去发还的周作人的《夜读抄》（民国二十三年北新书局初版），扉页有我钢笔手书题记一则……后署'黄裳记'。'旧京近事'因属周作人出席某种会议，而非后来出任伪职事。其时我已使用这个笔名了。不知能做一证以解众惑否？"

黄裳以幽默风趣的考证，为自己的笔名做了"正名"。 ［阎泽川］

傅斯年给老师"挑刺"

1916 年，傅斯年经过 3 年标准颇高的北大预科训练之后，升入北京大学本科。此时，他的国文和英文水平都出类拔萃，在学校里颇受瞩目。

当时，一位名叫朱蓬仙的教授给傅斯年所在的班级讲授《文心雕龙》，此人也是章太炎较为看重的弟子，学问颇深。不过有趣的是，朱蓬仙所授的《文心雕龙》却非他之所长，于是在授课时，不免会经常出现一些低级错误。虽然学生们常有怨言，但是想要指出朱教授的这些错误，仅凭大家在课堂上的笔记难以为凭，恐怕也没人相信他们说的是真事。

最后，傅斯年打算带头给朱教授"挑刺"。他觉得，"挑刺"并不是对朱教授的不尊重，只是想借此提醒学校，最好能让各位老师教授他们所擅长的领域。于是，傅斯年通过一位要好的张姓同学，借来朱教授《文心雕龙》的讲义全稿，同时用了一个晚上的时间，将朱教授的讲义全部仔细看完。不承想，竟然一下子摘抄出 30 多处错误。几天后，傅斯年联合全班同学签名，上书到校长蔡元培那里，请求换一名老师为大家重新补教。蔡元培对于古典文学理论问题是内行，看了自然明白，但是他并不相信这些问题是学生们自己发现的，于是突然召见签名的全班学生。

同学们知得后都有些惊慌，他们明白校长蔡元培一定要考大家。不过，傅斯年此时却显得异常平静，胸有成竹地对大家说道："我可以将讲义中的那些问题讲给大家听，每人记住一两条即可。"果然，蔡元培当场口试了几个学生，大家都回答得头头是道。蔡元培颇感震惊，最后也不再好说什么，答应了学生们提出的补教的要求。

从那以后，傅斯年在同学中间的威望更高，他也一时成为学校里的"风云人物"。

对权威不盲从，对问题敢质疑，傅斯年这种特有的学习态度，让他终成历史学家和古典文学研究专家。［姚秦川］

冯友兰"说出"巨著

冯友兰是哲学大家，一生痴迷于做学问达到了忘我的境界。晚年的冯友兰历时 10 年，用口授的方式完成了 150 万字的巨著《中国哲学史新编》。

1980 年，已是 85 岁高龄的冯友兰身体状况很差，双目几近失明，不能阅读也不能书写，还患有其他疾病，但他决定从头撰写七卷本的《中国哲学史新编》。为了写好这部巨著，他每天都在书房枯坐，苦思冥想，然后一字一句说出来，由助手代为书写，从不间断。亲朋好友来看他，感到老人很累，劝他不要写了，或者接着"文革"前已经出版的两册《新编》往下写，但他不为所动，说："我确实很累，可是我并不以为苦，我是欲罢不能。"

1989年8月至1990年7月，一年之内，冯友兰曾5次住院治疗。有一次，因心脏病发作，儿女们用急救车送他到医院去，他躺在病床上，断断续续地说："现在有病要治，是因为书没有写完，等书写完了，有病就不必治了。"此时的冯友兰身体状况更差了，不能行走、不能站立，起居需要人照顾，甚至咀嚼都困难，进餐需要人喂，即便如此，他也没有停止他的哲学思考，继续他的《中国哲学史新编》写作。

冯友兰曾说，写作是"拼命的事"："凡是任何方面有成就的人，都需要有拼命精神"，"历来的著作家，凡是有传世之作的，都是呕出心肝，用他们的生命来写作的"。

在冯友兰生命的最后10年，他就是用这种"拼命精神"，克服一切困难，排除一切干扰，呕心沥血，最终完成了《中国哲学史新编》，令人感叹。〔洪德斌〕

钱锺书的学问之深

20世纪30年代，清华大学研究院的吴宓教授曾深有感慨地说："自古人才难得，出类拔萃、卓尔不群的人就更难得了。我佩服的人有两个，一位是闻名遐迩的清华研究院陈寅恪教授，另一位就是年仅20岁的大学生钱锺书。"

多年后的一天，清华大学的一位学生，为考证一个冷僻的唐诗典故，遍寻图书馆未获，特意请教钱锺书。钱先生笑着说，你到某一个架子的某

一层某一本书中便可查出。他照此做，果然找到了，这位同学惊讶不已。

钱锺书的睿智和博学，源于其勤奋、做学问的功夫之深。我们不由得想起了钱锺书的笔记。

夫人杨绛将钱锺书的笔记，整理为外文、中文、日札三类共 178 册。其中，包括英、法、德、意、拉丁文等在内的外文笔记就有 34000 页，"日札"即读书心得共 23 册。当年，钱锺书将这些读书心得，经发挥充实而写就《管锥编》。据统计，书中所征引的学者和作家约 1000 人，征引的著作达 1700 余种。

2014 年 6 月，《钱锺书手稿集·外文笔记》第一辑首发。《外文笔记》是钱锺书先生于 20 世纪 30 年代至 90 年代之间，循序渐进阅读英语、法语、德语、意大利语、西班牙语、拉丁语、希腊语等 7 种语言书籍所做的笔记，涉及题材包括哲学、语言学、文学作品、文学批评、文艺理论、心理学、人类学等众多领域。

杨绛女士在《外文笔记》序言中这样写道："锺书做一遍笔记的时间，约莫是读这本书的一倍。他说，一本书，第二遍再读，总会发现读第一遍时会有很多疏忽。最精彩的句子，要读几遍之后才发现。"参与《外文笔记》整理和编目的德国汉学家表示："这些笔记是钱先生生命的一部分。"

钱锺书的笔记，今日读来，仍让我们备感大师之"大"。　［姜炳炎］

鲁迅遭母亲"泼冷水"

鲁迅一生创作过许多作品，他的作品思想深邃、言语犀利、影响广泛，拥有众多的读者。有趣的是，鲁迅的作品虽然博得他人一片叫好声，但鲁迅的母亲不但对儿子的作品"不感冒"，甚至还故意"泼冷水"。

1923 年，鲁迅的短篇小说集《呐喊》由北京新潮社出版，里面收集了他之前所写的 14 部短篇小说，包括著名的《狂人日记》《孔乙己》《阿 Q 正传》等。小说集刚一问世，便引来各方面的叫好声。面对如潮的好评，鲁迅禁不住有些飘飘然。

一天，鲁迅刚回到家中，母亲鲁瑞便将他叫到身边，若无其事地问儿子："听人说你出了一本书，而且大家对此书都有很高的评价，你能不能拿出来，让我也看一看。"鲁迅听后，立即从房间拿出一本，递到母亲的手中。他想，母亲看后一定也会像其他人那样对作品大加赞赏。

几天后，鲁瑞告知鲁迅已经将他的小说集全部看完，冷淡地说道："我从头看到尾，好像并没有看出有什么特别吸引人的地方。你倒说说看，自己的作品写得好在哪里？"母亲一下子将鲁迅问住了，他顿时怔在那里不知该如何回答。看到儿子张口结舌的样子，母亲这才一字一句地告诫儿子："不管什么时候，你都要保持冷静的头脑，千万不要因为取得一点点成绩而骄傲自大，应该一直拥有一颗谦虚而谨慎的心，只有这样，才能写出更多优秀的作品。"

母亲的一番话让鲁迅醍醐灌顶。母亲虽然从没有正式上过学，但却懂得许多做人处世的道理，并经常启迪开导鲁迅，这一点令他深感敬佩。从那以后，鲁迅"躲进小楼成一统"，用心写作，并最终写出了许多传世之作。

[姚秦川]

黄裳的苏州书缘

对于当代散文家黄裳来说，苏州吸引他的不是古典园林和松鹤楼、得月楼等美食餐馆，而是那些旧书铺和书摊。因为在民国时期的苏州，能随时随地淘到他所中意的旧书。

苏州护龙街与玄妙观一带是书的海洋，"文学山房""来青阁""松石斋"等书铺一家挨着一家，马路两边也全是书摊。因此，黄裳每次从上海来到苏州，别的地方都不去，总是先赶到护龙街逛书铺，一逛就是半天，兴奋得往往连饭都忘记吃了。和黄裳相熟的店主还经常请他上楼去看秘本和残书，这无疑是极大的访书乐趣。

1948年的一天，黄裳与郑振铎、叶圣陶一同到苏州旅行，晚上在酒楼喝得大醉，出来已经七八点了，郑振铎突发豪兴说："我们访书去！"于是三人来到玄妙观，此时书店已经打烊，郑振铎就一家家敲门进去看。

在李德元书铺内，主人拿出了三册古书，其中一册为明代嘉靖年间赵府味经堂刻本《谈野翁试验小方》，黄裳买下了这册在《千顷堂书目》中载录的巾箱本，同时还买了一部康熙刻本《骆临海集》。随后三人又上护龙街走进一家大书店，只见满壁琳琅，整个书架都是清代初年的大部头各省方志刻本，郑振铎大赞"好书"，激动地对黄裳说："这些全应该买下来！"

来苏州访书的次数一多，黄裳就和许多书店的业主相熟了，并与琴川书店主人夏淡人结下了温暖的书缘。有一次，黄裳在琴川书店看到只有上半部的明代万历巾箱本《埤雅》，特别吸引他的是书前有一方"顾印贞观"的白文方印，说明这是清代文学家顾梁汾的藏书。夏淡人先生还告诉黄裳说，这部书的下半部可能还在，等配全了再给他。果然没过多久，全书就寄到了黄裳手里，由此可见两人之间真切的友谊。 [陈卫卫]

李俊自学成才

电影《闪闪的红星》曾经红遍全国，然而提起影片导演李俊，大多数人却比较陌生。

1922年，李俊出生于山西夏县，9岁时就登台参加抗日演出，14岁参加"牺盟会"。抗日战争全面爆发后，李俊参加了"中华民族解放先锋队"青年学兵队，成为这个八路军为培养后备军而成立的组织中的一员，系统地接受了抗日救国政策的培训，他一直记得一间"救亡室"的两幅字："列宁说：学习学习再学习"和"理论不是教条而是行动的指南"。这两句话影响了他的一生，他虽然没有进过军事院校，但在战争中懂得了战争。同样，他没有进过电影院校，但在拍电影中学会了导电影。

1938年10月，李俊奔赴革命圣地延安，进入抗大学习。毕业后被分配到八路军工作，曾参加过百团大战、上党战役、平汉战役等，不过他的主要任务还是做好文艺宣传工作，鼓舞部队士气。1951年底，李俊调入筹备中的中国人民解放军总政治部军事教育电影制片厂（1956年更名为八一电影制片厂）。在此之前，他从未摸过摄影机，也没怎么看过电影。靠着好学、执着和创新精神，李俊只用了6年时间，便由从一个电影"门外汉"成长为一位杰出的电影导演。

1974年，由李俊和李昂联合执导的《闪闪的红星》上映，其曲折的情节、感人的故事、优美的画面以及成功的人物塑造，深受好评。随着影片风靡全国，潘冬子成为当时青少年学习的榜样，后来更是成为几代少年儿童心目中的偶像。影片插曲《红星照我去战斗》也被誉为既革命又浪漫的音乐作品，至今仍被广为传唱。

作为中国电影第三代导演的杰出代表，李俊在几十年的导演生涯中，共完成11部故事片、6部纪录片、5部舞台艺术片。他的作品具有"远看刀削斧砍气势宏大，近看精雕细刻不失其真"的电影风格，达到了"悲怆的英雄主义和革命浪漫主义水乳交融"的美学境界。他导演的经典作品成为几代人难以磨灭的影像记忆。［阎泽川］

冯友兰的哲学化生活

哲学大师冯友兰经常沉浸于思考中，他对于任何事情，都喜欢从哲学的角度去分析，于是有了许多的趣事。

1938 年 2 月，冯友兰任教的"国立长沙临时大学"往云南昆明搬迁，在就要经过广西的镇南关时，因为城门狭窄，司机关照大家不要把手放在窗外，别人都马上照办了，只有冯友兰还要郑重其事地思考一下：为什么不能把手放在窗外？放在窗外和不放在窗外的区别是什么？其普遍意义和特殊意义是什么？其具体意义和抽象意义又是什么？

这些要思考的问题有一大堆，可还没等冯友兰思考出答案，他的手臂骨已经在城门上撞折了。

"文革"时期，由于住所被别人侵占，冯友兰一家人不得不挤到一个小屋子里生活。有一天，冯友兰的老伴任载坤为了改善伙食，难得地和孩子们一起包了盘饺子。包好以后，任载坤把饺子放在凳子上就去生炉子，可当她回来端饺子要下锅时，却怎么也找不到饺子了。找遍了所有地方，最后终于找到了，原来冯友兰正坐在这盘饺子上面思考哲学问题呢。只怪住房太小，冯友兰经常坐的就只有这张一直摆在老地方的凳子。

听到老伴的大声惊呼，冯友兰才尴尬地站起来，再看这盘好不容易包成的饺子，早被他坐成了一摊稀泥状。［陈卫卫］

魏荣爵 "给分六十"

魏荣爵是清代著名学者魏源的后裔,中国著名声学家、中科院资深院士。新中国成立前,他曾在南开中学教物理,魏荣爵教学水平之高、教学态度之严谨都是有口皆碑的,绝不是不负责任胡乱评分的人。

1941 年毕业的学生谢邦敏富有文学才华,是当时南开中学首席语文教师孟志荪先生的得意弟子,但数、理、化成绩不佳。他在毕业考试物理时,展开试卷一看,顿时目瞪口呆,竟然一题也回答不出。片刻之后,只得交白卷。但心有不甘,于是即兴发挥,在卷上赋词《鹧鸪天》一首:"晓号悠扬枕上闻,余魂迷入考场门。平时放荡几折齿,几度迷茫欲断魂。题未算,意已昏,下周再把电磁温。今朝纵是交白卷,柳耆原非理组人。"

按南开校规,主课一门不及格且补考仍不及格者,不得毕业,只作为肄业。面对谢邦敏的白卷,魏荣爵没有一气之下给他判个零分,而是通过这首词,发现了谢邦敏在文学方面的出众才华,认为谢邦敏的物理虽然交了白卷,但不能因此而否定他的文学才华,更不能因此让他拿不到毕业证而影响他未来的发展,甚至一生。这样的学生不能一棒子"打死",应该给予适当的鼓励。所以魏先生在阅卷时也在试卷上赋诗一首作为评语:"卷虽白卷,词却好词。人各有志,给分六十!"

谢邦敏凭借这物理 60 分顺利地拿到了毕业证,并考入西南联大法律专业,毕业后,在北大法律系任教,受中共地下党委派遣进入北京市旧法院做书记。新中国成立后,他被任命为北京市法院第一刑庭庭长。 [冯忠方]

许麟庐拜师

画家许麟庐原名许德麟，生于铁匠之家，读中学后才对绘画感兴趣。当时所在的商业学校，周边画店很多。一次逛画店时，对齐白石一幅老鸹站在西瓜上的画着迷。当时他并不知道齐白石是谁，只觉得这画不得了，于是开始到所有画店看齐白石的画。

那时的画都不贵。毕业后，他在一个公司学做买卖，有点钱就想买齐白石的画。可做学徒的收入一个月才 15 元，一旦看见中意的画，就回家找母亲要钱。母亲觉得哪有勒紧裤带买画的道理，只要母亲不给钱他就不出家门。

在结婚那天的花车上，新娘王龄文发现许麟庐没戴婚戒，一问才知道娘家送的婚戒被他卖了买画去了。进到新房，只见四壁空空如也，便问："你的衣服呢？"许麟庐递给她一沓当票。原来，全当了去买画了。气得王龄文与许麟庐吵了一架。后来，王龄文强制他用工资每月赎一件衣服回来。

1945 年，李苦禅在天津开画展时，许麟庐结识了齐白石的这位得意门生，两人一见如故。时年 29 岁的他，说服了父母和妻子，举家从天津迁往北京，开始了全新的艺术旅程。甫一安顿下来，他旋即在李苦禅的引荐下，拜访了年过八旬的齐白石老人。他要拜师，那时白石老人已不收徒了，许麟庐当场就下跪磕头。齐白石要他拿画去看看，一看就挺喜欢，不再收徒的齐白石破了例，还赐名"麟庐"。

从那以后，齐白石老人的铁栅屋里从早到晚都是许麟庐理纸研墨的身影。从观察和模仿开始，凭借自己的勤奋与悟性，再加上老师的指点，许麟庐渐渐得到了齐门真传。

从许麟庐看到齐白石画的老鸹站在西瓜上的画后，他开始爱上国画、卖婚戒收藏国画到学画国画，再有幸被齐白石收为关门弟子，最后成为白石老人卓有成效的门生弟子，真算得上画坛的一段美谈。［沈治鹏］

峻青写书

峻青不仅是一位擅长描写革命斗争题材的当代作家，还是参加过抗日战争和解放战争的革命战士。他以革命激情和崇高的使命感，回忆了同故乡山东老区人民一起战斗的峥嵘岁月，描写了战争年代熟悉且难忘的英雄人物，相继发表了《马石山上》《黎明的河边》《党员登记表》《交通站的故事》等著名短篇小说。

《马石山上》是峻青的第一部小说，以此冠名的短篇小说集《马石山上》是他出版的第一本书，也是他唯一署名"孙峻菁"的书。新中国成立后的1951年9月，他将当年的草稿进一步修改加工，1954年重新完成这部战争文学名著。

马石山是屹立在峻青故乡的一座英雄的山，在1941年山东反扫荡期间，我军某部三团一个班在马石山遭遇日军拉网式扫荡，10名八路军战士主动留下组织群众分批突围隐蔽转移，最后全部壮烈牺牲，安全脱险的数千名群众中就有峻青。峻青说他能有今天，这条命是这10位战士救出来的，人民共和国有今天，也是有千千万万个英雄战士用生命和鲜血换来的，无论什么时候，都应记住他们。

《马石山上》就是在战斗刚刚结束，山头上还冒着硝烟，牺牲的战士和乡亲们的尸体还没来得及掩埋的情况下，他在逆风呼啸、大雪纷飞的山麓含着热泪，在粗糙的笔记本上写下的。

《马石山上》共收入3个短篇，《血衣》1946年6月写于莱阳城，1950年5月改写于汉口。揭露了汉奸残害胶东人民的罪行。《烽火山上的故事》1950年国庆节前夜写于汉口，讲述蒋军进攻胶东地区时，张大娘抢救、护理解放军伤员的感人事迹，展现了军民鱼水之情。他用浓重的笔墨，描绘革命斗争的艰难、残酷，刻画在艰苦的环境中解放区人民对革命事业的无比坚贞，以及他们大义凛然的革命英雄主义和崇高的自我献身精神，为读者绘制了一幅幅色彩绚丽、气吞山河的历史画卷，为青年一代提供了一部生动形象的革命教材。

1952 年，这本书最早的 2 个版本 3 个版次分别由湖北人民出版社的前身武汉通俗出版社、中南人民文学艺术出版社在汉口出版发行。在 20 世纪五六十年代峻青的作品就被译成英、法、俄、西班牙文字，有的还被搬上银幕和荧屏，蜚声海内外。[阎泽川]

"大杂家"沈从文

沈从文是现代著名作家，他的乡土小说影响了一代又一代人。然而谁能想到，沈从文在其他领域也成就非凡，是名副其实的"大杂家"。

早在 20 世纪 20 年代，沈从文即为湖南鉴藏家张渠珍整理古籍文物，并做编目工作，为此培养了他的收藏兴趣。30 年代沈从文到北京后，便开始节衣缩食不断从古玩市场收购一些藏品，并进行研究。40 年代，西南联大时期，尽管生活拮据，他依然流连于昆明的地摊门店，淘些瓶瓶罐罐的手工艺品。他对陶瓷的研究甚深，后拓展到丝绸、刺绣、木雕、漆器……都有广博的知识。

1950 年后，沈从文先后在中国历史博物馆和中国社会科学院历史研究所工作，写出了《唐宋铜镜》《龙凤艺术》《战国漆器》《中国丝绸图案》等文物著作。1958 年后，他专心致志撰写《中国古代服饰研究》书稿，凭着不懈的努力，终于填补了我国服饰研究的空白。

年少时，沈从文曾立志要当一个书法家。他对书法的痴迷早在 10 多岁时在部队当文书、抄写公文时便开始了。当时沈从文在军中的薪水是 6 元，每月伙食费需扣 2 元，而 5 个月就买了 17 元的字帖，沈从文几乎把所有的积蓄都花了出去。他写章草，笔稍偃侧，起笔不用隶法，收笔稍尖，自成一格。他喜欢写窄长的直幅，纸长四尺，阔只三寸。他写字不择纸笔，常用糊窗的高丽纸。他说："我的字值三分钱！"从前要求他写字的，几乎有求必应。到了晚年，由于身体原因，沈从文极少写字，此时他已成为公认的书法大家，尽管他自始至终都不承认自己是"书法家"。

沈从文喜欢读书，喜欢和人聊天。他的阅历丰富，知识面很广，无论天上地下，还是古今中外，他总能跟人聊得不亦乐乎。他的学生汪曾祺说："沈先生跟人聊天，对生活表现出浓厚兴趣，不管在什么环境下永远不消沉沮丧，无机心、少俗虑，他天真到像一个孩子。"［姜炳炎］

"红楼迷"吴宓

吴宓一生偏嗜《红楼梦》，是中国红学的开拓者之一。

1919 年留学美国之后，吴宓曾在哈佛大学中国学生会作题为《〈红楼梦〉新谈》的英文演讲。在演讲中，他把《红楼梦》与西方的文学名著作比较研究，结论是《红楼梦》是一部伟大的小说，世界各国文学中未见其比。一鸣惊人，众皆喝彩。

抗战时期，吴宓到了大后方。他常常应邀出席校内外的各种文学讲座，《红楼梦》是他的主讲题目。每次只要是吴宓讲课，教室里都是爆满，且掌声阵阵，吴宓也以"红学家"载誉西南。后来，他每到一处都要被邀请作《红楼梦》的学术报告。不仅如此，吴宓还在西南联大组织了"石社"，专门研究《红楼梦》。入社规定非常有趣，社员入社时每人交一篇读《红楼梦》的心得体会；如果能用自传体裁，把自己比作《红楼梦》中的一个人物，就会格外得到吴宓的赏识。

吴宓还以"怡红公子"自诩。不管在什么场合，只要有人谈到《红楼梦》，吴宓就立刻加入议谈。"谈来宝玉颜先喜，论到痴颦机便殊"两句诗可以说是对他的生动写照。

重庆解放前不久，吴宓曾应重庆清华中学之邀，到该校讲演，讲题仍是《红楼梦》。讲演中，他从"为艺术而艺术"的角度出发，偏重讲该书的艺术手法以及文学成就。当时就有学生提出："为什么吴先生认为《红楼梦》不能作为当时封建制度濒于解体的标本加以解剖？"他则回答说："这就像解剖尸体不必拿美人的遗体解剖一样。" 〔曹金娜〕

范泉的编辑艺术

20 世纪 40 年代，范泉主编大型文学刊物《文艺春秋》月刊。在上海沦陷时期，当时规定出版期刊必须向日伪当局登记注册，而出版丛刊却不必，范泉就"钻"了这个空子，让《文艺春秋》先以丛刊的形式出版，到抗战胜利后，才正式改为期刊继续出版。

以后，为了躲避国民党政府对《文艺春秋》的审查，范泉再次办了《文艺丛刊》，使得茅盾等进步作家写的一些重要文章能及时和读者见面，传播进步的声音，使长期处于黑暗国统区的知识青年耳目一新，受到鼓舞，看到未来。

范泉对编辑的自我要求是简洁明快而富于艺术性。具体就是：一、要一目了然。他总是"充分利用花边、字号大小、排列方式等，将绝大部分文章编排得不多也不少，很少在最后用补白或移排之类，而接排绝对没有"。二、图文并茂。他编刊物要求有"艺术性"，从刊物的封面设计到目录，正文的编排图像，都强调艺术性。在编《文艺春秋》时，就邀请艺术家钱君匋、池宁作封面装帧，还用陈烟桥、力群、李桦、荒烟、黄永玉等人的木刻，丰子恺的漫画、司徒乔的鲁迅画像等作插图，更多的还配用了作家们的照片、信函或原稿的手迹。要求图片与刊物所反映的作家、作品有密切的内容配合。三、插页的巧妙使用。刊物编排定当、出版在即，一篇重要的文章突然寄到，立即排入不可能，留到下期便失去了时效性，他就利用"临时利用色彩和特殊编排（不多不少是一页）赶印后插入"。〔阎泽川〕

魏金枝姓名的由来

魏金枝是我国现代著名的作家，他创作的优秀短篇小说集《七封书信的自传》，被鲁迅誉为"优秀之作"。他的短篇小说《留下镇上的黄昏》也受到鲁迅的称誉。而关于他姓名的由来，还有一段耐人寻味的趣闻。

魏金枝 1900 年出生在浙江嵊县（今嵊州）黄泽镇白泥坎村一个农民家庭，原名魏义云。当时，村里的几户地主合办了一所私塾，老师是一位名叫竺大鹏的前清秀才。每天上课的时候，竺大鹏发现总有一个孩子在窗外偷听，经过打听，才知道这个孩子是魏金才的孙子魏义云，因为家境贫穷不能入学。于是就向东家建议，把这个好学的孩子收进来就读。

魏义云 10 岁才得到就学的机会，他刻苦用功，结果 4 年之后，他感到这所私塾已不能满足自己的求知欲望了，就转到离白泥坎村 15 里的东明小学堂。16 岁时，又以第二名的成绩毕业于嵊县高小。第一名是一个地主家的少爷、同窗好友魏金枝。

魏金枝毕业后，到绍兴一家中药铺里当伙计去了。魏义云就带了自己的毕业文凭，又借了魏金枝的毕业文凭，只身前往杭州。用两个文凭报考了两所学校，结果都被录取了。但其中一所是吃饭不要钱、可以免费读书的浙江省立第一师范学校，这对贫苦的魏义云来说，是再好不过了。但这所学校是用魏金枝的名字考取的。没有办法，只好将错就错，就用"魏金枝"的名字进了这所学校。然而，舍弃"义薄云天"选择"金枝玉叶"，让这位贫寒子弟心有不甘，但又别无他选。久而久之，人们就淡忘了他的原名。

新中国诞生后，魏金枝的生活才像他的"金枝"这个名字一样富有光彩，他先后担任《文艺月报》编委、《上海文学》副主编、《收获》副主编，中国作协上海分会书记处书记、副主席等职。〔冯忠方〕

华罗庚旁听

著名数学家维纳在到清华大学任教期间认识了华罗庚，他很欣赏华罗庚，并把他推荐给剑桥大学著名的解析数论专家哈代。1936 年夏，华罗庚得到了中华文化教育董事会的每年 1200 美元的补助，以一名访问学者的身份去英国剑桥大学进修。

华罗庚到达剑桥大学时，在学校里任教的哈代正在美国讲学，他事先知道华罗庚的到来，早就听说过这个才气勃发的自学者的名字。临走之前，留下了一张纸条："华罗庚来请转告他，他可以在两年之内获得博士学位。"哈代知道华罗庚只有初中学历，因此极力鼓励他攻读博士。在剑桥大学获得博士学位至少需要三四年，可见哈代对华罗庚另眼相待了。

当时，数学家哈依布勒见到华罗庚，把哈代留下的话告诉了他，热情地说："先生你打算攻读哪一门课程？我们将给你帮助。"华罗庚听后冷静而安详地说："我不想获得博士学位，我只要求做一个'访问者'！"在剑桥，"访问者"就是旁听生的意思。哈依布勒听他这么一说，惊奇地问："为什么？"华罗庚说："我来剑桥是为了求学问，不是为了得学位的。"哈依布勒被感动了："我们欢迎这样的'访问者'！"

华罗庚的回答是经过深思熟虑的。他想，要是通过博士论文的答辩，势必只能选修一至两门学科，这样学得的东西就不多了，名为"博"而实为窄。如果丢掉博士学位，就可以同时攻读七八门学科，在这号称世界数学中心的剑桥，求得博而深广的知识。

从此以后，他在剑桥一边当旁听生，一边广泛地自学其他学科，获得了广泛渊博的学识。在短短的两年学习期间，华罗庚发表了十多篇数学论文，其中不少论文可与博士论文相媲美。特别是他彻底解决了 19 世纪欧洲数学之王高斯提出的完整三角合计问题，因此轰动了剑桥，引起了英国数学界的注意，被称为"剑桥的光荣"。 ［冯忠方］

叶圣陶给儿子转学

叶圣陶的长子叶至善在上小学时，曾因学习成绩在班里落后留过三次级。后来，经过勤奋努力，他考取了一所以校风严正、学生成绩优异而闻名的省立中学。他在这所学校读了一年，又因有四门功课不及格再次面临着留级的命运。

刚进中学又要留级，只有十几岁的叶至善难过极了，看着那些不及格的成绩单，他忍不住哭了起来，作为父亲的叶圣陶却没说什么责备的话。

叶圣陶认为，孩子成绩的好坏不是单凭考试能衡量出来的。一门功课学没学好，主要应看他是否能把所学的知识消化掉。他知道儿子叶至善最不喜欢死记硬背，像国文和英文这类课程，当时考试时往往要求默写整段甚至整篇课文，孩子考试不及格是在意料之中的。他从平时和儿子的对话中注意到，儿子的语言表达能力并不弱，知识面也不窄。为了让儿子不背上成绩不好的思想包袱，他决定给儿子转学，从那所闻名全省的公立中学转进一所私立中学。

这所学校和原来那所省立中学对学生的要求有很大不同。叶至善进了这所学校，思想和行为上有了明显的转变。除了学功课，叶至善的兴趣也变多变广了。叶圣陶很高兴，觉得这才像个十几岁孩子应该有的样子。

叶圣陶还适时地鼓励儿子说："这很好，以后还要多读没有字的书。"他解释说，所谓"没有字的书"，就是通过观察、实践、思考向社会和自然学习知识和技能，有用的知识不只是在课堂上，不只是在那些教科书里，而是在社会生活中。叶圣陶喜欢看书，他的藏书很丰富。儿子可以随便到书架上拿书，只要自己愿意看就不加约束。他还经常就书中的一些问题来问儿子，让他回答，借以锻炼他的表达能力。

在叶圣陶的熏陶和影响下，叶至善从小养成了勤于读书的好习惯，后来成为颇有成就的作家和编辑家。［夏明亮］

周立波的"一字之师"

周立波是我国现代著名作家、编译家，湖南益阳人，他的主要作品有长篇小说《暴风骤雨》《山乡巨变》，短篇小说《山那面人家》《湘江一夜》等。

1955 年，年近 50 岁的周立波经过认真思考，总结了自己的写作经验，准备创作一部反映中国社会主义农村新面貌和农民新生活的文学作品（即 1958 年出版的《山乡巨变》）。为此，他于 10 月间举家离京，搬到家乡湖南益阳县郊区居住。为了便于体验生活和做群众工作，他担任桃花仑乡党委副书记等职务。当时，他就住在农民家里。

1957年的秋收前夕，人民画报社来了两名记者，想请周立波写点自己深入生活的故事。谁知周立波却谦虚地说："我本人没有什么值得写的，要写可以写点劳动模范的情况。"记者没法，只好同意。

周立波很快写好了稿子，在交给记者时，他特别关照道："请拿去给陈清亮同志修改一下。"陈清亮当时是周立波深入生活所在地的乡党委书记，听罢记者的转述，他真诚地说："在立波同志面前，我做小学生还不够，怎么能修改他的文章呢？"于是记者又去找周立波，可周立波却坚持说："小陈有文化，情况又比我熟，又是党委书记，一定要请他修改。"

见无法推辞，陈清亮只好抱着学习的态度看起了稿子，发现文中"今年的丰收，硬是坛子里做乌龟———十拿九稳"一句中的"做"字不妥后，就真的动了笔，把"做"字修改为"捉"字。周立波看罢，十分佩服陈清亮的更改，随即登门致谢："你就是我的'一字之师'嘛！'做'乌龟，岂不笑话？应该是'捉'，应该是'捉'。"

后来，《山乡巨变》写出来了，初版印好后，周立波还专门给陈清亮这位"一字之师"送了一套，一再请他帮忙修改。 [冯忠方]

黄侃拜师刘师培

国学大师黄侃一生狂放不羁，没几个人能比得上，但他在做学问上并不固步自封，而是虚心好学，甚至不惜执弟子之礼，除了拜章太炎为师外，他还曾拜刘师培为师。

刘师培以研究《春秋左氏传》名扬天下，且系家传绝学。1916年，黄侃与刘师培见面，读了刘师培关于《左传》的著作后，当下拜服，称刘师培为"旷代奇才"。黄侃经常与章太炎、刘师培在一起切磋学问，有意思的是，每当谈到经学，只要黄侃在，刘师培都三缄其口，聪明的黄侃猜到了刘师培的心思，他想让自己拜他为师。

1919 年，刘师培患肺结核已到晚期，自感来日不多。一天，黄侃去刘师培家中看望他，刘师培表情凄然地对黄侃说："吾家四世传经，不意及身而斩。"黄侃知道刘师培膝下无子，于是安慰他说："你在北大授业，还用担心你的学问没有传人吗？"刘师培叹息道："北大诸生恐怕难以担当此任。"黄侃说："那你觉得谁能继承你的学问呢？"刘师培缓缓答道："像你这样足矣！"黄侃并不以此为戏言，当即表示愿受教。次日，黄侃预订上好酒席一桌，点香燃烛，将刘师培延之上席，叩头如仪行拜师大礼，从此对刘师培以老师相称。

其实，黄侃比刘师培只小了一年零三个月，两人在学界齐名，有人甚至还认为黄侃在学问上要胜于刘师培。因此，黄侃拜刘师培为师，许多人不解，连章太炎也不以为然："季刚（黄侃）小学文辞，殆过申叔（刘师培），何遽改从北面？"黄侃解释道："予于经术，得之刘先生者为多。"又说，"《三礼》为刘氏家学，今刘肺病将死，非如此不能继承绝学，此所谓道之所存，师之所存。"［洪德斌］

侯宝林善于学习

相声大师侯宝林幼年因家境贫寒，只读过 3 个月的小学。为了多识字，他在戏摊上演唱的时候，看到戏折子上写满了京剧剧目的名字，如《捉放曹》《文昭关》《打渔杀家》等，就刻苦地自学起来，遇到不认识的字马上找人请教。认识几百个字以后就开始看小说、读报纸，看到不认识的字就猜着往下念，事后再查阅字典。

凭着坚忍不拔的毅力，加上天生的悟性，侯宝林刻苦自学几十年，已熟练掌握了语法修辞，且运用极富特色，继而成为举世公认的语言艺术大师。说起这段往事，他曾幽默地说："我提高文字能力是从认识戏名开始的，属于戏曲文化。"

侯宝林天生一副好嗓子，有着超凡的模拟本领，尤以善于模仿各类戏曲著称。他仿学得形神兼备，紧紧抓住每个演员声腔造型和表演上的特色，学得十分逼真，就连戏剧界的行家都赞叹说："不但酷似，且富韵味。"可人们怎会知道，他为了钻研这门艺术花费了多少心血？几十年来，他起早贪黑，不辞辛苦，才学会了梅、程、荀、尚四大名旦和马、杨、谭、周四大须生的唱腔，学会了著名演员刘保全、白云鹏的大鼓。

侯宝林的家中，堆满了各种图书报刊和古今笑话书籍。他从 20 世纪 50 年代起，就开始研究古今中外的笑话，并且吸取有益的东西糅进相声段子里。有时他还把一些古代笑话，恰当地和现实生活联系起来，发展成《关公战秦琼》《婚姻和迷信》一类相声段子，收到了很好的教育效果。一次，他在北京图书馆里发现了一部明代笑话书，连续花了 18 天才抄完十几万字的资料。侯宝林还十分喜爱莎士比亚、莫里哀、契科夫，从这些世界语言大师的作品中，他吸收丰富的营养，不断滋润相声艺术。

侯宝林的相声雅俗共赏，这与他的广泛兴趣密不可分。琴棋书画、古玩文物、花草鱼鸟、扑克麻将，无所不爱、无所不精。他曾多次笑称："我的观众喜欢什么，我就喜欢什么；这样我说的相声他们才爱听。"［姜炳炎］

陶行知接受孩子"挑刺"

陶行知是著名的教育家和思想家，对中国的教育事业作出过卓越的贡献。陶行知虽然满腹经纶，但却谦卑低调，甚至能俯下身子，听取孩子提给他的建议。

1933 年，42 岁的陶行知应邀去南通演讲。对于此次演讲，陶行知非常重视，因为演讲的对象大部分是老人和儿童，他们受教育的程度有限，陶行知打算针对这些人的特点，写出一篇歌谣似的民众教育演讲稿，这样既通俗易懂，又利于传播。经过一天时间的准备，陶行知的演讲稿顺利完成。

那天，前来听陶行知演讲的人挤满了操场，大家都能为听到这位知名教育家的演讲而兴奋。陶行知的演讲也非常成功，博得了大家一阵阵热烈的掌声。

演讲刚刚结束，便有一个 10 岁左右的小男孩找到陶行知，他一本正经地对陶行知说道："陶伯伯，我刚才听了您的演讲，有一件事想跟您沟通一下可以吗？"陶行知爽快地回答道："当然可以，有什么事情直接说。"

那个小男孩开口道："刚才，我听到您的演讲稿里有这样一句：'读了书，不教人，什么人？不是人。'我觉着最后三个字最好重新修改一下。"看到小男孩对自己的演讲稿"挑刺"，陶行知立即来了兴趣，俯下身子，饶有兴趣地对小男孩说道："小朋友，那你说说看，怎样改才合适呢？"

小男孩回答道："最好把'不是人'改为'木头人'。因为'不是人'三个字不具体，桌子不是人，椅子也不是人，而木头人则给人具体的形象。再说，'不是人'也有骂人的意思，所以用在这里不太恰当。"小男孩一口气说出了自己的意见。

听完小男孩的建议后，陶行知立即将演讲稿中"不是人"改为"木头人"，最后又试着读了一遍，他发现意思果然要比原来的更加明晰和确切。

陶行知最后真诚地对小男孩说道："你的建议很好，就按照你的意思来修改，伯伯非常感谢你精彩的提议！" ［姚秦川］

马寅初"活到老学到老"

作为当代著名的经济学家、教育家、人口学家，马寅初被誉为"民族瑰宝"。他一生勤于学习，乐于钻研，留下了一段佳话，为后人所仰慕。

少时，马寅初由义父提供学费食宿，每月的零花钱也只够买纸笔用。为节约钱，马寅初不用电灯改用油灯，而且只点一根灯草。有朋友来访，见室内光线太暗，又加了一根灯草。马寅初却悄悄地拨开一根，说："请别见笑，我点不起两根。"义父得知此事后，便问他为何节省到只用一根灯草。马寅初笑着说："一根就够了，因为我心是亮的。"马寅初的老师对此更是大加赞许："灯芯一根心中亮，寒窗十载必成人。"

马寅初在美国多年，精通英文，亦会德文和法文。1951 年，时年 70 岁的马寅初任政务院财经委副主任，他开始学习俄语。理由很简单，为了革命工作的需要，要研究苏联经济理论就必须掌握俄语。有人劝他说："年纪大了，记忆力衰退了，何必再学外语呢？"他回答道："我虽不及青年，但恒心与勤奋能弥补不足。俄国托尔斯泰 70 岁学骑自行车，我 70 岁也可以学俄文嘛。"

陈云为他请了一位通中文的苏联教师。马寅初从俄文字母学起，学发音、背单词、练语法。那位严厉的苏联教师，每天要早、晚上两次课，时时考试，包括口试和笔试，还常常批评这位"爷爷学生"。马寅初的女儿回忆说："他每天一定要完成当日的学习任务，经常做作业到深夜。"马寅初甚至在上班途中、出差间隙，也背单词和默记作业。他还创造了一种英、俄、汉对照的学习方法，"把三国文字的句法都写在一起，一见而知其异同"，大大提高了学习效率。

就这样，经过3年苦读，年逾七旬的他以惊人的毅力掌握了俄语，不仅能阅读俄文经典名著，而且能用俄语对话，甚至可以在苏联报纸上发表文章了。[姜炳炎]

臧克家高考"破格录取"

在臧克家所处的年代，他创作的《难民》《老马》等诗篇，深刻地反映了旧中国农民忍辱负重的悲苦生活；长诗《罪恶的黑手》揭露了帝国主义的罪恶和伪善。这些诗是他早期诗歌的代表作，已成为我国现代诗史上的经典之作。

臧克家在中国文坛的地位是让人仰慕的，但他跨进大学之门居然可以用差点"失之交臂"来形容。如果放到现在，这位后来成为"农民诗人"的文坛巨匠会被拒之于大学校门之外。因为1930年臧克家在青岛国立大学的入学考试中，数学得了个"鸭蛋"。考语文时，青岛国立大学文学院院长兼国文系主任闻一多出了两个作文题：《你为什么报考青岛大学》和《生活杂感》。臧克家选择了《生活杂感》，其答卷仅仅写了上述3句诗歌："人生永远追逐着幻光，但谁把幻光看成幻光，谁便沉入了无底的苦海。"按照如今高考的模式，仅仅依靠这3句短诗是不会被录取的。而臧克家的"伯乐"、文坛大师闻一多独具慧眼，反复咏诵诗句后，不禁拍案叫绝，给出了98分的高分。

臧克家也没有辜负闻一多先生的期望，进入大学后很快就发表了一首又一首的新诗，并于1933年出版了轰动一时的诗集《烙印》。诗集《烙印》

出版后，很快被抢购一空，好几家书店还争夺其再版权。许多著名评论家特意为《烙印》撰写文章。茅盾认为臧克家是当时青年诗人"最优秀中间的一个"。朱自清评曰："从臧克家开始，我们才有了有血有肉的以农村为题材的诗。"王统照称道："（臧克家的出现）真像在今日的诗坛上掠过一道火光。"闻一多评述："克家的诗，没有一首不具有一种极顶真的生活意义。"

高考数学 0 分、作文 3 句诗的臧克家考进了自己心仪的大学，也添写了近代高考史上亮丽一笔。［邬时民］

俞振飞执教暨大

1931 年夏，俞振飞在友人家中偶遇暨南大学文学院教授，据其介绍，暨大文学院院长陈中凡为弘扬民族戏曲，拟新开一门京昆选修课，正在物色教师，问他愿不愿意。当时，俞振飞独自在上海漂泊，生计维艰。忽然有人请他去大学当讲师，虽然工资不高，但毕竟是份体面工作，便爽快地答应下来。

俞振飞走马上任后，除讲授中国戏曲常识外，主要传授昆曲知识和教唱昆曲。因为学生对唱曲兴趣很浓，听课的人越来越多，他的课时被增加至每周三节，收入也相应有所增加。后来，院长陈中凡又和他商量，能否在昆曲之外再加几节京剧课。他原本对京昆都有研究，且唱做俱佳，教京剧也完全能够胜任，自然求之不得。于是，昆剧从《游园惊梦》教起，京剧是全本《四郎探母》。他有较好的文化素养，又是京昆界的一流小生演员，边讲边唱，生动有趣，大受学生欢迎。以至他的课堂常常座无虚席，有时连过道上也站满了听众，学校不得不把课堂移至大礼堂。

俞振飞的戏曲课不仅受到学生的追捧，还吸引不少同校老师前来观摩，其中包括周谷城、陈中凡等著名教授。新中国成立后，有一次俞振飞在全国政协会议上碰到周谷城教授，对方竟尊称其为"老师"。周老说，在暨大时曾听过他的课，学过几段昆曲，终生难忘。

学生们听了俞振飞的课，觉得不过瘾，于是组织京昆俱乐部，自导自演，特请俞振飞任指导老师。俱乐部活动通常定在晚上，俞振飞下课后就在小饭店匆匆吃些东西，然后赶去辅导，回到家里往往已是深夜，人虽然很疲惫，但精神上非常愉快。

1934 年，程砚秋访欧归国，委托老友陈叔通劝俞振飞重新出山。俞振飞酷爱京昆艺术，又是一位天才演员，所以当知己向他招手时，就会情不自禁地被吸引过去。至此，俞振飞结束了 3 年大学教师生涯。〔郦千明〕

华罗庚四次破格

1931 年，《科学》杂志刊登题为《苏家驹之代数的五次方程式不能成立的理由》的论文，引起了清华大学算学系主任熊庆来的高度重视。熊庆来不断询问作者华罗庚是谁，但周围人都不知。后来，清华教员唐培经介绍了同乡华罗庚的情况。年少的华罗庚，对数学有极高天赋、身处逆境仍刻苦钻研，这让熊庆来高度赞赏。1932 年，熊庆来将华罗庚接到清华大学，安排在算学系当助理员。只有初中学历的华罗庚被聘请到清华工作，这是他的第一次破格。

清华有一流的大师，图书馆里有不计其数的书籍，让华罗庚游弋在数学海洋里，能力和水平飞速提高。熊庆来不断为他提供发展平台，每每遇到难题，便会喊："华先生，你来看一下这题怎样解？"对于华罗庚日益突出的才华，熊庆来预言："他将为异军突起之科学明星！"1933 年，清华大学理学院把华罗庚从助理员调任为助教，并让他教微积分课，这是第二次破格。开会讨论时争论很大，理学院院长叶企孙力排众议："清华出了个华罗庚是好事，不要被资格所限定。"

20 世纪 30 年代，梅贻琦任清华大学校长，重视人才、培养人才，在清华蔚然成风。1934 年，清华再次把华罗庚从助教破格提拔为教员，这第三次破格，也是在众人推荐、梅贻琦校长的亲自过问下实现的。

华罗庚在清华大学 4 年中，数论方面发表了十几篇论文，年仅 25 岁已成为蜚声国际的青年学者。1936 年，华罗庚去英国剑桥大学进修，发表了著名的《论高斯的完整三角和估计问题》及关于"塔内问题"的研究成果，被国际数学界称为"华氏定理"。1938 年，华罗庚回国后跨越了讲师、副教授，第四次被破格聘为西南联大数学系教授。〔姜炳炎〕

沈从文教写作

沈从文只读过小学，行伍出身，因创作才华出众，深得胡适的赏识。

1928 年 8 月，担任中国公学校长的胡适，破格延聘沈从文为中国公学国文系讲师，从此，沈从文走上大学讲坛。沈从文主要教小说写作，他讷于言辞，但他充分发挥自己写作的特长，教得十分认真，为人们所称道。

在教学中，沈从文为了给学生做习作示范，自己动手写小说，他用不同的艺术手法，写了许多表现不同生活题材的作品，在艺术上做了多方面的探求。比如，为了教学生写对话，有的小说通篇都用对话组成，如《若愚医生》。他写的这些示范作品大多发表在《新月》杂志和《小说月报》上，后来多收入《从文子集》《甲集》《虎雏》等集子中。

汪曾祺在西南联大读书时，跟从沈从文先生学习写作，他在《沈从文先生在西南联大》一文中，也记述了沈从文教写作的情况："沈先生教写作，写的比说的多，他常常在学生的作文后面写很长的读后感，有时会比原作还长。这些读后感有时评析本文得失，也有时从这篇习作说开去，谈及有关创作的问题，见解精到，文笔讲究……还会介绍你看一些与你这个作品写法相近的中外名家的作品。"毋庸置疑，能做到这一点，没有敬业精神和对学生负责的态度是不行的。

不仅如此，沈从文先生还做着"绿叶"的工作，学生习作写得较好的，他就自掏腰包寄到相熟的报刊上发表，这对学生来说是很大的鼓励。在他的教学生涯中，经他介绍出去的稿子不计其数，光是寄稿子用去的邮费也是一笔相当可观的数目，令人敬佩。〔洪德斌〕

胡适讲故事

胡适启蒙早，3岁多就进私塾，诵读《诗经》《小学》《论语》《大学》《中庸》。这些枯燥乏味的书，让大多数同学以逃学的方式表示抗议。胡适虽不逃学，却也兴味索然。

9岁时，在四叔家玩耍的胡适偶然在废纸堆捡到一本破书，开始便是"李逵打死殷天锡"一回，他一口气就读完这本《水浒传》残本，而且这一看就一发不可收。随后找到他二哥、三哥借来《三国演义》《红楼梦》《儒林外史》《聊斋志异》，一阵狂读。

胡适有位堂兄叫胡董人，大他几岁，已"开笔"做文章，读书很用功，十几岁就考取了秀才。两人不是同学，但常见面，于是就比赛读小说。什么《琵琶行》《双珠凤》《夜雨秋灯录》《兰苕馆外史》《寄园寄所寄》

等等，只要到手，无所不读。两人各有一个小手折，把看过的小说都记在上面，时时交换比较，看谁看的书多。这类书大都是白话小说，在阅读中，胡适不知不觉中得到了白话散文的训练，把文字弄通顺了。

由于读了这么多小说，肚子里的故事多了起来。他那些大家族的姊妹们，由于基本没上学，想听故事就只得请族叔抽空讲。为了听故事，大伙都争先恐后给老辈人捶背、装旱烟、点旱烟。现在有了满肚子故事的小兄弟，当然就常常哄着胡适讲故事了。

十二三岁的胡适，很乐意把《三国演义》《聊斋志异》中的故事讲给她们听。为了巴结这个小兄弟，大他三四岁的姊妹们许诺给他做泡炒米，或做蛋炒饭，于是胡适更加讲得卖力。见她们绣花做鞋，胡适就把《凤仙》《莲香》《张鸿渐》《江城》翻译成绩溪土话讲给她们听。姊妹们故事听得高兴，胡适的蛋炒饭自然吃得也开心。　[沈治鹏]

阿英淘书捐书

当代藏书家、书话作家阿英在《阿英与书》（2009 年第 2 期《出版史料》）一文中讲述了一生爱书的阿英先生淘书和捐书的历历往事。

阿英不仅是我国现代著名作家、文学评论家，还是一位著名的藏书家。他一生著述颇丰，包括小说、戏剧、散文、诗歌、杂文、文艺评论、古籍点校等共有 160 余种。他一生爱书，只要手里有钱，就要到书市去买书。苏、浙一带的书价低，罕见的书也多，他便常常前去访书。有时一两天，有时七八日，沿途每到一地必先访书。一次他到达苏州时，书商们已收了市，有的人家连灯也都熄灭了，他便挨户敲门，看了几家，因为时间太晚了，门也敲不开了，才回到旅店，饭也来不及吃，就先翻看买来的书。第二天早晨六点半，他又继续敲门访书。1936 年 4 月他为访书专程去杭州、绍兴、余姚、宁波等地跑了一个星期，收了 700 余册小说。

阿英还写了不少淘书、访书的文章，记载着自己在访书过程中的酸、甜、苦、辣。如他在《海上买书记》中说："买书究竟是一件太苦的事，在我个人矛盾尤深，因为旧书的价格都是可观的，价高的有时竟要占去我一个月或两个月的生活费，常常使自己的经济情况陷于极端困难。而癖性难除，一有闲暇，总不免心动，要到旧书店走走。"为此他曾作有一联自嘲："孜孜写作缘何事？烂额焦头为买书。"

新中国成立后，阿英陆续捐献给国家相当数量的珍贵图书。在 1954 年 12 月 26 日阿英一次性捐献明版书 7 册，1956 年他又一次捐献明、清善本书 75 册。作家吴泰昌在回忆阿英时说："阿英总是早早地在那宁静的书房里生起火炉，晚上，他不愿过多地应酬交际，他爱围炉坐着看书，他一生爱书、爱读书，每当他阅读到一部好书有所得时，总是情不自禁地泛起会心的微笑。"这不正是阿英先生的真实写照吗！［阎泽川］

吴宓备课

吴宓先生无论是在东南大学、清华大学还是后来在西南联大任教，都认真负责，一丝不苟。

1923 年，《清华周刊》有文章专述吴宓上课："预先写大纲于黑板，待到开讲时则不看书本、笔记，滔滔不绝，井井有条。"多年以后，学生李赋宁在《怀念恩师吴宓教授》一文中说："先生讲课，内容充实，条理清楚，从无一句废话。先生对教学极其认真负责，每堂课必早到教室十分钟，擦好黑板，做好上课的准备。"吴宓先生上课如此受人称道，与他认真备课是分不开的。有学生赞他"上课像划船的奴隶那样卖劲"，其实，他备课也同样"卖劲"。

钱穆先生在《八十忆双亲·师友杂忆》中记述了吴宓备课的情景。

抗战初起，西南联大南迁之时，文学院在南岳衡山山腰圣贤书院旧址上课，一度宿舍紧张，吴宓和钱穆、闻一多、沈有鼎四人合居一室。到了晚上，闻一多在灯下读《诗经》《楚辞》，吴宓"则为第二天上课抄笔记写纲要，逐条书之，又有合并，有增加，写定则于逐条下加以红笔勾勒"。当时吴宓先生已在清华任教十余年，很多课程已熟谙在心，但他在简陋的流寓中，仍然坚持严谨细致地备课，不遗余力。第二天早上，吴宓最先起床，一人独自出门，在室外晨曦微露中，拿出头天晚上所写的提纲笔记，反复诵读。等大家都起床了，才重返室中。

吴宓备课如此认真和肯下功夫，钱穆先生也不觉感慨："余与雨生（注：吴宓的字）相交有年，亦时闻他人道其平日之言行，然至是乃始深识其人，诚有卓绝处。非日常相处，则亦不易知也。"［洪德斌］

陶行知论学外语

陶行知对青少年学习外语是非常重视的。他说："打开文化宝库有四把钥匙：国文、数学、外语和科技方法。"他把外语看作一门基础学科，强调要趁年纪尚轻的时候学习外语，并要持之以恒。他说："知识之前哨，丰富之学术多在外国。人才幼苗一经发现即须学外国文，至少一门，与国文同时并进，愈早愈好。风雨寒暑不使间断。"

1943 年，陶行知给他的学生陈鸿韬写了一帧条幅："学习外国文好比是配一副万里眼镜。这种眼镜每一位追求真理的青年都应该戴，而且应该自己磨。怎么磨呢？要风雨无阻，行住不停天天磨、月月磨、磨它五年十载，总会成功。倘一曝十寒，时学时缀到老无成。"

陶行知写信给他的儿子陶晓光、陶城说："无论是学习社会科学，自然科学或者艺术文学都得会至少一种外国语。"陶行知指导他的儿子自学外语的方法，也很值得借鉴。陶行知给陶晓光一本中英文对照的鲁迅《阿Q正传》，既学中文，又学英文，这好比请了两位老师。他儿子又借自修英文的好拐棍———英汉词典，从英文翻成中文；又从中文翻成英文。陶行知用来指导青年自学外语的这种"对比还原翻译法"，列宁早在自学外语时也使用过。

陶行知不但精通英语，而且兼通德、法两国文字，但他从不用英语和中国人谈话，因此他很受侨胞尊敬。他为了要深入了解苏联情况，对俄语也多有涉猎。他说："学马列不能光看小册子，要学原著。"20世纪30年代，陶行知曾接受田汉的建议，在上海时便阅读了英文版的《资本论》。

陶行知也用外语来为革命服务。抗战时，陶行知奉全国救国会的委托，担任国民外交使节，出访欧美亚非28个国家和地区，用英语发表演说，宣传抗日的正义斗争，为中国人民抗日战争作出了贡献。［陈永坤］

鲁迅与科普

文学家鲁迅先生对我国的科学普及工作，也曾作出过重要贡献。

1908年8月，鲁迅从日本回国，在浙江两级师范学堂任教，担任初级部的化学和优级部的生理卫生课，同时兼任生物学科的翻译。他在编写的《人生象学》讲义中，冲破禁区，写了关于人的生殖系统一章。他还鼓励学生解剖人的尸体，亲自带领学生到野外实习，采取植物标本。

鲁迅对科学普及的主要贡献，是在他的著作和翻译方面。他 1898 年编《莳花杂志》，1902 年著《说钼》和《中国地质略论》，与别人合编《中国矿产志》，翻译了法国科学幻想小说家儒勒·凡尔纳的《月界旅行》和《地底旅行》，1904 年翻译了《北极探险记》，1907 年著《人之历史》《科学史教篇》，1930 年翻译《药用价值》，1933 年著《"蜜蜂"与"蜜"》等等，直到生前最后时刻，还念念不忘翻译法国科学家法布尔的《昆虫记》。

鲁迅的这些著作和翻译作品，在当时起到重要作用。《说钼》是我国最早介绍法国居里夫人发现镭的经过的论文。《中国地质略论》和《中国矿产志》，是我国最先用近代自然科学理论研究中国地质的著作。当时 8 个月内连续 3 次再版，可见影响很大。

鲁迅还大力倡导创办科普杂志。1925 年，他在《华盖集·通讯》中写道："单为在校的青年计，可看的书报实在太缺乏了，我觉得至少还应该有一种通俗的科学杂志，要浅显而且有趣的。"在中国，他还最早提出用幻灯和电影一类的形式来介绍科学知识。

鲁迅为什么热心于科普工作呢？1903 年，他在《月界旅行·辨言》中说，通过科学普及，要使人们"获一斑之知识，破遗传之迷信，改良思想，辅助文明。"对儿童的特殊关心，也促使鲁迅热心科普工作。他在《看图识字》一文中说："孩子是可以敬佩的，他常常想到星月上的境界，到地面下的情形，想到花卉的用途，想到昆虫的言语；他想飞入天空，他想潜入蚁穴……所以给儿童看的图书就必须慎重，做起来也十分繁难。"［陈永坤］

《雷雨》的诞生

1933年夏天，在清华大学图书馆的阅览室里，有一个青年人正在写剧本，他就是曹禺。

早在5年前，曹禺就开始构思一部多幕剧，想通过一个家庭的毁灭，表达自己对人生的感受。可是，他只写出个别情节，就感到自己还缺乏对生活的深刻理解，戏剧知识也不足，于是搁下了笔。

5年来，曹禺进入大学，攻读了几百部中外戏剧作品，演出了《娜拉》等名剧，又参加了九一八事变以后掀起的抗日救亡活动，做宣传、搞救护，四处奔走。这些使他既加深了对社会、人生的认识，又积累了许多生活素材。

一次，曹禺和郑秀散步的时候，向她讲了他对一部大戏的构思，剧中的主要人物是一个叫作周朴园的董事长及其妻子。他谈起童年时常见的一个留学德国的董事长，这人自诩身上沾有"日耳曼民族优越感"，狂妄自大，把妻儿都看成私产，对自己只能服从。他接着说："不过，我写的周朴园并不局限于这个董事长。我接触的人里，很多人一脑门子封建礼教，却满口仁义道德，我恨透了这些人。"

郑秀感兴趣地问："女主人公叫什么名字？"

"繁漪。她是个坚强、刚毅而复杂的女子。她诚实，懂得恨，更懂得爱，……我最喜欢这样的性格。"

在写作的那些日子里，曹禺废寝忘食。他常常在同学们睡了以后，到盥洗室里，对着挂镜，细心揣摩剧中人物的表情。为了一句台词，往往修改几遍以至几十遍。过了几天，有了新的灵感，他又把以前写好的撕掉，重新写过。就这样，他写了半年，改了5稿，终于在1933年8月写成了一部四幕剧，定名为《雷雨》。

第一个发现《雷雨》价值的人是巴金先生，他当时在编辑《文学季刊》。

他读完这部稿子，就向主编郑振铎推荐，建议立即刊出，自己担任校对。1934 年 7 月，《雷雨》在《文学季刊》第三期上问世。不久，文化生活出版社出版了单行本。

《雷雨》的诞生，揭开了中国现代戏剧史的崭新的一页。〔阎泽川〕

章学诚治学的笨办法

章学诚是我国清代著名的史学家，他曾担任过秋华帆主编的《续资治通鉴》的编辑工作，以及补修《史籍考》的主要工作。除此之外，章学诚还亲自编纂过《和州志》《永清志》以及《永定河志》等许多地方志。

虽然章学诚是一位著术等身、才高八斗的学者，但他并不是天资聪颖，相反，他记忆力较差，这是章学诚治学的一个弱点。

少年时，章学诚一天最多只能朗读两三百字，超过这些字数，他便不能连贯地将书读下去。那时的章学诚，连文言虚词的用法都记不住，更别提能记住一篇洋洋洒洒近千字的文章了。

章学诚的这种天资，在讲究读经诵典的封建社会，尤其是对于需要博闻强记的史学，无疑是较低的。有一个事实便可证明：章学诚曾多次参加科举，但屡试不中，一直到 40 岁时才中举人。这和他的记忆力差不无关系。

虽然天资较差，但章学诚并不在意旁人的议论和讥笑，抱定了做一个杰出史学家的志向。在 41 岁中了进士后，章学诚不顾家境贫寒，毅然放弃仕宦之途，开始专心致志地教书和研究学问。

他针对自己的弱点，采取了各种各样的方法补救，有些甚至是笨办法。比如，一般人治史由博而专，章学诚却反其道而行，由专到博。每天，他都学一点就巩固一点，等把当天所学的章节全部牢记在心后，再学习后一章节的内容。章学诚认为，这种方法"学问之始末能记诵，博涉及深，将超记诵"，能够有效地克服记忆缺陷。章学诚的另一种笨方法，就是边读书边做札记，他的许多著作都是出自自己的读书札记。

章学诚治学持之以恒，不急于求成，他的大部分史学成果都出自晚年。63 岁双目失明时，章学诚犹事著述，直至终身。［姚秦川］

夏丏尊的"别样教育"

夏丏尊是我国近代著名教育家，他说过一句非常著名的话："没有爱就没有教育。"他的教育处处都体现了爱，就连对待犯了错误的学生也是一样。

夏丏尊曾经在浙江一师做舍监。有一次，一个学生在宿舍里丢了东西，告到夏丏尊这里来，并且说出了怀疑对象，希望夏丏尊去搜查。

夏丏尊一时陷入两难境地，搜查学生的铺位，他怕伤害学生的自尊心，但找不回东西，又觉得对不住那个丢东西的学生，他这个舍监也当得太不称职。为了找到解决的办法，他急匆匆地去找同事们帮忙出主意，但遗憾的是都没有人给出合适的建议。思来想去，最后，夏丏尊决定来个别样的捉"贼"方式——绝食。

他在宿舍楼外贴了个告示，让偷东西的学生迅速前来自首，犯错不要紧，诚实承认错误并改正错误依然是好学生，如若不然，便是他这个舍监的失败，是他没有教育好学生，他愿绝食谢罪。学生一日不来自首，他便一日不肯进食。

此告示一经贴出，立即轰动全校，所有人都特别关注夏丏尊。夏丏尊说到做到，从告示贴出之时起，便粒米滴水未进。最终那个偷东西的学生受到了良心的谴责，主动找到夏丏尊承认错误，并交出了所偷的东西。

夏丏尊别样的捉"贼"方式，别样的教育方式，其实是一种浓浓的爱。他用爱感化了那个偷东西的学生，用爱温暖了丢东西的学生，也用爱教育了浙江一师所有的学生。［张雨］

陈寅恪备课认真

陈寅恪讲课不光学生爱听，一些教授也爱听，因此被誉为"教授的教授""太老师"。他曾说："前人讲过的不讲，近人讲过的不讲，外国人讲过的不讲，自己过去讲过的不讲，只讲未曾有人讲过的。"而这背后是他备课的认真和辛苦。

他一般在讲课之前7天至10天就开始备课，备课时他先指定让助手读《资治通鉴》哪卷，或者何年至何年，并且嘱咐读得慢些、清楚些。助手读完一个段落，陈寅恪就让他停下来，自己沉思冥想，提出一些问题或要注意之处，让助手写在本子上。他常常是听完《资治通鉴》某一段，就叫助手查出《通典》《会要》或两《唐书》里记载的与此有关的资料，再读给他听，然后指出这几种史籍的记载有哪些不同、哪个记载可靠、哪个不对。助手再把这些一一笔录。

陈寅恪的助手王永兴回忆："（陈寅恪）这样读了几天，他就叫我把本子上所写的重复给他说一遍，他总结综合，口授出来由我写下，就形成了讲课稿或者讲课的详细提纲。不只是讲课的主要内容，而且讲课涉及的史料、与讲课相关的每一条材料，他都做了严谨的校勘与考证。"

1948年以后，陈寅恪应时任岭南大学校长陈序经邀请南下广州任教，当时他每周上两次课，为历史系高年级讲授《两晋南北朝史》《隋唐史》等。

这些内容本是几十年来已滚瓜烂熟的，但他仍旧重新备课。陈寅恪的女儿回忆说，"父亲多次对我们说过，即使每年开同以前一样的课程，每届讲授内容都必须有更新，加入新的研究成果、新的发现，绝不能一成不变。" ［洪德斌］

黄侃教学"很特别"

据学生回忆，黄侃的教学方式"很特别"。

陆宗达曾拜国学大师黄侃为师。第一次见面时，黄侃一个字也没给陆宗达讲，只给他一本没有标点的《说文解字》，说："点上标点，点完见我。"陆宗达依教而行。

陆宗达再来时，黄侃翻了翻那卷了边的书，说："再买一本，重新点上。"说完便将那本书扔到书堆里。

第三次见老师，陆宗达送上点点画画得已经不成样子的《说文解字》。黄侃点点头，说："再去买一本点上。"

三个月后，陆宗达又将一本翻得更破的《说文解字》拿来，说："老师，是不是还要再点一本？我已经准备好了。"

黄侃说："标点三次，《说文解字》你已经烂熟于心，这文字之学，你已得大半，不用再点了。以后，你做学问也用不着再翻这书了。"黄侃仍然将书扔进书堆里，这才给陆宗达讲起了学问的事。

后来，陆宗达终于成为我国现代训诂学界的泰斗。他回忆说："当年翻烂了三本《说文解字》，从此做起学问来，轻松得如庖丁解牛。"

黄侃教《说文解字》还有更特别的，他不是光用语言，而是带着感情教这个书。《说文解字》是一本很枯燥的书，要是一般地讲授知识，谁也难久坐下去、久听下去，可黄先生在讲每个字时，是带着爱憎的感情来讲的，他把自己变成书中的人，书中的人笑他也笑，书中的人哭他也哭。所以他讲起每个字来，同学们都和老师同呼吸、和书中的字同呼吸。因此，黄侃每次登堂讲课，来听讲的学生不仅有本班的，还有外班的；不仅有读文科的，还有读其他科的。

黄侃晚年缠绵于病榻，弥留之时说不出话，手却指向书架上的一本书。学生们将书拿来，他翻到一页，手一点，人即逝去。送走黄侃后，学生们想起那本书，翻开一看，顿时觉得醍醐灌顶：几日前大家争论的一个问题，黄侃没能作答，他最后手之所指，正是答案所在。〔彭才国〕

张伯苓的"11号车"

1892年，张伯苓考入北洋水师学堂。他学习刻苦，每年考试都是名列前茅。1894年以第一名的成绩毕业，时年18岁。在毕业实习时，目击在中国军港的军舰上两个月之内三次易帜。取下太阳旗，挂起黄龙旗；取下黄龙旗，挂起米字旗。他深感耻辱，决定脱离海军献身教育救国事业。

张伯苓为教育事业可以倾其所有，自己却俭朴得几至苛求。教职员工的工资一涨再涨，最高的月工资已升至300元，已成为有名望大校长的张伯苓的工资却一直锁定在100元。有次张学良去天津拜访名人，转来转去怎么也寻不到张伯苓住所，最后才在一陋巷中找到他的简陋平房。惊讶不已的张学良，万万没想到名声卓著的张伯苓竟住在贫苦市民当中，过着一贫如洗的生活。

因公出差，张伯苓坐的是三等车厢；外出住旅店，张伯苓出门必带臭虫药，因为简陋的旅馆臭虫多；在市内开会时，张伯苓常常是步行前往。

一次散会出来，服务员望着小轿车如云的停车场问他车号时，张伯苓答曰："11号（意指两条腿）。"服务员一脸诧异，直到张伯苓走远了，才明白过来。

张伯苓把教育救国作为毕生信念，创办南开中学、南开大学、南开女中和重庆南开中学、南开小学，形成了著名的南开教育体系，为国家培养了大批英才，被尊为"中国现代教育的一位创造者"。在办教育过程中，他十分注重体育，是我国奥林匹克运动的最早倡导者和奥林匹克精神的最早传播人。他创立了多支足球、篮球队，同学生一起踢球，带学生骑自行车，给学生制造器材，为学生聘请名家。他说，"教育里没有了体育，教育就不完全。"

张伯苓节俭躬行一生，他去世时房无一间，地无一垄，亦无存款，亲人们仅在他的钱夹中找出6元7角钱。但他留下了庞大的南开教育体系、现代的教育理念和对祖国的一片赤子之心。〔沈治鹏〕

钱锺书读辞典

钱锺书周岁"抓周"时，抓到了书，所以家人给他取名为"锺书"。也许是天意吧，他也就名副其实，一辈子"钟情于书"。在清华大学读书时，他就立下了"横扫清华图书馆"的志向，把所有的时间都用到了读书上。

钱锺书在读书中，还对读字典、辞典有着特别的兴趣，而且深得其乐，许多大部头的字典、辞典、大百科全书他都读过。

1939年秋，钱锺书和邹文海、徐燕谋等人一起，从上海动身，一同赴遥远的湖南安化蓝田的国立师范学院任教。途中，钱锺书"怡然自得，手不释卷"。邹文海好奇，方知钱锺书看的是英文字典。邹文海觉得一本索然寡味的字典，竟可捧在手中一月，读得津津有味，真是不可思议。钱锺书则告诉他："字典是旅途的良伴。随翻随玩，遇到几个生冷的字，还可以多记几个字的用法。更可喜的是，前人所著字典，常常记载旧时口语，表现旧时之习俗，趣味之深，不足为外人道也。"

杨绛在《我们仨》中说他们当时被困在上海，物资贫乏，生活很困难，而钱锺书是视书如命的人，那时没有什么书可以看，钱锺书就是看字典。

"文化大革命"开始后，钱锺书、杨绛均被"揪出"作为"资产阶级学术权威"，还有人写大字报诬陷钱锺书，所幸1969年11月，钱锺书作为文学所"先遣队"的成员最早去了河南省罗山县的"五七干校"。当时他负责给大家烧开水，加足煤以后，利用水未烧开的这个空间，便抱着一部比砖头还厚的外文原文辞典阅读。后来，干校迁至息县的东岳集西北，钱锺书负责信件收发工作，1971年，五七干校离开息县东岳集，又搬到信阳附近明港的一座军营里。在这期间，钱先生只要有空，仍抱着那部比砖头还要厚的外文辞典，攻读不辍。〔冯忠方〕

齐白石为娄师白改名

国画大师娄师白先生是齐白石大师的嫡传弟子，他虽历经坎坷，但始终对绘画艺术进行孜孜不倦的追求，并把齐派艺术推向了一个新的高峰。《文史资料选辑》第122辑《齐派艺术的传人———娄师白》一文中，讲述了娄师白拜师和齐白石为其改名的轶事。

娄师白原名绍怀，号燕生。人长得很斯文，既懂规矩又有礼貌，很讨人喜欢。1934年的夏天，娄师白父亲的一些同事知道娄师白喜欢画画，就让他画扇面。正巧齐白石也来到娄家，看到这些画连连夸奖，对娄师白的父母说："你的这个孩子胆子很大，敢画，笔墨很像我。我愿意收他做徒弟。我们两家'易子而教'如何？"娄师白的父母听了很高兴。行了叩头拜礼后，娄师白就成为齐白石的正式门徒，师从齐白石25年之久，诗、书、画、印全面继承其师的入室弟子。

在学画3年之后，齐白石教娄师白学篆刻。他要娄师白先读汉印，从临摹入手，并告诉娄师白多买些石料，但不一定要买好石头，所以娄师白就常到晓市去购买旧石章。由于齐白石曾自称"三百石印富翁"，娄师白也决心要刻300块石章，想以后自称"后三百石印富翁"。买回石头来，娄师白首先刻自己的名字和号：娄绍怀（名）、燕生（号）。一白文，一朱文。他拿给老师看，齐白石说："用刀也还如得（要得），篆字章法安排得不好。明日拿两方图章来看我刻。"

第二天，当齐白石为娄师白刻名章时，把"绍怀"的"绍"字改成"少"字。他说："老者安之，朋友信之，少者怀之。'少'字比那个'绍'字意义更好些。"刻完名章，齐白石又为他刻号，说："你号燕生，这个号太俗了。你向我学画，学得很像了，将来要变一下，必能成大家。他日有成，切莫忘记老师。我给你改个号叫'师白'吧？"娄师白听了非常高兴，从此就以此为名。［阎泽川］

陈寅恪的语言天赋

文学大师陈寅恪在国外留学18年，是罕见的语言天才。他曾在美国哈佛大学随兰曼教授学习梵文、巴利文两年，后来又回到柏林大学研究院研究梵文及其他东方古文字学四年。回国之后，他又在北京和汉学家钢和泰教授继续研究梵文四五年。

陈寅恪一生中通晓的语言有二三十种之多。英文、法文、德文、俄文、日文自不必说，他还精通梵文、巴利文、满文、蒙文、突厥文、西夏文、中古波斯文，还有拉丁文、马扎尔文等等。这些语言能帮助他解决别人所不能解决的问题，发现别人所未能发现的历史真相。

陈寅恪在清华国学研究院给研究生讲佛学典籍校勘时，曾说唐人译佛经采用音译，出了很多错误。他举例说，"唐代诗人王维字摩诘，在梵文中'维'是降伏之意，'摩诘'则是指恶魔，如此说来，王维便是名降伏，字恶魔了。"陈寅恪的话引得同学一阵大笑。

俄国学者曾在蒙古境内发掘到 3 个突厥碑文。各国学者纷纷研究，但莫衷一是，不懂不通。后来有人请来陈寅恪翻译解释，使得各国学者同声叹服。

唐德宗与吐蕃会盟碑，法国的沙畹、伯希和等众多学者均未能作出令人满意的解释。陈寅恪翻译完毕，国际上的学者们很是满意。

抗战胜利后，陈寅恪应英国牛津大学之请，主持东方学和汉学。欧洲各国学者云集牛津，以聆听陈寅恪讲学为快。但除了伯希和、斯文·赫定、沙畹等极少数人之外，能听懂陈寅恪先生演讲的寥寥无几。因为他在演讲中广征博引各种文献，只语言这一关就将一般学者挡在了门外。[曹金娜]

胡适改革北大中文系

1932年初，胡适应北京大学校长蒋梦麟之邀，回到北大担任文学院院长。他上任后，决定对文学院特别是中文系进行改革，解聘一些尸位素餐的老教授，并想方设法请一些年轻的有新思想的人才来充实教师队伍。

首先，他解除了中文系主任马幼渔的职务，由自己兼任。但胡适还是手下留情，仍继续聘请他为中文系教授。

此外，胡适还毫不留情地解聘了两位老教授：一位是林公铎，另一位是徐之衡。林公铎被解聘的原因是：一、他经常在课上公开侮辱蒋梦麟、傅斯年和胡适；二、他上课常常发牢骚、讲怪话。有一次，有人问他："林先生今年开什么课？"他答："唐诗。"又问："那讲些什么人呢？"他却回答："陶渊明。"林公铎讲杜甫的《赠卫八处士》，结论是卫八处士不够朋友，用黄米饭炒韭菜招待杜甫。杜甫当然不满，表示你走你的路，我走我的路。林公铎被解聘后不服，写了公开信责问胡适，胡适不予理睬。

而后，胡适为了吸收人才，在教授之外又设了"名誉教授"和"研究教授"。前者是对某些资深教授的礼遇；后者是胡适想借中华教育文化基金会资助一些年轻的学者到北大作为主力军，待遇比一般教授高出1/4，授课时数也相对较少。在胡适的延揽下，青岛大学外文系主任梁实秋、中央研究院历史语言所所长傅斯年，还有汤用彤等一些年富力强、教学经验丰富、学识渊博的教授来到北大。

胡适这样做的用意虽然很好，但是也引来了一些非议。有一次，中文系的教授们在一起判卷时，有一位教授就故意当众说："我这个教授是既不名誉亦不研究！"大有愤愤不平之意。〔曹金娜〕

言传身教的钱仲联

国学大师、古典文学研究专家钱仲联桃李满天下，凡聆听过他教诲的学生，无不认为他是一位非常出色的导师。

钱仲联从教70年，学生们体会最深、受益最丰的是"言传身教"四个字。钱仲联的教学与治学一样，不仅严谨、周密，而且常常能在细微处使人终身受益。

钱仲联的一位学生做事粗糙，写字也习惯了潦草。有一次要发表一篇论文，他把涂改后的文章直接交给了钱仲联。过了一天，钱仲联要他马上去办公室。这位学生非常紧张，心想这次免不了要挨一顿骂了。但当他战战兢兢站在钱先生面前时，先生却平静地指着稿子说："你的文章我看过了，有的地方写得太潦草，我帮你誊了一遍，你自己拿回去吧。"这位学生虽然没挨骂，但心里受到的震动却更为强烈。自那以后，他再也不敢交随意涂抹的稿子了。

钱仲联非常反对照本宣科的填鸭式教学，认为这是在湮灭学生的性灵。他的教学观点，第一是着重基本功的培养，主张专攻原著，而不是从这本文学史读到那本文学史，以致脱离作家作品而空谈艺术风格和思想内容，这是钱仲联从自己的治学道路中总结出来的重要经验。钱仲联尤其重视诵读功夫，所谓"因声求气"，通过朗诵来领会古人"潜气内转"的道理，从而深刻理解古文辞的真实精神。他因从小苦读，因此到年老时许多名篇名作仍然能朗朗背诵。第二是提倡教授的方法要灵活。钱仲联常常说："如果在课堂上讲一篇，学生懂一篇，那么一生一世也学不了许多东西。老师的责任是引导学生认识规律性的东西，帮助学生掌握触类旁通、举一反三的本领。"

钱仲联对于登门求教的后学，不管年龄大小、资历深浅，一向都是热情相迎、有问必答，往往一接待就是几个小时。不少外地求教的后学都说，原以为大学者架子大，可一番交流下来觉得他是那么地和蔼可亲、平易近人，这才是真正的国学大师。［陈慰］

茅盾推敲书名《子夜》

《子夜》是现代著名文学家茅盾先生的代表作，它在中国现代文学史上的地位是很高的，无产阶级革命家、文学家瞿秋白称它是"中国第一部写实主义的成功的长篇小说"，是"中国文坛上的新收获"。

《子夜》一书的得名还是茅盾先生反复推敲得来的。最初他曾拟了三个名：《夕阳》《燎原》《野火》，后来决定采用《夕阳》。《夕阳》取自唐代诗人李商隐《登乐游原》一诗："夕阳无限好，只是近黄昏"，作者以此寓意蒋政权当时虽然战胜了汪、冯、阎和桂、张系的军阀，表面上是全盛时代，但实际上已在走下坡路了，是"近黄昏"了。在茅盾现存的这部巨著的手稿上，赫然竖写着中文"夕阳"二字，还横写着一排英文，其大意是："黄昏，太阳落山的时候，1930 年发生在中国的故事。"

《夕阳》题名当然很好，寓意深刻，但是茅盾并没有满足，他在回忆《〈子夜〉写作的前前后后》一文中说："就在我反复推敲那大纲（作者改过三四回大纲）时，我决定把题目由《夕阳》改为《子夜》。"子夜即夜半子时，正当深夜 11 点至次日凌晨 1 点之间，既是最黑暗的时刻，又是黎明的前奏。这个书名是具有象征意义的，会使人想起中国社会在新的时代到来之前最黑暗的岁月。把《夕阳》改成《子夜》，不仅使作品主题思想得到升华，也显示了茅盾先生对祖国未来的美好憧憬之情。[阎泽川]

交游

JIAO YOU

瞿秋白搬家

20世纪30年代，瞿秋白住在上海紫霞路68号，领导"左联"，同时写作。

瞿秋白与鲁迅第一次见面是在1932年春末的一个上午，在冯雪峰的陪同下，来到位于虹口四川北路的鲁迅住所。两个神交已久的好朋友，终于见面了。

两个人坐在书房里，滔滔不绝地交谈起来，不知不觉谈到了傍晚。他们谈了时局，谈了"左联"的工作，谈了当前文艺界的情况，也谈了各自写作和翻译作品的心得。

1932年11月下旬，组织上通知瞿秋白，党内出现了叛徒，国民党政府已经注意到了瞿秋白，悬赏2万元捉拿他，需要他马上搬出紫霞路68号。

情况紧急，瞿秋白第一个想到的，就是与夫人杨之华一起去鲁迅家躲避。当时正值鲁迅回北京探望生病的母亲，不在上海。鲁迅夫人许广平曾这样回忆瞿秋白的到来：

"我还记得：他和杨大姐晚间来到的时候，我因鲁迅不在家，就把我们睡的双人床让出。"

11月30日，鲁迅从北京返回上海家中，见老朋友住进了自己家，非常高兴。他安排瞿秋白夫妇住在公寓中的另一房间。

吃过晚饭，瞿秋白把他青年时代写的一首诗书写成条幅，赠给鲁迅：

雪意凄其心悯然，江南旧梦已如烟。天寒沽酒长安市，犹折梅花伴醉眠。

鲁迅也当场写了一副对联回赠：

人生得一知己足矣　斯世当以同怀视之

到了12月下旬，紫霞路警报解除。此时，瞿秋白夫妇已经在鲁迅家里住了半个多月。在一个细雨绵绵的深夜，中共地下组织派出陈云前来接瞿秋白夫妇，返回紫霞路68号。

在那个环境十分恶劣的时期，瞿秋白为躲避国民党特务的追杀而来到鲁迅先生家，两个人因为共同的理想和追求，建立了深厚的友谊。［闫耀明］

萧乾与林徽因的文字约定

1933 年 11 月，当时还在燕京大学读书的萧乾在《大公报》上发表了短篇小说《蚕》，引起了林徽因的关注。她通过《大公报》副刊主编沈从文，邀请萧乾来家中做客。两人一见面，林徽因说的第一句话是："你是用感情写作的，这很难得。"更让萧乾惊讶的是：林徽因竟然能把小说《蚕》大段大段地背下来，并且十分有学识地提出了意见和建议。

就这样，因为文字，萧乾和林徽因逐渐熟悉起来，并成为"太太的客厅"的常客。在林徽因和沈从文的帮助下，萧乾跟着走东转西一起参加"读诗会"之类的家庭聚会，很快就成为京派作家群中的一员。

在萧乾眼里，林徽因是位学识渊博、思维敏捷，并且语言锋利的评论家，她十分关心创作。对文艺作品和文艺刊物，她看得很多，而又仔细，经常有犀利和独到的见解。对于好恶，她从来不模棱两可。这种纯学术的批评，也从来没有人记仇。萧乾每每折服于林徽因过人的艺术悟性。

后来，萧乾担任《大公报》文艺副刊编辑。其间，林徽因一直是他的啦啦队员。每次，萧乾由天津来到北京举行约稿恳谈会，林徽因总是参加，而且每次都有一番宏论，还帮助萧乾选编出《大公报小说选》。

1955 年 4 月，林徽因病逝。闻听这一噩耗，萧乾立即给梁思成去了一封吊唁信。萧乾为林徽因的早逝而悲痛叹息："这位出身书香门第，天资禀赋非凡，受到高深教育的一代才女，生在多灾多难的岁月里，一辈子病魔缠身，战争期间颠沛流离，新中国成立后只过了短短六年就溘然离开人间，怎能不令人心酸！"

1998 年 12 月，萧乾病重住在北京医院。百花文艺出版社出版《林徽因文集》，萧乾应邀为文集写"序"。他口述，由别人整理，萧乾仔细过目后，稍有改动，最后在文章的尾部认真地签上了自己的名字。

该序成为萧乾文坛的绝笔之作。［姜炳炎］

鲁迅游览杭州

1928 年 7 月，鲁迅受章廷谦之邀，偕许广平到杭州一游。在陪同鲁迅时，章廷谦说起年初假鲁迅一事。当时，杭州曾盛传鲁迅到过杭州。甚至有人亲眼见鲁迅在孤山脚下的苏曼殊墓碑上题了诗。消息传到上海，鲁迅也听叶圣陶对他讲起过此事，并接到过一封上海政法大学女学生马湘影的来信，信中说，自打在孤山别后，一直未得到音讯，等等。

后经章廷谦四处打探，那位在苏氏碑上题诗的是离西湖不远的松木场小学的先生，也叫"鲁迅"。章廷谦与许钦文（许广平之弟）去拜访了他。他也姓周，见他 30 多岁，脸瘦长，上唇留短须，身着白色裤褂，脚上穿一双草鞋，正执教鞭给学生上课。

二人不动声色，只说慕名来访，他就自称鲁迅。谈话中，知他对世风不满，怀才不遇，只能隐姓埋名，到乡野小学教书，还说曾写过名为《彷徨》的书，虽销售了 8 万多册，但自己并不满意，准备再写一本。至于鲁迅的其他作品，他知之甚少，对鲁迅的思想、生活更是茫然不知。细观此人，两眼发直，举动很不协调，似神经不正常，事情弄清楚后，鲁迅写了一篇文章《上海的鲁迅启事》，说明孤山之鲁迅非现居上海的鲁迅。

鲁迅此次杭州行，从上海一登上火车，就有两个士兵一次又一次来盘问。每问一次之后，就检查他随身携带的一只手提皮箱一次。火车到了嘉兴，士兵们快换班了，还叮嘱接班的士兵一定要当心鲁迅。于是又来盘问，翻箱子。鲁迅说到这儿，一边说，一边模仿士兵的神情、动作给章廷谦看。脾气并不好的鲁迅，对如此放肆的士兵却并没有责备，反而笑着说："也许他们以为我的小皮箧中，有什么毒品吧？！" ［沈治鹏］

魏明伦巧对李之华

1984 年夏天，全国优秀剧本颁奖仪式在福建举行，被誉为"巴蜀鬼才"的著名戏剧家魏明伦因作品获奖出席了大会。颁奖结束后，与会者前往泉州参观时，中国青年艺术剧院副院长、著名剧作家李之华从眼前的景观即兴借用一句旧联向魏明伦讨对："麦浪无鱼，绿柳垂丝空作钓。"这是一条古联，魏明伦沉思片刻即答："马蹄有香，黄蜂展翅枉追花。"魏明伦的作答，引来一片称奇的赞许。过了一会儿，魏明伦说："我还有另一种对法。"接着他又说了一个下联："海峰有燕，乌云布阵枉张罗。"言毕，又博得了大家的喝彩声。

行至泉州名胜老君岩时，李之华面对老君坐像叹为观止。这尊石雕，是全国最大的老子石像，也是全国最早的道教石雕。李之华联想到刚刚参观过的李叔同纪念祠，又想到自己也姓李，灵机一动，便掉头对着魏明伦，举着手中的相机，徐徐吟出一上联："一僧一儒一道，大李小李和老李。"之后他要求魏明伦再对一个下联。为了激励对方，李之华还说："你如果能对上，我将这架相机送给你。"

同行诸人猜想魏明伦会作难，因为这个上联着实难对，上联中的一僧指李叔同（李叔同后来出家当了和尚，法号弘一），一儒指李之华自己，一道指老子李耳。更巧妙的是,这"大李小李和老李"恰恰又是一部国产故事片的名字。

为了对出下联,魏明伦已没有心思观赏景物了,集中全部精力在想下联,这位剧作家不愧有"巴山秀才"的雅号,不一会儿,他的下联便脱口而出:"独生独养独苗,儿子孙子和种子。"

魏明伦下联的后半部分,与李之华的一样,同样是一部国产故事片的名字,虽然前半部分与上联对起来略显牵强,但能对到这种程度,已实属不易。他的才识与思维的敏捷着实让同行诸人叹服。此联一出,李之华一边说"不简单,不简单,我算服了。"一边要把相机相送。魏明伦当然不会接受,二人握握手,又继续参观去了。〔冯忠方〕

郁达夫"寻找鲁迅"

1932年2月3日的上海《申报》上,刊登有一则《寻找鲁迅启事》:

"前北京大学教授周豫才,原寓北四川路,自上月二十九日事变后,即与戚友相隔绝,闻有人曾见周君被日浪人凶殴。周君至戚冯式文,因不知周君是否已脱险境,深为悬念,昨晚特来本馆,请求代为登报,征询周君住址。冯君现寓赫德路嘉禾里一四四二号,如有知周君下落者,可即函知冯君。"

"至戚冯式文"其实是假名。发此启事者,是鲁迅的好友郁达夫。

1932年1月28日,淞沪抗战爆发。当时鲁迅住的北四川路临近战区。当天鲁迅日记中,有"下午附近颇纷扰"字样;29日仅记着"晴。遇战事,终日在枪炮声中。夜雾";30日"下午全寓中人俱迁避内山书店,只携衣被数事";2月6日再次转移住处:"旧历元旦。昙。下午全寓中人俱迁避英租界内山书店支店，十人一室，席地而卧。"据《鲁迅全集》注释，"十人"为鲁迅及三弟周建人两家和女工。

郁达夫获知后，十分担心。找不见人，便去了报馆，发出了这则寻找"启事"。郁达夫后来写道："交战的第二日，我们就在担心着鲁迅一家的安危。到了第三日，谣言更多了，说和鲁迅同住的他三弟巢峰（周建人）被敌宪兵殴伤了；但就在这一个下午，我却在四川路桥南，内山书店的一家分店的楼上，会到了鲁迅。"

郁达夫的记忆有误，从鲁迅日记的记载看，迁到英租界的内山书店支店已经是 2 月 6 日的事了。郁达夫还记述了见到鲁迅时的情形："他（鲁迅）那时也听到了这谣传了，并且还在报上看见了我寻他和其他几位住在北四川路的友人的启事。他在这兵荒马乱之间，也依然不消失他那种幽默的微笑；讲到巢峰被殴伤的那段谣言时，还加上了许多我们所不曾听见过的新鲜资料，证明一般空闲人的喜欢造谣生事，幸灾乐祸。"

郁达夫乐于助人、极重友情，这次为急切找到鲁迅，在报上发表"启事"，就是一个证明。［杨建民］

高天梅为柳亚子改名

诗人柳亚子原名柳慰高，字安如。后来响彻大江南北的"亚子"一名，则是同盟会江苏分会会长高天梅为他改的。

1902 年，15 岁的柳亚子读到法国哲学家卢梭的《民约论》后，非常赞赏书中的天赋人权学说，于是改名为"柳人权"，又改字为"亚卢"。亚卢的意思，就是要做亚洲的卢梭。此后，柳亚子以"亚卢"为笔名，发表了许多宣传革命的文章。

1906 年，柳亚子到上海健行公学担任国文教员。当时的高天梅，在前一年已经与宋教仁、黄兴等一同在日本谒见了孙中山，并且参加了中国同盟会的筹组。高天梅回国后，与朱少屏、陈陶遗等同盟会员创办了这所健行公学。

高天梅与柳亚卢经常饮酒赋诗，又在笺纸上相互作诗赠答。然而，繁体"卢"字的笔画多达 16 画，高天梅嫌书写麻烦，就写作"柳亚子"，他看柳亚卢还不太愿意接受，就风趣地说："卢字，可当作大字来解释，但叫'柳亚大'的话，感觉有些不伦不类。后唐时期，有个李亚子的军事家，他还是位会填词的风流才子，你为什么不叫柳亚子呢？子者，男子之美称，用这个字不是更好吗？况且，我的别号叫剑公，你叫亚子，子和公恰好是对称的名词。如今，你我既是革命的同志，又是作诗的搭档，正要这样的名字才理想啊！"

柳亚子的名字，从此传扬开来，友人们在给柳亚卢写信时，也纷纷称呼他为"柳亚子"。后来，柳亚子终于接受了这个名字，甚至把使用了 20 多年的"柳弃疾"一名也取消，把柳亚子作为终身使用的名字。［陈卫卫］

朱生豪极度内向

莎士比亚戏剧翻译家朱生豪给人的印象是极度的孤僻内向，他总是沉默寡言、天真未泯，一副不懂得人情世故的样子。

朱生豪是这样评价自己的："一年之中，整天不说一句话的有 100 多天，其余日子说得最多的也不到 30 句。"然而，在朱生豪静默的外表下，却蕴含着丰富的想象和奔放的性情，他写给爱妻宋清如的几百封情书既浪漫又炽热，传诵至今。

1935 年 8 月 25 日，正在上海世界书局工作的朱生豪因思念心切，急急地去常熟看望在家中度暑假的宋清如。虽然一路上想了许多见面时要说的绵绵情话，可是一下车，又情不自禁地开始羞怯起来。第一次上女友的家，又实在不善言辞，面对宋清如的家人时，朱生豪总是枯坐如僧、一言不发，让场面很是尴尬。宋清如的家人一度以为朱生豪可能是个哑巴，宋清如不得不再三解释。

直到坐上开往回上海的汽车时，朱生豪才懊悔有千言万语没有向宋清如倾吐。回到上海后，内心久久不能平静的朱生豪还是用老办法———用笔来谈！这可比当面用嘴来说要顺畅得多了，于是他不顾炎热和疲劳，从中午一直写到深夜两点，这封信洋洋洒洒地长达 15000 多字，彻底表达了堆积许久的浓情蜜意。

朱生豪和宋清如对爱情的执着，绝不亚于同时代的徐志摩与陆小曼。朱生豪总想让宋清如知道，他在思念她，在用整个生命爱着她。朱生豪对宋清如的称呼有："小亲亲、无比的好人、昨夜的梦、清如我儿、女皇陛下……"让人忍俊不禁。再看他的信末署名，更是有趣得让人喷饭："你脚下的蚂蚁、伤心的保罗、快乐的亨利……"

在朱生豪的情书中，最经典的一句话是："要是我们两人一同在雨声里做梦，那境界是如何不同；或者是一同在雨声里失眠，那也是何等有味。"他因为不善口头表达而发展出了用笔表达的特长，被誉为"民国情书圣手"。［陈卫卫］

赵元任口技"游全国"

著名学者赵元任一生最大的快乐，是自己来到中国任何地方只要一开口，当地人都会认他做"老乡"。要论学说各地方言，不管是北方的相声演员还是南方的滑稽名家，在赵元任面前都得甘拜下风。

从童年起，赵元任每到一个地方居住，就能迅速学会当地方言，展示了非凡的语言天赋。就江南方言来说，上海话和苏州话很好学，但要掌握不是很柔软的常熟话、无锡话说起来就不容易了。比如常熟话中的"你、我、他"，不但说的时候要费很大的气力，而且外地人听了还弄不懂是什么意思。可这事情放在赵元任面前，就很简单了，因为他能迅速地穿透一种语言的韵调系统，总结出某种方言的规律，于是将33种各地方言讲得绘声绘色，因此得了个"赵八哥"的绰号。

在清华大学任教时，赵元任做过一次"口技全国旅行"表演，他在一个小时内用各地的方言土话"漫游"了大半个中国，从北京、山西、湖南一直讲到四川、广东和福建、江苏、浙江、安徽。这个本事就大了，也只有赵元任这样超一流的语言大师方能做得到，把台下的学生们听得目瞪口呆。

有天在去长沙作讲演的途中，赵元任向湖南人学会了长沙话。讲演结束后，一个当地的学生跑上来问他："赵先生老家就在湖南吧？是哪一县的呢？说不定我们还是亲戚呢！"可是，不管赵元任怎么解释自己不是湖南人，这学生就是不相信。而且，学生拍胸脯保证说赵元任肯定是湖南人，而且可以和大家打赌，不然他绝对不可能把湖南话说得这么地道。

赵元任曾说，自己研究语言是因为好玩，她给自己的第三个女儿起的名字，便是"好玩"的结果，叫作赵莱痕思媚。经常有人问赵元任，为啥给女儿起这么长的名字呢？原来，赵元任三女儿的英文小名叫作"Lensey"，并没有相对应的汉字。后来赵三小姐到了上小学的年龄,赵元任就按"LenSei"的谐音起了"赵莱痕思媚"这个浪漫又富有诗意的学名,有人还以为这名字是诗人徐志摩给起的。[陈卫卫]

金庸与聂卫平的围棋缘

武侠小说泰斗金庸先生雅好围棋,并且是位超级大棋迷,他笔下《书剑恩仇录》中的陈家洛、《天龙八部》中的段誉、《倚天屠龙记》中的何足道等,都是围棋高手。为了提高自己的棋艺,金庸曾经执着地拜过好几位老师。

棋圣聂卫平是金庸的老师之一。1983年,聂卫平在广州参加"新体育杯"卫冕战时,金庸托人转告他,说要前来拜他为师。聂卫平以为,金庸不过是想学棋罢了,哪可能真拜师呢,而他自己也很想认识金庸,于是欣然答应。可没想到金庸一见到聂卫平后,真的就要三叩九拜地行大礼来举行拜师仪式。

当时,聂卫平已经是围棋界的第一人,而且由于战胜过包括超一流棋手石田芳夫在内的多位日本高手,已经有着"聂旋风"的美誉,但毕竟是30岁出头的青年。而金庸已经名满华人世界,年龄也快要60岁了,聂卫平当然不敢受此大礼,立刻上前劝阻,金庸却一再坚持,聂卫平就同意拜师,但是不接受磕头礼,只需要鞠躬就行了。

就这样,聂卫平成了金庸的老师,而金庸也成了聂卫平弟子中年龄最大的一位,是世界冠军常昊和古力的大师兄。以后,谦虚好学的金庸一见到聂卫平,就以"师父"相称,成就了棋坛的一段佳话。

金庸非常好客,有一次为了招待师父,特意在家中设宴,请在中日围棋擂台赛上大显神威的聂卫平畅吃大闸蟹。结果,号称"蟹帮帮主"的聂卫平,创下了连吃 13 只大闸蟹的纪录，引得四座皆惊："聂九段战胜了日本所有的超一流棋手，原来他吃蟹的水平更是超一流！"

"棋圣"聂卫平在谈及"大弟子"时说："金庸是围棋事业的热心支持者，对中国围棋的贡献很大。特别是他在很多武侠小说中对围棋的精彩描写，对围棋的推广影响深远。"［陈卫卫］

徐志摩提携何家槐

1932 年，青年作家何家槐以短篇小说集《暧昧》轰动文坛，而他的成名，主要得力于诗人徐志摩的提携。

何家槐常常上徐志摩家，两人既像师生，又像兄弟般无所不谈。徐志摩总是希望何家槐学好英文、多写小说，并且劝告性格内向而忧郁的何家槐广交朋友："正当花时的青年，还不应该像花草一样的新鲜吗？"

一天，当徐志摩得知何家槐患了眼病，却因为付不起手术费而想放弃治疗时，立刻承担了全部费用，要他马上去医院，还批评了何家槐怎么可以这样不珍惜自己身体，并且一再关照他："要住二等病房，干净些。钱不够的话，尽管打电话来。"

康复以后的何家槐，又来到徐志摩家中闲谈。徐志摩说起印度诗圣泰戈尔访华时，曾经讲了一个颇为风趣的故事，他后来几次想把这个故事写成小说，但都没能抽出时间。然后，徐志摩就将故事内容详细地说给何家槐，鼓励他去写。

何家槐花了几天的时间，精耕细作地将这篇小说写好，再次来到徐志摩家中请求帮助修改，说最大的愿望是能够发表在《新月》杂志上。徐志摩看完小说后，马上寄给了在全国创刊最早、发行量最大的文学期刊《小说月报》的主编郑振铎。这篇小说发表以后，何家槐一夜成名。

这时，上海的各家大型文艺刊物纷纷向何家槐索要稿件，使他应接不暇。于是，何家槐每天埋头写作，几年间先后出版了《竹布衫》《寒夜集》等多部短篇小说集。到1936年，由于何家槐的出色创作成就，他与郁达夫等著名作家一起加入了中国文艺家协会。［陈卫卫］

罗家伦赠书

1927年初，范长江年仅17岁时，常常读《大公报》主笔张季鸾的社评，击节赞赏这位名士"粪土万户侯"的家国情怀。此时，北伐正酣，热血的范长江到重庆招生点报考黄埔军校想从军报效疆场，可惜未果，他只好入中法大学重庆分校学习。后来，作为一名学生兵，范长江随贺龙转赴南昌，参加了八一南昌起义；但在随起义部队转战途中走散失去联系，就辗转到了南京。在1928年秋，北伐胜利全国一统之际，范长江又考入中央政治学校乡村行政系，打算"将来在穷乡僻壤中建立一个理想的世界"。

在这所学校就读时，留学德国的罗家伦博士担任教务长，实为全校负责人，还兼教德文课。罗家伦对德文优异的范长江很赏识，二人常以德语对话，师生之间结下较深的情谊。九一八事变爆发，21岁的范长江在学校发表讲演，表示愿赴塞北、参加义勇军。与会学生掌声齐鸣，誓为后盾，请求校方打开中政校大门，放学生上街。

作为校方负责人，罗家伦与范长江数度交谈，但范长江认为抗日救国是出路，而这所学校是为国民党培养官员，并非他的理想。罗家伦很赞赏这位青年的血性，没有强制其留校，还于1931年底，范长江离开中政校北上出塞、准备参加义勇军投身抗日最前沿时，以私人身份给这位热血男儿送行，并赠以《歌德全集》原版一部，以示私谊。范长江北上后，因关隘重重，便参加了"辽吉黑热抗日义勇军后援会"，为抗日将士筹款。

1932年秋，范长江在恩师罗家伦的劝说和推介下，进入北大哲学系攻读。罗家伦特别颁发给范长江中央政治学校转学证书，推介到北大注册。当时，日日看报的范长江，对报纸开启民智有着深刻的认识。他掷地有声地说：宁为 Freshman（一年级新生），以 Freshman 而成为当时中国第一流杰出名记者！

如罗家伦赞赏的那样，范长江有着满腔报国热情，后来成为著名的战地记者。［李满星］

齐白石的"见面礼"

生活中的齐白石是可亲的，他曾送给弟子李可染一枚别致的图章，寄寓颇巧，令李可染大为感动。

1946年底，经徐悲鸿引荐，李可染认识了当时已八十有余的齐白石，想拜对方为师。不过，那次的拜见，齐白石并没有特别在意李可染的求师诚心，只是做了简单交流沟通。

第二年春，李可染带了自己的20张画作，第二次拜见齐白石。当时，齐白石正在躺椅上闭目养神。当画作送到手边时，他便顺手接了过来。起初，齐白石还是半躺着看，待看了两眼后，已不由自主地坐了起来。看到最后，他不由得赞叹起来："这才是大写意呢！"第二天，齐白石便答应收李可染为徒。

一星期后，李可染和妻子邹佩珠一起拜见齐白石。当时，由于两人之间为一幅画作的画法产生了一点小小的分歧，李可染感觉妻子过分挑剔，一直对妻子冷着脸。齐白石看在眼里，并没有当面批评自己的弟子。

临分别时，齐白石拿出一个纸包送给李可染，并对他叮嘱道："我给你刻了一枚图章，但你只能回家后再打开看，也算是师父送给你的见面礼。"

回到家后，李可染小心翼翼地将纸包打开，发现是一块刻着"李"的图章。不过，特殊的是"李"字旁边还刻有一个小圆圈，思来想去，李可染也想不明白这个小圆圈到底代表着什么意思。

几天后，李可染再次拜访自己的老师时，便提到了那枚图章，同时将自己心中的疑惑说了出来："那个'李'您给我非常好，但是那个圈儿是什么意思呢？"齐白石幽默地笑着道："夫妻两人要真诚相待，相互信任。那个圈儿，就是你身边佩有的一颗珍珠啊！"

听了老师的话后，李可染一下子明白过来，那个圈儿代表的正是妻子邹佩珠。老师用一颗图章来告诉他夫妻要相互信任，可谓用心良苦。想到这里，李可染立即向老师认了错。从那以后，他和妻子邹佩珠相敬如宾，他自己的事业也达到了一个新的高度。　[姚秦川]

老舍知恩图报

老舍有一大爱好，那就是喜欢广交朋友，不论对方地位高低，出身富贵还是贫贱，他都会真诚地视对方为知己。

在老舍的众多朋友中，有一位他曾经在山东济南认识的著名拳师，此人名叫马子元，两人之间有一段鲜为人知的往事。

1933 年春的一天，当时正在伏案写作的老舍忽然背痛不已，连站起来的力气都没有了。家人万分着急，急忙将老舍送去附近的医院。大夫诊断后表示，其病情并无大碍，之所以出现疼痛，与老舍经常缺乏运动有关。

听了大夫的话后，老舍忽然心血来潮，打算回家后练拳健身。

正在这个时候，有一位熟人给老舍出主意，说是有一位名叫马子元的拳师，不仅武艺精湛，而且为人和善。其枪法更是号称"山东第一枪"，声名远扬。如果老舍想要学拳健身，不妨拜对方为师。

老舍听到后，立即让家人前去打听。找到马子元后，当他得知是大学者老舍先生想和自己学拳时，立即慷慨应允。为显其真诚，马子元自己打算这次破例，亲自登门教授老舍先生拳术。

经过一年多的学习，老舍的身体渐渐硬朗，比过去也大有好转。老舍对马子元的悉心教授也十分感激。

1934 年端午节前，为了报答好友的热情付出，老舍特地赠送了一把折扇给马子元。扇的一面是请当时著名画家所画的一幅山水写意图；另一面，则是老舍亲笔书写的一则短文，记叙其学拳的始末。

这段时间并不长的学拳经历，除了使老舍的身体大受裨益，也对他的小说创作有着积极的影响。他著名的中篇小说《断魂枪》中，"神枪沙子龙"就有马子元的影子。不过，更让老舍兴奋的是，他无意中交到了一个知心朋友。［姚秦川］

林徽因提携新人

林徽因以渊博的学识、优雅的气质、美丽的容貌，让人赞赏有加。她不遗余力提携新人，更是留下了段段佳话。

1933 年 11 月，当时还在燕京大学读书的萧乾在《大公报》上发表了短篇小说《蚕》，引起了林徽因的关注。她通过《大公报》副刊主编沈从文，邀请萧乾来家中做客。两人一见面，林徽因就说："你是用感情写作的，这很难得。"一句话，消除了萧乾内心的恐慌，两人愉快地交流起来。更让萧乾惊讶的是，林徽因竟能把小说《蚕》大段大段地背下来，并且十分有学识地提出了意见和建议。萧乾入神地听着，生怕漏掉了一个字。在林徽因和沈从文的帮助下，萧乾很快成为京派作家群中的一员。后来萧乾担任《大公报》文艺副刊编辑，每次约稿恳谈会，林徽因都不落空，还帮萧乾选编出《大公报小说选》。1998 年 12 月，萧乾重病住在北京医院，他欣然为《林徽因文集》写"序"，这篇文章也是萧乾的绝笔。

20 世纪 30 年代，林徽因已经享誉文坛，她的"太太的客厅"更是闻名北京全城，许多人以登"太太的客厅"为幸事。1934 年秋，刚从法国留学回来的李健吾，在新创刊的《文学季刊》上发表一篇论文，评福楼拜的《包法利夫人》，这也是他正在写作的《福楼拜评传》中的一章。从未谋面的林徽因看后，给李健吾写了一封长信，约他到林家见面。从此，两人开始交往。李健吾对林徽因推崇备至，互为知己，成了林徽因"太太的客厅"的常客。

1931 年，卞之琳在《诗刊》第 2 期发表了几首诗歌，引起了林徽因的注意，她认为卞之琳极具诗人潜质。林徽因邀请卞之琳来家中做客，通过这种形式的交流、约谈，来提携、勉励初涉文坛的卞之琳。尽管她只年长 6 岁，却被卞之琳尊为敬佩的长者、亲切的知己。从相识到相知，两人一直保留着诚挚的友谊。在卞之琳晚年写的回忆文章里，对林徽因的知遇之恩感激终生。

同她那首著名的诗歌《你是人间四月天》一样，林徽因留下的是爱，是暖，是希望，是一树一树的花开。［姜炳炎］

沈从文力救胡也频

沈从文第一篇作品发在胡也频办的《民众文艺周刊》上，二人从此结为朋友。经胡也频介绍，1924 年沈从文认识了湖南老乡丁玲。1927 年，丁玲和胡也频住进了在北京大学附近的沙滩汉花园公寓，与沈从文、戴望舒为邻，那时建立的友谊令沈从文终生难忘。

1931 年，在武汉大学任教的沈从文到上海度假，当得知已成为中共党员的胡也频被捕入狱的消息，即刻与丁玲、李达等设法营救。沈从文想到了老师胡适，持胡适亲笔信，又乘车到北京找北大校长蔡元培。蔡元培心有余而力不足，沈从文只得抱憾返沪。

这时，胡也频被押送到龙华警备司令部。沈从文与丁玲再度赴南京，在左泰的协助下，沈从文去见国民党中宣部部长陈立夫。陈立夫知道作家沈从文，沉思片刻后说，如果胡也频保释出狱后，同意住在南京就可以帮忙。沈从文转告丁玲，丁玲坚决反对。于是，沈从文陪丁玲乘晚上的火车回到上海。就在这天晚上，包括胡也频等"左联"五位作家在内共有 20 多人在龙华被杀害。胡也频遇害时，身上穿的正是沈从文借给他的袍子。

胡也频被害后，作为妻子的丁玲处境十分危险，她决定把未满百日的孩子送回湖南老家。沈从文自告奋勇，陪丁玲赴湖南常德。把丁玲送回上海时，已错过开学日期，武汉大学只得另聘教师顶替。沈从文再次失业，最后在徐志摩的引荐下，在山东大学谋得一职。这位不顾个人安危的湘西汉子，为人热情与耿介的性格可见一斑。[沈治鹏]

梁实秋"偷看"胡适日记

胡适住在上海极斯菲尔路的时候，一天，梁实秋、徐志摩、罗隆基三人一起去看望他。进门后，胡太太说，胡适现在有客，你们先到他的书房去等一下。徐志摩熟悉，领头上楼进了书房。胡适的书房不大，容不下三个人一同落座，大家便站着在书架前"东看西看"。忽然徐志摩大叫："快来看，我发现胡大哥日记了！"

书架的下层，有一尺多高一摞稿纸，便是此时期胡适日记。日记用的是胡适定制的一种一页 10 行，每行 25 字的边宽格大的稿纸。这种纸，方便修改添加，也经济，写坏了撕掉不可惜。徐志摩他们看到的日记，是用毛笔写的，写得"相当工整"。梁实秋说，胡适从不写行草，总是一笔一画，规规矩矩。令他们惊异的是，除去私人记事，胡适日记里还有大量相关的报纸内容剪贴（现在出版的《胡适日记》里保留了其中一部分），因此看上去篇幅惊人。"这是他的日记一大特色，可说是空前的。"梁实秋说。日记里记述宴会情况，客人名字也一一写出。徐志摩几人的名字也偶然出现，罗隆基笑着说："得附骥尾，亦可以不朽矣！"

正看着，胡适冲上楼来，笑容满面地说："你们怎可偷看我的日记？"随后，胡适又严肃起来："我生平不治资产，这一部日记将是我留给我的儿子们唯一的遗赠，当然是要在若干年后才能发表。"

后来梁实秋去看望胡适时，还关心他日记的写作情况。胡适说，写作并未间断，只是没有合适的稿纸，改用洋纸本，没有用毛笔了。每年总有一本，已经积得一箱。胡适逝世后，梁实秋"希望这一部日记能在妥人照料之中，将来在适当的时候全部影印出来，而没有任何窜改增删"。这种希望如今已全数实现。[杨建民]

黄苗子广交朋友

黄苗子是著名的画家、作家。他一生屡遭苦难，但天性乐观、洒脱、好交朋友，并凭借此熬过了最艰难的岁月。他自言："我毕生最大的幸运是得到朋友的好处多。我只是一个初中毕业生，能收获到一点东西，主要靠朋友。"

20世纪30年代初，黄苗子来到上海，结识了张光宇、叶浅予、华君武、丁聪等众多漫画家。他们常在一块谈天说地，评艺术、论人生，后来都成了大半辈子的朋友。叶浅予、张光宇、张正宇年龄稍长，艺术成就也大，初试身手的黄苗子，几乎就是跟着他们学。"跟他们学的方法不是听他们一本正经地讲，而是从平常看他们作画，与他们聊天的过程中，揣摩、体会。总之，受益匪浅。"

黄苗子与张大千、徐悲鸿、郑午昌、庞薰琹等大家也都是好朋友。张大千、徐悲鸿当时已是40来岁的享誉中外的艺术家，而黄苗子才刚20出头，但这并没有妨碍他们成为相谈甚欢的忘年交。"20世纪30年代，是我的艺术生活中最愉快的时代，五四思潮，活跃了中国文化，上海更是一所社会大学，我有幸能接触到不同角度的艺术前辈，那时又是求知欲旺盛的青年期，我能够在许多前辈师友的熏陶下，获得广泛的艺术知识。"晚年回想，黄苗子多次称自己"很运气"。

启功也是黄苗子交往了半个多世纪的朋友，启功让他敬佩不仅仅是其书法，还有艺术文史方面的渊博成就及严肃的治学精神。他们都使"不学的我，得益不尽"。

"生平所受师友之恩，如恒河沙数。"黄苗子后来每每忆想，心中便会荡漾着温暖和幸福。［陈子涵］

胡适与李大钊的友谊

1917 年 1 月，陈独秀就任北大文科学长后，力邀胡适到北大任教。9 月，受蔡元培校长之邀，胡适在北大开学典礼上发表演讲。1918 年元月，在胡适的帮助下，陈独秀同意改组《新青年》为同人刊物，编委会由陈独秀、胡适、李大钊等六人轮流主持编辑工作。从此，作为中国新文化运动旗帜的《新青年》翻开了新的一页。胡适与李大钊的友谊，也在这新旧交替的历史转折点经受住了考验。

李大钊作为中国共产党的创始人之一，曾在文化层面上与胡适争论过"问题与主义"，但并没有影响他们并肩向封建制度战斗的深厚友谊。胡适、李大钊都是思想解放的先驱，伟大的启蒙主义者，在那个特定的历史时期，这两位向封建宣战的勇士，只是在推翻和重建的问题，对马克思主义部分内涵的认识上，存在一些不同看法而已。在随后胡适拟就《我们的政治主张》，得到了李大钊的支持。这是胡适谈政治的第一篇文章，也是他改良政治、建立一个"好政府"的第一个具体纲领。

李大钊被张作霖杀害后，胡适一直怀念这位好友。1934 年 1 月 2 日，胡适冒着大雪到京郊西山，凭吊李大钊。李大钊安葬不久，其夫人赵氏也病殁。夫妻合葬，俱无碑碣。胡适悲从中来，眼泪滂沱。后来，胡适找到老友蒋梦麟，请他为李大钊补立一碑。

1930 年，胡适在出版《胡适文集》的扉页题曰："纪念四位最近失掉的朋友：李大钊先生、王国维先生、梁启超先生、单不庵先生。"李大钊被列为四位朋友之首，足见胡适的敬重之心。[沈治鹏]

季羡林与老舍的交往

季羡林从高中起，就读老舍的著作。只要他有新作，一定先睹为快，老舍是季羡林一生最喜爱的作家之一。

20世纪30年代初，季羡林在清华大学读书。一次，同学李长之告诉季羡林，他要在家里请老舍先生吃饭，要他作陪。在那个年代，大学教授架子一般都非常大，他们与大学生之间宛然是两个阶级。要自己陪大学教授吃饭，季羡林受宠若惊。见面后，谈吐自然、蔼然可亲，一点架子也没有的老舍先生，给季羡林留下了颇为深刻的印象，从那以后，两人就认识了。

季羡林和老舍再度会面，距上次已过了20多年。20世纪50年代初，国家召开了一次汉语规范化会议。当时语言文字界的知名人士包括老舍和季羡林等，都被邀请参加。随着交往的深入，季羡林惊讶地发现老舍结交的朋友，三教九流都有。他能一个人坐在酒缸旁，同车夫、警察等人开怀畅饮，宛如亲朋旧友。一天中午，老舍要请客吃一顿地道的北京饭，大家兴致一下子高涨起来，一起到了西四砂锅居去吃白煮肉。老舍同饭馆老板乃至小伙计都是好朋友，让大家很是尽兴地饱餐了一顿。

一天，季羡林去理发，发现老舍先生也在那家理发店，正躺在椅子上，下巴上白糊糊的一团肥皂泡沫，让理发师刮脸。两人寒暄了几句。过了一会儿，季羡林坐在椅子上理发时，从镜里看到老舍跟自己打招呼告别，就离开了。待到季羡林理完发要付钱时，理发师却说老舍先生刚才已经替他付过了。

待人可亲、善于交友、细节关心，这便是老舍。 [姜炳炎]

叶圣陶与苏雪林的争执

1938 年，由于武汉沦陷，武汉大学内迁至大后方的四川乐山，时任武汉大学文学院院长的陈源力邀叶圣陶到武汉大学文学院任教。

据同时期担任武汉大学文学院教职的苏雪林回忆："叶（圣陶）氏做事非常负责，也非常细心，到校后，果然不负陈院长的委托，把他多年国文教学经验一概贡献出来。"苏雪林曾把自己多年积攒的薪俸、版税及娘家陪嫁的珠宝，悉数兑成两根金条（合 52 两），捐献出来支援抗战，叶圣陶来校之前早已闻之，因而他对苏雪林也颇为敬重。苏雪林也早对曾为文学研究会中坚的叶圣陶的作品做过评论，对他的散文十分推崇。

可是，大约在两人共事一年之后，却发生了一场不大不小的争执。

原来，在叶圣陶来武大之前，学校采用的国文教材从来不选鲁迅的文章。叶圣陶认为鲁迅是新文化运动中不可替代之人物，学生不了解鲁迅的作品是一个很大的缺陷。既然获得了选定教材的权力，他就把一部分鲁迅作品引入国文教学中。为了引导学生研读鲁迅的作品，帮助学生认识鲁迅在我国新文学发展史上所起的作用，叶圣陶在一次国文试题中拟定了两个考题：一、试论鲁迅在我国新文坛上的地位；二、你最喜欢鲁迅的哪篇小说，谈谈这篇小说的艺术特色。

苏雪林在民国文坛上一向以"反鲁先锋"著称，她看到这两道试题后，一定要叶圣陶改换成其他题目；而叶圣陶坚持己见，执意不改。

因为这场小小的风波，叶、苏二人有多日"不交一言"，不过同为新文学作家和学人，两人对彼此的学问和作品还是欣赏的。数月之后，在叶圣陶的日记中就又出现了"访苏雪林"的字句，可见两人并未由此结下芥蒂。［夏明亮］

梁启超荐贤

1925 年，清华大学创办国学研究院，国学研究院主任吴宓向校长曹云祥推荐陈寅恪担任国学院导师。当时国学院已有王国维、梁启超、赵元任三位导师，均为学富五车的大师。而陈寅恪是刚刚回国的留学生，30 来岁，校长曹云祥从未听说过他，因此犹豫不决。考虑再三，他决定去征求梁启超的意见。

曹云祥来到梁启超府上，问梁启超："陈寅恪是不是博士，有没有重要著作？"梁启超回答说："陈先生既不是博士，也没有什么著作。"曹云祥听了直摇头说："陈寅恪既没有博士文凭，也没有著作，我怎么能聘他当导师呢？"

梁启超听了大笑说："我梁某人也没有博士头衔，不是照样当导师？至于著作，我梁某人算得上是著作等身了吧，但我所有的著作加起来还不如陈先生寥寥数百字有价值。"

接着，梁启超向曹云祥详细介绍了陈寅恪，并介绍了柏林、巴黎等大学几位教授对陈寅恪的赞誉，终于说服曹云祥，破格聘请陈寅恪担任国学院导师，使陈寅恪成为清华国学研究院四大导师之一。 ［洪德斌］

胡适的交友之道

1942 年，胡适和吴健雄在美国闲聊时，谈到了交友处世哲学。胡适说："要从容忍和宽恕两方面去修养。"吴健雄说："这正是我的缺点。我不甘心容忍，总认为容忍是懦弱的表现。"胡适说："你错了，我一向有容忍之心。"

胡适说自己有容忍之心，好友则说他交友有方。这个方就是胡适的磁力和魅力，就是胡适的温情与亲切，就在于他给人以陶醉的学养，让你感到温馨，与之在一起，感觉如沐春风。

好友总结胡适交友的四个诀窍：一是具有"磁性人格"。这种性格非"平易近人""和蔼可亲"一类成语所能概括。这是一种与生俱来的禀赋，这种禀赋不是修养和锻炼出来的，而是天生和化育的结果。胡适深得此道而为人们所敬爱。二是胡适注意个人为人处世的修养，"他治学交友虽深具门户之见，但是他为人处世则断无害人之心"。这一点是大多数人能与他相交甚至敌人也能与他保持最低限度"合作"的重要原因。三是胡适的交往层次高，"他在各行各业里所交往的都是顶尖人物"，因而嫉妒他的也就不会太多。四是胡适从不卷入"害人""防人"的环境，这也是他身处复杂的社会环境中维持一生最大清白的重要原因。

更重要的一点是胡适乐于助人，让其深得人缘。

林语堂在《我最难忘的人物——胡适博士》一文中写道："当年受胡适接济、施惠的人确实不少。在北平，胡适家里每星期六都高朋满座，各界人士———包括商人和贩夫，都一律欢迎。对穷人，他接济金钱；对狂热分子，他晓以大义。我们这些跟他相熟的人都叫他'大哥'，因为他随时愿意帮忙或提供意见。他对寄给他的稿件都仔细阅读，详尽答复。他的朋友，或是自称他朋友的人，实在太多了。"林语堂自己也是当年受胡适帮助过的一位学人。

好友回忆说："胡适交友遍及海内外。上至总统、主席，下至司厨、贩夫、走卒、担菜、卖浆……到处都有胡适之朋友。"难怪"我的朋友胡适之"，成为当时的名流挂在嘴边的话。[姜炳炎]

杨沧白和邹容的交往

杨沧白是著名的中国民主革命家、政治家，辛亥革命先驱者之一，其孙杨同武曾讲述过一段关于杨沧白与邹容的轶事：

杨沧白是在重庆经学书院跟随吕翼文老师读书期间，认识小他 5 岁的同乡兼同窗邹容的。

用现在流行的话来说，邹容堪称一名"愤青"。他常常不把老师、同学放在眼里，却唯独与杨沧白惺惺相惜，因为他们有共同的志趣和见识。他爱到杨沧白家去玩，杨家的人都知道他的脾气和个性，吃饭时他一定是要坐上席的。

邹容脾气火暴是出了名的。有一次，他在街头指名点姓谩骂清政府一名官员，官员命兵卒前往捉拿。杨沧白听到消息，立刻奔到街头拉着邹容就跑，一直跑到观音岩的一所庙里，两人躲了整整一天一夜，待风声平息了才回家吃饭休息。后来邹容出川，杨沧白还写过一首《重庆观音岩诗》追忆此事。

杨沧白和邹容朝夕相处。1900 年，两人还相约入了"重庆译学会"，跟英国传教士巴克学习英文。邹容痛恨清政府的黑暗，曾以悲愤的心情写下长诗《革命歌》给杨沧白看，内有"仗义群兴革命军，报仇雪恨逐胡人"等诗句，杨沧白读后深受感动，在诗页上写下了"此歌日须读十遍，读一月后，每饭不忘排满革命之事矣！"

后来，邹容赴日留学，杨沧白亲自送邹容到重庆朝天门码头登上木船，两人相互叮嘱，依依惜别。［凌云］

梅兰芳与泰戈尔的友谊

1924 年 5 月初，印度著名诗人、哲学家泰戈尔应邀到北京访问讲学。恰逢泰戈尔 63 岁生日，北京新月社组织在东单协和医学院礼堂演出他的话剧《齐德拉》以表祝贺。演出结束时，泰戈尔对一直陪同看剧的梅兰芳说："在中国看到自己的戏，很高兴，可我希望在离京前还能看到你的表演。"

为满足这位文学巨匠的心愿，梅兰芳精心准备，5 月 19 日特地在开明剧院加演一场传统戏《洛神》。

那天，泰戈尔身着他所创办的国际大学的红色长袍礼服，端坐在剧场前排中间位置，专心致志地看完全剧。演出一结束，他来到后台，向梅兰芳致谢："我看了这出戏很愉快，有些感想明日再谈。谢谢你！"

次日中午，梁启超、姚茫父、梅兰芳等为泰戈尔饯行。席间，泰戈尔发表了热情洋溢的讲话。他首先赞扬梅兰芳的精彩表演，然后对《洛神》中"川上之会"一场的布景提出中肯的意见："这个美丽的神话剧，应该从各方面来体现伟大诗人的想象力，而现在所用的布景未免显得平淡。"认为"色彩宜用红、绿、黄、黑、紫等重色调，创作出人间不常见的奇峰、怪石、瑶草、琪花，并勾勒金银线框来烘托神话气氛"。

梅兰芳对这番意见非常赞同，对泰戈尔爽直的性格和卓越的见解钦佩不已。此后，他采纳泰戈尔的意见，每次演出"川上之会"时，重新设计布景，取得了意想不到的效果。

不久，泰戈尔结束中国之行，准备返回印度。他真诚地邀请梅兰芳将来能率领剧团访问印度，使印度人民有机会欣赏梅派艺术。遗憾的是，由于种种原因，梅兰芳一直没能够实现泰戈尔的这一愿望。［郦千明］

陈独秀为刘海粟题字

1921 年，绘画大师刘海粟应北京大学校长蔡元培邀请北上讲学。不久，蔡元培因病住院，刘海粟闻讯后前往探望，在病房内与时任北大文学院院长的陈独秀不期而遇。当时，陈独秀以五四运动领袖和《新青年》杂志主编而名闻全国，刘海粟因为在上海创办美术专科学校和主编《美术》杂志而轰动华夏，两人都是旧政权、旧思想、旧道德、旧文化的叛逆者，虽然从未谋面，但神交已久，因此他们一见如故。

1932 年，刘海粟旅欧归国回到上海，听说陈独秀被国民党政府羁押在南京第一监狱，内心非常牵挂，他不顾旅途劳顿，赶赴南京探监。两人阔别多年，再次相逢竟在监狱内，感伤不已。临别时，刘海粟请陈独秀题字留念，陈独秀挥毫写下一联："行无愧怍心常坦，身处艰难气若虹"，上款"海粟先生雅教"，下款"独秀"。

1935 年，刘海粟自黄山写生归来后，再度到狱中探望陈独秀。他拿出自己刚创作的《古松图》与好友分享。画作的题记中，刘海粟写道："乙亥十一月，游黄山，在文殊院遇雨，寒甚，披裘拥火犹不暖，夜深更冷，至不能寐。院前有松十余株，皆奇古，刘海粟以不堪书画之纸笔，写其一。"以画述说了内心的孤独和寂寥。根据这则题记所述，当时年已 73 岁的"大名士"沈思孚题有一绝："拥衾僧院寒于铁，起写黄山一古松。何处不留真面目，偶挥秃笔写虬龙。"

身陷囹圄的陈独秀欣赏了刘海粟笔下精神独具的黄山古松后，感慨万千地写下："黄山孤山，不孤而孤，孤而不孤；孤与不孤，各有其境，各有其图。"又在诗下加注道："此非调和折衷于孤与不孤之间也。题奉海粟先生。独秀。"刘海粟得此题款，深感"人生知己，斯世同怀"，从此对《古松图》珍爱有加，《古松图》也因此成为见证他们友谊的一件独特的艺术珍品。［周惠斌］

废名与熊十力论佛

废名原名冯文炳，湖北黄梅人，是 20 世纪中国文学史上读者最少、最寂寞的作家。他早期的乡土写实小说，在当时文坛很有影响力，沈从文、何其芳也受其一定影响。

废名自小生活在家乡的小桥流水、沙滩枫柳之间，整日沉浸于四祖寺、五祖寺禅院圣地，人也被熏染得有些禅意，作品中飘逸着空灵与禅味。在北京大学读书期间，胡适正在研究佛学，不时找他询问他家乡的佛事，在自豪的同时，增加了他对佛学的兴趣。大学毕业后几经周折，废名才在北大任中文系老师。

熊十力对佛学很有研究，两人往来密切，堪称好友，却常常因争吵闹得四邻不安。每次与熊十力争论，废名总说自己无误，还举证自己代表佛，反驳他就是谤佛。

忽然有一天，争吵之声戛然而止，邻居好奇，推门入室，顿时傻了眼，原来两位大学者竟然扭打缠斗在一起。但次日，废名又忍不住前往熊家，与熊十力讨论别的问题。

抗战胜利后，废名只带了儿子重返北大任教。从小家境殷实的废名不会做家务事，每到吃饭时，就拉着儿子直奔熊家蹭饭。吃饱喝足后，就找问题争吵，说熊十力的新作《新唯识论》是如何如何不好。虽然和废名观点全然不同，但熊十力愿意和他激烈辩论，甚至打架。［沈治鹏］

郑振铎扶植王任叔

1922 年春，上海《文学旬刊》主编郑振铎收到一篇评论徐玉诺诗歌的稿件，作者叫王任叔（即后来的著名作家巴人）。此前，青年诗人徐玉诺也向该杂志投过几篇散文诗，受到郑振铎的关注。可是，当时新文学刚刚兴起，和大多数白话作品一样，徐玉诺的散文诗并未受人关注。忽然有人专门撰写评论，肯定其价值和作用，这让一直提倡新文学的郑振铎非常高兴。

5 月 11 日，王任叔这篇《对于一个散文诗作者表一些敬意》刊登于新出版的《文学旬刊》上，郑振铎在文后加上一段按语："我对介绍玉诺兄的任叔先生也表示十分的敬意。玉诺的诗已出现了半年多，却不曾有谁批评他。一直到了现在，才有一个任叔先生留意到。"

当时，王任叔在浙东农村当小学教员，虽然在地方报刊发表过几篇诗文，但他没有想到，自己第一次向大上海的文学杂志投稿便被选中。兴奋之余，他又将诗集《恶魔》寄往上海，并随书稿附上一封信，请素昧平生的郑振铎主编帮他出版。

郑振铎收到诗集和信后，马上写了一封回信，因为不知道对方的具体地址，便将此信刊登于 6 月 11 日的杂志上。信中说："我们虽不曾见面，但我却在《恶魔》中看见一个像见过面的更袒露更真切的一个你了。"他认为这本诗集至少在"个性的真实表现"上很成功，并承诺"此集我必尽力为谋出版，现在且先在旬刊上陆续选登出来"。

不久，王任叔收到这期杂志，立即复信表达了感激之情。同年 7 月底，郑振铎和茅盾应宁波教育学术团体的邀请，赴浙东讲学，第一次与王任叔见面，鼓励他在工作之余多写诗文。郑振铎接编《小说月报》后，继续刊发王任叔的作品，还出面介绍他加入文学研究会。

对郑振铎的扶植之恩，王任叔铭记于心。郑振铎去世后，他在《悼念振铎》一文中说："我从事于文学事业，他无疑是我的导师和益友。" ［郦千明］

燕京大学的校友情

1941 年 12 月 8 日，日军偷袭珍珠港，引发了太平洋战争，燕京大学从此便无安宁之日。第二天，日寇宪兵队就闯入燕大校园，以鼓动学生反对日本的"罪名"，逮捕了时在天津的司徒雷登校长，以及校内的陆志韦、赵紫宸、张东荪等十多人。

12 月 25 日，日本宪兵又公然闯入洪业教授私寓，逮捕了洪业和正在洪氏寓所的邓之诚两位教授，他们二人连同燕大一批知名教授被投入日寇陆军监狱，燕京大学也被强迫封闭。

当时，洪、邓两位教授的门生、燕京大学历史系助教王钟翰恰在现场，目睹了日本帝国主义凶暴、野蛮的一幕，他在晚年回忆了当时的情景。

洪、邓两位教授被捕后，音讯不通，生计断绝，尤其是邓家人口众多，不得不靠变卖家藏什物度日。机缘巧合之下，王钟翰经友人介绍，在天津东亚毛织公司所属小学谋得一职，恰好东亚公司总经理宋棐卿也是燕大校友，王钟翰因此受到特殊照顾，每月薪金 180 元（燕大时为 106 元）。洪、邓两位教授出狱前，王钟翰每月以个人薪金的半数资助邓家，以济一时之急。后来，他与几名燕大校友经营挑花、台布、刺绣手绢等手工艺品，委托天津百货店代售，每月可获利百十元，分别送给燕大几位教授。

不久，宋棐卿得知王钟翰经营挑花布的事，念及知识分子的特长，让王钟翰组织失业、失学的燕大师生为东亚小学编写教材，借此给予优厚稿酬。后来，宋棐卿又依据王钟翰提供的名单，增加了清华大学陈岱孙教授等七八人，每月予以 100 元作生活补助。由于当年物价不断上涨，转年又增至 200 元。此后，人数增至十多人，直到抗日胜利燕大复校。其间，王钟翰 1943 年 5 月南下省亲前，宋棐卿又一次性地将两三万大洋交王转付北平各师长一年的接济费用。

正是由于宋棐卿的资助，缓解了那一特殊历史时期燕京大学一些教授的困境。王钟翰晚年著文回忆了当年的"艰难岁月"，记录了这一段真诚、宝贵的校友情。〔陈凯〕

柯灵鼓励沈寂

《万象》杂志曾培育出张爱玲、傅雷、郑逸梅等许多文化名人。

1943 年 7 月，著名进步作家柯灵接编《万象》杂志。然而，沦陷时期的孤岛上海，文化产业受到严重破坏，期刊开始凋零。《万象》杂志的编辑们想在来稿中找到更多更好的长篇小说已不可能，同时，杂志的作者群也发生了变化。

一天，柯灵正为 9 月号杂志组稿，收到一篇《盗马贼》。作者沈寂是一位新人，小说一开始就有悬念，让读者挂心，结尾非常出人意料。以前，柯灵编发的大多是知名作家的作品，这一次，他在"编者的话"中介绍说："沈寂是个新作家。他的作品有一种清新的风格，希望大家多关注他。"

据《沈寂口述历史》（上海书店出版社 2015 年 10 月第 1 版）记载，沈寂当年将《盗马贼》寄给《万象》，一个星期后就收到了柯灵的来信，在信中，柯灵鼓励沈寂多做一些叙述方法的实验，并让沈寂再写一篇小说寄给他。

沈寂试验了很多讲述方法，先后写了短篇小说《被玩弄的报复》和《大草泽的犷悍》，这两篇分别发表在《万象》杂志 1943 年 10 月号、12 月号上。虽然还不纯熟，但是大胆、有活力的创作因子已经进入了作品的血液。

柯灵鼓励沈寂这么做，也是倡导探索，使讲故事的方式真正获得自由。后来，柯灵在和沈寂谈到小说的创作时说："艺术就是技巧，技巧就是艺术，没技巧的文学是不行的，一定要有技巧。"　［段慧群］

戴望舒与兰社

1922 年秋，年仅 18 岁的戴望舒联合杜衡、张天翼、叶秋原、李伊凉、孙弋红、马天 6 名文学爱好者，在杭州成立文学小团体"兰社"。很快，在他们周围聚集起一批志同道合的同龄人，其中包括日后成为著名作家的施蛰存。

那时，戴望舒还是杭州宗文中学毕业班的一名学生，和兰社其他成员一样，热衷于写侦探小说和旧体诗，有着浓厚的鸳鸯蝴蝶派的旧文学倾向。大家信心百倍，一边大量地向上海报刊投稿，一边编辑出版社刊《兰友》。创刊号上印着"兰社定期刊物之一·小说旬刊"字样，为横 8 开长条报纸的形式，每期 4 至 8 页不等，每月出版三次，逢一印发，以刊登旧体诗词和小说为主，每篇千字左右。戴望舒出任该刊主编，编辑所及发行所均设在清吟巷 7 号，也就是社员孙弋红的家里。后来，编辑部移至戴望舒家——大塔儿巷 28 号。该巷日后因他的名诗《雨巷》，闻名遐迩。

有了自己的文学阵地，兰社成员踌躇满志，创作热情空前高涨。除撰写大量小说、散文和诗歌外，还探索开展文学批评。戴望舒在《兰友》第 5 期发表《说侦探小说》，是早期不可多得的一篇文学短评。

兰社成员们彼此真诚切磋文学技巧。有一次，张天翼在《星期》周刊上发表小说《空室》，戴望舒读后，直截了当地指出其中一处描写不够真实，并提出具体修改意见。张天翼不仅没有生气，反而乐于接受意见，专门在《星期》39号上刊登一篇短文，承认《空室》不足之处，感谢文友的诚恳批评，表示"请阅者诸君原谅"。

1923年，原计划出版"兰社丛书"八种，除戴望舒的《心弦集》，另有施蛰存的《红禅集》、张天翼的《红叶别墅》和李伊凉的剧本《苎萝村》等。可惜好景不长，由于种种原因，"兰社丛书"终未印行。《兰友》也于同年7月1日出版第17期后停刊。

不久，戴望舒和他的伙伴们离开杭州，陆续进入上海，转向新文学阵营。［郦千明］

汤用彤对吴宓婚姻"约法三章"

汤用彤不善交际，因此朋友不多，但吴宓却是他最相知的亲密朋友之一。汤用彤与吴宓的友谊始于1911年，他俩分别从北京顺天学校、西安宏道学校考入北京清华学校，由同窗而结为密友。两人都极爱好文学，并以文学的根底在于思想为共识。在清华学校，吴宓曾三次写诗示赠汤用彤，友情之深厚可见一斑。

在性格上，汤用彤沉着稳健，温厚善良，吴宓则心热而行笃，有时容易感情用事。从清华毕业后，他们相继赴美留学，相会于哈佛大学。由于读书十分用功，成为当时中国留学生在哈佛中的佼佼者，他们二人与陈寅恪一起被誉为"哈佛三杰"。

汤用彤和吴宓无所不谈，包括婚姻家事。1929年2月21日，吴宓告诉汤用彤因与夫人陈心一性情不合，长期冷战，同时又有意于毛彦文，因此想离婚。受传统儒家礼教思想影响甚深的汤用彤当然十分着急，于是毅然对吴宓"约法三章"："第一，离婚之事，在宓万可不行，且必痛苦；第二，平日可一身常居清华，自求高尚之娱乐；第三，仅对彦或他人为精神之爱，对心一已为不贞；第四，此事极难行，盖精神之爱，易流为实际或身体之爱，至爱深不能忍耐时，宓与彦皆苦，而宓益左右为难，欲脱羁绊而不得矣；第五，今宜极力与心一和好，他日如至万不能容忍同居之时，再议分离，但不能预存此想；第六，与心一分离后，再审计对彦之方针，在离前，凡对彦所思所行，良心上无负于心一。此诸点汤望宓熟记之。"

然而，吴宓是性情中人，最终还是因感情原因于1929年9月11日与陈心一离婚。但是，由此可以看出汤用彤与吴宓间的深厚友情。这件由吴宓自己披露的往事，也成为他与汤用彤相交半个多世纪的一段佳话。［沈治鹏］

顾颉刚帮钱伟长进物理系

世界著名的科学家、教育家钱伟长先生，在应用数学、物理学、中文信息学，在弹性力学、变分原理、摄动方法等领域都有重要成就。然而上大学前，他却是个对理工科一窍不通的人，能进入清华大学物理系，还是顾颉刚帮助的。

1931年，钱伟长报考清华大学。他的历史和国文成绩最好，而物理和数学考得一塌糊涂，因为以前没有好好学过。当时他的父亲已去世，叔父钱穆又不在北京。在选择专业时，钱伟长就去找与钱穆有交往的顾颉刚，说想学历史，尤其是古代史，因为他的成绩非常好，顾颉刚听后十分赞同。钱伟长就准备到清华大学历史系就读。

不料九一八事变的发生使钱伟长一夜之间改变了想法，他认为要面对国家危难，要救国就必须学科学，因此就想学物理。钱穆得知后死活不同意，钱伟长就拉顾颉刚去说服叔父，顾颉刚对钱穆说："我们国家首先要站起来，站不起来受人欺，就因科学落后。青年人有志向学科学，我认为应该支持。"钱穆听后觉得很有道理，也就不再反对了。

过了家庭这一关，还有学校一关。由于钱伟长物理才考了18分，物理系主任吴有训坚决不答应他转系；而历史系主任陈寅恪又在到处打听这个考满分的学生为何不来报到。

钱穆、顾颉刚两人商量决定，陈寅恪处由钱穆去解释，而吴有训那里由顾颉刚去说服。顾对吴说："一个青年有选择志向的权利，他愿意为国家、民族学习科学；尽管有困难但是他愿意学，坚持要学，他就能克服困难。他清楚自己的条件，比别人学得晚是很吃亏的，但他有坚定的志向。我们对年轻人的志向只能引导，不能堵。"钱伟长也一天到晚找吴有训请求想要转系的问题。

一个星期之后，吴有训终于同意让钱伟长试读一年，如果一年后数理化成绩能达到70分，方可转为正式生。果然，钱伟长达到了这个要求，而且从此走上理工研究之途，最后成为著名的物理学家。〔曹金娜〕

郑振铎助赵家璧编辑《中国新文学大系》

1934年春，上海良友图书公司青年编辑赵家璧准备编辑《中国新文学大系》。编辑这套书的最初想法是，新文学运动已经开展多年，有必要将相关作品、理论和史料选编出来，集成一套大书，供读者欣赏和借鉴。

赵家璧的计划虽然得到郑伯奇、阿英等作家的赞同和支持，但如何分卷，请哪些人来编选等，全无着落。

这年 8 月底，他听说出版家、作家郑振铎刚回到上海，便前去登门拜访。听完客人的来意，郑振铎当即表示这是一项非常及时且很有意义的工作，自己愿意尽力给予支持，并表示把过去的理论、作品做一番整理汇编，对于今天的人们是有很大的借鉴作用的。

最初，赵家璧打算将理论文章辑为一卷，交给郑振铎编选。郑振铎经过仔细考虑，认为一卷容纳不下，建议分为《建设理论集》和《文学论争集》两卷。前者收新文学运动初期的重要理论文章及稍后一个时期比较倾向于建设方面的理论专稿；后者着重于当时新旧两派对文学改革的论争及文学研究会和创造社的论争等。

郑振铎答应编选《文学论争集》，而对《建设理论集》，他认为请胡适来编比较合适。赵家璧原先也想过请胡适，但他担心与大名鼎鼎的胡博士素无来往，未必请得动。郑振铎听后，肯定地说：“今天能担任这本集子的编选者，除胡适外，只有找仲甫（陈独秀）了；但仲甫是无法找到的。比较之下，胡适还是合适的人选。至于怎样请他的事，可交给我办。我回北平（今北京）后就去找他。”

后来，郑伯奇、阿英听了郑振铎请胡适的意见，都表示赞同。胡适因郑振铎的动员，也接受了这家小书局的邀请，编选这本集子。也正是因为胡适参与了编选工作，使这套《中国新文学大系》的出版计划比较顺利地通过了国民党图书杂志审查委员会的“审查”，最终得以出版。［郦千明］

陶行知介绍白求恩来中国

《纪念白求恩》一文，让中国人知道了伟大的国际主义战士白求恩大夫的感人事迹。但是大家却不知道，当年介绍白求恩来中国的人是陶行知先生。

1936年9月，陶行知先生为发动华侨并广泛联合国际进步人士支持国内抗战，自筹经费先后奔走法国、荷兰等20多个国家和中国香港地区。美国也是他的必经之地。1937年7月30日，陶行知应邀参加美国洛杉矶医友晚餐会，恰巧白求恩也在场，在主人的介绍下陶行知与白求恩两个人相识。

白求恩大夫是加拿大蒙特利尔皇家维多利亚医院著名的脑外科主任。在西班牙发生内战时，他曾跟随加拿大志愿军到西班牙前线抢救过伤员。陶行知向白求恩介绍了七七事变后中国面临的严峻形势，以及他此行的目的。白求恩大夫听后，很受感动，毫不犹豫地向陶行知表示："如果需要，我愿意到中国去！"陶行知听了，连忙说："谢谢！谢谢！"

白求恩返回加拿大后，立即按照与陶行知的约定展开工作，迅速组建了一支医疗队。1938年3月末，他不远万里，来到了陕甘宁边区首府延安，不久便转赴晋察冀抗日根据地工作。他以精湛的医疗技术，为中国的抗日军民服务，并培养了一大批医务人才，最后为中国的抗日战争事业献出了宝贵的生命。〔曹金娜〕

陈独秀对章士钊"不领情"

陈独秀与章士钊是有着40年友谊的"总角旧交"，但两人曾因政见不同而分道扬镳。

1932 年 10 月，陈独秀因提出反日、反国民党的口号在上海被捕入狱，已成为执业律师的章士钊闻讯，主动要求为陈独秀担任辩护律师。

1933 年 4 月，陈独秀一案在江宁地方法院开庭，检察官以"危害民国"罪起诉陈独秀。章士钊针锋相对，辩称："国家与主持国家之机关（政府）或人物既然不同范畴，因而攻击机关或人物之言论，遂断为危及国家，于逻辑不取，即于法理不当……"陈独秀虽对章士钊不满，但也不得不赞叹其法学造诣之深厚。

然而，当他听到"托洛茨基派与国民党取掎角之势以清共"时，登时脸色大变，愤然起身，想打断章的辩护，却被法警制止。

此前因大革命失败，陈独秀在消沉、迷茫中逐渐转向托派。但他加入托派，完全是被托洛茨基的观点所打动，并无对抗或分裂共产党的想法。因此，章士钊长达 53 分钟的辩护话音甫落，陈独秀立即严辞声明："章律师之辩护，以其个人观察与批评，贡献于法院，全系其个人意见，并未征求本人同意。至本人之政治主张，应以本人文件为根据。"

陈独秀刚直不阿，宁死也不容他人"玷污"自己的政治立场，但章士钊注重的是判决结果。不可否认的是，章的辩护发挥了不可低估的作用。陈独秀终审被判有期徒刑 8 年，实际服刑 4 年零 10 个月，于 1937 年 8 月获释出狱。［杨帆］

素描

SU MIAO

竺可桢古籍淘金

中国现代气象学和地理学奠基人竺可桢善于从古籍中淘金，因而取得了丰硕成果。

从小父母就对竺可桢的教育非常重视，刚学会说话，父亲就聘请先生在家启蒙。再加上他的大哥是一位秀才，因而竺可桢从 2 岁就开始认字，3 岁背唐诗，5 岁进入私塾，不但能背《三字经》，念《声律启蒙》，还会背《四书》《五经》等不少古书，7 岁开始作文。上学后，普通读本已不能满足他的求知欲，不断地向同学和乡邻借各种书籍来读，打下了深厚的古文基础。

由竺可桢主编的《物候学》于 1963 年首版，又先后 6 次出版。物候学是研究植物、动物和环境的周期变化之间相互关系的科学。该书发行 20 多万册，是新中国发行量最大的科普读物之一。书中内容丰富、文字通俗易懂，引用了大量的中国古典诗歌，其中包括李白、杜甫、刘禹锡、王之涣、陆游等名家的诗篇。比如引用陆游 76 岁作的七言律诗《初冬》："平生诗句领流光，绝爱初冬万瓦霜；枫叶欲残看愈好，梅花未动意先香。"

在查阅古籍过程中，竺可桢还对相关资料进行了考据。他看了唐代诗人钱起所写的《赠阙下裴舍人》中的两句："二月黄鹂飞上林，春城紫金晓阴阴"，觉得诗中的时物不相符，为此他查找气候资料，证实黄鹂于每年 4 月才飞抵黄河中下游流域，而（农历）二月的长安是不会有这种鸟的。那么何钱起为何将黄鹂北迁提前了呢？竺可桢又进行了查证。这个错误产生的原因在于《礼记·月令》"仲春仓庚鸣"的备注中误以仓庚作黄鹂，钱起因之而误。

作为科学家，竺可桢研究古籍具有针对性。关于洪水、干旱、地震、日食、彗星等古籍记载，对他的科学研究是极为宝贵的资料。据此，82 岁的竺可桢于 1972 年发表了毕生研究的成果《中国五千年气候变迁的初步研究》，而国外的相关研究只有 100 多年的历史。［姜炳炎］

巴金创作《团圆》

1950 年，战火烧到了鸭绿江边，一场"抗美援朝，保家卫国"的战争开始了。1952 年，曹禺受当时的中宣部文艺处处长丁玲之托写信给巴金，动员他参加全国文联组织的赴朝创作组。

1952 年冬天，以巴金为组长的全国文联组织的赴朝创作人员踏上了满目疮痍的朝鲜大地。在朝鲜战场上，巴金与创作人员一同深入到志愿军中采访生活，给巴金印象最深的莫过于在志愿军某团六连生活的两个多月。

1952 年 10 月，六连在开城保卫战中担任攻打"红山包"主攻任务。在连长、指导员先后负伤后，副指导员赵先友指挥全连坚守阵地，最后只剩下赵先友和通讯员刘顺武两人了。赵先友用步话机向团长报告：敌人已冲上我军阵地，要求炮兵直接向自己阵地射击，并大声喊："向我开炮！"阵地被夺回来了，但赵先友和刘顺武却壮烈牺牲了。

战斗胜利后，巴金到六连所在团采访，团长张振川向巴金详细介绍了战斗经过和赵先友烈士的英雄事迹，巴金听后非常感动。巴金同创作组成员在朝鲜一待就是半年，回国后，当听到朝鲜停战协定在板门店签字时，他决定再次赴朝体验生活。这次出行，他准备创作中、长篇小说的设想逐渐在心中形成。他在信中告诉夫人萧珊："要写出一部像样的作品，我得吃很多苦，下很多功夫……我还想在上海仔细地读两本苏联战争小说，看别人怎样写战争，好好学习一下……"

1961 年，经过七八年的沉淀，巴金终于写出了中篇小说《团圆》，发表在 1961 年 8 月号的《上海文学》上。在这部小说中，巴金采用第一人称的写法，用"我"的耳闻目睹，向读者讲述了发生在朝鲜战场上的故事。

1964 年，长春电影制片厂把这部小说改编成电影《英雄儿女》，影片公映后引起了强烈的反响。[阎泽川]

沈从文的回家路

1934 年 1 月的一天，当时还在北平编辑主持《大公报·文艺副刊》的沈从文，得知母亲黄素英病重卧床不起的消息后，既担心又焦急，连夜收拾好行李，打算第二天一大早便回湘西凤凰县探望母亲。

但是，当第二天沈从文准备在北平火车站乘车时，火车竟然晚点了整整 3 个小时。此时的沈从文无论如何也想不到，等待他的还有更加艰苦的旅程。当时，沈从文先是坐了几天几夜的火车抵达长沙，然后再转车到常德，继而从常德乘车抵达桃源县。仅仅这一段路程，他便花去了 5 天的时间。

因为内心一直挂念着母亲的病情，沈从文一路上食欲不佳，之前携带的食物只吃了一小部分，他觉得没必要再另行准备。由于从桃源县到凤凰县不通公路，沈从文打算乘船先到泸溪县的浦市镇。因为是逆沅水而上，船行走得非常缓慢，沈从文又因此在船上度过了煎熬的七天七夜。而在船上待到第 6 天时，他已经将之前剩下的那一点儿食物全部吃光，后来的那一天一夜，他在饥寒交迫中度过。

到达浦市镇后，离家乡还要再走两天的陆路，疲惫不堪的沈从文在走了一天之后，为了犒劳辛苦的身心，同时也为了体面还乡，他最后忍痛从不多的盘缠中拿出一点儿，雇了一顶轿子后回到了凤凰县。此时，离他从北京出发已经过去了整整半个月的时间。当踏进家门握住母亲双手的那一刻，沈从文一路上的艰辛荡然无存，他觉得，只要能回到母亲的身边，陪母亲说说话，和家人团聚，就算花费再多时间，受再大的罪也值得。

沈从文在这次几千里的回乡之路中，给妻子张允和写了很多封信，讲述沿途的所见所闻。沈从文在信中写道："每一桨下去，我皆希望它去得远一点；每一篙撑去，我皆希望它走得快一点。除了路途遥远，一路上也是风险颇多。但这些，都抵不上回家后的愉悦。"由此可见当时沈从文的回家路确实艰辛。

这些信件便是于 1992 年出版的《湘行书简》。［姚秦川］

何其芳传授写作经验

董衡巽在《何其芳所长教我们如何写文章》一文中回忆了当年他在中国社科院从事文学研究工作时，现代诗人、散文家、文学评论家、时任中国社科院文学研究所所长何其芳先生根据自己亲身体会，毫无保留地传授年轻人写作经验的往事。

董衡巽回忆说，当年何其芳所长为了使年轻同志提高成长，多次给他们讲如何做研究工作。归纳起来主要有两点：第一点，做研究工作一定要系统地读书，占有资料。中外古今的文学名著都要读，本专业的资料更要系统掌握。第二点，要用马克思主义理论指导研究工作。在这方面，何其芳对不同的人提出不同的要求。每次讨论办所方针，他总是"力求用马克思主义"指导研究工作。因为有些老专家习惯用传统的方法做研究方工作，如考证，就不一定强求他们用马克思主义，这是从实际出发，讲求实事求是。

何其芳给年轻人重点讲如何写文章。他说，无论是写专著、写文章，都要解决三个问题：提出问题、分析问题和解决问题。提出问题要有针对性，就是你所要解决的问题。问题提出后要加以分析，经过分析才能解决问题。在分析问题过程中，他又提出要进行比较，只有通过比较，才能找到你研究对象的特征。这一点他在研究《红楼梦》中已经作出示范，如从小说结构方面把《红楼梦》同托尔斯泰的作品进行比较。这里涉及对文学作品的艺术分析问题，他说艺术分析是很难的，要下功夫，要反复比较。他说自己在北大读书的时候，把北大图书馆里的文学作品几乎都读了，经过比较他能够清楚地分辨出作品艺术性的好坏与优劣。

对于年轻人写论文的文学要求，他也提出过精辟的见解。第一个，也是最起码的要求："通顺"，做到"通顺"并不容易，很多人写不通顺，不通顺就没法让人读懂。

做到"通顺"之后，下一个档次就是要"讲究"，"讲究"的文字经得起琢磨、耐读，具有更高的可读性。最高的境界是具有"个性特征"，让读者一看就知道这文章出自谁的手笔，如鲁迅，这个境界是很难达到的，他说自己的文章也只能做到"讲究"。其实他的文章明快流畅，既有严谨的学术性，又具有诗人的气质，是很有特色的。［阎泽川］

老舍的六字"秘籍"

老舍是新中国第一位获得"人民艺术家"称号的作家，其作品生动朴实，语言睿智，在读者中拥有极高的影响力。老舍在写作中取得的成功，缘于他的六字创作"秘籍"。

1923 年起，老舍开始投入到小说的创作当中，想要成为一名出色的作家。当时，他曾在短短 3 年时间里，用令人吃惊的速度先后创作发表了《老张的哲学》等四篇小说。老舍想当然地认为，自己的小说发表后，一定会在文坛上引起轰动。然而，令老舍失望的是，自己的小说不但没有产生巨大的浪花，就连小小的涟漪也没有激起，他不知问题到底出在了哪里。

一天，心有不甘的老舍将自己之前发表的自认为非常出色的一篇小说拿出来，从头到尾又重新读了一遍。这一读不要紧，他发现小说竟然并不像自己认为的那么完美，需要修改的地方还有很多。更令老舍失望的是，当他隔了几日再拿出那篇小说读时，又发现了其中存在的一些问题。直到这时老舍才如梦初醒，自己因为太急于求成，严重地忽略了小说的语言和质量。

1936 年春，老舍辞去山东大学教授一职，开始全身心地投入到小说《骆驼祥子》的写作当中。这一次，他吸取了之前写作中的"教训"，并不急于写完发表，而是每写好一章时，便将作品念给妻子听，让她给自己的作品提出意见。有时，如果妻子恰好不在身边，他便一定要找到其他熟人，将自己的作品念给他们听，一直到对方挑不出任何毛病为止。当时，老舍给自己提出了六字写作"秘籍"："再念、再念、再念"，一直念到所有人满意为止。正是靠着这种近乎苛刻的写作态度，当《骆驼祥子》完成并开始在《宇宙风》连载后，立即在读者中引起很大的反响，老舍也因此一夜成名。［姚秦川］

凌子风当木匠

著名导演、编剧、演员凌子风多才多艺，他不仅当演员，还编导了大量的电影，1982 年，凌子风将老舍先生的名著《骆驼祥子》改编并导演的同名电影故事片,包揽了当时最具影响力的金鸡奖最佳故事片、最佳女演员、最佳美术、最佳道具四项大奖,和百花奖最佳故事片、最佳女演员两项大奖。可又有谁知道,凌子风还在剧场当过木工呢?

1938 年 4 月 1 日,戏剧家马彦祥编导的抗日名剧《古城的怒吼》,在汉口的天声剧场演出。由于这出戏有舒绣文、冼群等著名演员主演,戏票一早就被抢购一空。

可是,离演出只剩 3 天时间了,由于找不到一个合适的木工,这出五幕戏的道具布景还没有着落。"救戏如救火啊!"编导马彦祥焦急万分,无奈之下,他想到了他的学生、青年演员凌子风,1935 年就读于"南京国立戏剧学校"舞台美术专业第一期,多才多艺,设计制作道具布景对他来说不是难事。但是,这位 1936 年在《日出》中以演黑三而名噪一时的演员,能放下架子来做木工吗?马彦祥心里没底,最后只好同舞台监督应云卫一道去找凌子风。

这时,凌子风正在汉口杨森花园的摄影棚里拍摄电影故事片《热血忠魂》,当他听说老师的来意后,二话没说就答应了。凌子风立即处理好片场的工作,赶到演出的剧场,脱下西装、换上围裙,拉锯、挥斧、推刨地干了起来。正好这时有 3 个挑担子揽活的木工从这里经过,他们问明情况后,也连忙上前帮凌子风干了起来。木工们看到凌子风干活轻车熟路,非常在行,就好奇地问他:"师傅,您家是黄陂木兰山的吧!"惹得周围的演员们捧腹大笑。

这些木工哪里知道:这个干木工活得心应手的小伙子,竟是一位名牌大学毕业的著名演员呢? [冯忠方]

林语堂火烧结婚证

林语堂一生有三次恋爱。

赖柏英是他的初恋。他们一同长大，常常在田间地头嬉戏，在小溪中捉鱼捕虾，可谓两小无猜。在随后的回忆录中，林语堂还清晰地记得赖柏英蹲在小溪边，等着蝴蝶落在她头发上，然后轻轻地走开，居然不会把蝴蝶惊走。本来水到渠成的婚姻，却因赖柏英要护理久病的祖父，不愿与林语堂远离家乡而告吹。

第二个爱得死去活来而又未成眷属的是泉州女子陈锦端，但陈锦端的父亲却棒打鸳鸯，虽说他也欣赏林语堂的出众才华，却不愿自己的女儿嫁入这个穷困的牧师家庭受罪。林语堂受此打击，情绪十分低落。他大姐知道后，回娘家大骂林语堂一顿："你怎么这么笨，偏偏爱上陈天恩的女儿，你打算怎么养她？陈天恩是厦门巨富，你难道想吃天鹅肉？"

陈天恩知道林语堂内心受伤不浅，为弥补心中不安，便设法把自己的邻居——钱庄老板的二女儿廖翠凤介绍给林语堂。廖翠凤的哥哥与林语堂是同学，她常常听哥哥称赞林语堂的才华，所以也满心欢喜。母亲却慎重告诉她："语堂是个牧师的儿子，但是家里没有钱。"廖翠凤坚定地回答："穷有什么关系？"

他们的婚礼定在 1919 年，蜜月是到哈弗去旅行。回到上海在征得廖翠凤的同意后，林语堂把婚书付之一炬。他说："把婚书烧了吧，因为婚书只是离婚时才用得着。"

林语堂后来说，他是先结婚后恋爱。他姐姐曾告诉他，廖翠凤虽是有钱人家的千金小姐，但却是个极贤惠的妻子。林语堂十分赞同。因为随后走过近 60 年的风风雨雨，他俩都恩恩爱爱，足以证明他们的婚姻是幸福美满的。[沈治鹏]

赵丹不许女儿结婚

电影表演大师赵丹把女儿赵青喜欢到了极点，一天到晚亲不够，他把亲女儿的下巴叫作"吃炖蛋"，亲女儿的耳朵叫作"吃馄饨"。每次遇到有人夸赞赵青，赵丹总会乐得合不拢嘴。

因为太疼爱女儿了，赵丹一直担心一件事，就是要是女儿日后出嫁，等于是别人把他的宝贝女儿抢走了。所以在赵青15岁时，赵丹多次关照女儿要特别小心，别去理会男孩子的追求，并且要女儿立下将来不嫁人的字据。赵青觉得有点好笑，又想这有什么了不起的？不嫁人就不嫁人！就一口答应了爹爹，然后挥笔在纸条上写下了"我长大不嫁人"这几个字。

可是，俗话说男大当婚、女大当嫁，哪个女孩子不向往幸福的爱情呢？何况赵青又长得这么漂亮，身边的追求者实在是太多了。23岁时，赵青和相恋多年的刘德康办理了结婚手续。刘德康长得英俊潇洒，和赵青一样是德艺双馨的舞蹈家，两人志同道合，婚后的生活也一直相当幸福。可以说，赵青为爹爹赵丹找了一位好女婿。

赵丹接到女儿发来宣布结婚的电报后，急得不行，三天后从上海飞到了北京，随后在电话里命令赵青火速赶到他下榻的新侨饭店。看着新婚的女儿，赵丹眼泪汪汪，他双手哆嗦着掏出珍藏了好多年的字据"我长大不嫁人"，放在女儿的面前，责怪她说话不算数。赵青无奈地辩解道："那时候还小，不懂事，可现在我已经结婚了呀。"

这事被周恩来知道后，他借在中南海宴请出访归国的中国舞剧团之机，笑眯眯地问出席宴会的赵丹："阿丹，听说你反对女儿恋爱呀，有这回事吗？"赵丹感到很惊讶："总理的消息这么灵通？"周恩来点点头，然后将了赵丹一军："你也是大艺术家，怎么只准自己20岁就恋爱结婚，不准女儿有这权利呢？"这话引得大家开怀大笑起来。赵丹尴尬极了，他想想总理的话很对，老惦念着要女儿不要嫁人，竟然把自己早婚的事情给忘了！

赵丹心头的疙瘩，就这样由周恩来解开了，他也接受了刘德康这位女婿。［陈卫卫］

徐悲鸿画猪

史上诗中写猪的诗人不多，画家画猪者亦很少。纵览画史，牛、马、鸡、狗、虎等，皆有名画流行于世，唯猪画没有大作留下来。鲜为人知的是，以画马名世的国画大师徐悲鸿曾先画过猪。

1934 年末，上海《中国时报》"图画周刊"主编屈义向徐悲鸿求一幅新年创作，说："明年是乙亥猪年，我想求老师给《图画周刊》画一幅猪，行吗？"徐悲鸿迟疑一下说："我很少画猪！好吧，我给你画。"之后他拿出约二尺长的条幅皮纸，用大小两支画笔，细笔勾画，画成了一只迎面走来的黑猪。收笔之时，他略一沉思后，又提笔在画上写了"悲鸿画猪，未免奇谈"八个大字。随即署款"乙亥岁始，悲鸿写"，并钤了一个圆形"徐"字印章，这是徐悲鸿的第一幅猪画。可惜的是，这幅珍贵的墨猪后来却散失了。

不久，徐悲鸿又第二次画猪。这次构图和笔墨大体相似于第一幅，但猪画右上配了一首七绝诗："少小也曾锥刺股，不徒白手走江湖。神灵无术张皇甚，沐浴熏香画墨猪。"

徐悲鸿的第三幅猪图，是 1943 年春天自贵阳归重庆时画的。画面是浓荫路上，两个苦力用滑竿抬着一头大肥猪。画中的黑白花猪，四脚朝天，稳睡在滑竿上。画上题了两句嘲讽的话："两支人扛一位猪，猪来自云深处。"

署款是"卅二年春正月悲鸿筑游归写"。这幅画，实际是讽刺当时抗战紧急时期，国民党达官贵人们在后方依旧是游山玩水、花天酒地的丑恶现象。

此外，徐悲鸿还画过一次猪。2009年2月，一幅由徐悲鸿主创，另两名国画大师汪亚尘、谢公展配图题字的肥猪图。徐悲鸿的这幅肥猪图，一头摇着尾巴、威风凛凛的水墨雄猪，黝黑而壮硕。这头肥猪的身后，优雅地点缀着牵牛花篱笆墙图案，绿叶红花缠绕着篱笆墙。画的左上角题字："悲鸿酒后成一猪，亚尘牵牛美人如，公展得之大欢呼。"下面钤"谢公展"的阴刻阳刻两印章。此猪画应是在谢公展的生日聚会上，三人酒后挥毫绘就的，徐悲鸿画猪祝贺，汪亚尘涂画牵牛花篱笆墙。由于赴宴，两人均未带印章，便无法落款印鉴。［彭才国］

曹禺怕"丢丑"

曹禺是中国现代话剧史上成就最高的剧作家之一，他创作的《雷雨》《日出》等作品，至今经久不衰，影响了一代又一代国人。

著名作家张光年曾说："曹禺的剧本中，涌现出那么多从生活中提炼出来的富于诗意的警句，饱含着生活的智慧，哲理的思考，使舞台语言时时迸发出动人的光彩。"

实际上，曹禺对语言文字的使用，每每经过反复推敲和斟酌，他对语言文字始终怀有敬畏之心。

一次，曹禺从南方乘坐轮船返回北京，夜已经很深很深，他却还在校对将要再版的《雷雨》剧本大样。有人问："您还要改啊？别改了吧！"他却回答说："不改了，虽然是出版社要再版，我还是校对一遍好，看看有没有什么错的地方。"那天夜里，曹禺舱室里的灯光几乎一直是闪亮着的。

曹禺这位举世公认的"语言大师"，常把一本《新华字典》带在身边。只要遇到生僻的字或者含糊的词，都会恭恭敬敬地请教字典。

还有一次，曹禺给北京人民艺术剧院编辑出版的论文集《攻坚集》，写了一篇序言。其中有一句"终于攻破千人的窠臼"，打字员误把"窠"字打成了"巢"字。曹禺在校对时发现了，不但指出了这一点，还特别叮嘱办公室主任说："'窠'字千万不要读成更不要写成'巢'字。以后，凡是我们剧院出去的东西，一定要仔细校对，严格把关，不能有错别字，北京人艺可不能丢这个丑啊！"〔姜炳炎〕

胡适高价读书

胡适的父亲胡铁花中过秀才，做过知州，与邵作舟、程秉钊号称"晚清绩溪三奇士"。但他在胡适三岁多时就因病去世。他认为胡适天资聪颖，留给妻子的遗嘱中，一定要儿子读书上进。胡铁花去世后，家境每况愈下，但胡适的母亲想尽办法也要胡适读书。

进蒙馆读书时，由于胡适太小，都是由大同学抱着上下凳子。由于在进学堂前，他父母就教他认识了1000多字，所以学起来比其他大同学还轻松得多。

进蒙馆学习是要交学费的。那时学费都较少，每个学生一年就两块银圆。一个蒙馆一般十来个学生，这样的收入的确不高，先生教起书来，自然缺乏耐心。每天也就是教蒙童念死书、背死书，从来不肯为学生"讲书"。刚刚念韵文时，还不觉得枯燥。后来念"四书"一类的散文，根本不懂书中说些什么，逃学就成了许多同学的选择。为此，逃学挨打就成了胡适身边同学的家常便饭。

胡适的母亲十分渴望儿子认真读书，因此，交的学费就比别的学生多得多。第一年就送来6块钱，以后每年增加，最后一年加到12元。这在当时的绩溪算是创下第一高价学费了。当然，条件是先生要为胡适"讲书"。每读一字，须讲一字的意思；每读一句，须讲一句的意思。由于之前胡适已认得1000多字，经先生仔细地讲解后，虽不能完全明白，每天却总能学懂几句，学起来也觉得比较有趣，所以从不逃学，自然也从没挨打。

对高价学费，后来胡适才明白它的价值。一次，一位同学的母亲托先生写一封家书，偷看后的同学不知"父亲大人膝下"为何意，便去问胡适。同时念"四书"却不懂"父亲大人膝下"是什么意思，让胡适一下懂得了高价学费的特殊意义。"讲书"，为胡适的启蒙和热爱读书起到了十分重要的作用。 ［沈治鹏］

季羡林爱书

1985年7月，季羡林写了一篇名为《我和书》的文章，说出了对书籍的喜爱以及自己曾经历的困惑。

唐山地震时，不断有人"警告"季羡林，说他坐拥书城，夜里万一有什么情况，书城将会封锁他的出路。尽管这种万一的情况没有发生，但季羡林看着填满了几间房子的书籍，"初极狭，才通人"，着实有点后怕。

之后随着时间的推移，季羡林的藏书越来越多。不少到家中维修水电的师傅吃惊地说："这样多的书，不仅从没见过，而且还未听说过。"在此期间，北京大学给季羡林调整了住房，7间居室，其中6间外加走廊都堆满了各种文本的藏书，直至书房、卧室、会客室成了三位一体，据估计藏书多达数万册。

不少年轻人看到季羡林的藏书，瞪大了吃惊的眼睛问："这些书你都看过吗？"季老先生坦白承认："我只看过极少极少的一些。"人家接着问："那么，你要这么多书干吗？"季羡林一下子回答不出来。

对于以上疑问，季羡林伏案沉思良久，他在《我和书》中写道："古今中外都有一些爱书如命的人，我愿意加入这一行列。书能给人以知识，给人以智慧，给人以快乐，给人以希望，尽管也能给人带来麻烦。"

继而，季羡林得出了三个理由：一是爱书人都喜欢书，自然多多益善。二是真正进行科学研究，目前的藏书还远远不够。三是对于常人来说，季羡林搞的语言学、史学、东方文学等方面有点怪、有些偏，乃至于全国还没有任何图书馆能满足需求。有的题目有时候由于缺书，进行不下去，只好搁浅，抽屉里面就积压着不少这样搁浅的稿子。因而只好想方设法充盈和丰富藏书。

"学问就是对未知世界、对自然界、对星空、对生态的尊重"，这就是季羡林爱书的真实原因。［姜炳炎］

《歌唱二小放牛郎》诞生记

《歌唱二小放牛郎》从抗战时期诞生一直传唱至今，是一首具有深远影响和教育意义的儿童歌曲，歌词作者方冰在《〈歌唱二小放牛郎〉故事歌的产生》一文中回忆了创作这首歌曲的经过。

1941 年夏秋，持续了将近半年的反"扫荡"结束以后，在晋察冀边区活动的西北战地服务团，回到了原来的驻地——平山和灵寿两县交界处的一个叫两界峰的小山村。

这天，方冰和著名作曲家李劫夫说起各人在反"扫荡"中的经历，说到许多可歌可泣的英雄人物和他们的英雄事迹，他们被这些平凡的英雄人物的英雄事迹深深感动。

李劫夫建议说："我们把这些英雄人物的事迹都写成故事戏，使之广为流传，教育群众，还能够一代一代地流传下去，使我们的后人从歌子中就能知道这一段历史，不好吗？"李劫夫的提议正合乎方冰的心意，他也正在计划写一些平凡的英雄人物的叙事诗。李劫夫接着又说："写成歌词，谱上曲子，让它在群众中流传开来不更好吗？"说干就干，于是方冰回到屋中，找到一片纸头，半截铅笔，坐在台阶上构思了一下，用了大约一小时的时间，就写出了《歌唱二小放牛郎》。李劫夫接过来看后，哼唱了几遍，说歌子很抒情，叙事也简洁，接着着手谱曲，用了一个多小时的时间就谱好了。他唱给方冰听，曲子非常流畅优美，既有感情，又很感人。

第二天，李劫夫就拿到"少艺队"去教唱，接着团里的歌咏队也演唱。后来《晋察冀日报》知道了，很快在报上发表了这首歌曲，不久歌曲就传遍全边区，又飞过敌人的封锁线流传到了其他解放区。〔阎泽川〕

"民族的号手" 任光

任光是一位在左翼音乐运动和抗日救亡歌咏运动中作出杰出贡献的革命音乐家，1941 年在皖南事变中牺牲，年仅 41 岁。重庆《新华日报》发表悼念文章称任光为"民族的号手"。

1928 年，任光怀着满腔的爱国热忱从法国回国，任上海法商百代唱片公司音乐部主任，从事歌曲创作及电影、戏剧配乐等工作。后在田汉、夏衍、蔡楚生等人的影响下从事进步文化运动。1934 年，他为电影《渔光曲》所写的配乐及主题歌，深受广大人民群众的欢迎。

任光利用百代唱片公司的外商身份，把《渔光曲》《大路歌》《义勇军进行曲》等革命歌曲录制成唱片，广为发行，以激发全国人民的抗日斗志，推动抗日救亡运动。1936 年，他以"前发"为笔名，创作了救亡歌曲《打回老家去》，强烈地表达不愿做亡国奴的中国人民誓死收复失地的钢铁意志和百折不挠的英雄气概。

1937 年 7 月，任光在法国进修期间，担任法国左翼文化组织"民众文化协会"委员，组织了巴黎华侨合唱团，开展抗日救亡活动，为祖国难民募捐演出，1938 年参加了有 42 个国家代表举行的世界反法西斯侵略大会，在会上指挥华侨高唱《义勇军进行曲》《大刀进行曲》等抗日歌曲。

1939 年 5 月，任光赴新加坡举办民众歌咏训练班，教唱《义勇军进行曲》等抗日歌曲，致力于唤起在新加坡、马来西亚、菲律宾海外华侨的抗日爱国热情。《义勇军进行曲》成为大家最熟悉、最富号召力的歌曲，推动了海外华侨支援国内抗日的爱国热潮。

任光创作的歌剧《洪波曲》取材于台儿庄大战，是我国较早以抗日战争为题材的五幕大型歌剧。在皖南事变前，任光创作了《别了，皖南》（即《新四军东进曲》），突围前夕，在朔风凛冽的阵地上，他指挥战士们高唱《别了，皖南》，用这首倾注着革命意志、英雄气概和乐观精神的战歌，来鼓舞全军的士气。

任光为争取祖国自由解放献出了宝贵的生命，他的音乐业绩和革命精神，值得人们崇敬和纪念。〔阎泽川〕

沈黄叔侄同嗜书

"如果说我一生有什么收获和心得的话，那么，一是碰到了许许多多的好人；二是在颠沛的生活中一直靠书本支持信念。"说这句话的人是黄永玉。可他也说过"我从小就不是个喜欢读书的孩子"，半个世纪过去了，晚上梦到中学生活，他还"为做不出功课而满身大汗惊醒来"。黄永玉这两句话看似矛盾，实则不然。他不喜欢的是干瘪的教科书和呆板无趣的课堂，他喜欢的是读自己爱看的书。

喜欢的书在哪里，他人就会去哪里。他离开课堂，一头扎进学校的图书馆。不幸的是，图书馆的管理员之一是他极"凶恶"的婶母。这并没难倒黄永玉，他采取了障眼法。公开借书的时候，每次他都借十来本杂书，以蒙蔽婶母的双眼。真正要读的书，他便躲在书架后面偷偷看。时间久了，他锻炼出了一种在书架旁边站着看书的本领。他就这样几个钟头持续地、贪婪地看自己喜欢的书。

不幸的是，有时候图书馆中午关门，无意中把黄永玉锁在了里面。但他并不烦恼，肚子咕咕叫，心里乐开花，索性就躺在过道的棕地毡上读起来。

现代作家沈从文也是爱读书的。据黄永玉回忆，他的表叔从"文革"中下放的咸宁回到北京后，每天都写一些关于服装史和其他专题性的文章。小小的房间，被他表叔搞得天翻地覆，"无一处不是书、不是图片、不是零零碎碎的纸条"。可谁也不能动他的书，因为沈从文心里有数，乱中有致，不收拾还好，整理了才会变得没有头绪。床是人用来睡觉的，可在沈从文这里，图书才是最重要的，床上堆着一堆随手要用的书。桌子上就更不用提了，写字的时候，只有"用肘子稍微推一推"才能挤出写字的空隙。桌子上是书，床上也是书，那怎样睡觉呢？沈从文想了个好方法——躺在躺椅上的书上睡。

沈从文、黄永玉叔侄二人，都是十一二岁时就背着小小的包袱离开故乡，都在人生路上不断读书，去寻求别样的人生。他们爱读书的习惯，成为后人学习的榜样。〔宫立〕

张爱玲享受"独处"

刘绍铭从张爱玲的《对现代中文的一点意见》中读出张爱玲"虽离尘俗，却不弃文字"，她"跟外边的大千世界并不隔膜，对周围的事情一样好奇"。

张爱玲只想拥有独属于她"自己的园地"。张爱玲在给於梨华的信中说："台湾有许多好处都是我不需要的，如风景、服务、人情美之类。我需要的如 Privacy，独门独户，买东西方便，没有佣人，在这里生活极简单的人都可以有……从出了学校到现在，除逃难的时期外，一直过惯了这种生活，再紧缩点也还行。"夏志清也回忆，张爱玲在美国柏克莱加大的中国研究中心时，"不按时上班，黄昏时间才去研究中心，一人在办公室熬夜"。李渝说："她总是在大家都下班以后，才像幽灵一样出现在空无一人的办公室里……她穿着深色的衣服，幽灵一样，仓皇地挣扎过热闹缤纷灿烂的大街，来上班。"

当然，"独处"的同时，张爱玲也寻找自己的乐趣。戴文采回忆："她除了看牙医，每天不出房门，完全没有街头散步这样的活动。但她却趁看牙医出门的机会，搭好长的公车线，买衣架买熨斗拖鞋丝袜，买她爱吃的刘记葱油饼、鸡丁派、胡桃派、青花菜，天天吃炒鸡蛋，喝牛奶，踩健身单车，自己卷头发，而且似乎仍是个跑远路尝点爱吃的东西也比并不嫌麻烦的'乐食者'。"

杨荣华说张爱玲"平常总是开着电视，所以消息相当灵通，举凡国内外大事、影艺人物动态全可娓娓道来。她看午夜的'脱口秀'，爱看畅销小说，还向我们推荐杂志'Vanity Fair'"。

还是平鑫涛一语中的："撇开写作，她的生活非常单纯，她要求保有自我的生活，选择了孤独，甚至享受这个孤独，不以为苦。"

正因为如此，张爱玲选择了悄悄离去，作家陈丹燕说："如果是像肖邦那样，临死还被大群时髦的法国太太围着，以昏倒在床前为荣，那张爱玲真死得冤枉！"［宫立］

赵子岳的才艺

老一辈电影表演艺术家赵子岳从小深受民间音乐、地方戏曲的熏陶和影响，会弹三弦、拉二胡，吹笛子、唢呐，执起双槌就能打鼓。他还能写歌作曲，1939年为太行区党委党校校长赖若愚写的党校校歌《列宁的后代》谱曲，当时在太行山根据地很流行。1939年冬，他写了一首《告国民党军歌》，词曲都是他创作的。当时太行山剧团奉命到辽县（现左权县）开展农村工作。住在寿坪村，离村不远有个拐儿镇，那里住着国民党军队，他们欺压老百姓、不积极抗日。

为了做统一战线工作，进行宣传，太行剧团到拐儿镇进行慰问演出，适逢群众游行示威进行反顽固派的说理斗争，赵子岳写下《告国民党军歌》：

> 军民本是一家人，（不错！）打日本，一条心。
> 为什么，打骂老百姓，咳！破坏团结决不容。
> 柴草粮秣给你送，（不错！）民众的责任应当尽。

违犯的军纪乱形势，咳！群众痛苦怎能忍。

群众利益无保障，（不错！）大家请愿来质问。

壮大的队伍向前进！咳！不达目的誓不停！

整首歌曲调有力流畅，表现了人民群众的高昂愤慨情绪，有民歌特色，易学易记，很快传开。对发动群众和警告国民党官兵不要欺负老百姓起到了积极作用。

在抗战时期，赵子岳还说过相声、表演过双簧，口技更是一绝。

1939年2月，在长治市成立了山西省民族革命艺术学校，4月举行"戏剧运动周"，有几十个剧团，分两个舞台轮流演出。有一天晚上在长治师范礼堂演出京剧《捉放曹》等剧目，晚会结束后，有人问赵子岳："赵老师，怎么不见你演啊？"他非常严肃地说："我演啦！你们没看见？"大家莫名其妙地说："没有啊！"他说："哎，我在《捉放曹》中，在台上过了两次，叫的声音那么大，你们就没听见？"大家想了半天，不知谁猜着了说："啊呀！赵老师你装扮的猪呀！"大家一起哈哈大笑起来。原来，赵子岳是在幕后学猪叫，将捉猪时、捆猪时、杀猪时、猪临死前的叫声，学得惟妙惟肖，难怪人们在舞台上看不到他。［阎泽川］

摄影达人刘半农

刘半农先生是五四文学革命运动中的一员勇将，他不仅是著名文学家、诗人、语言学家，也是一位摄影达人，对我国摄影艺术发展作出了重要贡献。

刘半农学习摄影始于十七八岁。1923年，他到法国留学，业余时间喜爱研究摄影艺术，巴黎有什么摄影展览他都看，有什么摄影书报刊物，他也看。1925年学成回国，在北京大学执教以后，他对摄影的兴趣更浓了，并于第二年加入"北京光社"。

"北京光社"是北京大学摄影爱好者们发起的我国摄影史上的第一个业余摄影艺术组织。刘半农和光社同人经常在一起切磋技艺，先后展出和发表了《舞》《夕照》《垂条》《泪珠中的光明》《在野》《人与天》《着墨无多》《静》《山雨欲来风满楼》等题材不同，风格新颖的摄影作品。由于他做事认真，艺术修养高，不久就成为北京摄影界的活跃分子、光社的代言人和摄影艺术理论家，颇负盛名。

刘半农加入光社后，做了两件很有意义的工作。一是他担任编辑，刊印了两本光社年鉴，这是我国最早发行的摄影年鉴，主要刊印光社同人的代表作，同时也记载了光社的活动情况。二是他在从事摄影创作的同时，还研究摄影理论。1927年他写成《半农谈影》一书，同年10月交北京摄影出版社。翌年上海开明书店再版发行，影响很大。当时的摄影书刊，大都是介绍摄影技术的，像刘半农这本比较系统全面而又通俗地阐述摄影艺术创作理论的书，还是第一次出现，是我国第一部系统的摄影美学专著。该书既对当时的各种摄影思想观点作了评论，又着重探讨了摄影艺术造型技巧的方法和规律，至今仍不失为一本有学术价值的参考书。〔洪德斌〕

章士钊著《孙逸仙》

章士钊少年即写得一手好文章，著名国学大师钱基博在《现代中国文学史》中这么评价章士钊："自衡政操论者习为梁启超排比堆砌之新民体，读者既稍稍厌之矣；于斯时也，有异军突起，而痛刮磨湔洗，不与启超为同者，长沙章士钊也。大抵启超之文，辞气滂沛，而丰于情感；而士钊之文，文理密察，而衷以逻辑，"并说"导前路于严复"。

1910 年，章士钊求学于武昌两湖学院，与黄兴结识。次年，赴南京入陆师学堂，得到学堂总办俞明霞的赏识。又一年，拒俄运动兴起，章士钊率三十余人赴上海，加入爱国学社，与章太炎相识，受其器重。后章太炎、章士钊、张继和邹容义结兄弟，互换兰谱。

一日，年岁最小的邹容问章士钊："大哥著《驳康有为论革命书》，二哥（张继）写《无政府主义》，小弟我著《革命军》，你有何作？"

章士钊听罢大窘，决定露一手。于是根据日本人的《三十三年落花梦》为蓝本，写一本《孙逸仙》。在该书序中，章士钊写道："孙逸仙，近今谈革命者之初祖，实行革命者之北辰……有孙逸仙而中国始可为，则孙逸仙者，实为中国过渡虚悬无薄之隐针。"此书一问世，影响极大。当时孙中山在国内的知名度并不大，这本书面世后，孙中山的名字声震海内外。在此期间，章士钊还编著了《黄帝魂》《沈尽》等书籍，唱响了革命的劲歌。［沈治鹏］

"迷路"的柳青

1931 年，15 岁的柳青在哥哥的资助下，考入榆林省立第六中学，他喜欢文学，经常阅读鲁迅、郭沫若、茅盾、高尔基等的作品。初二时开始学英语，一年后即能阅读一般的英文原著。

据《柳青传》记载，柳青女儿刘可风著述，1934 年，柳青考入西安高中，在学校经常写散文、诗歌，翻译外国短篇小说，不断在报刊上发表。不过，写作几年后，柳青没有得到自己所希望的结果，他怀疑自己的文学天赋不高，就考虑将来当翻译，把文学翻译作为以后的职业追求。柳青的哥哥曾寄来纳氏文法和英汉词典，柳青每天背 40 个单词，从发音、词意到例句，都照着词典背下来。他还邮购了高尔基、莫泊桑、歌德等的英汉对照小说。柳青学英语辛劳过度，得了肺结核，影响一生。

1942 年，延安整风运动开始，柳青暂时放弃写作，他的写作生涯似乎走向了歧途。他"迷路"了，找不到方向，便想方设法地去寻找自己的写作道路。

后来，下乡在农民中间的柳青有了一定的生活积累，于是尝试写农村生活题材，先后创作了《种谷记》《铜墙铁壁》等长篇小说。他发现，自己写历次重大历史时期农民的现实生活和精神风貌，如鱼得水，他兴奋地看到了"歧路之后的风景"。

1953 年，柳青住在一个破庙里，从事长篇小说《创业史》的写作。他终于以出众的思想深度和艺术功力，完成了一次艺术高峰的创造。[段慧群]

章太炎脱罪

1903 年，章太炎因在《苏报》上发表《康有为与觉罗君之关系》和为邹容《革命军》作序被捕，被判监禁三年。

1906 年 6 月 29 日出狱当天，孙中山就安排章太炎东渡日本，去主持同盟会机关报《民报》。章在主编《民报》时，还多处开设讲习会。鲁迅极仰慕章太炎，好友龚未生找到章太炎，希望他在《民报》处另开一《说文解字》的小班，章太炎一口答应了。享受小灶待遇的是鲁迅兄弟、许寿裳、龚未生、钱家治、朱希祖、钱玄同、朱宗莱 8 人。

鲁迅留日学费每年只有 400 元，常感到生活窘迫。为挣钱，便做起了校对。恰巧湖北留学生翻译《支那经济全书》，而经办人陈某毕业了要回国，只好委托许寿裳代办善后事宜，鲁迅就拿了部分稿子去校对。没想到，这事竟帮助章太炎免去了一场牢狱之灾。

原来，章太炎接手《民报》后，原编辑张溥泉在巴黎却仍是报纸挂名编辑，章太炎只得以"陶焕卿"之名代替，《民报》24 期的编辑就印上了陶焕卿的名字。那时，清廷正对《民报》耿耿于怀又找不到关闭的理由，这下正好抓住更换编辑没有呈报违反条例的把柄，向日本政府施压。日本政府于是将《民报》查封，并限期令章太炎缴罚金 150 元。若没有钱，就以服苦役抵款，每日抵一元。

到缴款最后一天，垂头丧气的学生聚集到鲁迅和许寿裳的寓所。这时，许寿裳如梦初醒，忽然想起陈某在委托代办时给了他一个存折，上有两三百元钱。于是赶快把这钱缴了罚金，免去了章太炎的牢狱之苦。这次学生救师圆满收场，成为留日学生的一段佳话。 ［沈冶鹏］

张乐平在赣州宣传抗战

经典动漫形象"三毛"的创作者、漫画家张乐平先生是广大文艺工作者中投身抗日的杰出代表之一。他在赣州举办的抗战宣传画展留下了抗战文学中浓墨重彩的一笔。

1940 年，张乐平创作了一套以汉奸为主人翁的连环漫画《王八别传》。同年，国民党改组国民政府军事委员会政治部设立文化工作委员会，想要解散在重庆和上饶的两支抗敌漫画宣传队。1940 年底，重庆的漫画宣传队解散，但是张乐平领导的在上饶的漫画宣传队工作仍坚持了一段时间。

张乐平的不懈努力，终于使漫画宣传队生存下来。漫画宣传队参加了第三战区政治部组织的文化设计委员会的工作，开办了漫画训练班，张乐平还负责刊物《士兵之友》和《兵与民》的编印。至 1942 年春季，漫画宣传队终因严重缺乏经费而解散。

1942 年 5 月，浙赣会战爆发，日军进犯上饶。张乐平和家人又历尽艰险，经过福建崇安、建阳、南平到永安，沿途举办抗日画展，一路跋涉到达江西赣州。当时各地流落到赣州的人很多，赣州成为中国东南地区抗战的大本营。在赣州的一些朋友从中央通讯社的新闻中得知著名画家张乐平将到赣州的消息后，就开始为举办张乐平画展做前期准备。

1942 年 8 月，张乐平在赣州中山公园举办了个人抗战宣传画展。同年冬天，他又随教育部剧教二队去泰和办画展。包括张乐平在内的一些知名外来画家，在赣州、宁都等地举办了《抗日画展》《抗战美展》《抗日救亡漫画展览》等。张乐平还主编了《大同漫画》以及《大同报》漫画版，除了大部分是宣传抗日，其中还包括一些反德意法西斯的主题。

1945 年 1 月，日军沿南昌至赣州公路向南侵犯，赣州危急。张乐平一家才随剧宣七队一起撤往广东。［周红兵］

邵洵美与《论持久战》

1938 年 5 月，毛泽东在延安发表《论持久战》后不久，中共中央决定把这部作品翻译成英文，传播到国外去。经过慎重考虑，他们把这一任务交给了在上海工作的《大公报》驻美记者、中共地下女党员杨刚。

接到任务后，杨刚找到好朋友项美丽（邵洵美的美国籍妻子），商量既安全又稳妥的办法。恰值项美丽和丈夫邵洵美刚刚在上海创办了英文版刊物《直言评论》，三人一致认为在《直言评论》发表最为稳妥，因为该刊虽为邵洵美出资，但在登记编辑人、发行人时填的是美国人项美丽的名字，这就为刊物加上了一层保护色。

邵洵美夫妇不仅为杨刚的翻译提供了安全的场所，而且在翻译过程中还给予了她多方面的帮助。《论持久战》全书还未译完，邵洵美就已经安排在《直言评论》上连载了。在编者按中，邵洵美欣喜地写道："近十年来，在中国的出版物中，没有别的书比这一本更能吸引大众的注意的了。"

《论持久战》在《直言评论》上从 1938 年 11 月 1 日到 1939 年 2 月 9 日分四次连载完毕。在连载过程中，邵洵美又提出发行英文单行本。为此，毛泽东特地为英文单行本写了一篇约 1000 字的序言，题为《抗战与外援的关系》，其中写道："上海的朋友在将我的《论持久战》翻成英文本，我听了当然是高兴的，因为伟大的中国抗战，不但是中国的事，东方的事，也是世界的事……"

由于邵洵美的时代印刷厂不能印制外文书籍，于是他又秘密联系印刷厂，历时两个月，500 册《论持久战》英文单行本才得以印制完成。

当时，毛泽东的作品被当局视为禁书，为了让更多的外国人士看到，邵洵美开着小轿车，在深夜，悄悄地把四五十本英文单行本一本一本塞进虹桥路、霞飞路一带外国人住宅区的邮箱中。

《论持久战》的连载和英文单行本的发行，让日本特务机关盯上了邵洵美夫妇。1939 年 3 月，在日本军方的横加干涉下，邵洵美夫妇创办的《直言评论》和另一种刊物《自由谭》在出版了六期之后，被迫停刊。［夏明亮］

辜鸿铭：一个怪物，但不讨厌

1921 年，英国近代著名小说家毛姆应邀游历中国。为了拜见仰慕已久的中国鸿儒辜鸿铭，不辞辛劳乘舢板千里迢迢溯长江而上来到重庆。

　　为见到辜鸿铭，毛姆托一位重庆巨商引见，该商人却只写了一张便条通知辜鸿铭"来一趟"。几天时间过去了，辜鸿铭杳无音信。毛姆察觉不妥后，亲自写了一封信，以最有礼貌的遣词询问能否拜见。这次，接信仅两小时后辜鸿铭就复信，约定次日见面。

　　两人一见面，辜鸿铭就直言："你们国家的人只和苦力及买办交易，他们以为每一个中国人如果不是这一种就一定是那一种。他们以为只要他们点点头，我们就一定会去。"尴尬的毛姆知道那位商人搞砸了，便把话题引到哲学问题上。在谈论了休姆和伯克里后，毛姆问："你曾研究过哲学在美国近代的发展吗？"

　　"你是说实用主义？它是那些对不可思议的事深信不疑的人的最终避难所。我喜欢美国的石油胜过美国的哲学。"辜鸿铭说，"智慧只能在儒家经典范围内找得到。今天世界的真正动乱不在中国———虽然中国忍受它的影响———而是在欧洲及美洲。"

　　林语堂曾说："辜鸿铭是一块硬肉，不是软弱的胃所能吸收。对于西方人，他的作品尤其像是充满硬毛的豪猪。"他还曾说过辜鸿铭一件趣事：一次辜鸿铭看电影，见前面坐着一个苏格兰人。在"华人与狗不得进入"的那个时代，辜鸿铭决定应该表明中国人是优越的。于是，他用一尺多长的烟杆敲击前排的苏格兰光头，静静地说："请点着它！"那人吓坏了，不得不为其点上烟。

　　辜鸿铭对林语堂的信仰影响深远。对这个举止怪异的老人，林语堂说："他是一个怪物，但不令人讨厌，不是这时代中的人能有的。但他有深度及卓识，这使人宽恕他的许多过失，因为真正有卓识的人是很少的。"　［沈治鹏］

报业大王史量才

1908 年，史量才担任上海《时报》主笔，1913 年担任《申报》总经理，1916 年独家经营《申报》，进行现代化和企业化管理。后来，史量才又购得《时事新报》和《新闻报》的大部分股权，使《申报》一跃成为中国新闻界最大的报业集团。

史量才关注社会热点，以"言论自由，不偏不倚，为民喉舌"为标榜，他经常对工作人员说"报纸是民众的喉舌，除了特别势力的压迫以外，总要为人民说些话，才站得住脚"。

《申报》敢于抨击时弊，揭露当局的黑暗统治，因此发行量骤增。《申报》经常报道反对蒋介石政权的文章、为抗日的十九路军捐了巨款、请民主人士黄炎培为设计部部长、聘请李公朴主持流通图书馆和业余补习学校、反对围剿红军。史量才还十分同情和支持学生抗日救亡运动，他说："人有人格，报有报格，国有国格，三格不存，人将非人，报将非报，国将不国。"

1933 年底，宋庆龄起草了一份英文宣言，抗议蒋介石派人暗杀民主人士邓演达，杨杏佛把它翻译成中文，想刊登在国内报刊上。因《申报》遭到了严厉的审查，但通过史量才的关系在其他媒体上公之于众。一次，蒋介石与史量才闲谈，威胁他说："不要把我惹火，我手下有一百万兵。"而史量才回答道："我手下也有一百万读者。"对于《申报》与史量才的种种行为，国民党政府最终下了除掉他的决心。

1934 年 11 月 13 日，史量才被国民党特务枪击而死，血案发生后，全国舆论哗然，该案也成为中华民国三大政治谋杀案之一。[胡亚东]

"周大将军"周培源

第二次世界大战爆发时，周培源在普林斯顿大学从事理论物理研究，虽然已收到美国移民局的邀请，他还是毅然回国并随清华大学南迁。

来到昆明后，周培源在西南联合大学继续担任教授，从事力学研究。他与妻子王蒂澂及女儿，和战争中的所有家庭一样，生活非常拮据，整天为柴米油盐算计。

当时他们一家居住在昆明西山区，距离教课的西南联大有几十里路。那时交通非常不方便，没有公路，也不通汽车，自行车也买不到，去上一次课非常不容易。为了保证不迟到，周培源每天都要凌晨5点钟起床。可是不能总是在路上耗费太多的时间，经过彻夜思索，周培源终于有了主意。

一天早晨，周培源兴冲冲地拉着妻子跑出屋，到了院子外，妻子王蒂澂愣住了：那儿拴着一匹油亮健硕的大马。周培源得意地说，这匹马名叫"华龙"，是他买回来的。妻子疑惑："买匹马做什么？"周培源拍了拍马背："骑呀！这回我有座驾了！"听完这话，看着文质彬彬的丈夫，王蒂澂也忍不住笑了。

周培源买马的消息一下子在西南联大引起了轰动，老师和学生纷纷来看"华龙"，物理系主任饶毓泰更是戏称周培源为"周大将军"。这个说："周大将军，您的坐骑呢？它可娇贵，不能委屈了。"那个讲："周大将军的威风可全靠它了。瞧瞧，它往那儿一站，这院子都满了。"听完老师和学生羡慕的话语，周培源和妻子乐得半天合不拢嘴。

自从买了"华龙"之后，周培源每天骑马出去，先送两个女儿上学，再去西南联大上课，时常还带着妻子王蒂澂一起策马郊游。

在动荡的时局中，整天研究力学的周培源用这样的"另类"浪漫方式，来对抗生活的困苦和艰难，一时在西南联大传为美谈。〔姜炳炎〕

范长江在酒泉过春节

关维智在《酒泉文史资料》(第 11 辑)撰文《范长江在酒泉》,讲述了我国著名新闻记者范长江作为《大公报》的特约通讯员,深入西北考察的一段经历。

1936 年春节前夕,范长江来到酒泉,在这里度过了一个难忘的春节。他沿途对古道驿站黑泉镇、花墙子、深沟、盐池驿、黄泥坝、临水等地进行了考察了解,对酒泉的第一印象是"酒泉的近郊,仍属不冻泉水所灌溉的肥沃良田,不下于张掖,城垣不及张掖之广大,而街市之整齐则驾于前者而上之"。

春节前夕,各行业皆休息,但"穿红挂绿之妇女儿童往来贺年,爆竹灯火熙熙攘攘,予旅人以深刻刺激"。可是,他在除夕之夜深入小街背巷,看到的却是一幅揪心的人间悲剧:

"尽管是新年,街上却还是随处可见十岁以下无衣裤全身灰泥的乞丐儿童。有几条背风的街道,简直在晚间没勇气通过。这般几乎全身赤裸的孩子,在夜间他们就在门角墙脚,乃至无水的阴沟里藏了起来。用手电去照,这里三个一堆,那里一堆两个,彼此挤得紧紧的睡下了,到了夜里十时以后,天气变为酷寒,这般孩子渐渐地忍受不了,他们于是出于儿童的天性,放声哭出他们求救的惨痛哀声:'妈妈呀,冻得很呀!爸爸呀!救命呀!冻死人呀!老爷太太呀!实在冻得受不了呀!……'有时天气特别寒冷,一两条巷街的灾童一齐号啕哭起来,哀声震动全城"。所以他给《大公报》发回的通讯及在《中国的西北角》一书中,写到酒泉时,用的标题就是"酒泉走向地狱中"。

整个春节期间,范长江都是在酒泉过的,他看到酒泉的老百姓养成了一种"及时行乐"的风气:"政府的烟土罚款要用重刑榨出现金,农民只能用'饮鸩止渴'的高利贷来交完通款，对付现状。但为求得暂时安慰，不管借债，还是卖地破家，有几个小钱先去饭馆享受一顿再说，出了馆子再借高利贷也不再踌躇。二两烧酒是麻醉剂，麻木比清醒好，真所谓'难得糊涂'，这是旧社会具有代表性的一种心理状态。"

范长江的这次西部之行，历时 10 个月，行程 3000 余公里，取得了丰硕的成果，他沿途写下了大量的通讯报道，真实地记录了西北人民群众生活的现状，这些通讯在《大公报》发表后，在全国引起了强烈的反响。〔阎泽川〕

"新闻勇士"严怪愚

民国时期的著名记者严正早年在湖南大学读书时，常用"严怪鱼"的笔名来抨击时政，因为文笔犀利，性格耿直，有人评论他性情"又怪又愚"，于是他索性以严怪愚为名。1935 年，严怪愚从湖南大学经济系毕业，放弃了所学专业的大好前途，却投身新闻界工作，开始了动荡危险的记者生涯。

1939 年 12 月，汪精卫由昆明飞抵河内，发表了"艳电"，与近卫声明遥相呼应，建议中日和平，力劝蒋介石投降，以汪精卫为首的亲日派终于公开投入了日本侵略者的怀抱。国民政府为了防止丑闻外扬，立即封锁消息。重庆的各报社在新闻管制的高压政策下，也都不敢揭露这一丑闻。

此时，国新社的著名记者范长江为如何把消息传播出去急得像热锅上的蚂蚁，他突然想到了严怪愚，于是将相关材料转给了严怪愚。严怪愚看到后拍案大呼："可耻！可耻！真是民族败类。日本帝国主义侵略我领土，杀我同胞，而今有人认贼做父，想将五千年文明古国拱手相让。我必须冒着杀头坐牢的危险，马上予以揭露。"

严怪愚连夜写出了《汪精卫叛国投敌前后》一文,文不加点,立即发往《力报》总部,第二天头版头条报道此文。严怪愚一针见血地指出:"汪兆铭先生倡导的和平运动,是公开投敌的可耻勾当,也是片面抗战路线的必然趋势。日寇在华进行政治诱降,看来已初见成效,国人切不可等闲视之!"此文一出,举国哗然,群情激奋,纷纷要求严惩卖国贼。国民政府眼见纸包不住火了,才允许中央社和其他各报社报道汪精卫的叛国丑闻。

严怪愚此壮举赢得了"新闻勇士"的美誉。此后,他又不畏强权地做出大量真实反映中国当时状况的报道,让世人看到了真实的抗日战争。[胡亚东]

张大千与两张飞机票

七七事变后,全面抗战爆发,整个中国陷入了战争之中。许多政要文人想逃离战区,最快的方式就是坐飞机。当时飞机数量极少,而且有限的票都被有钱人或有权人买去了,可谓一票难求。在日军的侵袭中,生命是没有保障的,毫不夸张地说,一张飞机票可以挽救一条人命。

1938年,张大千计划从桂林坐飞机回四川老家,托许多人都没有能够买到机票,被困桂林,归期不可知。等了许久,终于在一天晚上有人给张大千送来了机票,但是只有一张全票和一张半票,张大千决定让家人带孩子先走,自己再等等。

为赶第二天一早的飞机,家人很早就休息了,只有张大千还在作画。突然,一阵猛烈的敲门声响起,张大千看看表,已经凌晨一点了,这么晚,会是谁来呢?他打开门,只见一位老太太领着一个小孙子跪到张大千面前,张大千的困意全无,赶忙把老人扶起来请到屋里。

"有什么事情慢慢说，需要我帮忙的，只要我能办到，一定答应您。"张大千问道。老太太噙着泪水说："我儿子在重庆，让我把孙子带过去，可是3个月过去了，还是没能买到票，听说您买到了两张票，您行行好，把飞机票让给我吧。我把孙子送到重庆，让他们父子团聚，我这辈子就算了了这桩心事，死了也好闭眼。"

张大千边安抚老人边说："这兵荒马乱的时候，人人都会遇到许多困难，都需要帮助，更何况是老人和孩子。别担心，我一定尽力帮您。"说完，让家人拿出了机票给老太太，老太太感激涕零地谢道："谢谢您的大恩大德，我来世做牛做马也要报答您。"张大千却说："老人家客气了，早点休息，明天还要坐飞机，希望你们祖孙三代人早日团聚。"

待把二人送走，张大千才舒了一口气，转身回到房间，听到家人抱怨："我们等了一个多月了，你送给别人，我们怎么办？"张大千说："我们确实很需要这机票，但这位老人比我们更需要，她祖孙二人人生地不熟的，若是我们的父母儿女受困于此，我该怎么办？我们是明事理的人，都懂得老吾老以及人之老，幼吾幼以及人之幼。" ［胡亚东］

孟福堂办学

孟福堂（后改名为孟夫唐，抗战时期曾担任冀南行署主任，新中国成立后曾任湖北省副省长）毕业于北京高等师范学校，是办师范学校的能手。

1931年，孟福堂接任河北第四师范学校校长后，一扫陈规，开放被查禁的图书，不干涉学生从事革命活动，大力支持学生创办的进步刊物；同时，设立救助机构"工读团"与"耕读团"，使家庭贫困的学生能够得到资助。

1936年春至1937年底，孟福堂任河北省立大名十一中校长，他认为学生应该养成一种良好的生活习惯，便经常对学生强调这一点，以至于成了他的口头禅。学校公开大会上，孟福堂多次强调病从口入的道理，要求学生一天刷三次牙，手脚的指甲要经常剪。可是在学生看来，讲不讲卫生不仅是件微不足道的小事，而且还是个人事务，与他人无关，但孟福堂却不这么认为，他觉得卫生关系到人的形象乃至品行，所以经常搞突袭检查，从头到脚都要查。有一次他发现有学生抽烟，为此专门召开全校大会，首先讲明了吸烟的危害，然后对吸烟者进行了匿名批评，看到校长这么重视这件事，学生们便虚心接受了他的教诲，已养成烟瘾的慢慢地戒掉，未成瘾的与不吸烟的都望而止步。

大名十一中校园东侧有一个长方形的大坑，常年积水，臭味熏天，学校的环境受到了污染；此外，在操场的边缘有一个小土山，影响了学生们的课间活动。孟福堂决定把土山铲平，用来填大坑。有人认为，学生的主要任务是学习而不是劳动，如此"兴师动众"是在耽误学习时间。孟福堂召开了多次会议来说服老师、动员学生。一切工作准备完毕后，孟福堂亲自上阵，带领广大师生利用课余时间参加劳动。经过 3 个月的努力，操场面貌焕然一新，孟福堂又让人在上面种上花草，让学生有了一个优美的学习环境。［胡亚东］

何其芳创办抗战期刊《工作》

1938 年初，何其芳离开万县到成都，经清华同窗曹葆华推荐，进入成都联立中学任高中国文教师。

其时，成都仍保持着一派旧时风光，不仅抗战的氛围尚未形成，就连五四新文化运动也没有泛起微澜。何其芳很想通过自己的努力，为家乡做点有益的工作，遂与好友卞之琳、方敬商量，决定创办一家宣传抗战的半月刊《工作》。最初由卞之琳任执行编辑，何其芳、方敬和何其芳的妹妹负责校对和发行。

这份自费印刷的小刊物面向当地大中学生和社会知识界，宣传抗战，传播新文化。体裁以散文为主，包括杂文、小品、随笔、报道等，注重现实问题，针砭时弊。

1938 年 3 月 5 日，创刊号正式发行。何其芳在创刊词中强调，在国难深重的特殊时期，知识分子应该和勇敢的士兵一起背负历史使命，"就是说应该极力地做着直接或间接对于抗战有利的工作，无论在前方，还是在后方"。"热烈地关心着战争，关心着在战争中的人群，而且尽量地为时代尽他个人的力"。针对有教授要求学生安心读书，亡国后仍可以当泰戈尔的论调，何其芳表示强烈不满，斩钉截铁地说："相反的，我们愿意用一万个泰戈尔换取一个自由的独立的国家。"

很快，《工作》成为许多大中学校师生课外必读的热门刊物。成都文化界的知名人士朱光潜、谢文炳、罗念生、沙汀、陈翔鹤、周煦良等纷纷为其撰稿，以示支持。［郦千明］

何鲁：不畏强权的数学大师

何鲁，字奎垣，四川广安人，幼时敏而好学，以第一名考入机械学堂，毕业后保送至南洋公学，后官费留学法国，获得数学硕士学位。他一生致力于数学研究与教学，其人刚正不阿，针砭时政，甚至敢于顶撞蒋介石。

何鲁早年受到资产阶级革命民主思想的熏陶，曾参加过同盟会与辛亥革命。1927 年蒋介石借口清党，大肆屠杀共产党人，时任中国公学校长的何鲁公开发表言论说："蒋介石这一手做得很孬。蒋介石要闯祸。"事后陈立夫派特务到中国公学质问何鲁是否讲过这样的话，何鲁大声呵斥道："我说过蒋介石要闯祸的话，如果他不改正，他还要闯大祸。"

1929年，四川军阀刘湘组建了重庆大学，经人推荐委任何鲁为理学院院长，但态度十分傲慢。何鲁接到委任状后，立即退回并附函刘湘："你称我一声先生都如此吝啬，却极力夸耀你官大。"刘湘后来多次赔礼道歉，何鲁才赴任。

蒋介石势力入川，特务头子康泽曾询问何鲁："先生认为中央军入川以来，哪些地方比刘湘时期好？"何鲁不假思索地回答道："如水益深，如火益热，何好之有。"康泽不悦，问道："何以见得？"何说："兵工筑路，劳民伤财，一也；岁征粮超过刘湘，二也；养兵胜过刘湘，三也。"康泽听后哑口无言，悻悻离去。

中国科学界知名人士在庐山开会，恰好蒋介石在庐山避暑，蒋介石请与会人员赴宴，何鲁拒绝。有一次蒋介石派陈立夫去请何鲁，何鲁又拒绝，与友人们交谈时他说道："要我去给蒋介石排朝（捧场），我认为我资格不够，因为给他排朝，要花鼻梁（小丑）才行，我鼻梁不花，所以不去。"他还对蒋介石提出的"新生活运动"与倡议礼义廉耻的行为进行批判与讽刺："老百姓谁不知耻，今当道自身寡廉鲜耻，反而以此来约束老百姓，只笑话耳。"

何鲁保持了一个知识分子的气节。〔胡亚东〕

闻一多: 爱国的权利不容剥夺

五四运动中, 学生们上街游行、宣传时, 常把"爱国的权利不容剥夺"这句话作为振臂高呼的口号, 经学者考证, 此句正是出自中国现代伟大的爱国主义者、坚定的民主战士———闻一多先生。

1914 年第一次世界大战开始之后, 中国政府一直保持中立, 直到 1917 年才对德宣战, 但这期间并没有派一兵一卒出国作战。

当时就读于北京清华学校 (今清华大学) 的闻一多、吴泽霖和同学们, 见中国政府的参战只是一种口头姿势, 深感愤慨。他们看到北京报纸上登载了一个外国机构为法国战场招考华工翻译的广告, 以为报国的时机到了, 于是就磋商如何去应征。

吴泽霖等人相约保守秘密, 偷偷经过了英语考试、体格检查, 领取了制服, 被送到威海卫准备出国。闻一多也参与了组织工作。

不料, 事情被学校所知, 校方立刻派人赶到威海卫, 把吴泽霖等人强行带回了学校。

这些学生中, 有的被学校斋物处 (即今教务处) 开除学籍, 吴泽霖等则被记大过处分。此时, 闻一多勇敢地站了出来, 帮助他们争辩抗议。他理直气壮地说: "爱国的权利, 不容剥夺!" 大家也正告斋物处, 如果给记过处分, 就要向清华董事会申诉。

斋物处怕把事情闹大, 做出了最后让步, 以"姑念年幼无知, 人又已回学校, 理应从轻处分, 给以口头警告"而"体面"地平息了此事。

事后, 闻一多这句"爱国的权利不容剥夺", 被同学们认为义正辞严、铿锵有力、极为精辟, 在学生中广为流传。[曹金娜]

鲁迅为李大钊文集作序

1927年12月21日，鲁迅应章衣萍之邀到暨南大学演讲。演讲的题目为"文艺与政治的歧途"。记录稿有两份，一份是校方安排章铁民记录的，一份是在该校任教的曹聚仁因慕名到场自行做的记录。鲁迅对曹聚仁的记录更为满意。1933年曹聚仁正在编上海滩很有名气的《涛声》，就常向鲁迅约稿，一来二去，相互就走得很近了。

这年5月7日，曹聚仁致信鲁迅，请他为李大钊的文集作序。鲁迅即回信："惠函收到。守常先生我是认识的，遗著上应该写一点什么，不过于学说之类，我不了然，所以只能说几句关于个人的空话。我想至迟于月底寄上，或者不至于迟罢。"鲁迅信守诺言，就在该月底写好了，寄给曹聚仁。曹聚仁即将这篇深情怀念为共产主义献身的朋友的文章《〈守常文集〉题记》编发在自己主编的《涛声》上。

为编辑《守常文集》，曹聚仁付出了很多心血。而最早向他提议出版《守常文集》的，却是周作人。曹聚仁原本就是群众图书公司老板，便答应了周作人。就该书的出版事务，二人经多次通信，如请哪些人题字作序等讨论多次。周作人对该书提出一个十分重要的原则：文集能出版最好，如不能出全集，选集也行，但不能删节，如删一二句则此篇反不如不编入为好。鲁迅也想到书稿送审会遭到删节等麻烦，他的意见是："我以为不如不审，也许连出版所也不如胡诌一个，卖一通就算。"

曹聚仁很乐观，认为李大钊死在国民党"清党"之前，那时还在国民党任要职，给他留个纪念，应该不是问题。结果证明，曹聚仁想得天真了，尽管鲁迅、周作人、胡适都做了最大努力，《守常文集》最终还是胎死腹中。可喜的是，鲁迅写的《〈守常文集〉题记》先刊《涛声》，后又编入鲁迅的《南

腔北调》。鲁迅所写的李大钊的"遗文却永驻，因为这是先驱者的遗产、革命史上的丰碑"，却回响在墨一般的漫漫长夜。[沈治鹏]

赵元任：遍地都称他"老乡"

20世纪20年代，赵元任夫妇由法国马赛回国，途经香港。港人惯用英语和广东话，通晓国语的不多。他们碰上的一个店员，国语就很糟糕，无论赵元任怎么说他都弄不明白，赵很无奈。

谁知临出门，店员用浓重的广东话奉送他一句："我建议先生买一套国语留声片听听，你的国语实在太差劲了。"赵元任问："那你说，谁的国语留声片最好？""自然是赵元任的最好了。"赵夫人指着先生笑曰："他就是赵元任。"店员愤愤："别开玩笑了！他的国语讲得这么差，怎么可能是赵元任？"

由于语言天赋高，赵元任到了世界任何地方，当地人都认他做"老乡"。"二战"结束后，他到法国参加会议。在巴黎车站，他对行李员说巴黎土语，行李员以为他是土生土长的巴黎人，于是感叹道："你回来了啊，现在可不如从前了，巴黎穷了。"后来，他来到德国柏林，用带柏林口音的德语和当地人聊天。邻居一位老人对他说："上帝保佑，你躲过了这场灾难，平平安安地回来了。"

1981年5月21日，赵元任应中国社会科学院语言研究所之邀，回国录制国际音标。录制时，他发了400多种元音、辅音和声调，连非常细微的差别都十分确切，发音辨音能力与他在30年代时一样。在座者无不惊讶，非常钦佩。[张光茫]

昔忆

XI YI

王余杞的义务戏杂感

"义务戏"，顾名思义就是无报酬的戏剧演出，清末民初在京城颇有影响。它是梨园行内开展慈善活动的一种重要形式，虽然票价高，但名角荟萃，很有号召力，往往是"大合作"，或有"反串"演出，因此对观众的吸引力甚强，时有一票难求的局面。1936年左翼作家王余杞曾发表一篇杂感，记录了当年两场演出的盛况。

彼时，刊登在报纸上关于"义务戏"的戏报，吸引着京剧爱好者的目光：……梅兰芳也搭飞机来了，杨（小楼）梅合作，怕是最后一回了，八块钱，不贵！"四大名旦一齐出马啊，太齐全了！""可惜就少个余叔岩，但是也就不错了！"

卖票地点在"梨园公会"，成天聚集着三四百人，守候至三四个小时以上。人们不惜出高价，8元到10元，甚至20元以上。直到头一天晚上戏已开场，剧场门外还有一大堆人望眼欲穿。

好戏还数第二天，《武家坡》曾以"王宝川"之名在英国伦敦演过几百次，《打渔杀家》也随梅兰芳去过苏联，杨小楼、梅兰芳的《霸王别姬》更是"权威"。程砚秋是出过洋的，而《武家坡》给予观众的影响是"荒唐而且胡闹"。马连良、尚小云的《打渔杀家》，"恐怕是旧戏里仅有的好戏了……没有忠臣孝子，没有神仙侠客，（词句）既不典丽皇堂，又无古诗古词，但是它有意义，有结构，能直诉观众的感情"。最后是杨小楼、梅兰芳的《霸王别姬》，他们的表演和声誉有力地抓住了观众；而这出戏的"精义"，在于戏中几位"更夫"的话："争江山，夺社稷，有德者居之，那倒可以的，咱们弄钱可不行哪！"作者最后归结说："这一天的戏。除了《打渔杀家》之外，连贯起来，便在教着我们观众讲道义。如果是女子，就应该柔顺伏贴地侍候男人，男人远出，也该守着，男人失败，便该殉节———这是叫人多么吃惊的大众教育啊！"

这段记录了当年市井生活的文字，体现了对演出剧目非同一般的评价，也是对旧剧、对当时社会的批判，反映了左翼作家的庄严使命。［陈凯］

陈独秀贫病之中的"馋"

抗战时期，陈独秀随着内迁避乱的逃难队伍几经辗转，最后寄居于重庆江津乡下一个姓杨的老乡家里。暮年的陈独秀虽然贫病交加，但他倔强而又孤傲的性格至死不渝，宁可饿死也不受嗟来之食，频频拒绝各种利益的引诱和朋友的馈赠，他死后所遗物质财富唯有一堆土豆。

年关将近的时候，陈独秀前往同时客居江津的佛学大家欧阳竟无家中做客，偶然见到欧阳竟无藏书中的《武荣碑》，顿时为其浑朴的气象所吸引，回家之后还念念不忘，旋即作诗一首记录心迹：

> 贯休入蜀惟瓶钵，卧病山中生事微。
> 岁暮家家足豚鸭，老馋独美武荣碑。

唐代末年，画僧贯休避乱入蜀，曾有诗句"一瓶一钵垂垂老，万水千山得得来"自感身世。陈独秀以贯休自喻其晚境凄凉，托足山野，贫病之余别无长物。岁末年初，家家户户杀鸡烹鸭筹备年货，自己行将就木，饥寒不保，但最让他眼馋的却不是这些，而是那本点画凝重、气势开张的汉碑拓片———《武荣碑》。

欧阳竟无看到陈独秀的诗作后，有感于心，随即宝刀赠英雄，毫不犹豫地将《武荣碑》送给了陈独秀。

陈独秀的书法恰似其人,笔法卓异,不寻常理,更无刻意安排雕饰,往往大起大落,随缘任运而神韵自见。其书法艺术的成就在名家辈出的民国之际也堪称翘楚。

据说还在北大时期,陈独秀敲开了沈尹默家的门,开门见山就说:"我叫陈仲甫,昨天在刘三家看到你写的诗,诗作得很好,字则其俗在骨。"刘三,即刘季平,与陈独秀、沈尹默都是朋友。沈尹默这时不仅是中国新诗的先驱人物,还是书法界的大家,面对陈独秀的当头棒喝,只好谦逊地说:"我的字受了南京仇涞之老先生的影响,用长锋羊毫,至令不能提腕,所以写不好。"陈、沈二人从此结为好友,尔后他们经常"徜徉于湖山之间,相得甚欢"。

抗战时期,陈独秀与沈尹默同寓巴蜀,虽难见面,诗词唱和亦复如旧。一次,陈独秀在给沈尹默学生台静农的信中写道:"尹默字素来工(功)力甚深,非眼面朋友所可及,然其字外无字,视三十年前无大异也。"沈尹默对此已无以为意,他深知陈独秀直率的为人,也深知二人因艺术的取向和对书法的理解不同,才见仁见智、大异其趣吧。

陈独秀天马行空、不受管束的性格在他的书法中得到了真实的反映,他在《实庵自传》中回忆:"至于写字,我喜欢临碑帖,大哥总劝我学馆阁体,我心里实在好笑,我已打定主意,只想考个举人了事,决不愿意再上进,习那种讨厌的馆阁字做什么!"从这句话可以看出,陈独秀不愿以漂亮矫揉、甜俗光滑的书法讨好世人,他是一个颇具反骨的人,艺术上亦多有反叛精神,"珊珊媚骨吴兴体,书法由来见性真。不识恩仇识权位,古今如此读书人。"这是陈独秀 1934 年在南京老虎桥监狱中所写组诗《金粉泪》(56 首七言绝句组成)的第 36 首,正是他为人为艺迥异世俗的表白。〔熊少华〕

孙犁为魏巍编诗集

魏巍曾写过一篇短文《孙犁帮我编过诗集》，他在文中记述了与孙犁先生在战火中结下的友谊，尤其是在追忆孙犁帮他编辑诗集的往事时，情真意切、真挚感人。

《两年》是魏巍的第一部诗集，1951 年 10 月由文化工作社出版，为《工作诗丛》第十四种，印数仅 3000 册，作者署名红杨树。魏巍在该书《后记》中说："这里所选辑的十篇诗，是在 1945 年冬天至 1949 年初的中间写的。除《好兄弟歌》跟《黄牛还家》以外，都发表在当时华北解放区的《晋察冀日报》《子弟兵报》《冀中导报》和《北方文化》上，幸得我所敬爱的战友孙犁同志的保存和编辑，才使得它在频繁的战争中留了下来并和大家见面，我不能不感谢他。"并说："这部诗集，以《寄张家口》为首，以《两年》（再寄张家口）为尾，描写从第一次解放张家口到第二次解放张家口的战争阶段，特别是张家口从撤退到再度解放的两年，故诗集题名《两年》。"

孙犁在 1950 年 1 月 25 日《文艺报》上发表评介文章："在晋察冀来说，红杨树和曼晴都是新诗运动的播种人。红杨树的诗，在它的风格上说，近于一种低沉的号唤，有时更近于一种悲怆。然而它是有力量的，就是在战场，它也是有力量的。"在首篇《寄张家口》中就有撼人心弦的诗句："同志们 / 用黑豆跟饥饿 / 送过长长的一年 / 饭不够 / 为了让给同志吃 / 大山顶 / 晕倒了机枪射手……"这是写撤离张家口时的艰苦情景。而在《两年》里写收复张家口的战斗情景时，诗句就变得激昂振奋了："仔细听 / 千军万马 / 在那儿 / 欢腾呐喊 / 给我们任务吧 / 请批准我们 / 突击团……"就像进军的鼓点，如冲锋的号角，高亢有力，催人奋进。孙犁先生为此赞叹道："那几乎是一种口号，一种呼唤，对进步的赞扬，对落后的鼓励。" ［阎泽川］

季羡林兼职

20世纪50年代，季羡林在北京大学被评为一级教授，这可是为数不多的荣誉。

他每月工资345元，再加上中国科学院哲学社会科学部委员每月津贴100元，共计445元。这个数字在当时是十分"不菲"的大数目。季羡林曾举例子：那时如果出去吃烤鸭，不过六七块钱一只。因此他得意地说："从工资来看，那是我一生中最辉煌的时期。"

改革开放后，人们工资收入已跟不上物价涨幅。季羡林这位一级教授也成了"工薪阶层"。

这个阶段，季羡林账面上的工资仍是北大教员中最高的。他每月领到的工资，七扣八扣，拿到手的约700元至800元。保姆占一半，天然气费、电话费等，约占掉剩下的1/4。实际留在手的只有300元左右，这些钱要负担全家4个人的吃饭和花销，确实捉襟见肘，至于以往的烤鸭之类，季羡林已是可望而不可即了。怎么办？单纯靠工资，连生活都保证不了。思前想后，季羡林搞起了第二职业。

他的第二职业就是爬格子。不同体裁、不同篇幅的文章寄出后，就时不时地收到全国各地的稿费，乃至很多时候他都不知道是哪一篇文章换来的。

北大外文楼收发室的张师傅说："季羡林有三多，报纸杂志多，有十几种，都是赠送的；来信多，每天总有五六封，大都是不认识的人；更重要的是汇款单多。"每次听到收发室张师傅通知去取汇款单，季羡林就心花怒放，爬格子、写文章的劲头更加高涨。

季羡林没有专门统计过每月的稿费收入能有多少。对每月工资仅剩300元钱的他来说，从事第二职业后就再也没有感到拮据，个人和家庭的生活

水平明显提高，还能有余钱捐给别人或家乡的学校。［姜炳炎］

程小青探案

被誉为"东方的柯南道尔"的作家程小青，因写侦探小说《霍桑探案》享有盛名。而在生活中，程小青也真的成功破了几次案，这使他的推理能力更加广为人知。

有一天晚上，程小青去看电影，散场后发现自己的自行车被偷了。消息传开后，好事者在报上写了一篇滑稽文章，说大侦探霍桑被偷自行车还破不了案。于是，程小青决心一定要亲自侦破并擒住窃贼。

程小青根据现场的各种蛛丝马迹，作了充分的分析，推断小偷是个城里人，而且就住在影院附近，事实也证明了他的推理正确。从第二天起，程小青天天去影院附近散步，终于从修车铺中发现了重大线索，再顺藤摸瓜地抓到了小偷。当程小青开始盘问时，小偷还不停地狡辩，当别人告诉他眼前这位就是大名鼎鼎的"霍桑"时，赶紧低头认罪，并连称"有眼不识泰山"。

精于推理的程小青，也有"失手"的时候。在苏州景海女子师范担任老师时，程小青有个在写板书时摘下眼镜的习惯。有天正上着课，程小青发现眼镜不见了，而且怎么也找不到。调皮的女生们都掩嘴作笑，有的说："程老师，您是写侦探小说的，就当自己是大侦探霍桑，推断一下会是何人所盗？藏在哪里？"

程小青胸有成竹地分析出十多种可能，每一种可能都站得住脚。可是他越讲，女生们就笑得越是厉害。一位女生实在忍不住了，说道："程老师，您回头看看吧！"程小青回头一看，那宝贝眼镜居然晃悠悠地就挂在黑板边上。

程小青尴尬极了，只好自我解嘲道："难怪有句老话说，千钱难买回头看。我是一回头，就得到千钱买不到的宝贝啦！"［陈卫卫］

胡适弃农学文

1910年，胡适以第55名的成绩考取"庚款"留美资格，进入康奈尔大学学习。在专业的选择上，胡适受到当时科学救国、实业救国思潮的影响，"决定选读农科，想做科学的农业家，以农报国"。

但是胡适在康奈尔大学第一学年结束之际，对学习农学就发生动摇了，原因是他对农学不感兴趣。尤其让他尴尬的是"果树学"课程，每周有实习，要求每个学生将几十个苹果分类填表。美国那时有400多种苹果，中国学生对这些苹果不了解，分类让人十分头痛，美国学生能轻松完成，而胡适需要花很长时间才能完成，结果还错误百出。胡适晚年回忆说："在这些试验之后，我开始反躬自省：我勉力学农，是否已铸成大错呢？我对这些课程基本上是没有兴趣；而我早年所学，对这些课程也丝毫派不上用场。"

就在胡适困惑于是否学农之时，辛亥革命成功了，美国各界人士希望了解中国新政府的情况，胡适被邀请去作了几回有关中国问题的演讲，这促使他去研究辛亥革命的背景和领袖人物的生平，因而对政治发生了兴趣，思想随之发生转变。此后，他开始批评当时留学生"重实业而轻文科"的倾向，他在《非留学篇》里写道："为重实科之说者，徒见国家之患贫，实业之不兴，物质文明之不进步，而不知一国治乱、盛衰之大原，实业工艺，仅其一端。若政治之良窳，法律之张弛，官吏之贪廉，民德之厚薄，民智之高下，宗教之善恶，凡此种种之重要，较之机械工程，何啻什佰倍！"

基于上述因素，1912年，胡适毅然放弃农科，改学他偏爱的文史哲，后来成为新文化运动的领袖人物。1917 年，胡适回国前夕，给杨杏佛、梅光迪写了一首诗，表明了他弃农学文的心路历程，诗的末尾写道：

> 从此改所业，讲学复议政。
>
> 故国方新造，纷争久未定。
>
> 学以济时艰，要与时相应。
>
> 文章盛世事，今日何消问？

[洪德斌]

梅兰芳唱戏有"暗号"

1913 年，19 岁的梅兰芳第一次赴上海演出。当时，剧组里的头牌王凤卿为了提携梅兰芳，主动提出让其唱一次"大轴儿"（又叫"压台戏"）。

之前，梅兰芳虽然登台表演过多次，但真正"挑大梁"演出还是第一次。现在，更何况来到这十里洋场的上海"唱大轴"，可以说既有压力也有挑战。为了做到万无一失，梅兰芳特意花了好几天时间排练即将表演的刀马旦戏《穆柯寨》。

演出那天，梅兰芳虽然内心有些紧张，但自我感觉发挥良好，并没有出现任何闪失。然而，等散戏后，还没等梅兰芳来得及卸妆，梅兰芳的一众"梅党"（早期，戏迷们为了支持自己喜欢的角儿，就要"捧角儿"。当时捧梅兰芳的有"梅社"和"梅党"，和现在的"粉丝"一个意思）四五人，便来到后台找到梅兰芳，他们焦急地告诉梅兰芳，说他刚才在台上唱戏时总是把头低下来，如此一来，便会大大减弱穆桂英的气度。经"梅党"们一提醒，梅兰芳也想起自己刚才在表演时，确实时不时地低下头来。为了改掉这个毛病，最后双方协商好，当梅兰芳再在台上低头时，"梅党"们就以拍掌为暗号提醒梅兰芳。

隔日，又到了梅兰芳登台表演的时刻，几位"梅党"早早地就坐于包厢内，眼睛一眨不眨地盯着梅兰芳的表演，看他是否还会低头。果不其然，演出中的梅兰芳又犯了几次低头的毛病，于是台下的"梅党"赶紧拍掌提醒。如是者三五次，惹得旁边的观众还以为这些人看得手舞足蹈得意忘形，其实他们无论如何也不会想到，这些人其实是在给台上的梅兰芳"治病"呢。

后来，梅兰芳在取得事业的成功后，曾深有感触地表示，在剧艺方面，除了得到剧团里许多师父的提携外，也离不开那些一直关注自己成长的"梅社"和"梅党"，是他们默默地支持，才会让自己取得如此的成就。[姚秦川]

杨绛趣话"围城"

长篇小说《围城》是钱锺书先生的代表作，人们对于他的认识多半开始于此。对此，钱锺书说："小说《围城》是我'锱铢积累'写成的，更是杨绛'锱铢积累'读完的。"

1986年，杨绛写了一篇题为《记钱锺书与围城》的文章。文中这样描写："每天晚上，锺书把写成的稿子给我看，然后急切地瞧我怎样反应。我笑，他也笑；我大笑，他也大笑；有时我放下稿子，和他相对大笑，因为笑的不仅是书上的事，还有书外的事。继而他就说自己下一段打算写什么，我就急切地等着看他怎样写。"

"您读了《围城》不难受？"曾经有熟悉的人纳闷地问杨绛。"难受？"杨绛不解地反问。

"有好多年轻人，特别是女孩子，看了《围城》总觉得心里灰灰的，像《围城》结尾说的，这本书'包含了对人生的讽刺和伤感'。"

杨绛说："那要看个人对人生的态度了。一个人要是光看到自己，只为自己打算。费尽心机，等得到了，又总会发现得到的并不是自己所要的。城外的想进来，城内的想出去，剩下的还是寂寂一座'围城'，没有什么好处的。"

"那么，什么是好？"

"人活在世上，首先要做一个人，做一个好人，但是好人也不容易做。"杨绛认真地解释，"第一要有智慧，能分辨什么是好，什么是坏；第二还要有勇气，要敢于去追求；另外又要有毅力去实行。一个人要能为他人做一点事，也自然会觉得快乐的。"

紧接着，杨绛叹息道："好些颇具才能的人，一辈子挣扎着求在人上，耗费了毕生精力，一事无成，真是何苦来也。"继而她又说："人的尊卑，不靠地位，不由出身，只看你自己的成就。是什么料，充什么用。假如是棵白菜，就力求做一棵包心好的白菜；假如是一个萝卜，那就力求做一个水多肉脆的好萝卜。" ［姜炳炎］

胡适的另类"嗜好"

胡适是近现代著名的学者和文学家，因提倡文学改良而成为新文化运动的领袖之一。除了对中国近代史产生了较为深远的影响外，有趣的是，胡适还有另一个鲜为人知的"嗜好"：喜欢给准备结婚的新人当证婚人。

1921年，语言学家赵元任和出身名门的女医生杨步伟邀请胡适吃饭。当时，胡适估计他们饭后就会宣布婚礼，于是提前准备了一本自己考证的《红楼梦》。果不其然，饭后赵、杨二人宣布结婚，胡适适时地送上了自己的贺礼。本来凭借赵、杨两人的社会地位和经济实力，婚礼完全可以办得排场而体面，但他们想打破旧的婚姻制度，最后由杨步伟掌勺，在家做了四碟四碗家常菜，宴请了胡适和另一位证婚人。胡适认为他们的婚礼是"最简单又最近理的结婚式"。第二天，《晨报》以《新人物的新式结婚》报道了这件事。

有意思的是，有了当证婚人的经历后，胡适竟然一发不可收，当证婚人当上了瘾。1926年，陈西滢与凌淑华结婚时，他们也特意邀请胡适作为自己的证婚人。婚礼上，胡适发表证婚演说："中国夫妇只知相敬而不言相爱，外国夫妇只言相爱而不知相敬，陈君与凌女士如能相敬又相爱，则婚姻目的始得完成。"这之后，胡适还先后为革命青年千家驹和杨梨音女士以及徐志摩和陆小曼证过婚。

胡适的一生中到底替多少对新人做过证婚人，似乎不好统计。但有一件事是可以肯定的，那就是不管工作再忙再累，只要对方邀请他前去证婚，胡适都会欣然应允，从不拒绝。用他自己的话说，他喜欢看到青年人由相恋到结合时那种甜蜜幸福的样子，而这种自由恋爱要比包办婚姻更值得提倡。

一贯给人以严肃冷峻印象的胡适，其实也有亲和温暖的一面。[姚秦川]

平襟亚"草船借箭"

在民国时期的上海出版界，小说名家平襟亚被誉为"文人的头脑，白相人的手腕，交际家的应酬"。平襟亚为人幽默诙谐，留下了诸多趣谈。

1928年，平襟亚与朱鸳雏、吴虞公合资创办中央书店，出版各种迎合小市民口味的书籍，然而这些书并没有打开市场销路，刚创办起来的中央书店也一下子陷入了困境，平襟亚心急如焚，日夜思考新的经营策略，以解眼前的危局。

有人给平襟亚献了一计，说目前指导写信技巧的尺牍类书籍非常畅销，如果编纂一部求婚尺牍书，必然会广受读者欢迎。平襟亚感到这方案可行，但一时找不到优秀写手，又没有足够的钱来支付稿酬。正在为此忧心的时候，平襟亚从《三国演义》中的诸葛亮"草船借箭"故事中得到灵感，有了一个"天外奇想"。

平襟亚马上请来一位美女，让她精心化妆后拍摄照片，并且在报上刊登某女士的征婚广告。由于照片上的美人风姿绰约、艳丽非凡，立刻引来众多的"求凰者"，他们纷纷寄来缠绵悱恻的应征情书，其中有的人雕章琢句、费尽心机，有的人因为拙于文辞则请高手提刀。眼见大量情书已到，平襟亚欣喜非常，从中选择出若干篇佳作，汇编成《当代情书大全》，出版后果然成为备受读者欢迎的畅销书。

随着《当代情书大全》的热卖，滚滚财源流向了中央书店，平襟亚可谓妙手回春。而那些痴情的应征者统统成了义务的撰稿人，却还浑然不知。

平襟亚的"草船借箭"计划一炮打响以后不久，他又起了雄心，把注意力转到了最为风行的武侠小说上。由于平襟亚认识许多中学教师，就委托他们在作文课上布置《女侠传奇》的命题，很快就得到近1000篇文章。这些中学生的思路敏捷，又极富幻想，加上本来就读过武侠小说，自然更加写得精彩十足。平襟亚从中筛选出最好的作品，稍加润色修删，便成了一部《七十二女侠》。然后，他在各报上大登广告力加吹捧，竟然使这本书一版再版，让中央书店一下子发了大财，并且一跃成为中小书店中的佼佼者。［陈卫卫］

吴祖光与"二流堂"

1941 年，重庆作为"陪都"，积聚了大批爱国知识分子。有位党的地下工作者唐瑜，把兄长从海外寄来的钱盖了一幢有六七间屋的串夹房。中共南方局以此为场所，给一批年轻而又居无定所的文学、电影戏剧、美术家借住。20 岁出头的吴祖光就经常到此借住。

1943 年，重庆《新华日报》搞创办五周年纪念晚会，演出了改造"二流子"的戏。这些文艺工作者对照自己眼下无固定职业、四处流浪的境况，戏谑是"革命的二流子"，遂把借住的唐宅称为"二流堂"。

"二流堂"实际上成了进步文化人士聚会的场所。周恩来为搞统战工作，常派夏衍、郭沫若等人来探望他们。吴祖光说："'二流堂'是由一群年轻的爱国文艺家组成的爱国集体，宗旨是'团结抗日，文化报国'，单纯得很。""二流堂"的成员后来大多成为名人，故其成员黄苗子以"一流人物二流堂"称之。吴祖光的话剧《风雪夜归人》，就是利用"二流堂"这一平台推出的，它的上演激发了大后方人民的抗战热情。郭沫若的《屈原》、曹禺的《日出》等宣传抗日的进步戏剧，也是利用这一平台推出轰动陪都重庆的。

1949 年后，"二流堂"骨干要么进入文化部、文联、各民主党派做了领导，要么到各大文艺院校执掌教鞭，要么创作出优秀作品，名满天下。这群新中国的文艺骨干怎么也没想到，1957 年的"反右"大潮，把他们一个个打下马来。有的成为囚徒，有的被流放到冰天雪地的北大荒。风光一时的"二流堂"不见踪影。"文革"中，更是把"二流堂"定性为"反革命集团"，其成员受到更大的迫害。

"文革"后，文化部党组的平反通知指出，"二流堂"原来是中共和党外一些倾向进步、要求民主的人士联系的一个场所，对"二流堂"的一切诬蔑不实之词统统予以推倒，凡因"二流堂"受冲击、受牵连的同志均予以彻底平反、恢复名誉。改革开放后，吴祖光再次焕发出创作的热情，完成了《闯江湖》《感天动地窦娥冤》等优秀作品。［**沈治鹏**］

田汉为南泥湾赋诗

1957 年夏初，著名剧作家田汉访问延安，慕名到南泥湾参观。

南泥湾曾是一个穷乡僻壤、野兽出没的地方。抗战时期，王震将军率领 359 旅全体将士开到这里，实行军垦屯田，在短短的 3 年时间里，就把一个"遍地茅草，荒无人烟"的穷山沟，开辟成为"平川稻谷香，肥鸭满池塘，到处是庄稼，遍地是牛羊"的闻名遐迩的"陕北好江南"。

田汉听着随行人员的介绍，看着眼前山清水秀的南泥湾十分高兴。为了深入了解情况，他特意访问了一位在农场建设中作出贡献的女拖拉机手。这位女拖拉机手自幼在革命的熔炉里锻炼成长，后来参军随部队转战陕北。战争胜利后脱去戎装，解甲归田，来到南泥湾农场，成为一名技术娴熟的拖拉机手。田汉为她的事迹所感动，不由得心潮澎湃，诗情洋溢，当场挥毫，写下两首七言诗，对南泥湾农场和这位女拖拉机手作了热情赞颂。

一首《农场》："延安气派已开花，除了棉盐百不差。万树杏梨一弯水，江山如此可为家。"歌颂了延安人民发扬艰苦奋斗的延安精神和"延安气派"，创造出新的奇迹，使这颗"塞上明珠"的"陕北江南"变得更加美好富饶。另一首诗《女拖拉机手》："南泥湾上访农场，猪满山头粮满仓。更有英雄好儿女，拖拉机手白衣娘。曾伴将军战米脂，几番风雨展红旗。应知雅擅庖厨日，犹似高吹号角时。"诗中，对女拖拉机手身着白衣、驾驶着拖拉机的潇洒英姿，和她昔日在战斗中的风雨中，迎着红旗、驰骋疆场的英雄气概的描写，表达了田汉对这位巾帼将士在和平建设中的钦佩和褒奖。

面对这些英雄好儿女和他们亲手创建的锦绣家乡，田汉流露出想留在这块土地上和这儿的人民生活在一起的心愿，也倾吐了他对延安人民无比真挚的深厚情谊。〔阎泽川〕

田汉排演"鱼龙会"

1927 年冬，主持上海艺术大学的田汉为解决办校经费及培育英才，组织部分志趣相投的师生在校内举行戏剧会演。从汉代百戏中由人装扮成巨鱼和巨龙进行表演的"鱼龙曼延"舞蹈获得启发，取名"鱼龙会"。他兴奋地说："我们这些人是鱼，就请两条龙来，周信芳和欧阳予倩，他们是京剧名角。"

师生们借用学校一处旧教学楼的大厅，亲自动手，改造成可容纳百十人的小剧场。15 平方米的平台算是舞台，学生戏称为"窗洞"舞台。

12 月 18 日下午 2 时，首场演出拉开序幕。田汉发现满座观众，全是本校师生。直到演出过半，才来了一名校外观众。他是光华大学的一名厨师，偶然得到一张赠票，权当消遣而来看戏。这时台上正开演《父归》，写一个荒唐的父亲，年轻时抛弃妻子儿女，带着不正经女人浪迹江湖，晚年穷困潦倒，才回到家里来。老妻和其他家人都愿意老人留下来，长子却坚决反对。陈凝秋饰演追悔莫及又深感内疚的老人，大段表白，字正腔圆，真挚感人。厨师含泪看完全剧，回去后逢人便说："戏好极了，全场客满，只是太苦，看不下去，逼得我哭着回家。"他的义务宣传达到很好的效果。第二天，一批光华大学师生慕名而来。此后，消息传到复旦、中国公学等高校，观众越来越多。

星期六夜场是最后一场演出，不少文艺界和新闻界人士前来捧场，有郁达夫、徐志摩、徐悲鸿、余上沅、黄药眠、叶浅予、周瘦鹃、王泊生夫妇等。剧目有《画家与其妹妹》《苏州夜话》《名优之死》等。

当晚压轴戏是欧阳予倩编写的六幕京剧《潘金莲》。这部戏一反传统的叙事方式，大胆地把潘金莲作为叛逆女性来描写，让人耳目一新。在戏中，周信芳饰武松，欧阳予倩饰潘金莲，高百岁和周五宝分演西门庆和王婆。这是话剧演员和京剧名角同台演出的一次盛举。当周信芳扮演的武松追问何九叔时，用刀往桌子上一戳，两眼一瞪，手提何九叔，气势非凡，形象逼真，台下观众连声喝彩。

演出结束后，田汉跑到后台，称赞周信芳简直把武松演活了，真不愧为伶界大王。徐悲鸿也很感动，回家后欣然命笔道："翻数百年之陈案，揭美人之隐衷；入情入理，痛快淋漓，不愧杰作！"

鱼龙会共举办 7 天，每天日夜两场，几乎场场观众爆满。那段时间，上海艺大像过年一样，到处充满着喜庆和欢乐的气氛。［郦千明］

齐白石的"多此一笔"

京剧大师梅兰芳过 30 岁生日时，齐白石和凌文渊、陈师曾、姚茫父、王梦白等几位画家一起去梅兰芳家中庆祝，这几人都是梅兰芳在学习绘画时拜的老师。

到达梅兰芳家之后，陈师曾建议，干脆大伙合作一幅画，送给弟子梅兰芳作为生日礼物。陈师曾的提议当即得到其他几位的赞同。很快，大画家凌文渊第一个拿起画笔，他略一思索，便在画纸上画了一株枇杷，这株枇杷一下子占去了整个画纸 2/3 的篇幅。

第二位动笔的是姚茫父，他娴熟地在枇杷的旁边又画了蔷薇和樱桃。此时，整个画面一下子显得生机盎然起来。轮到陈师曾时，他不紧不慢地在画面的最下面画了一排竹子和一块山石。如此一来，整幅画作基本上已经被画得满满当当。倒数第二个动笔的是王梦白，由于画面上的空白之处实在有限，他就顺势在那块山石的上面画了一只八哥。众人看后，全都会意地笑了起来。

最后轮到齐白石动笔时，这张画作已经基本完成，似乎没有再添补的地方了。此时，大家都将眼光投向齐白石，看看他还能再在上面画些什么。齐白石仔细地端详着那幅画作，略微思忖后，谦虚地对大家说："此画作已经非常完美了，我就随意地'多此一笔'吧。"

说完，齐白石拿起画笔，对着那只张开嘴的八哥，在它的前面画了一只小蜜蜂。很显然，这只蜜蜂是八哥觅食攫捕的对象，它一下子使整幅画变得栩栩如生。更关键的是，由于多了一只展翅飞翔的小蜜蜂，这幅画的整个布局、意境都有了很大的改变，看上去特别传神生动，可算得上是画龙点睛之笔，众人看后立即齐声喝彩。［姚秦川］

"中国的保尔·柯察金"吴运铎

20世纪50年代，被誉为"中国的保尔·柯察金"吴运铎的自传体小说《把一切献给党》出版了，全书洋溢着革命英雄主义和革命乐观主义精神，被人们誉为"生活的教科书"，鼓舞着那一代人积极进取奋发向上。谢振声在《吴运铎和〈把一切献给党〉》一文中介绍了吴运铎的非凡经历。

抗日战争时期，我们的人民军队非常缺乏武器弹药，兵工厂的条件十分简陋，一切都从零开始，白手起家，经常利用从敌人手中缴获来的武器弹药作为修制枪弹的原料。吴运铎在书中回忆道："民兵同志们常常拿着他们拆来的钢轨和我们兵工厂换手榴弹和地雷。""炸药的来源多半是敌人打过来的炮弹没有爆炸，我们把它挖出来，再装在自己炮弹里打敌人……"

1941 年，吴运铎接到上级关于"前方等着炮弹，务请尽一切力量，提早修好"的命令，便带领同志们连夜抢修一批打扫战场时收集到的不能使用的迫击炮弹。他冒着生命危险，拆下各种敌人打过来没有爆炸的炮弹上的雷管，以取得引爆药（雷汞）。正当他从一个大雷管里挖炸药时，不料雷管在他手中爆炸，顿时血肉横飞，他的左眼被炸瞎，左手四指被炸断。但伤痛并不能摧残他的意志，他以苏联英雄保尔·柯察金为榜样，伤愈后仍然不顾个人安危坚持钻研和临场进行炮弹试验。他曾三次负伤，全身伤口达一百多处。他热爱学习，渴求知识，勇攀科学技术高峰。在异常艰难困苦的情况下，为了狠狠打击日本侵略者，他在皖南乡村用简易方法先后设计和研制出步枪、手榴弹、定时地雷、枪榴弹、平射炮等武器。

新中国成立后，吴运铎以坚韧不拔的毅力，克服文化低、身体残的困难，写成了自传初稿，以《我是劳动人民的儿子》为题，在《工人日报》上连载，后经过多次修改后正式出书《把一切献给党》。书出版后在社会上引起巨大反响，他生命不息、战斗不止、顽强拼搏、刻苦钻研的精神深深地鼓舞着青年一代。［阎泽川］

徐悲鸿的"悲鸿生命"

徐悲鸿酷爱收藏，很多藏品都是历尽坎坷而得来。他曾经刻有一枚印章，刻有四个字："悲鸿生命"。可以说这四个字是他一生酷爱艺术的写照。

徐悲鸿收藏古今中外著名艺术品，真是不惜任何代价。从国内到国外，无论走到哪里，都要尽力收集。

1919 年，徐悲鸿赴法国留学，在留学期间他被校外老师达仰的油画作品《奥菲利亚》深深感动。身无分文的他求助朋友，得到慷慨相助，如愿以偿购得此画。1921 年，他在德国柏林居住时，就负债收藏了大量的美术品。

新中国成立前，徐悲鸿住在北平时，经常去琉璃厂旧画摊。当他发现一张好画时，情不自禁地说："蛮好！蛮好！起码得值个……"那些画商都很了解他的脾气，听他这么一说，立刻趁机抬价。还有很多画商上门推销，总是天不亮就围满了徐悲鸿的家门口，等房门刚一打开，画商蜂拥而至。按老规矩，徐悲鸿总是先请他们吃早餐，吃罢早餐后，他们便一一展示自己带来的藏品，徐悲鸿一旦看中便慷慨解囊。为此，他夫人不知说过多少次这样"责备"他的话："你看着好，心里有数不就行了吗，何必自己去抬高价钱呀！"徐悲鸿觉得妻子这话也有道理，于是接受了，表示下次注意。可是，当他再次看到好画时，此"错误"却一犯再犯。

徐悲鸿曾收藏一幅唐代名画《八十七神仙卷》，这是珍贵的人物画。这幅名画，是他 1938 年在香港时高价买来的。但在 1942 年左右，这幅"神仙卷"不幸失踪了。当时他在昆明，到处寻找，毫无踪影，他因此十分悲伤。到 1943 年，才在成都找到。失而复得的高兴劲，简直无法形容。他对妻子说："我已死之心，又得复活了。"

1953 年，徐悲鸿在北京逝世后，夫人廖静文将他收藏的绘画精品 1200余幅全部献给国家。如今，这些藏品一直珍藏在北京徐悲鸿纪念馆，使不朽的"悲鸿生命"得以延续。［冯忠方］

梁思成为父造墓

1925 年，梁思成还在美国宾夕法尼亚大学学习建筑学。一天，他意外地收到了父亲梁启超给他写来的一封信，信中除了常规的关心和问候之外，还随信寄去了北宋《营造法式》（中国古代最重要的建筑典籍）一书的重印本。梁启超在信的结尾处写道："希望你能努力研读这本著作，相信它会为你的学习带来很大的帮助。"

父亲寄来的这部书，在青年梁思成的心中种下了研究与传承中国古代建筑遗产的种子，同时也为他毕生的事业指明了方向。在美国求学期间，梁思成将此书来来回回看了好几遍，里面的内容他几乎能背下来。

1929 年 1 月，梁启超因病去世，悲痛不已的梁思成想到父亲送给自己的那本书，忽然萌生了要为父亲设计一座墓园的念头。他的这个想法立即得到了亲人们的支持，立即全身心地投入到墓园的设计工作中。

经过一年多的努力，到了 1931 年，一座充满了中国建筑文艺复兴精神的建筑小品——梁启超墓园，建在了北京香山的植物园里。墓园坐北朝南，其他三面青山环抱，独南面敞开，为典型的"负阴抱阳"之风水佳处。

整个墓园的精华位于墓碑西南面——这里矗立着一座八角形纪念亭，为全园最庄严精丽的建筑。亭子通体石构，立于双层八角形台基上，东南西北四面辟门，层顶为八角形叠顶，覆以碧绿琉璃瓦。亭内藻井雕莲花纹样，雍容大气，颇具洛阳龙门宾阳洞之气魄。墓园一建好，就以其古雅厚重的造型为人称道。

墓园的建成，也是梁思成对父亲最好的纪念———正是从这时候开始，梁思成加入了中国第一个研究古建筑的学术机构"中国营造学社"，开始了自己毕生不辍的中国建筑史研究。而亲手为父亲设计的这座墓园，也成为梁思成人生中最杰出的"代表作"之一。 ［姚秦川］

吴祖光作《凤凰城》

　　1937 年，年仅 20 岁的吴祖光非常偶然地写出了话剧处女作《凤凰城》，并一演成功，从此走上了戏剧写作的道路。

　　抗战爆发后，时任国立戏剧学校校长秘书的吴祖光收到父亲寄来的《东北抗日义勇军烈士苗可秀传略》，这本书详述了苗可秀在东三省沦陷日寇之手后，离家奔赴战场组织东北抗日义勇军与日军作战、屡建战功，但最终被俘，在日军劝降中宁死不屈、以身殉国的经历。吴祖光的父亲建议他用这份材料写一个话剧。

　　吴祖光被苗可秀的英雄事迹深深地感动了，虽从来没写过剧本，但还是决心完成父亲交给的任务。他觉得题材还略显不足，故事组织不起来，又在街头找到一本题为《义勇军》的小册子，里面刊登的是七八个东北抗日英雄人物的简短传记。故事不长，然而人物性格鲜明，生动有致。最后就借用这些人物的事迹，加上自己的想象，组织成一个四幕剧本故事。因为苗可秀是在一次激战后被俘的，日寇劝降不屈牺牲于凤城县，所以题剧名为《凤凰城》。他把剧本交给在校任教的剧作家曹禺先生，曹禺看后十分高兴，肯定地说这是一部好戏，并且认为这正是抗战的形势之下最需要、且还没有产生的剧本。由于全民抗战来得迅猛，当时所有著名的、成熟的作家都还来不及写出反映抗战题材的多幕大戏。而《凤凰城》正符合了抗战的需求，脱颖而出。

　　《凤凰城》首演于 1938 年秋在重庆国泰大戏院举行。正好剧中人当年的东北大学校长，也是苗可秀校长的王卓然先生来到重庆，另一个剧中人赵侗也来到重庆，他是东北青年铁血军司令苗可秀牺牲后的接班人。这两个剧中人都参加了《凤凰城》的首演式，演出十分轰动。《凤凰城》是全民抗战以来第一个以抗战为主题的多幕大戏，也是抗战以来演出场次最多的戏，演遍全国及港澳东南亚未被日寇侵凌的地区。

1939 年 1 月，邹韬奋创办的生活书店在重庆出版了《凤凰城》。[阎泽川]

女兵作家谢冰莹

谢冰莹是我国现当代作家中最具传奇性的人物之一，也是五四运动后期崛起于中国文坛、具有相当影响的女作家。

1926 年，谢冰莹被母亲逼婚，她坚决不从，恰逢北伐军从广东经湖南打到武汉，由黄埔军校改名的"中央军事政治学校"在武汉招收第六期学员，破天荒招收中国第一批女兵。在招收的 200 名女兵学员中，谢冰莹考了个状元。与男兵一样，她们被编成女兵方队，进行相当严酷的军事和思想训练。

1927 年 5 月，女兵队奉命挑选出 20 人组成宣传队，随军北伐，被编入"中央独立师"，赴汀泗桥与敌人交锋。但不管形势多么险恶、战斗多么残酷，每当战斗间歇，谢冰莹总是抓住每一分钟，以石块当板凳，以膝盖当书桌，开始了另一场写作的战斗。她把写好的一篇篇带着硝烟和炮火气味的战地日记，寄给时任《中央日报》主编孙伏园代为保管。当时北伐前线没有随军记者，孙伏园收到谢冰莹的战地日记如获至宝，便连续在《中央日报》刊出，引起相当大的反响。谢冰莹从前线归来时，已成了一个众人瞩目的女兵作家了。林语堂对她的战地日记情有独钟，也一篇篇加以翻译，并装订成册，在《中央日报》英文版发表，谢冰莹从此成为一个具有国际影响的中国女兵作家的传奇人物。

谢冰莹的第一部代表作《从军日记》问世后，引起相当大的轰动，发行了十几版，与其后的《一个女兵的自传》一同被介绍到国外，译成英、日、法、韩等各国文字出版。法国大文豪罗曼·罗兰给她写亲笔信，鼓励她："我从王德耀先生译的法文版《从军日记》中，认识了你———青年而勇敢的中国朋友。你是一个努力奋斗的新女性，你现在虽然像一只折了翅膀的小鸟，但我相信一定能冲出云围，翱翔于太空之上的。朋友记住，不要悲哀，不要消极，不要失望，人类终究是光明的。我们终会得到自由的……"　［阎泽川］

田间与"街头诗运动"

1934 年，田间在上海参加左翼作家联盟，读了大量革命书籍，苏联诗人马雅可夫斯基的革命精神及其名言"诗到广场去"对他产生很大影响。抗日战争爆发后，田间准备北上延安，由上海到武汉，住在一家小报馆，一夜之间，他激情满怀地写成激动人心的长诗《给战斗者》。

1939 年初夏，田间随西北战地服务团从前线回到古城延安。有一天，田间与诗人邵子南到延安文协去看望诗人柯仲平，大家谈起诗如何到群众中去的问题。结果商议利用和吸收民间诗的传统，搞个街头诗运动。柯老是个痛快人，容易激动，他说："好啊！好啊！"于是西北战地服务团战地社和延安文协的诗友们，马上着手写"宣言"，写街头诗，定 8 月 1 日为"街头诗运动日"。

街头诗的主要目的是鼓舞大家抗战，到前线去，8 月 1 日，延安大街上，横挂起"街头诗运动日"的长红布，大街小巷，大街中心到处张贴着街头诗，还印了小册子和《街头诗运动宣言》。手执红缨枪的边区自卫队员们和许多群众都站在街头诗旁，一面看，一面念。田间的《假使我们不去打仗》、柯仲平的《杀敌去》就是这时写的著名街头诗。街头诗运动，很快传播到各个抗日根据地。随后，枪杆诗、岩头诗、诗传单一时四处兴起。

街头诗运动，在抗日前线和抗日敌后根据地的各个剧社、报社、宣传队、文救会、学校、部队等各个方面蓬勃地展开。街头诗受到人民群众的喜爱与欢迎，作者们把口号的内容和故事形象化、诗化了，又短小精悍、生动明快，像一把把匕首，出现在各地区，起到了动员群众、慰劳战士、打击敌人的作用。

1943 年，闻一多先生经朱自清介绍，读到田间的诗集《给战斗者》，不由得击节赞赏。他在昆明西南联合大学"唐诗班"点评田间诗作，赞扬其为"擂鼓的诗人""时代的鼓手"。他说："这些诗里没有'弦外音'，没有什么绕梁三日的韵味，没有什么技巧，只是一句句朴质、干脆、真诚的话，简短而坚实的句子，就是一声声的鼓点，单调，但是响亮而沉重，打入你的耳中，打在你心上。""我们的民族正走到我们历史的一个转折点……这是一个需要鼓手的时代，我们需要更多这样的时代的鼓手！"　[阎泽川]

初版《辞海》的题词

2016 年底，《辞海》迎来 80 华诞。当年《辞海》首版时，编印者为了庆祝它的诞生，请了 1000 位名人要人为它题词。其中有时任国民政府主席林森、国民党中央组织部长陈立夫和南京图书馆馆长柳诒徵等，题词言简意赅，对《辞海》一书的作用表示了赞赏。

时任中央研究院院长蔡元培题词为："吾国最古之辞书为《尔雅》，其后一方面演而为《广雅》《骈雅》等小学书，一方面演而为《初学记》《太平御览》类书。清初分编《康熙字典》《渊览类函》《佩文韵府》《骈字类编》等书。检阅之便，可云空前。但行世已二百余年，科举既废，文学革新，而科学新词日益孳乳。清初之作又病其不适用。中华书局于是有《辞海》之编，收单字一万三千余，犹《尔雅》'释诂''释言'诸篇；收复词十万余条，则犹'释训'以下诸篇。而其内容之丰富与扼要，又适合于今人之所需，诚用用之书也。"

邵裴子的题词也从各方面细致讲述了《辞海》一书的长处："辞书之作，贵于博采，尤贵于慎择。采之不博，则遗漏多；择之不慎，则取舍谬。遗漏多而取舍谬，则其为用亦寡矣。中华书局辞海之纂成，历年二十，从事者百余人。观编印缘起之所述，盖撰成者三十万余。而选存者仅三之一。固可知其采之博而择之慎矣！其所收新旧辞，均以应用为主。勿滥勿漏，足为普通辞书准绳。且引书悉著篇名，打破自来援据含混之病。尤便于学者观其样张。所载辞目既富，而注释则采事博征，文富说明，详一脔之尝已可知味，且收释单字甚备，实以辞典而兼字典。学人行箧携此已足。吾国已有之辞书，固不独以此书为晚出，且亦以此为兼美矣。读编印缘起，知主持者尚有经营一部百万条大辞典之宏愿，则此日详明之辞海尚属先河。冀及予之未衰，犹得见而用之也。" ［李传玺］

民国时流行烫发

烫发是源自西方的发型塑造艺术，起初是用碱和蒸汽使头发卷曲，但蒸汽调节稍有不当，头发就会有被烧焦的危险。随后，电烫法被发明并流行起来，于第一时间传入中国上海，在1928年上海的《图画时报》里，即刊载了当时欧洲最新的烫发机。

烫发在上海一直是时髦，据1935年的《大地》一书记载，在某理发厅里，"除了白衣服的理发师外，都是花枝招展的女人，已经有八只粉头，分嵌在左右的镜子里，忙着的在烫发，还有六位姑娘却坐着，静静地等那空缺"，可见烫发之受欢迎。职业女性们往往有时尚意识、闲暇时间和经济能力，十分注重自己的形象，纷纷烫发求新。有意思的是，个别人因未烫发而不被人重视，甚至会因此受到排挤。

烫发最早流行于高收入阶层，因价格多者要耗费一百多大洋，少者数十元，再少些也要八元左右，实非一般人能消受。后来，随着理发店的增多，烫发技术的提高，价钱趋于便宜，仅需四角大洋左右，所以包括夫人小姐、丫头阿妈或女学生等都可踏进理发店内，实现自己爱美和"追星"的目的。关于发型，年轻女人喜欢头发束成马尾辫，烫出刘海儿，拉出波浪，更为流行的是从额前到脑后纵向烫出许多波浪，许多现存的民国图片，我们都能一睹这些发式的风采。

事实上，民国政府一度禁止女性烫发，但禁令终成一纸空文。到20世纪40年代，烫发之风已经遍及民国各地，以至"市上烫发的女子""触目皆是"。﹝付振双﹞

于右任阅兵

于右任先生是我国近现代著名的政治家、教育家、书法家，早年加入同盟会，是民主革命的先驱者，国民党元老。吴宗汉在《于右任先生王曲阅兵》中回忆了一则于先生阅兵的轶事。

1941年11月26日午后三点钟，在西安城南王曲镇的旷野里，国民党中央陆军军官军校第七分校万余学生排着整齐的行列，等候着国民党监察院院长于右任先生驾临检阅。

阅兵开始了，阅兵官的马队在军乐声中缓慢地进行着，于先生身穿中式黑色大褂，长长的胡须、高高的额骨，显出他已秃的头顶，但是两眼却炯炯有神，面庞和他那有名的胡须一样，看上去非常清朗。

等到阅兵官的马队越过了长长的行列，又慢慢地绕回阅兵台的时候，阅兵司令一声"集合！"几分钟的工夫，延伸差不多二里的长队，马上变成一个凹字队形，面向阅兵台肃立着。于先生登上阅兵台开始演讲，刚开始缓慢的声调，逐渐地拉大了，有安慰、有鼓励，也有呼喊，在场的人可以听得清每一个字："……终南山，顶上白白的雪块，田野里绿绿的麦子，你们在这样的环境里，接受这样的新式教育……""同学们只要你们努力，将来一定可以成功……""胜利是必然要胜利的，但是要看怎样地去获取胜利，我们不可在任何条件之下使日本退兵，我们一定要把日本鬼子打出去……""抗战四年，这么大的损失要谁来赔偿？我们决不能轻易地让日本鬼子跑掉，这是我们每一个同志的责任！……"

于先生用力地挥摆着臂膀，语句是那么坚定而有力，像无数利刃刺着在场的每个人。演讲结束后，他拂着长长的胡须缓步走下阅兵台，步入汽车，在众目注视下离去了。他那简明而有力的训导，深深地在众人脑海里不停地激荡着。［阎泽川］

赵树理办报抗日

赵树理参与编辑的第一份小报，是杨献珍创办的《黄河日报》(路东版)。他负责编辑该报的副刊《山地》。早在山西省立第四师范学校读书的时候，赵树理就产生了用新文学拯救农民思想的念头，并且付诸实践，然而遭到了失败。这使他意识到"新文学的内容固然是进步的，但形式却不为劳动人民所喜闻乐见"。因此，当他编辑《山地》副刊时，"便把多年的理想化为现实中，形式上鼓词、快板、童谣、故事等无所不包"。《山地》以发动人民抗日、揭露阎锡山反共反民主的阴谋为目的，赵树理用他所熟悉的民间艺术形式和鲁迅的笔法来编辑这个副刊，使之形式多样，内容丰富，"与任何报纸的面貌都不一样，贴在各县城的街道上，凡认得字的都愿看看，往往弄得路为之塞"。

1940年8月1日，《中国人》周刊创刊，赵树理又担当起编辑《中国人》的任务。这是一份专门发往敌占区的小报，八开四版，铅印。第一版为社论《老实话》及要闻；第二、三版为新闻，也有言论；第四版为副刊，开头无刊名，从第二十期（1941年4月16日）起副刊名定为《大家看》。为了使这份小报通俗生动，起到让敌占区同胞认清日伪真实面目的作用，赵树理在专发社论及要闻的第一版上，开辟了《老实话》和《鬼话正解》等专栏，或从正面阐述抗日救国的道理，或从反面将日伪的反动言论如"经济提携""王道乐土""同种同文"等加以尖锐的批驳，让敌占区人民认清日伪灭我家园，毁我国土的罪恶阴谋。在副刊《大家看》上，他采用了小说、诗歌、话剧、鼓词、快板、民间歌谣等各种形式来揭发敌人的丑恶嘴脸，宣传抗日根据地的新事物和新的政治概念。

赵树理独立主编的这份通俗小报，形形色色的文章基本上都出自他的手笔，里里外外的编务也由他一人包办。他自己查字数，排版样，在石印药纸上写出各种字体的标题，还要配上插画、连环画和活跃版面的装饰画，并且从头到尾地进行校对。为此，他曾作打油诗一首：《中国人》报，《中国人》报，一个编辑姓赵；他编、他写、他校，别看报纸小，作用可不得了；写篇小鼓词，快板句句妙，小评论、小报道，大半作品老赵包。［阎泽川］

启功被"入伍"

　　1971年冬，被打成"封建余孽"的启功在自己任教的北京师范大学被勒令接受监督劳动。有一天，启功正在校园里扫地，忽然学校的军代表派人把他找了去。一进门，军代表就问："你就是启功？"启功赶忙认真地回答："我是启功。"军代表把他从头到脚打量了一番，然后郑重地宣布："接上级电话通知，你从即日起就算正式入伍了。"听到军代表的话，启功没有一点思想准备，他甚至怀疑自己的耳朵出了问题：一个被监督改造的"老右派"，怎么一下子就成了人人羡慕的子弟兵，这变化也太大了吧？何况他是一个年近六旬的老头子，也拿不动枪啊！

　　启功心想，一定是搞错了，便壮着胆子问了一句："你们是不是搞错人了？"军代表一愣，说："这学校里不就你一个叫启功的吗？"启功说："是啊！""那还会搞错吗？你赶快收拾一下，下午就去报到！"启功一听这不是儿戏，那就问一问到哪里去参军吧："那到哪儿去报到啊？"军代表说："电话里只说调你去24师工作，你就去师部报到吧。"启功又是一愣，在北京生活了这么多年，还真不知道北京有个24师。启功又问军代表："那师部在哪儿啊？总得有个地址吧？""好像说是在王府井大街36号。"启功一听这地址，乐了，那儿不是中华书局吗！

　　原来，这是上级要调启功去参加《二十四史》的点校工作，具体是点校《清史稿》。可军代表竟听成是24师了，差点让启功去入伍当兵。就这样，启功当天下午就赶紧到中华书局报到了。 [夏明亮]

谢六逸编辑"三字诀"

我国现代著名新闻教育家和报人谢六逸在报刊编辑领域建树颇丰，曾经总结出编辑的三字口诀：忍、狠、等。他幽默地说，这是中国赌徒的三字诀，但也是编辑应当学会的本领。

谢六逸解释说：所谓"忍"，就是拉稿不要怕碰钉子，"要脸皮厚"，暂时得自称"百忍堂主"，目的就是把好文章都用在自己的杂志上登出；所谓"狠"，就是对于佳作，在稿费上给以高报酬，算稿费时，不能小家子气；所谓"等"，有时编辑、记者索稿要到作家家中坐等，甚至住在"附近的旅馆里等候三四天"。这"三字诀"，实质上是要求编辑记者要有高度的竞争观念，充分发挥竞争才干，设法组到质量高的好稿件。

谢六逸在抗战前编辑《立报》副刊《言林》时，就使用了这一三字诀。《言林》发刊以前，他给包括名家如鲁迅、茅盾、郑振铎、郭沫若、郁达夫、林语堂、徐蔚南、陈子展、王任叔、邹韬奋等在内的作家发了征稿信100多封，有的很快来稿，有的姗姗来迟，最后都显示了三字诀的威力。

1937年9月，《言林》发刊二周年，出版纪念特刊，邹韬奋应约写了一篇《同道相知》，邹说："十天以前，我就接到本栏编者谢六逸先生的一封拉稿信，说'九月廿日为敝报二周年纪念，拟恳惠撰短文一篇，刊于《言林》。'记得二年前谢先生创办《言林》的时候，承他不弃我，给我一封拉稿的信，未被他拉住，谢先生一拉拉了整整二年而未放手，这可以说是《立报》之所以成功的努力精神的象征。" ［阎泽川］

黄炎培 1949 年北上

1948 年 4 月 30 日，中共中央发布五一口号，倡议"各民主党派、各人民团体、各社会贤达，迅速召开政治协商会议，讨论并实现召集人民代表大会，成立民主联合政府"，立即获得各界人士的广泛赞同和响应，大批民主人士秘密北上。

民主建国会领导人黄炎培一行，先在中共地下党组织的掩护下，秘密离开上海赴香港，于 1949 年 3 月 14 日登船北上。

据《黄炎培日记》载，这次航程需一周，途中他读书、作《海行》诗："这不是我的家吗？好一片大陆……"兴奋之情，溢于言表。

3 月 23 日，天津市政府交际处秘书王兆和来迎接，黄炎培得知当年解放区干部实行"包干制"，每月小米 6 斤至 9 斤，他认为这样"采民主制，利益公平"。

3 月 24 日，黄炎培的行程很满：上午先到解放路新华银行与经理范希村见面，又到久大盐业公司造访李烛尘，还约见了商务印书馆经理；午后到天津市政府与吴砚农秘书长见了面；傍晚，黄炎培又回到新华银行，应邀向全体行员演讲；晚餐后，《进步日报》（原《大公报》）的经理徐盈来访交谈。

因得知第二天毛泽东等中共中央领导人将抵达北平（今北京），3 月 25 日早晨，黄炎培等到天津东站乘火车继续北上。10 时许，一行人抵达前门车站，董必武、李维汉、齐燕铭迎接，往六国饭店下榻。

当晚，毛泽东邀请 20 位民主人士在郊外共餐。对于这次聚餐，黄炎培在日记中叙述说："聚谈甚欢，夜 1 时半，餐会始结束。"

第二天，毛泽东又单独在双清别墅设餐招待黄炎培，席间，黄炎培"畅述所见"。因为黄炎培 1945 年访延安，与毛泽东有着名的"窑洞对"，两人在这次交谈中结下了更加深厚的友谊。〔陈凯〕

奥运轶闻

奥运会是一个大派对，而每当我们从激烈的赛事中舒缓下来，回顾会场发生的奇闻趣事，同样让人难以忘怀。

1896 年首届奥运会，英国牛津大学的学生博兰正好在雅典旅游，热爱网球的他随身携带球拍，他被赛场火热的气氛所感染，遂现场报名，挥拍上阵。结果打遍全场无敌手，成为奥运史上第一个网球单打冠军。

同届奥运会的 100 公里自行车比赛，运动员要在场内骑行 300 圈。法国选手弗拉明一直领先，把对手落下好几圈。突然，他发现希腊人科列蒂斯停下来，原来是赛车坏了。当时规定不准更换赛车，修不好只能退出比赛。弗拉明立即停下帮助希腊选手修好车，再重新启程。最后他仍夺得了冠军。

1904 年美国圣路易斯奥运会的马拉松比赛，来自古巴的邮差卡哈尔，一上场就备受关注。他从未受过正规训练，身着长衫、长裤和皮靴。好心的观众临时帮他剪短了长衫和裤子，并借来一双轻便的鞋子。比赛时他一直跑在前面，途中饥渴难耐，便跑进路边的果园，吃了几个苹果，最后跑了第 4 名。

1984 年洛杉矶奥运会，组织者尤伯罗斯把大量的商业元素引入奥运会。圣火传递在美国的总里程是 1.5 万公里，尤伯罗斯决定，捐钱者可举火炬跑上一程，结果 1.5 万公里共售得 4500 万美元。希腊方面认为尤伯罗斯的行为玷污了奥运圣火，拒绝美国前去奥林匹亚山采集火种。尤伯罗斯也不妥协，他买通在雅典留学的两名瑞士留学生，趁假期到奥林匹亚山游玩之机偷偷采集了火种并录像，以证实火种确实是在雅典采的。时任国际奥委会主席萨马兰奇了解此事后，深知使用偷来圣火的严重后果。后来，萨马兰奇多次斡旋，希腊方面才终于允许美国重新举行了正式的圣火采集仪式。〔姜炳炎〕

唐群英三次"大闹"

妇女运动领袖唐群英又称为"唐八先生"。这个称号在当年名噪一时，因为她带领娘子军三次"大闹"，上至参议院，下至报社。

1912年2月初，中华民国临时参议院起草的《中华民国临时约法》没有"男女平权"的条文，唐群英得知后，立即筹建女子参政同盟会，打出了"要求中央政府给还女子参政权"的口号，并多次上书。要求被拒绝后，唐群英率领一群女子于3月20日，冲进了参议院会场，这就是当时轰动全国的"大闹参议院事件"。

1912年4月，临时政府北迁，同盟会以宋教仁为首的改组派把纲领中的"主张男女平权"的内容删掉了，唐群英闻讯，当即提出抗议。8月25日，国民党召开成立大会时，新纲领仍没有恢复男女平权的内容，唐群英与王昌国等人在众目睽睽之下打了宋教仁一耳光，时任参议院议长的林森出来劝解，还未动口，也被打了一下。打耳光是小意思，按照唐群英的主张，对不承认男女平等的人，她们是要用炸弹、手枪对付的。最后在孙中山的劝解下，一场对男人的战争才没有打起来。这是她的第二闹———"大闹国民党成立大会"。

唐群英可谓当时的女中豪杰，仰慕的男士众多，一位男士在1913年2月于《长沙日报》上登出了一则通知，说于某年某月某日，自己将和唐群英结婚。唐群英得知后，带人到报馆兴师问罪，要求报社更正错误。主编说那是广告，哪有更正广告的啊，这不是自己打自己耳光么。双方都不退让，最后不得不闹到官府。时任湖南都督的谭延闿也没有解决办法，最后只得自己掏腰包解决此事。这就是她的第三次"大闹"———"大闹长沙日报馆"。

唐家以出了这么一个女子豪杰而感到自豪，破例将她列入唐氏族谱，称她为"唐八先生"。 [胡亚东]

谢六逸的《开场白》

　　谢六逸不仅是著名作家、教授，还是一位出色的编辑家，是我国新闻学教育的开拓者之一。陈江在《谢六逸的编辑生涯》（《贵州文史资料选辑》第 29 辑）一文中讲述了谢先生的编辑生涯，他先后办过 10 多种报刊，尤其是他编辑的《立报》之《言林》副刊，因风格独特被时人称为"言林体"。

　　《立报》是老报人成舍我先生于 1935 年上海创办的，读者对象是文化界、教育界人士。《立报》提倡新闻大众化，提倡文章短小精悍。这份报纸的名称就暗示这个意思，即站在马路边或挤在电车上都能把文章看完。为适应报纸这个总的要求，谢六逸在《言林》创刊时写过一篇极短的《开场白》：

　　本报的标语是"五分钟能知天下事"，因此我的开场白只能花费阅者五秒钟。小型报跟短文章，现在很流行，这是因为大众很需要它们的缘故。现代人过着劳苦挣扎的生活，只能够看看小型报跟短文章。报纸面积虽小，小中可以见大。文章不怕短，短中可以见长。篇幅虽然紧缩，品质却已增高，这就是我们的希望。这块草地，从今天开放，凡对人生社会、百般问题，喜欢开口的人，都请到这里来谈天。

　　这篇《开场白》加上标点才 180 个字，却能将提倡短文章的意义、《言林》的编辑方针和约稿要求等内容，都谈得清清楚楚。文字平淡，却又很风趣，以一种轻松、随和的气氛与广大作者、读者沟通感情，建立起共同的心理意向，达到编辑意图。在他主编《言林》的两年多时间里，团结了一大批知名的文化界教育界人士：郭沫若、茅盾、郁达夫、巴金、老舍、朱自清、王任叔（巴人）、曹聚仁、夏衍都到《言林》"这块草地"谈天，各抒己见。〔阎泽川〕

陈垣给《人民日报》挑错

陈垣是我国著名历史学家、文献学家，在史学、宗教学，包括医学等多个学科领域都成就斐然。新中国成立后，他以 79 岁高龄申请加入了中国共产党。

生活中的陈垣，关心时事政治，每天读书看报。1961 年 1 月 23 日，他看了《人民日报》上刊发的《从借书谈起》（作者邓拓，时任中共北京市委书记处书记）一文后，当天就提笔给《人民日报》编辑部写了一封信，称该文"甚有趣，报纸能多刊载这样的短文，可以省时、省纸，对读者大有利益"，但他又着重指出《从借书谈起》一文中有两个小错误。

一是该文引用了袁枚《黄生借书说》的一句话："故有所览，辄省记通籍。后俸去书来。"陈垣指出这句话句读有误，当为"故有所览，辄省记。通籍后，俸去书来"。"通籍"，指记名于门籍，可以进出宫门。"辄省记"，用今天的话说就是不用在门卫处登记，即可进出宫门。而"通籍后，俸去书来"，是说通籍后有俸可以买书。

二是《从借书谈起》一文的注里提到，"《四库全书》馆编书十六万八千余册"。陈垣在信中指出："《四库全书》原有七部，每部三万六千余册，今藏北京图书馆者系文津阁本，凡三万六千二百七十七册。"

陈垣的这封信于一周后，即 1 月 30 日在《人民日报》上刊出。［齐浣心］

华君武的大独唱

延安的岁月，艰难而丰富，多趣又绵长。一次，著名漫画家华君武跟一位老朋友聊天时，半开玩笑半感慨地说：如果不是出了一次洋相，我现在可能已经是一位"成功"的歌唱家了。

一个漫画家差点儿成了歌唱家，为什么这么说呢？

原来，华君武到延安不久，冼星海正好完成了光未然歌词《黄河大合唱》的谱曲，准备隆重推出。演出本来主要是"鲁艺"音乐系的事，可为了形成气势，不得不从其他各院系挑选人员参加。一次，冼星海看见华君武在练习唱歌，觉得他的嗓子不错，力邀他参加《黄河大合唱》的演出。

这在当时是很光荣的事，华君武便积极参加，认真地排练过多次。可是，他自己所在的美术系事情也很多，有时就无法全数参与。尤其最后一次排练没有参加，就在正式演出时出了"洋相"。

在最后一次排练时，冼星海告诉合唱演员，我的第一次指挥棒举起动作，是让大家准备，第二次舞动起来，才是正式开唱。华君武因事未参加最后一次排练，所以不知道冼星海这样的叮嘱。

第一次演出的晚上，延安礼堂坐得满满的。毛泽东、朱德、周恩来等中央军政首长都到场观看。

幔幕拉开，场面热烈又紧张。报幕完毕，冼星海指挥棒向上一舞，这时，就听到一个男声提起嗓子唱开了。这个男声，正是华君武。

这个《黄河大合唱》，此时成了"大独唱"。冼星海急令合上幔幕。华君武被请出合唱队，大幕重新拉开，演出重新开始。这时的华君武十分窘迫，他一口气跑到宿舍，用被子蒙头，一宿也不曾合眼。

从此，按华君武自己的说法，他的音乐才华被"埋没"了。［杨建民］

肖华含泪创作《红军不怕远征难》

马若寒在 2014 年 7 月的《湖北档案》上发表一文，讲述了著名将军诗人肖华创作长篇组诗《红军不怕远征难》的始末。

1964 年 9 月，身患肝炎的肖华到杭州西湖附近疗养。这对习惯忙碌、平时只睡五六个小时的肖华来说，感到很不适应。他给自己制定了一个"休息"方案，就是读书、练字，晚上写点想写的东西。

当时，为了纪念中央红军长征胜利 30 周年，全军各部队根据中共中央、中央军委和总政治部的部署准备筹办一些主题纪念活动。肖华是长征的亲历者，文艺界的同志自然想到了他，多次约他写些有关长征的作品。其实，对于讴歌长征，肖华早有冲动。经过一番思考，肖华决定用组诗的形式来表现长征。

1964 年 9 月至 11 月，肖华全身心投入到创作之中。后来担任《长征组歌》谱曲创作者之一的著名作曲家、时任战友歌舞团团长的晨耕回忆说："肖华同志的写作是含着眼泪，蘸着心血的，我拿到底稿时发现，上面满是泪痕……后来肖华同志向我们介绍，写的时候，他是一字一泪，那是把 30 年前的场景都回忆起来了。"

文章详细介绍了肖华的一个创作细节：他选取了 12 个（后来确定为 10 个）最具代表性的典型场景进行创作，即告别、突破封锁线、进遵义、入云南（后改为遵义会议放光辉）、飞越大渡河、过雪山草地、到吴起镇、祝捷、报喜、大会师、会师献礼、誓师抗日。组诗于 1964 年 11 月中旬基本正式定稿。

1964 年 10 月，根据肖华创作的长篇组诗《红军不怕远征难》编排的声乐套曲《长征组歌》完成，并于 1965 年 8 月在北京民族宫礼堂首演。［李一诺］

《兄妹开荒》的创作演出

在中国当代新型歌舞剧中，有一部具有鲜活民族气息、长久不衰的经典作品，它就是 1943 年诞生在延安的秧歌剧《兄妹开荒》。曾任中国歌剧舞剧院歌剧团团长、全国文联委员、音协民族音乐委员会委员的李波在《往事的追忆》(《文史资料选辑》第 125 辑) 一文中回忆了创作演出《兄妹开荒》的经过。

1942 年，李波来到延安鲁艺戏剧系学习，同年 5 月，《在延安文艺座谈会上的讲话》一文发表后，解放区热火朝天的"秧歌运动"开始了。1943 年元旦过后，鲁艺创作委员会安排李波和王大化、路由三人自编、自演、自导一个小节目。这时，王大化在《解放报》上看到一篇反映边区开荒劳动模范马丕恩父女勤劳生产的先进事迹，感到和当时的生产自救运动结合得很紧，就决定选为创作题材。

在创作中，大家思想特别活跃，七嘴八舌地你一段、我一段构思起来。一个不到 20 分钟的小节目，有说、有唱、有舞，还有快板。因为演员只有李波和王大化两个人，也只能按两个人来安排情节和人物关系。在形式上采取了群众喜闻乐见的秧歌步，演员在锣鼓声中扭着上场，这样既热闹，又能表现开荒的乐观情绪。

把结构、对话、轮廓搞出来后，由路由去编词。男主角取名叫"小二"，由王大化扮演，于是"小二"也跟着姓了王，又由于主题内容是开荒，剧名也就定为《王小二开荒》。音乐由安波来写，经过几番修改，最后采用了在陕西和当时陕甘宁边区尤为流行的郿鄠调编曲完成。用了不到一个月的时间，整部秧歌剧的编排圆满完成。

1943 年 2 月 5 日，是农历癸未年的春节。这时的延安，特别是城南门外广场，人山人海，各界军民 20000 多人聚会，举行春节联欢活动，同时庆祝中美、中英订立新约，废除近代以来对华不平等条约。在这里，秧歌剧《王小二开荒》首次公开演出，立即引起巨大轰动。随后他们又到各处演出，老乡们看完高兴地说："把我们开荒生产的事都编成戏了。"散场后，老乡们碰上熟人互相转告，不说看的是《王小二开荒》，而是亲切地说看了《兄妹开荒》，于是《兄妹开荒》便代替了原来的剧名，在群众中传开了。 [阎泽川]

郑君里拍摄《民族万岁》

中国美术家协会会员、电影美术师韩尚义先生曾撰文《回忆与郑君里在大西北拍〈民族万岁〉》，回忆了著名演员、导演郑君里在抗战爆发后，历时两年赴西北、西南地区拍摄反映各兄弟民族团结抗战的纪录片《民族万岁》的经过。

1939 年 4 月中旬，韩尚义和郑君里、赵启海带着一个电影放映队前往西北去宣传抗日救亡。他们由重庆出发，一路上以歌咏、美术和电影放映等形式进行抗日宣传，同时筹拍大型纪录影片《民族万岁》。摄影队先在宁夏吴忠堡拍摄杨家将白塔、汉延渠、唐徕渠和秦坝关，又到内蒙古拍牧民生活，在阿拉善旗拍吉兰泰大盐池，尤其难得的是他们还在大青山拍摄了抗日游击队的活动。之后历时 5 天 5 夜到达甘肃兰州，在那里拍了回族同胞在清真寺祈祷抗日胜利的情景。

一行人到达青海时已是 10 月寒天了，距西宁 25 公里的鲁沙尔，是我国藏传佛教善规派（俗称黄教，又音译为格鲁派）圣地塔尔寺的所在地，有金碧辉煌的大小金瓦寺和八大如意宝塔。他们到时恰逢 7 岁的金珠活佛坐床大典，一连三天庙会，有跳神打鬼等节目。韩尚义在文中写道："郑君里为了拍下这些场面，一早就从乐家湾坐牛车出发，双脚冻僵了，就下来又跑步又唱歌。"郑君里还到西宁邀请了"儿童抗战剧团"的30多个小朋友一起去鲁沙尔，把孩子们的歌曲也摄入镜头，增加了庙会的气氛。

为了把藏民和喇嘛们祈祷抗日胜利的虔诚心情拍下来，郑君里时而上屋顶俯拍全景，时而伏地仰拍8座如意宝塔；一会儿指挥喇嘛跳神，一会儿进庙堂拍瑰丽的酥油花和壁画、堆绣。尽管身上沾满了泥土，马裤的膝盖也磨破了，他还是兴致勃勃地到草坪上拍女孩们唱歌跳舞。至今仍在流行的民歌《半个月亮爬上来》就是当时由赵启海采录下来的。

三天的庙会结束后，郑君里又和摄影师们奔赴互助县拍土族风光。当时的西北不仅政情复杂，交通也十分不便，电影胶片就更缺乏了，片子还没有拍完，胶片已经用完了，他们只能于12月返回重庆。郑君里闷在剪辑室里一个月，接来剪去总感到缺点儿什么，于是又和摄影师们再次去青海补拍了镜头。最终，《民族万岁》在1940年的夏天出片了，为抗日宣传作出了巨大贡献。［阎泽川］

罗家伦发表《唐山纪游》

五四运动前，李大钊就曾深入到唐山的工人中进行调查，了解工人阶级的悲惨生活。在李大钊的带动下，北京一些知识分子相继来唐山进行社会调查。

1920年1月2日，北京大学学生、新潮社成员罗家伦来到唐山，在唐山工业专门学校教员吴稚晖的支持下，到京奉路唐山制造厂（今唐山机车车辆厂）、开滦煤矿等厂矿，深入到工人中，调查工人的生活。返京后，罗家伦以"志希"的笔名发表了连载文章《唐山纪游》(《晨报》1920年1月13日、14日第7版),以大量事实叙述开滦工人的悲惨生活,称他们是"最苦的工人",指出开滦的包工制是一种"极黑暗、极不人道的制度",是"猪崽制度",号召工人们团结起来推翻这种制度。此后,北大等校的革命知识分子在唐山制造厂工人邓培等人的帮助下,深入到工厂、矿山和工人住宅区,广泛接触工人,了解工人的生活和劳动状况,发表许多调查报告,为确定唐山为北方工人运动的重点提供了依据。

罗家伦还是"五四运动"这一名词的首次使用者。1935年,胡适发表《纪念"五四"》,文中写道:"五四运动这个名词,最早见于1919年5月26日的《每周评论》。一位署名'毅'的作者,在这一期里写了一篇《五四运动的精神》……什么叫'五四运动'呢?民国八年五月四日北京学生几千人因山东问题失败在政府高压的底线下,居然列队示威,作为正当民意的表示。这是中国学生的创举,是中国教育界的创举,也是中国国民的创举……这次运动里有三种真精神,可以关系中华民族的存亡:学生的牺牲精神、社会裁制的精神、民族自决的精神。"而这位署名"毅"的作者,正是罗家伦。[李权兴、任庆海]

刘雪庵与《流亡三部曲》

抗日救亡歌曲《松花江上》曾被万众传唱,它是《流亡三部曲》的第一首。《流亡三部曲》的后两部《流亡曲》与《复仇曲》,却很少有人提及。这是怎么回事呢?

刘雪庵在《战歌》(由刘雪庵自费编辑出版的音乐期刊)1938年1卷6期发表了《流亡曲写作的经过》:1937年11月12日上海沦陷,刘雪庵等众多爱国人士准备赴武汉继续抗战，但由于战事，他们一行却颇费周折，于是先搭乘"绥阳"号轮船到香港，然后转乘"泰山号"轮船去广州，再改乘火车经长沙最后到武汉。11 月 30 日在"绥阳"号轮船上，刘雪庵与时任上海文化界救亡协会内委会主任的作家江陵相遇，当时，《松花江上》一曲传遍了全中国，到处可听到"我的家在东北松花江上，那里有森林煤矿，还有那满山遍野的大豆高粱……"的歌声。他们谈到《松花江上》，都认为词曲俱佳，是一首好歌，只是在情绪上太哀伤低沉了。于是刘雪庵萌发了一个念头：为它续作两首歌，联起来称为《三部曲》。第二部作为一个过渡承前启后，由原来的沉痛哀伤逐渐转为激昂雄壮，以振奋抗日人心。

于是，江陵写了歌词，刘雪庵即在船上谱曲，完成了第二部，歌名《流亡曲》（又名《离家》）。江陵与刘雪庵到武汉后，又合作写出了第三部，歌名叫《复仇曲》（又名《上前线》）。他们将《松花江上》《流亡曲》《复仇曲》合并成《流亡三部曲》，当即指导流亡学生排练，在中国戏剧界支援各地抗敌军联合大公演时首次演出。之后又在《战歌》上发表。

从此，《流亡三部曲》传遍全国各地，成为当时脍炙人口、广为传唱的抗日歌曲，对激励广大民众走向抗日战场发挥了巨大的推动作用。新中国成立以后，《松花江上》一曲仍然流传，20 世纪 60 年代，周恩来总理指示，将《松花江上》编进大型音乐舞蹈史诗《东方红》。经过长时间的冲刷，后两部《流亡曲》与《复仇曲》，就很少有人知道了。﹝阎泽川﹞

宁可不出书，也不改"红军"

抗日战争爆发后，著名历史学家吴晗应聘到云南大学任教，随后又转到西南联大历史系任教授。由于货币贬值，通货膨胀，加上夫人有病，吴晗的生活十分拮据。

为解决生活的困难，1941年，吴晗应国立编译馆之约写了一部《明史》，为不耽误出书，吴晗先把写完的前四章的手稿寄了出去。不久书稿被原样退回，里面夹了一个条子："红军之起，拟改为'民军之起'，以下一律照改。只要改了这一字，书就可以出版了。"

这是怎么回事呢？原来，元末农民战争中，有几支起义军头上包了一块红布，当时被称为"红军"或"红巾军"。编译馆的有关人员认为，写了"红军"，就有同于今天的"红军"之嫌，所以要求把"红军"改为"民军"。

吴晗是个有骨气的、正直的历史学家，他看了条子后，非常恼火地说："国民党怕共产党领导的红军，连将近600年前的红军都怕，怕得好，就让你一直怕下去，我宁可不出书，这个字万不能改！""民军"在元末是地主的武装，专和当时的"红军"作对，如把"红军"改成"民军"，就恰好把两个敌对的军队颠倒，"红军"就成了地主军队了，岂不是天大的笑话。

于是，吴晗复信表示：宁可此书不出版，也绝不能这样改动。［彭才国］

孙犁的大度

1972年，当时赋闲在家的作家孙犁向组织报告，想要回故乡"体验生活，准备写作"。在获得批准后，孙犁回到了久别的故乡———河北省安平县孙遥城村的老家。

一天，孙犁刚从野外回来，意外地发现单位的一个同事不知何时已从天津赶了过来，正守在他家门前。看到孙犁后，同事抱歉地说道："单位希望你能提前返回天津，参加一个京剧剧本的创作。"原来，市京剧团正在创作一部描写抗战时期白洋淀的剧本，虽然剧本几天前已经创作完成，但没能通过终审。因为孙犁写过白洋淀，又了解当地的风土人情，于是有人便推荐由他来作为主创。得知原委后，孙犁二话没说，便和同事一起回到了天津。

回单位之后，孙犁奉命前去观看原有的剧本彩排。看完后他失望地表示："剧本长达两个多小时，但是在舞台上，既没能见到白洋淀当年抗日的情景，也没有听到所熟悉的京戏。"为了把剧本尽快写好，孙犁提议，最好大家能亲身体验一回白洋淀，以便写出更真实更有分量的剧本。

在那年夏天，年近60岁的孙犁冒着酷暑，跟随剧组再次来到白洋淀。面对熟悉的情景，孙犁仿佛又回到了1937年他在安新同口教书的岁月。经过连续多日的走访和记录，在掌握了第一手资料后，回到天津的孙犁日夜赶工，创作出了一部名为《莲花淀》的京剧剧本及时交了上去。

然而令人遗憾的是，孙犁所写的这个剧本虽然通过了终审，却因种种原因没有排演，它最终只能以文学的形式保留下来，成为一份文化遗产，最后收入到1982年花山文艺出版社出版的孙犁专著《琴和箫》一书中。

当时，许多人都为《莲花淀》没能排演感到惋惜，同时也为孙犁付出的种种心血表示同情。然而，孙犁却大度地表示："没有排演也无妨，只要剧本能得到大家的认可，就算多花一点心血又算得了什么呢？"老作家的一番话，听得在场的人全都竖起了大拇指。〔姚秦川〕

张仃欲送毕加索门神

张仃是从画妖魔鬼怪、寺庙塑像等民间艺术品爱上绘画的。由此，他对那些死板的写实主义不太感冒。张仃在北平读书时，深受张光宇的画风影响，对其高超的艺术技法佩服得五体投地。因这种艺术之缘，1936年张仃漂泊到南京，以卖文为生，在张光宇的发现提携下，一举成名，迎来第一个艺术创作的黄金时代。喜欢上毕加索，实际上是后来的事。黄永玉认为他的画是"毕加索古典主义时期风格与中国民间风格"的结合。

张仃认为这种喜爱并不是崇洋媚外，而是看到西方现代艺术中最时尚的一面，和东方最古老的民间艺术是息息相通的，看到洋与土的内在联系。他知道如何从西方艺术中吸收营养以壮健自己的体魄，也知道如何守护中国艺术传统以建设崭新的文化。

张仃曾经比喻：画家在纸上作画，好比斗牛士斗牛。把作画和斗牛联系在一起，说明作画在张仃心目中绝非文人墨客的游戏和消遣，而是生与死的博弈，是激情、力量、技术和勇气的通力合作。如此大胆想象，在中国画家中恐怕绝无仅有。

1956 年，中国第一次参加巴黎国际博览会，由张仃担任中国馆总设计师。他一直想拜望毕加索，就是没有机会。5 月，正好有一个中国文化代表团访问巴黎，团长是化学家侯德榜。张仃接到文化部的电报，奉命加入该团，一入团他就提议：去法国南部戛纳拜访毕加索。

他为毕加索准备了两件礼物，木版水印的《齐白石画集》和杨柳青门神版画。可团中的一位女政工干部认为门神年画是封建迷信，最后只送了《齐白石画集》。毕加索非常高兴，把他一本刚出版的画册送给张仃。[沈治鹏]

顾颉刚的否定

五四新文化运动之后，历史学家、民俗学家顾颉刚通过长期的中国古代史研究，提出了他的"层累地造成的中国古史"说。随着文化环境的别开生面，一大批疑古言论相继出现，形成了蔚为壮观的古史辨学派，顾颉刚成为该学派当仁不让的创始者、奠基人。

根据"层累地造成的中国古史"说，顾颉刚作出了一个判断：国人津津乐道的三皇五帝或许子虚乌有！1922年春，经胡适推荐，时为商务印书馆编纂的顾颉刚参与了历史教科书《本国史》（初中用）的撰写。在撰写前，顾颉刚想把自己对于三皇五帝的看法写入书中。

在教科书中公开否定三皇五帝的存在恐怕会"平地起波澜"，顾颉刚也有顾虑。在征询商务印书馆史地部主任朱经农的意见时，朱经农说："此刻当局大略还管不到这些事吧，你只要写得隐晦些就是了。"果然，此后，《本国史》样稿在走马灯般的人事变换中通过了北洋政府的审定，准许全国发行。

1929年，发行量已高达25万册的《本国史》突然被南京国民政府查禁。当时的北平《新晨报》还以《国府严禁反动教材发行》为题做了报道。不只书被禁，顾颉刚本人也受到"非圣无法"的指控。时任南京国民政府委员、考试院院长的戴季陶认定这本历史教科书是惑世诬民的邪说，足以动摇国本。戴季陶说："三皇五帝是中华民族共同体的象征。中国之所以一直能成为一个整体，就是因为在精神上、文化上，大家都相信我们有一个共同的祖先，尤其是黄帝，它早已成为中华民族的一种珍贵信仰和崇拜，成为中华民族的图腾，如今你顾颉刚竟然说三皇五帝是不存在的，这等于把作为一个整体的全国人民给解散了，这怎么能行？"

当时的顾颉刚很委屈："这是我为讨论古史在商务印书馆所闯出的祸，也是'中华民国'的一件文字狱。"

但是，在今天看来，站在国家的角度上，学术研究与国民所需的基本教育是有本质区别的两个层面，不宜等同。［祁文斌］

梅兰芳改布景

1924 年 4 月 12 日至 5 月 30 日，诺贝尔文学奖获得者泰戈尔一行 6 人应邀来华访问。4 月 23 日，泰戈尔抵达北京。5 月 7 日，恰逢他 63 岁生日；10 日，文学团体新月社在东单三条协和医学院礼堂，用英文演出了泰戈尔创作的著名话剧《齐德拉》，庆祝他的寿辰，梅兰芳坐在泰戈尔身边观看了演出。泰戈尔对梅兰芳的到来深表感谢，同时表达了自己的心愿："在中国能看到自己写的戏，我太高兴了。可是，我更希望在离开北京前，能观赏到你的表演。"

5 月 19 日，在新落成的珠市口开明戏院，梅兰芳为泰戈尔一行专演了新编大型神话京剧《洛神》，泰戈尔特意穿上他创办国际大学时的红色长袍礼服前往观看。该剧根据三国时代著名诗人曹植的《洛神赋》改编而成，梅兰芳扮演的"洛神"，或娇媚，或冷艳，若有情，若无情；翩若浮云的舞蹈、如珠走盘的歌声，达到了"欲笑还颦，最断人肠"的境界。泰戈尔边看边听，频频鼓掌。演出结束后，泰戈尔来到后台向梅兰芳祝贺、道谢："我看了这出戏非常愉快，有些感想明日见面再谈。"

第二天，泰戈尔将赴太原。中午，梅兰芳和梁启超、齐如山、姚茫父等名流在丰泽园饭庄为泰戈尔饯行。席间，泰戈尔再次盛赞梅兰芳的精湛表演，随后对《川上之会》这场戏的布景，直言不讳地提出了诚恳的意见。他认为，这个美丽的神话诗剧应该从各个方面来体现伟大诗人的想象力，但是，剧中所用的布景显得有些平淡。他建议梅兰芳在表演和布景上再浪漫一些，舞台色彩更丰富一些，充分突出神话剧的诗意。例如，布景色彩宜用红、绿、黄、黑、紫各种颜色，以创造出人间不常见的奇峰、怪石、瑶草和奇花；通过勾勒金银线框，进一步烘托神话气氛……

梅兰芳十分赞同泰戈尔的意见。后来，他重新设计了《洛神赋·川

上之会》那场戏的布景，果然取得了很好的舞台效果，并一直沿用了下来。［周惠斌］

编后记

一

　　这是一本人民政协报社"春秋周刊"的报道文集。主要内容是文化名流的逸闻趣事。

　　人民政协报社"春秋周刊"是以人民政协的文史资料工作为主要报道对象的周刊。1983 年，刚刚创刊的《人民政协报》就创办了"文史"专版，并在 2001 年扩版成今天的"春秋周刊"。

　　文史资料工作是人民政协极具特色的一项工作，它具有"存史、资政、团结、育人"四项功能，全国各级政协组织的文史工作部门一直十分重视发挥文史资料的"育人"功能。人民政协报社"春秋周刊"的工作之一就是发挥这一功能：将具有传播价值的文史资料传播到社会中去，特别是在自媒体高度发达的今天，我们更是责无旁贷。

　　经过十余年的发展，人民政协报社的"春秋周刊"在读者中得到认同，具有一定的影响力，出版汇编本的呼声也日益强烈。

　　对报纸内容进行深度开发，将稿件内容的传播推广最大化，是近年来报业积极转型、增强传播竞争力的手段之一，人民政协报社"春秋周刊"也在这方面做了积极尝试，近年来汇编了四本图书，在读者中赢得了好评，我们今天看到的是第五本。

二

最近几年，各种传播工具风起云涌地出现，各种社会思潮此起彼伏，中国社会进入了一个多元化的时代，不仅利益多元，思维也多元。如何在多元社会中达成平衡？这又是摆在我们面前的一道难题。

互联网时代，很多史学话题走出史学家的"小圈子"，成为社会化话题，很多非常专业的话题在互联网上也被炒得热火朝天，对于历史学知识的普及起到了学者们起不到的作用。在这一喜人的形势下，有些传播者为了达到耸人听闻的传播效果，把一些没有根据的材料和文章搬到网上，有些人为了独树一帜更是扭曲史实、冲击史料研究的底线，这种作风将社会大众引向歧途，搞乱了公众的思想，给社会带来伤害，不仅对于历史研究没有任何好处，还会对史学这一学科建设带来伤害。

在这种情况下，主流媒体会起到比平时更大的作用：普及文史知识、校正大众认知、引领社会风气。做一个对社会负责任的、有史学追求的报纸周刊，是这个时代每一个有良知的新闻工作者应有的追求。

三

本书的出版，首先要感谢收录本书的文章作者朋友们，全国政协和各级政协文史委的同行们，以及报社参加过编辑工作的同志们。其次，要感谢对文史题材还保持着浓厚兴趣的读者朋友们，他们在繁忙的工作和巨大的生活压力之下，不仅能够静下心来阅读这些逸闻趣事，还对文史工作加以持续的关注，是我们静心编辑好稿件的动力！

还要感谢的是中国文史出版社的编辑同志，本书交稿之时，已经是2023年的元旦之后了，如果没有他们在春节期间的精编精校，这本书的出版恐怕还要延后很多时日。